AF482459

# LAS CIEN MIL CANCIONES DE MILAREPA

## Una nueva traducción

Título: *The Hundred Thousand Songs of Milarepa: a New Translation*

Autor: Tsangnyön Heruka

Traducido al inglés por Christopher Stagg de Nitartha Translation Network, bajo la dirección de Dzogchen Ponlop Rinpoche.

© 2017 de Dzogchen Ponlop Rinpoche y Christopher Stagg

Primera Edición Shambhala, 2017.

720 Walnut St, Boulder, Colorado 80301 (EUA)

© 2024 para la primera edición en España:
Fundación Rokpa

Rambla de la Muntanya 97, 08041 Barcelona
(España)

www.samye.es

Publicado de acuerdo con Shambala Publications Inc.

Traducción al español de Agustín Araque

Diseño de la portada: Miriam Fernández

Dibujo de Milarepa en la portada: S. S. el XVII Gyalwa Karmapa Orgyen Trinle Dorje



ISBN: 978-84-09-65920-3 (obra completa, 2 volúmenes)

ISBN: 978-84-09-65921-0 (volumen 1)
ISBN: 978-84-09-65922-7 (volumen 2)

Depósito legal: B 20049-2024

Imprenta: QP Print, Miquel Torelló i Pagès 4-6, 08750 Molins de Rei (Barcelona)

# Contenido

# LISTA DE SIGLAS UTILIZADAS

***Personas consultadas:***

KTGR  Khenpo Tsultrim Gyamtso Rinpoche

DPR    Dzogchen Ponlop Rinpoche

KSP    Khenpo Sherap Phuntsok

AKW  Acharya Kelsang Wangdi

ATW  Acharya Tashi Wangchuk

TN      Tenzin Namdak

***Fuentes textuales:***

BCC    Twelve Great Sons (Bu chen bcu gnyis)

DK     *Great White Conch Dictionary* (Dung dkar tshig mdzod chenmo), Diccionario tibetano de terminología budista (Blo bzang 'phrin las, 2002)

DN     *The Black Treasury* (mDzod nag ma), Tercer Karmapa Rangjung Dorje, Obras completas (Rang byung rdo rje, 2006)

DN-S  *The Black Treasury*, edición de Sichuan (Rang byung rdo rje, 2008)

DSD   New Revised [Tibetan] Dictionary (Dag yig gsar bsgrigs)

DSM  *The Golden Mirror of Decoding* (brDa dkrol gser gyi me long), Diccionario tibetano de términos arcaicos (Tshul khrims, 1997)

JV      Jim Valby, THL Traductor de tibetano a inglés

RY     Rangjung Yeshe, THL Traductor de tibetano a inglés

TDC   *The Great Tibetan-Chinese Dictionary* (Bod rgya tshig mdzod chen mo, Zhang et al. 1993)

TNH   Life and Songs of Milarepa, Tsangnyön Heruka (bTsang smyon heruka, 1999)

***Otras abreviaturas:***

sánsc.  Sánscrito

tib.      Tibetano

# PRÓLOGO DEL XVII KARMAPA

El gran yogui tibetano Jetsun Milarepa es reverenciado por todos los tibetanos, y en particular es muy importante para la escuela Kagyu. Él es el puente entre las tradiciones indias, que recibió de su maestro, el gran Marpa Lotsawa[1], y su propio estudiante, el Señor Gampopa, el fundador del linaje Dakpo Kagyu.

*Las cien mil canciones de Milarepa* es considerada el más alto ejemplo del género *gur* (canciones de realización espiritual), y fue compuesta en el estilo poético tibetano propio. Cuando leamos este libro, sería erróneo considerarlo meramente como una obra literaria o como un texto interesante por su valor histórico. Debemos considerar, más bien, lo que podemos aprender de su ejemplo y cómo emular sus cualidades en nuestra propia vida y nuestra práctica. Jetsun Milarepa fue un ser humano corriente cargado de defectos que, tras cometer graves delitos que incluyeron el asesinato de más de treinta personas, se volvió hacia el dharma. A partir de ese momento, a través de una inquebrantable devoción hacia su maestro, con una determinación firme, un esfuerzo entusiasta y una paciencia ilimitada, fue capaz de lograr el supremo objetivo de la budeidad en una sola vida.

Nosotros, en general, perseguimos la liberación a medias. Nos distraemos con facilidad y vivimos preocupados por los ocho dharmas mundanos. A pesar de haber tomado refugio, hacer postraciones y participar en todo tipo de rituales, a menudo nos faltan el compromiso y la devoción inalterable que Milarepa encarna.

Hasta ahora, los lectores en lengua inglesa que deseaban leer este texto fundamental dependían de la traducción de Garma C. C. Chang, un excelente trabajo llevado a cabo por un devoto budista que fue también viajero, erudito y filólogo. Sin embargo, han pasado ya más de cincuenta y cinco años, por lo que doy la bienvenida a esta nueva traducción, que

---

[1] *Lotsawa* (tib.) significa 'traductor'. Apelativo con el que se designa a Marpa, por ser uno de los primeros gurus tibetanos que viajó a La India para traer las escrituras budistas originales y traducirlas al tibetano.

incorpora algunas correcciones y mejoras y trata de transmitir, en un inglés actual, la viveza coloquial del original tibetano.

Espero que todas las personas que lean este libro se vean beneficiadas y verdaderamente inspiradas por la extraordinaria vida y las profundas realizaciones del Jetsun Milarepa.

S. S. el XVII Gyalwa Karmapa Ogyen Trinley Dorje
Dharamsala, la India
4 de enero de 2017

## PRÓLOGO DE DZOGCHEN PONLOP RINPOCHE

Los hechos de traición, magia, venganza y redención de la historia de la vida de Milarepa y de sus *Cien mil canciones* ilustran la incansable búsqueda del despertar de un ser humano capaz de arrostrar tremendas dificultades. Este libro es mucho más que la simple historia del yogui más grande del Tíbet, es una vibrante fuente de inspiración y bendiciones, y a la vez una guía para toda aquella persona que busque la iluminación en esta vida.

En los últimos años de su vida, sus doce hijos espirituales, dirigidos por Bodhi Raja y Repa Shiwa Ö, se esforzaron por recoger y compilar sus dispersas *dohas* (canciones de realización espiritual) a partir de los testimonios personales de sus estudiantes. Se dice que le presentaron su trabajo a Milarepa y que este dio su aprobación final, e hizo el voto de que beneficiaran a todos aquellos que las leyeran. Esa recopilación hecha por sus propios estudiantes parece ser la primera colección de las canciones de Milarepa y de los hechos de su vida. A partir de ese momento, ha habido numerosas narraciones sobre su vida y diversas colecciones de cantos escritas y reunidas por grandes maestros, entre las cuales una de las más extensas y completas es la *Dzönakma, La casa del tesoro*, escrita por el III Karmapa Rangjung Dorje. Este texto es la base de la colección más popular, conocida como *Las cien mil canciones de Milarepa*, elaborada por Tsangnyön Heruka trescientos sesenta y seis años tras el parinirvana de Milarepa. Aun así, *La casa del tesoro* y *Las cien mil canciones de Milarepa* se mantienen fieles a las primeras colecciones conocidas.

La primera traducción al inglés completa de *Las cien mil canciones de Milarepa*, de Tsangnyön Heruka, fue realizada por Garma C. C. Chang y publicada en 1962. Desde entonces, la práctica de la traducción de textos budistas al inglés se ha hecho más sistemática y precisa; muchos términos budistas han encontrado su traducción adecuada en nuestra propia lengua e incluso han pasado a aportar su influencia en nuestra cultura popular y nuestra psique colectiva. En esta nueva traducción, la voz de Milarepa llega hasta nosotros a través de casi mil años, pero el impacto que produce en nuestros corazones es aún vigente y atemporal. Este texto nos ofrece un vislumbre del viaje hacia la iluminación de una persona extraordinaria, con todas sus alegrías, sus penalidades y sus desafíos; y, a la vez, desvela las profundas instrucciones a cualquiera con la compasión y la valentía para aplicarlas.

Estoy íntimamente agradecido a mi estudiante y amigo Christopher Stagg por haber emprendido la tarea de traducir este maravilloso libro. Su diligencia en el estudio y la práctica, así como su formación musical y sus capacidades, dan vida a esta traducción para beneficio de todos.

Milarepa fue famoso por la belleza de su voz y por ser capaz de enseñar el dharma a través de sus espontáneas canciones de realización. Al igual que él, mi propio guru, Khenpo Tsultrim Gyamtso Rinpoche, ha llevado una vida de yogui errante y también es conocido por dar instrucciones espontáneas a través de poemas cantados. Rinpoche ha revitalizado la tradición de las *dohas* cantadas no solo en tibetano, sino también en inglés, en chino y en otras diversas lenguas del mundo. De este modo, el poder del despertar de este linaje continúa a través de mi maestro. Con sus bendiciones y la bendición de Buda y de todos los corazones iluminados, hago plegarias para que esta traducción contribuya a la perpetuación de este genuino linaje del despertar en nuestro mundo moderno.

Dzogchen Ponlop Rinpoche
Nalandawest
Seattle, Washington State

# INTRODUCCIÓN DEL TRADUCTOR

Milarepa (1051 - 1135 aprox.), el gran yogui tibetano cantante de *dohas*[2], es probablemente la figura más reconocida de la cultura tibetana, el héroe popular tibetano por excelencia. Milarepa cometió graves crímenes en su juventud y más tarde sufrió un cambio radical en su ser íntimo. Buscó un maestro espiritual, lo siguió y finalmente alcanzó el estado del despertar definitivo en una sola vida[3]. Aunque la tradición propia de su práctica era el linaje Kagyu del budismo tibetano, seguidores y practicantes de todos los linajes budistas del Tíbet reflexionan y meditan sobre la historia de su vida y sus canciones. Pueden encontrarse ejemplares de su *Vida* y sus *Cantos* en casi todos los dialectos tibetanos y en todas las librerías de dharma.

La historia de este hombre que vivió hace casi mil años continúa siendo representada tanto en los formatos tradicionales como en los más modernos. En 2010, su santidad el XVII Gyalwang Karmapa, importante líder espiritual tibetano y sostenedor del linaje budista de Milarepa, compuso, dirigió y produjo una obra de teatro sobre la vida de Milarepa que fue el acto central del *Kagyu Monlam*. Esta representación, en el festival anual de plegarias que cada invierno recibe a miles de personas de todo el mundo en la ciudad india de Bodhgaya, fue el evento teatral más multitudinario de la historia del Tíbet hasta la fecha[4]. En 2006, Neten Chokling rodó un largometraje en tibetano sobre la primera parte de la vida de Milarepa. Incluso se ha hecho un cómic sobre su vida, publicado en varias lenguas, entre ellas el tibetano, que vio la luz en 1991[5]. *Thangkas* tradicionales y estatuas que representan el cuerpo esquelético de Milarepa con su gesto característico -la mano derecha en la oreja para 'oír a su guru desde la distancia'- se ven habitualmente en los monasterios y en los centros de dharma de todo el mundo.

---

[2] NOTA DEL TRADUCTOR AL ESPAÑOL: Las *dohas* son canciones de sabiduría a través de las cuales un guru da enseñanzas espontáneas basadas en su propia realización.

[3] Ver apéndice I, para una visión sintética de la historia de la vida de Milarepa.

[4] http://kagyumonlam.org/English/Report/Report_20100101_I.html Entrada del 5 de octubre de 2015.

[5] Van Dam, 1991.

¿Por qué es tan popular Milarepa? Muchos biógrafos de los maestros budistas del pasado presentan sus retratos como totalmente perfectos desde el inicio. La mayoría de sus narraciones siguen el mismo esquema hagiográfico de un ser ya iluminado, encarnado como ser humano para ayudar a los demás, con sobresalientes cualidades para el estudio y la práctica de la meditación, que llevan a cabo una cantidad ingente de actos milagrosos para el bien de los seres sensibles. La historia de Milarepa es bien distinta. Milarepa comienza siendo un ser humano ordinario que, arrepentido de sus fechorías, es capaz de darle un giro a su vida y, perseverando en medio de grandes dificultades, acaba alcanzando el más alto potencial que le es dado obtener a un ser humano. Lejos de ser perfecto en sus intentos, debe afrontar grandes dificultades a lo largo del camino. Milarepa nos es cercano; su humanidad no necesita que exista ninguna conexión previa con la tradición budista, ni siquiera con la cultura tibetana, para cautivarnos. A quienes tengan interés en el camino espiritual, su ejemplo les permite preguntarse: "Si él pudo, ¿por qué yo no?". La historia de Milarepa, y su demostración de que es posible alcanzar la iluminación en una sola vida a través de grandes pruebas y sacrificios, es sencillamente inspiradora.

A partir de su propio desarrollo espiritual, Milarepa comienza a enseñar a los demás y a orientarlos partiendo de sus situaciones personales, dándoles consejos prácticos de uso inmediato para su camino espiritual. Sus consejos son de especial utilidad para los practicantes de meditación comprometidos. La biografía de Milarepa suele ser compañía habitual en los retiros de los meditadores, no solo por ser fuente de inspiración sino también como manual de instrucciones esenciales para su práctica. Estamos ante una de las grandes obras de la literatura tibetana, y probablemente universal, que puede ser valorada a varios niveles. Ya sea leída como obra narrativa, como lectura de inspiración espiritual o como manual de instrucciones de avanzadas prácticas esotéricas, se trata de un texto rico e interesante para cualquiera que se adentre en sus páginas.

La versión de la vida y las canciones de Milarepa más leída en la actualidad es la compilada por Tsangnyön Heruka (1452-1507), unos trescientos cincuenta años tras la muerte del protagonista. Tsangnyön dividió su obra en dos partes, con la intención de que fueran leídas de forma consecutiva. La primera es un breve volumen en el que se refieren los hechos relativos a su vida, publicada originalmente bajo el título de *La vida del gran señor de los yoguis, el Jetsun Milarepa, en la que se expone el camino de la liberación y la omnisciencia*[6]. Actualmente hay tres traducciones de dicha obra circulando en inglés, las dos más recientes bajo el breve título de *La vida de Milarepa*[7]. La segunda parte de la obra de Tsangnyön Heruka es mucho más extensa, y se centra en las enseñanzas de Milarepa y las canciones en las que expone su propia realización. Titulada originalmente *Canciones reunidas a lo largo de la vida del Jetsun Milarepa*[8], este extenso volumen fue publicado por primera vez en inglés hace más de cincuenta años bajo el título de *Las cien mil canciones de Milarepa*, por el gran erudito y practicante Garma C. C. Chang (1920-1988)[9]. Aunque existen traducciones de ciertas antologías de las *Canciones*, la obra de Chang ha sido la única traducción completa publicada en inglés. En los años treinta del siglo pasado, Chang permaneció durante ocho años en El Tíbet estudiando bajo la guía de su guru Gangkar Rinpoche. Devoto practicante del linaje de Milarepa, tenía una sólida comprensión de la tradición y de sus prácticas. Y aunque hoy en día es bien sabido que su traducción contiene errores, fue una gran contribución, dada su experiencia personal en la tradición de las prácticas de Milarepa y su dominio tanto del tibetano como del inglés. La trascendencia de su trabajo pionero nunca será sobreestimada; y es la base sobre la que se erige esta nueva traducción.

La obra conocida en inglés como *Las cien mil canciones de Milarepa* tiene en tibetano el breve título de *Mila Gurbum*[10]. Es posible que Milarepa cantara miles de canciones a lo largo de su vida; sin embargo, esta obra (sumadas las pocas canciones de la más breve *Vida de Milarepa*)

---

[6] En tibetano: eNal 'byor gyi dbang phyug chen po rje btsun mi la ras pa'i rnam thar thar pa dang thams cad mkhyen pa'i lam ston.

[7] Por W. Y. Evans-Wentz (1928), Lobsang Lhalungpa (1977), y recientemente Andrew Quintman (Tsangnyon Heruka 2010).

[8] Tib: rJe btsun mi la ras pa'i rnam thar rgyas par phye ba mgur 'bum.

[9] Zhang Cheng-ji (張澄基). *The Hundred Thousand Songs of Milarepa* fue publicada en 1962. Posteriormente, Chang, su autor, tradujo la obra a su lengua nativa, el chino, y fue publicada en 1980 en Taiwán.

[10] Tib: Mila mgur 'bum.

solo contiene 382, 62 de las cuales pertenecen a otros personajes; con lo que en realidad las cantadas por el propio Milarepa son 320[11].

La última sílaba del título tibetano, *bum*, puede significar 'cien mil', aunque cuando va precedida de otra palabra tiene el sentido figurado de 'colección'. Las obras completas de los autores tibetanos se llaman 'soong boom' (tib: *gsung 'bum*), o 'enseñanzas reunidas'. De manera que *Las Canciones reunidas de Milarepa* sería una traducción más exacta. Sin embargo, al igual que con *El libro tibetano de los muertos* (cuyo título original es *La liberación por la escucha en el bardo*), sentimos que el título popularizado por Chang hace que esta obra nuestra sea más identificable, por lo que hemos decidido titularla: *Las cien mil canciones de Milarepa. Una nueva traducción.*

## HISTORIA DE LAS BIOGRAFÍAS DE MILAREPA

Muchos trabajos biográficos tempranos precedieron a la versión de Tsangnyön. Probablemente el primero fue un breve esbozo dictado por el discípulo principal de Milarepa, Gampopa. A pesar de que solo tiene varias páginas, resalta los hitos principales de la vida de Milarepa, usados más adelante en otras versiones más extensas. El texto de Gampopa no recoge las canciones de Milarepa textualmente; sin embargo, se hace referencia a varias de las canciones que aparecen en versiones posteriores de su biografía[12]. Andrew Quintman ha realizado una investigación exhaustiva sobre la historia y desarrollo de la biografía de Milarepa. Ha analizado las obras atribuidas a Ngendzong Repa y Rechungpa, ambos estudiantes de Milarepa, a la vez que un buen número de biografías breves aparecidas junto a las de otros maestros del linaje en las colecciones llamadas *El rosario de oro*. En estas colecciones, Quintman observa una evolución gradual de los contenidos narrativos de la vida de Milarepa, que se van haciendo más detallados y van incorporando canciones, a veces de forma fragmentaria, y en otras ocasiones completas[13].

---

[11] Quintman 2014a: 240.

[12] Quintman 2014a: 45.

[13] Quintman 2014a: 60.

Tal vez la primera biografía que incluye varios de los ciclos de las canciones de realización de Milarepa, además de un relato completo de su vida, fue *Los doce hijos principales*[14]. Apareció entre mediados del siglo XII y mediados del XIII, y se atribuye a sus doce discípulos más cercanos, entre los que jugaba un papel prominente Ngendzong Repa, famoso por su memoria fiel de las interpretaciones espontáneas de Milarepa. Hay una compilación posterior, *El tesoro negro*[15], que se atribuye al III Karmapa Rangjung Dorje (1284-1339). Probablemente es deudora de *Los doce hijos principales* como su mayor fuente, incluyendo prácticamente todas las canciones, a las que añade algún material adicional, convirtiéndose así en el trabajo biográfico más extenso que tenemos hoy en día sobre Milarepa. Y solamente a finales del siglo XV, más de trescientos años tras la muerte de Milarepa, Tsangnyön Heruka, basándose en gran medida en los trabajos previos mencionados, reunió y editó lo que actualmente es la más popular y difundida versión de la vida y las canciones de Milarepa.

## TSANGNYÖN HERUKA

La mayor parte de lo que sabemos sobre Tsangnyön Heruka nos ha llegado a través de los relatos hagiográficos escritos por tres de sus discípulos directos: Götsang Repa, Lhatsün Rinchen Namgyal y Ngödrup Pembar[16]. Según sus estudiantes, Tsangnyön nació en el pueblo de Kharkha, en una región occidental del Tíbet Central llamada Tsang[17]. A los ocho años recibió la ordenación de novicio a la vez que su nombre de monje, Sangyé Gyaltsen; y se dice que durante todo el tiempo que fue monje mantuvo la disciplina monástica de forma rigurosa, participando diligentemente en las diez actividades dhármicas[18]. Ya desde esa etapa tan temprana de su vida, se le retrata teniendo una fuerte conexión con la

---

[14] Tib. Bu chen bcu gnyis.

[15] Tib. mDzod nag ma.

[16] Larsson 2012: 40.

[17] Larsson 2012: 61.

[18] Larsson 2012: 74-76. Las diez actividades dhármicas son: la escritura, hacer ofrendas, practicar la generosidad, escuchar, memorizar, leer, entender, recitar, reflexionar sobre el significado del dharma y meditar en su sentido.

figura de Milarepa. En uno de los relatos, Tsangnyön fue instado por las dakinis[19] a practicar la meditación en Lachi, uno de los lugares sagrados asociados con Milarepa. Sabiendo que sus padres jamás aprobarían el viaje, partió en secreto; pero enseguida su desconsolada madre lo encontró y lo llevó de vuelta a casa.

A los catorce años se encontró con su primer guru, Shara Rabjam Sangyé Sengé (Sharawa, 1427-1470), poseedor de las instrucciones más importantes del Linaje de la Escucha de la escuela Kagyu. Sharawa le fue transmitiendo a Tsangnyön de forma gradual todas esas instrucciones y, en contra de las propias predilecciones de este, le urgió a tomar a Hevajra (también llamado Heruka) como su práctica de *yidam* principal[20]. Tsangnyön se aplicó al estudio del *Hevajra tantra* en el instituto monástico de Palkhor Chödé, en Gyantsé, recibiendo a continuación la iniciación de Hevajra de su propio guru. Alrededor de los veintiún años, dejó el monasterio y se dedicó de forma exclusiva a las prácticas yóguicas. Estuvo durante años en solitarios retiros de montaña, y se dice que Tsangnyön alcanzó la realización más elevada hacia los veintitrés años[21]. Acorde con la estabilización de su práctica, comenzó a mostrar un comportamiento indicativo de su 'conducta yóguica'. Dicha conducta, solo apropiada en los verdaderos adeptos yoguis, hace la doble función de beneficiar a los demás y de fortalecer la propia práctica, trascendiendo los conceptos convencionales de las normas culturales y el decoro. La práctica de 'la conducta yóguica' puede adoptar la apariencia de comportamientos anticonvencionales y extravagantes, que incluso pueden llegar a ser obscenos y hasta ofensivos para cualquier observador[22]. Götsang Repa refiere un episodio temprano de la conducta yóguica de Tsangnyön:

---

[19] Las dakinis son figuras femeninas que generalmente aparecen como mensajeras o protectoras del dharma.

[20] Deidad tutelar o elegida, que se convierte en la raíz de la realización espiritual.

[21] Larsson 2012: 134.

[22] Hay un ejemplo de este tipo de conducta en la historia de la vida de Drukpa Kunlé (tib. *'brug pa kun legs*, 1455-1529), otro maestro de la 'loca sabiduría', contemporáneo de Tsangnyön Heruka. Un día Drukpa Kunlé se encontró por el camino con alguien que había oído hablar de él y lo reconoció. El hombre le pidió que bendijera una thangka sagrada que llevaba y Drukpa Kunlé accedió. Drukpa tomó la pintura, la extendió sobre el suelo

"Habiendo reflexionado minuciosamente sobre cómo beneficiar a los seres vivos y a la doctrina budista, se acercó hasta una fiesta que se celebraba en Tsari. Iba desnudo, cubierto de cenizas procedentes de cadáveres, con manchas de sangre y embadurnado de grasa. Se había hecho pulseras para los pies y las muñecas con intestinos de cadáveres humanos. Y sujetaba sus cabellos con una diadema que había fabricado con dedos de manos y pies que había unido con un hilo elaborado con fibra muscular. Alguien le ofreció una malla hecha de delgados huesos y se la echó por encima. A ratos reía y a ratos lloraba. Y fue por el mercado realizando actos extravagantes. A pesar de que los vecinos de Tsari eran gente dura, la compasión de Tsangnyön consiguió hacerse con ellos y someterlos a su poder. Acabaron reverenciándolo y dándole el nombre de 'el loco de Tsang'. Y se hizo tan famoso como el Sol y la Luna por todas partes[23]."

Un montón de anécdotas semejantes se narran sobre esta fase de la vida de Tsangnyön, en la que se dedicó a viajar por todo el sur del Tíbet y Nepal. A causa de exhibiciones similares recibió apelativos de loca sabiduría, tales como *Traktung Gyalpo*[24] (Rey bebedor de sangre) y *Tsariwa Rupé Gyenchen*[25] (El hombre de Tsari ataviado de huesos)[26]. A pesar de que las reacciones a los comportamientos de Tsangnyön a menudo entrañaban una gran cólera (su vida estuvo amenazada en numerosas ocasiones), fue gracias a ese modo de ser como logró auspiciosas conexiones con reyes y dignatarios que, según se cuenta, le ofrecían ayuda y le habilitaban para actuar de manera eficiente en favor de los seres y las enseñanzas budistas[27].

Más adelante, Tsangnyön comenzó a dar enseñanzas y a escribir, y a partir de entonces las conductas radicales se mencionan con mucha menos

---

(lo que ya de por sí era irrespetuoso y ofensivo) y orinó sobre ella. Esto, por supuesto, enfadó muchísimo al hombre, quien le gritó enfurecido. Drukpa Kunlé se marchó sin más. Cuando el hombre fue a recoger su thangka, vio que los contornos de la deidad resplandecían como si hubieran sido repasados con un fino pincel. (Brunnhölzl 2010: 77)

[23] Larsson 2012: 135.

[24] Tib: khrag thung rgyal po.

[25] Tib. *tsa ri ba rus pa'i rgyan can*. Este es el nombre utilizado en la portada de la edición de Tso-ngön Mirig, que es la fuente principal usada para esta traducción.

[26] Quintman 2014a: 124.

[27] Larsson 2012: 141.

frecuencia en sus biografías[28]. A los treinta y ocho años se trasladó a Lachi, donde comenzó a reunir e imprimir la historia de la vida y las canciones de su gran modelo, Milarepa. Según sus biógrafos, la inspiración para la tarea le vino del encuentro en una visión con Naropa, uno de los principales antepasados del linaje Kagyu. En la visión, Tsangnyön recibió instrucciones sobre el modo de trabajo y la certeza de que encontraría las fuentes apropiadas para llevarlo a cabo[29]. Según Götsang Repa, Tsangnyön emprendió la tarea con gran determinación y con el objetivo preciso de convertir la historia de Milarepa y sus enseñanzas en fuente de inspiración para todo tipo de gentes:

"En vez de adornarla con la pompa de la jerga técnica, (su biografía) sería una gema que concede los deseos, un medio excepcional para conducir a la gente a la budeidad en una sola vida. Despertaría el potencial interno para la virtud en aquellos *gueshes*[30] arrogantes que estaban a punto de dejar de ser budistas (…), en quienes dudaban de la posibilidad de alcanzar la budeidad en una sola vida, o en quienes afirmaban no tener tiempo para la meditación: sería el ejemplo perfecto para esas situaciones (…) Una vez su obra estuviera impresa, beneficiaría a seres sin límite."[31]

La intención de difundir ampliamente la historia de la vida de Milarepa y convertirla en una lectura popular fue un nuevo enfoque. Las versiones previas de la biografía y de las canciones reunidas no habían sido más que 'colecciones', episodios aislados sin voluntad de dotarlos de una estructura general. Además, las dos obras precedentes más extensas, *Los doce hijos principales* y *El tesoro negro*, "concluían con la orden estricta del secreto"[32]. Un aviso ilustrativo de ello aparece al final de la tercera historia del ciclo de Tashi Tseringma, que parece ser la sección completa más antigua e intacta de nuestro texto:

---

[28] Larsson 2012: 171.

[29] Quintman 2014a: 127.

[30] *Gueshe* es el término tibetano que designa al 'amigo espiritual', y suele usarse para referirse a aquellos monjes con estudios que detentan cierto rango en el sistema monástico. En este contexto, no se limita a ningún linaje específico.

[31] Quintman 2014a: 128-129.

[32] Quintman 2014a: 129

> Hasta que uno da instrucciones prácticas
> y examina a los meditadores futuros, aún por venir,
> deberías ocultar las instrucciones y no mostrar los
> escritos".
> Ese fue el mandato de mi maestro.
> Si tú transgredieras este mandato,
> incurrirías en el castigo de las dakinis;
> de modo que te ruego que no lo difundas, y que lo
> mantengas escondido.

Dado que en su visión Tsangnyön fue presumiblemente aleccionado de manera directa por Naropa sobre el hecho de que debía difundir la historia de Milarepa y sus enseñanzas, parece que sintió que esas restricciones habían quedado levantadas.

En algunos relatos, se cuenta que Tsangnyön tuvo grandes dificultades para hacerse con todos los textos y las enseñanzas diseminadas de Milarepa, así como para contratar a los cortadores de tablillas, los escribas y los impresores necesarios para elaborar sus libros. Los reunió a todos en La Cueva de Cristal, uno de los famosos lugares de meditación de Milarepa, y allí se tallaron las tablillas[33]. La *Vida* y las *Canciones* fueron completadas en 1488, y Tsangnyön las difundió profusamente a través de todo El Tíbet Central, enviando copias a Ngari, Lho, Chang y a todas las autoridades de la región del Monte Tsari[34]. Tras la distribución de la obra, Tsangnyön emprendió una campaña multimedia de promoción, encargando una serie de tres grandes *thangkas* que ilustraban episodios de la vida de Milarepa tal y como él mismo los había descrito en sus obras[35].

A pesar de que Tsangnyön se hiciera famoso por ser el autor de la biografía de Milarepa, su actividad en apoyo de las enseñanzas y de los practicantes abarcó mucho más. En los últimos años de su vida trabajó con denuedo en la restauración de la famosa estupa de Swayambhu[36],

---

[33] Quintman 2014a: 129.

[34] Quintman 2014a: 132.

[35] Quintman 2014a: 132-133.

[36] Una estupa es un monumento budista que suele contener objetos sagrados o reliquias de maestros fallecidos.

ubicada en la parte occidental del actual Katmandú. Todo su trabajo mereció el elogio del VII Gyalwang Karmapa, Chödrak Gyatso, cuya carta a Tsangnyön fue reproducida en uno de sus libros:

> "Yo, el universalmente conocido como Karmapa, proclamo lo siguiente: Que he ido teniendo noticia de las acciones para la difusión de las enseñanzas Kagyu llevadas a cabo por el poderoso y santo yogui Tsangnyön. He oído cómo ha impreso la historia de la vida y las canciones del Glorioso Vajra Risueño (Milarepa), cómo ha establecido ermitas en las tres montañas sagradas[37] y demás hechos. Me he alegrado y me he sentido feliz al enterarme. Además, la restauración de la Venerable Swayambhu y de las ermitas de Drin, de Chuwar y del resto es una pesada carga que has asumido por el bien de las enseñanzas budistas. Cuenta con mi ayuda en todo lo que pueda; ¡mantente firme! ¡Que el mundo entero sea adornado con la gloria centelleante de lo auspicioso!"[38].

## ESTRUCTURA Y CONTENIDO DE LA OBRA

Antes de que Tsangnyön escribiera la *Vida* y las *Canciones*, las historias sobre la vida de Milarepa y las colecciones de sus canciones se publicaban normalmente de forma mezclada. Como ya se mencionó antes, Tsangnyön separó la vida y las canciones en dos textos diferentes, estructurando la narración de los hitos fundamentales de la historia de su vida en un solo relato más sintético, coherente e integrado, y segregando la extensa colección de canciones y de anécdotas relativas a su actividad como maestro (aunque en las modernas ediciones en tibetano se ha vuelto a menudo a juntarlas en una sola obra)[39]. Organizando así los materiales, Tsangnyön dio prioridad a la *Vida* y convirtió las *Canciones* en material suplementario. Aunque ambos textos se publiquen por separado, solo leyéndolos conjuntamente la vida y la obra de Milarepa pueden ser bien apreciados. Como afirma Döndrup Gyal en su estudio contemporáneo de

---

[37] Las tres montañas sagradas son: el Kailash (Tisé), Tsari y Lachi.

[38] Larsson 2012: 179.

[39] Quintman 2014a: 137.

la historia de las canciones dhármicas en El Tíbet: "Si uno estudia la *Vida de Milarepa* sin las *Canciones*, será incapaz de alcanzar una profunda comprensión; y viceversa, si uno no sabe nada de la *Vida* mientras lee las *Canciones* de Milarepa, no podrá comprender lo que late debajo de las historias de sus canciones"[40].

*Las canciones reunidas de Milarepa* están estructuradas en tres ciclos mayores. El primero trata, en general, de sus experiencias con seres no humanos; el segundo describe los encuentros con sus discípulos principales y más conocidos; y el tercer ciclo es una miscelánea de episodios y anécdotas de la trayectoria de Milarepa como maestro. Mientras en las versiones previas de la *Vida* y las *Canciones* las historias se presentaban por separado, como acontecimientos aislados, en la versión de Tsangnyön la mayor parte de los episodios se presenta de modo cronológico. En el capítulo octavo de la, comparativamente más breve, *Vida de Milarepa*, se hace un rápido resumen de cada lugar que Milarepa visitó, siguiendo el itinerario de su propio desarrollo espiritual y de los seres a los que benefició, presumiblemente en el orden en que se produjeron los hechos. En la *Canciones reunidas*, el resumen está enriquecido tratando de que la narración tenga un vínculo, a menudo explicando, al principio o al final de cada capítulo, dónde se dirigió Milarepa después de un episodio particular. Aunque las *Canciones reunidas*, en términos argumentales, carece de un marco claro, su narrativa lineal otorga a cada anécdota un protagonismo dominante, haciendo su lectura más emocionante.

Los estudiantes y practicantes de la tradición de Milarepa sienten fervor por las *Canciones reunidas* no solo debido a su lenguaje directo, sino además por la luz que arrojan sobre las enseñanzas. El método principal de enseñanza de Milarepa es el canto de 'canciones de realización', o *dohas*, una tradición llevada al Tíbet por el linaje de los *mahasidhas*, grandes maestros indios realizados de talante no convencional. En esta tradición, los maestros cantan espontáneamente, desde su propia experiencia inmediata, sobre lo que han realizado de forma directa, a menudo dando instrucciones sobre cómo los demás pueden acceder a la misma comprensión. En el estilo particular de Milarepa, predominan las expre-

---

[40] Quintman 2014a: 140-141.

siones coloquiales y los ejemplos de la vida corriente, volviendo las enseñanzas cercanas y comprensibles a las personas que carecen de una formación académica en filosofía budista. Este acercamiento directo y experiencial a las enseñanzas ayuda a los estudiantes retratados en las historias a establecer una conexión con la doctrina de forma personalizada.

Milarepa rechaza adrede los discursos de tipo filosófico, aunque en las *Canciones reunidas* toca la mayor parte de los temas principales relacionados con la práctica del dharma. Para los principiantes y los que tienen poca experiencia en el dharma, enfatiza la renuncia, la fe, el karma o ley de causa y efecto, y las seis *paramitas*. Para sus discípulos meditadores, canta sobre la mayoría de los tópicos más profundos de la tradición vajrayana: las prácticas de las fases de creación y consumación[41], el cuerpo ilusorio, la transferencia de la consciencia (*powa*), el bardo[42], el reconocimiento de la naturaleza de la mente y el mantenimiento de esta experiencia durante la meditación formal y la actividad cotidiana. Milarepa raramente describe los detalles concretos de estas prácticas, dejando las instrucciones para ser dadas entre bastidores; pero quienes estén familiarizados con lo que enseña serán capaces de captar los puntos clave como ayuda para su propia práctica.

Al igual que los tratados tradicionales y los manuales de práctica organizan su información con un criterio temático, las *Canciones reunidas* pueden ser consideradas como una especie de manual que presenta sus temas de manera orgánica, en situaciones de la vida real. Cada canción, en efecto, es una especie de instrucción independiente que expone los puntos esenciales de alguna enseñanza de manera breve y fácil de recordar, aunque algunas requieran que el lector analice a fondo su significado. Actualmente, los maestros budistas de esta tradición suelen dar ense-

---

[41] En la fase de creación, el practicante medita visualizando a la deidad para purificar las apariencias kármicas mundanas; las prácticas de la fase de consumación están conectadas con el trabajo con el cuerpo sutil para alcanzar la experiencia directa de la naturaleza de la mente.

[42] Bardo (tib: *bar do*) significa 'estado intermedio', y en general se refiere al período entre la muerte en una vida y el renacimiento a la vida siguiente.

ñanzas orales que explican el significado de las canciones más selectas de Milarepa.

Un destacado comentarista contemporáneo de las canciones de Milarepa es el gran yogui y erudito Khenpo Tsultrim Gyamtso Rinpoche. A lo largo de su vida como maestro, Khenpo Rinpoche ha utilizado las canciones de Milarepa como base para la presentación del dharma a sus estudiantes de todo el mundo. A la vez que ha preparado a una nueva generación de traductores, Khenpo Rinpoche ha guiado a los estudiantes occidentales en el estudio de muchas de las canciones de Milarepa adaptándolas a sus lenguas nativas y sus melodías occidentales. Khenpo Rinpoche cuenta:

> "Estos capítulos (de las *Canciones reunidas* de Milarepa) son una maravillosa ayuda para nuestra práctica. En los tiempos que corren, a la gente le gusta el estudio y la meditación, aunque también necesita enseñanzas concisas. Lo estupendo de estos capítulos es que cada uno de ellos resume la historia completa de Milarepa con un discípulo o grupo de discípulos en concreto. En conjunto ofrecen una visión del camino completo de principio a fin, desde el momento en que los discípulos conocen a Milarepa, describiendo el encuentro, hasta lo que va sucediendo en su práctica y las instrucciones subsiguientes que Milarepa les da. De modo que cada capítulo es una muestra del camino completo. Y las canciones son de una gran profundidad"[43].

Más allá de las canciones, la propia narración, que describe los hechos de Milarepa y la relación con sus estudiantes, es una enseñanza importante. Existen textos tradicionales y tratados de práctica escritos en el contexto vajrayana que definen cómo debe desarrollarse una relación correcta entre guru y discípulo. La *Vida* y las *Canciones* presentan un ejemplo de primera mano de cómo puede desarrollarse esta relación. Además, a través de las *Canciones reunidas*, Milarepa interactúa con una amplia variedad de personas de diferente condición social y distintos niveles de experiencia, mostrando cómo forma a los monjes, a los laicos, a los

---

[43] Khenpo Tsultrim Gyamtso Rinpoche 2004: 24.

yoguis como él mismo e incluso a los espíritus. Los maestros del budismo vajrayana a menudo afirman que, si uno quiere aprender a relacionarse con un guru vajrayana y cómo funciona el camino vajrayana a nivel práctico, debe leer la *Vida* y las *Canciones* de Milarepa. Parece haber una cierta 'forma' en que las cosas suceden en esta tradición, y yo mismo en persona he observado, mientras iba traduciendo el texto, lo asombrosamente familiares que ciertas descripciones me eran cuando me hallaba en presencia de maestros del linaje de Milarepa. Puede darse por seguro que el linaje de Milarepa sigue auténticamente vivo, incluso en el mundo moderno de hoy.

## LA FE EN LA TRADICIÓN BUDISTA

La fe juega un papel central en las raíces históricas de toda tradición espiritual. En el mundo actual, comparado con los tiempos anteriores a la adopción universal del paradigma científico, la fe espiritual parece tener un papel mucho menos prominente en la vida diaria de las personas, y a menudo se la desprecia en favor del punto de vista puramente objetivo y materialista de la realidad. No trato de denigrar la importancia y el beneficio de la ciencia; sin embargo, desde la perspectiva del camino espiritual del despertar al pleno potencial de la mente, la ciencia moderna aún no es capaz de aportar la profundidad existente en las tradiciones de sabiduría. En Occidente, donde los ideales democráticos han sido colocados en el más alto lugar, se cuestiona todo tipo de autoridad, a menudo desde el más profundo cinismo y arrogancia. La noción de aceptar las aseveraciones de cualquier autoridad, espiritual o del tipo que sea, por no hablar de la 'fe' en ellas, es con frecuencia tratada con gran suspicacia.

En las últimas décadas, el budismo ha comenzado a ser descrito como una 'ciencia de la mente', en la que se enfatiza la investigación y el análisis de lo que puede ser directamente experimentado. Ello lleva a algunos a afirmar que el budismo no es en absoluto una religión. Muchos occidentales se han vuelto hacia el budismo percibiéndolo como una juiciosa alternativa antisistema que satisface sus necesidades espirituales de una forma que las dogmáticas tradiciones en las han crecido no eran capaces. Aun así, a pesar de que la objetividad y la investigación inteligente juegan un papel crucial en el enfoque budista, la fe sigue considerándose un componente esencial del camino. Si nos referimos solo a las *Canciones reunidas*, la palabra 'fe' o 'fiel' aparece más de doscientas cincuenta veces. La fe es un valor positivo, fundamental para quien desee practicar el camino enseñando por Milarepa. Este señala con frecuencia la importancia de la fe a aquellos con quienes se relaciona, incluso describiendo a los que carecen de ella como 'recipientes inadecuados' para sus profundas instrucciones. Frecuentemente, tras escuchar las canciones de enseñanza de Milarepa, se describe a la audiencia como 'exaltada por la fe'.

¿Qué significa realmente la 'fe' aquí? En el sentido que suele dársele en Occidente, la fe suele referirse a la creencia ciega en algo, basada exclusivamente en lo transmitido por otra persona (tal vez los padres o alguna institución). A la gente se le dice a veces que deben de creer en cosas no vistas e imposibles de conocer de manera directa. Además, se le dice que es importante no perder la fe. Deben aceptar tales ideas, contribuir a mantener la fe en algún objeto particular, con frecuencia de forma infructuosa. No quiero decir que el término se use siempre así. Los practicantes sinceros de las tradiciones no budistas pueden discrepar de esta imagen dogmática de la fe. Asimismo, esta acepción de la fe ciega y dogmática no es la que se usa en los contextos budistas, y en concreto en la *Canciones reunidas*. Para dar una explicación tradicional en el contexto budista, podemos recurrir a las palabras del propio Gampopa, el discípulo principal de Milarepa, que en su *Precioso ornamento de la liberación* define la fe como una cualidad esencial y la base de trabajo sobre la que se construye el viaje hacia la iluminación y la liberación. Gampopa lo resume en estos versos:

> "Las libertades y ventajas,
> la confianza, el anhelo y la inspiración;
> dos relativos al cuerpo y tres a la mente,
> son los cinco atributos del precioso nacimiento".

La expresión 'precioso nacimiento' se refiere aquí a lo que tradicionalmente se llama 'la preciosa existencia humana', es decir, la condición que posibilita alcanzar el despertar. La tradición dice que hay que poseer por entero "las ocho libertades y las diez ventajas" para cumplir los requisitos de tener una 'preciosa existencia humana' (estas dos, las libertades y las ventajas, es a lo que Gampopa se refiere como "dos relativos al cuerpo" en la estrofa). Estos dieciocho atributos, muchos de los cuales no están bajo nuestro control, deben estar presentes de partida en una vida humana para poder dedicarse a la práctica budista. Además, Gampopa añade otras tres cualidades, relativas a la mente, que tampoco deben faltar. Son las tres cualidades a las que los budistas se refieren como la fe: la fe que confía, la fe que anhela y la fe inspirada.

La primera de ellas, la fe que confía, significa que se tiene la convicción, que existe una confianza de base en las enseñanzas de Buda y en las personas que las transmiten de manera formal. Cómo haya llegado a producirse esa convicción depende de cada persona. Algunas pueden haber sentido una conexión inmediata, las enseñanzas simplemente les han hecho un 'clic'; otras han seguido un proceso de profunda investigación y análisis antes de llegar a cierto nivel de convicción. Sea como sea que se haya producido, esta convicción, o fe que confía, debe ser genuina y personal. En las *Canciones reunidas*, Milarepa a menudo afirma que uno debe estar "libre de hipocresía"; no sirve de nada actuar externamente como si uno tuviera fe e internamente no tener más que dudas. Lo cual no significa que no puedan existir dudas en esta fase del camino. La indagación y la inteligencia son necesarias para desarrollar una fe auténtica; y, al mismo tiempo, esta 'fe que confía' incluye un sentido de apertura que abarca las dudas, inclinándose a ver 'el objeto de la fe' como valioso a pesar de ellas.

Es sobre la base de esta confianza, o sincera convicción, explica Gampopa, como uno ve las buenas cualidades de la iluminación o despertar. Con la veneración hacia el despertar se desarrolla el anhelo de comprometerse en el camino de la práctica para lograrlo. Aparece el deseo de la búsqueda y la orientación hacia ella, para que las cualidades excelentes se manifiesten en uno mismo.

A partir de este nivel de confianza, se desarrolla la fe inspirada, la devoción y el respeto hacia Buda, sus enseñanzas y la comunidad que preserva la práctica. Una vez reunidas estas tres cualidades -confianza, anhelo y veneración- en el contexto budista, la fe es descrita como convicción verdadera, o como confianza infundida de inspiración y fervor.

La palabra sánscrita que se utiliza para esto es *śraddhā*, que se traduce al tibetano como *dépa* (tib: *dad pa*). Para traducir un término de una lengua madre, inevitablemente debe hacerse a algún otro preexistente en la nueva lengua, a pesar de todas las dificultades semánticas que ello presente. En inglés, 'fe' parece ser la elección más razonable. Sin embargo, algunos traductores utilizan el término 'confianza', que sortea la dificultad habitual de malinterpretar 'fe' como simple aceptación de un dogma. 'Confianza' es una buena elección, si se entiende aderezada un poquito por el 'zumo' de la inspiración y el fervor y va orientada hacia el objeto de la fe. Sin estos elementos añadidos de la inspiración y el fervor, la confianza por sí sola permanece estática y no motiva a las personas a investigar más y profundizar en la propia práctica espiritual. En su libro, Gampopa refuerza la importancia de la fe mediante la cita del *Sutra de los diez atributos de los nobles*:

> En los seres humanos sin fe
> los dharmas virtuosos no pueden surgir,
> al igual que una semilla calcinada por el fuego
> no puede producir ningún brote verde[44].

La fe es el primer requisito para comprometerse en el camino espiritual. Pero, aunque sea importante para acercarse a las enseñanzas, la fe de por sí no es capaz de llevarnos a la liberación. Debe existir además un elemento de sabiduría inteligente. Nagarjuna, en su *Ratnavali*, dice:

> Gracias a tener fe, uno confía en el dharma,
> y gracias a tener sabiduría, lo comprende correctamente.
> De las dos, la sabiduría es la principal,
> pero la fe debe ir por delante.

La fe sirve de impulso para acercarse al Dharma y comprometerse con él, y debe ir por delante. La sabiduría inteligente, o *prajña*, es necesaria para comprender y practicar el Dharma de forma correcta. Una fe adulta conlleva de forma imprescindible la cualidad de la inteligencia. En su breve ensayo sobre el término *śraddhā* (o *saddhā*, en pali) en el *Canon Pali*, Giustarini describe la fe, en el contexto de los sutras, como una cualidad de sabiduría: "[La fe] es la capacidad de ver la verdad (…) es la primera floración de la capacidad de ver y conocer"[45]. El

---

[44] En realidad, esta estrofa parece ser una cita del *Ārya-tārā-mūlakalpa-nāma tantra*: Lhasa Kangyur H 711: vol. 95, folio/línea 128b.3-128b.4.

[45] Giustarini 2006: 166.

*Uttaratantrashastra*, el gran tratado mahayana sobre la naturaleza de buda, se hace eco de la fe como capacidad de ver:

> La verdad última de los nacidos espontáneamente
> se realiza a través de la fe.
> La órbita del sol resplandece de luz,
> pero no es vista por quienes no tienen ojos.

Esta "verdad última" se refiere a 'la naturaleza de buda', la capacidad de todos los seres vivos de alcanzar el despertar; y "los nacidos espontáneamente" se refiere a los budas, a través de los cuales la naturaleza de buda se manifiesta de forma perfecta. Jamgön Kongtrul comenta sobre esta estrofa:

> "La verdadera naturaleza de todos los budas nacidos espontáneamente, aparecidos no a causa de condiciones sino que han estado presentes desde el inicio, se halla en todos los seres vivos. Sin embrago, los seres ordinarios, los *sravakas*[46], los *pratyekabudas*[47] y los bodisatvas[48] recién incorporados al camino no la realizan de forma directa tal cual. Confiando en las palabras dignas de fe de Buda, deben realizar antes su sentido general por medio de la fe, la devoción y, finalmente, la firme convicción. Al igual que el ejemplo del sol, cuya resplandeciente órbita no puede ser vista por los ciegos."[49]

Milarepa también canta:

> Si sabes mirar con el ojo de la fe
> todas las bendiciones que deseas caerán como una lluvia.

---

[46] Los *shravakas*, u oyentes, son seres realizados que se esfuerzan por alcanzar el nivel de *arhat*, y no participan en las prácticas mahayana.

[47] Los pratyekabudas, o seres realizados solitarios, practican para alcanzar su realización sin vincularse a un maestro.

[48] Aquí, bodisatvas se refiere a los seres que han tenido una experiencia directa de la verdadera naturaleza de la realidad y han hecho el voto de ayudar al resto de los seres a alcanzar la iluminación.

[49] Fragmento traducido (al inglés) por Rosemary Fuchs en *Buddha Nature* (Fuchs 2000: 173-174).

Cuando Milarepa, en las *Canciones reunidas*, habla de fe, acota el tema de un modo más específico aún. La presentación budista común afirma que hay que tener fe en las enseñanzas budistas para entrar en el camino. La vía vajrayana, que es el foco primario de las enseñanzas de Milarepa, es una parte específica del mahayana, que posee su misma profundidad de visión sobre la vacuidad y su misma vasta aspiración respecto a la liberación de todos los seres vivos. Sin embargo, el vajrayana se distingue del ámbito general del mahayana sobre todo por la presencia de sus muchos y variados métodos, que sirven como herramientas para hacer el camino con mayor rapidez. Se dice que el vajrayana es el camino para quienes poseen facultades penetrantes, y sus estudiantes deben tener una gran aptitud para que nazca en ellos la fe.

¿En qué debe tener fe el estudiante? En primer lugar, en su potencial innato para lograr el despertar y en cómo hacerlo; y después, fe en el amigo espiritual *vajra*, su guru, lo cual se considera primordial. En el contexto vajrayana, el guru viviente es visto como más importante incluso que el mismo Buda, ya que, a diferencia del Buda histórico, el guru está auténticamente presente y es capaz de guiar al estudiante de manera directa y personal. En lo que concierne al guru vajrayana, debe haber algún tipo de 'química' o de conexión kármica, para que la relación funcione.

Sobre el asunto de la conexión con el guru, Dzogchen Ponlop Rinpoche explica:

> "Para evaluar nuestra conexión con un amigo espiritual, debemos basarnos tanto en nuestro sentimiento personal de conexión como en el resultado de un análisis exigente de las cualidades del guru. Combinando estos dos elementos, encontraremos el equilibrio justo. Si solo hacemos caso de nuestros sentimientos, podemos acabar engañados, ya que los sentimientos cambian a cada instante (…) es necesario dejar reposar esa intuición de conexión con el maestro"[50].

Una vez más, la fe no es un dogma ni una aceptación pasiva, sino una cualidad de la inteligencia. Se enseña que el guru potencial debe ser

---

[50] Dzogchen Ponlop 2011: 12.

examinado durante doce años, antes de que el practicante se convierta en un seguidor absolutamente devoto. Si no existen una conexión y una confianza íntegra entre guru y estudiante basadas en el mutuo examen, la práctica personal, en el camino vajrayana, carece de cimientos sobre los que afianzarse.

Ciertamente, existen casos de predisposición natural a experimentar una fe espontánea y profunda en el maestro, como se relata en este libro en muchos de los estudiantes con los que Milarepa se encuentra. ¿Pero qué pasa con aquellas personas en quienes la fe no surge de manera espontánea? Si se da una sensación de conexión inicial, de interés, o se produce una 'chispa' hacia un maestro concreto, la conexión, por débil que sea, debe ser desarrollada y fortalecida.

Tradicionalmente, antes de emprender cualquier práctica vajrayana, debe llevarse a cabo toda una serie de prácticas preliminares. La forma de estas prácticas preliminares es tan variada como los individuos que las acometen. Sin embrago, la tradición Kagyu del linaje de Milarepa ha elaborado un estándar que engloba las prácticas preliminares de toma de refugio, generación de bodichita[51], purificación, acumulación de méritos y, lo fundamental, el cultivo de la conexión personal y la devoción hacia el guru y el linaje. Para que las prácticas sean efectivas, el vajrayana requiere que la fe y la devoción estén presentes. La devoción y la 'lluvia de bendiciones' son el sustrato del camino vajrayana, la clave para que el despertar surja de forma directa en la mente del practicante. En el vajrayana, fe y devoción suelen darse como sinónimos, aunque en la tradición Kagyu de Milarepa suele usarse más el término 'devoción'. Según una cita muy utilizada de los maestros Kagyu:

> Si no brilla en ti el sol de la devoción,
> del glaciar de la montaña de los cuatro kayas de los gurus
> no fluirá el río de las bendiciones;
> por tanto, genera devoción en tu mente a todas horas.

Otra muy conocida plegaria del linaje de los maestros Kagyu afirma:

---

[51] Aquí, bodichita (o 'el despertar del corazón') implica la aspiración a alcanzar la budeidad para el bien de todos los seres sensibles.

> La devoción es la cabeza de la meditación, como se nos ha
> enseñado.
> El guru abre la puerta del tesoro de las instrucciones orales.
> A este meditador que continuamente te suplica,
> concédele tus bendiciones para que la auténtica devoción
> nazca en mí.

Cultivar la fe y la devoción, especialmente en la tradición vajrayana, es una práctica y no una postura estática; no algo que se tiene o no se tiene. Fe y devoción están siempre cambiando y evolucionando. Dzogchen Ponlop Rinpoche compara la devoción con un electrocardiograma: siempre moviéndose arriba y abajo. Si la devoción de alguien aparece plana, es signo de que no se trata de una experiencia viva.

Esto se ilustra de manera magnífica en las *Canciones reunidas* con el ejemplo de Rechungpa, a quien se tiene por el discípulo más íntimo de Milarepa. Rechungpa volvió de La India lleno de orgullo por haber recibido muchas enseñanzas que Milarepa no poseía. En su historia se relata la pérdida de su fe, al menos temporalmente, y su lucha por volver a recuperarla. La narración nos mete de lleno en el drama del estudiante que ha perdido la fe y en cómo el guru responde a sus dificultades. La historia de Rechungpa, en la *Canciones reunidas*, nos da un claro y humano ejemplo de cómo, hasta el mejor de los practicantes, puede tener que pelear con la práctica de la fe y la devoción[52].

## VISIÓN ÚLTIMA, MEDITACIÓN, CONDUCTA Y REALIZACIÓN

A lo largo de las *Canciones reunidas*, Milarepa dirige sus enseñanzas a estudiantes de todos los niveles, pero la mayor parte de sus canciones de realización reflejan, aunque sea de forma sucinta, su práctica y su visión última. En muchas de sus canciones enfatiza solo las bases imprescindibles de la práctica, la renuncia inicial y la necesidad de seguir a un maestro espiritual genuino. Pero en otras habla de la práctica capital, que en la tradición de Milarepa es Mahamudra, o El Gran Sello. El término

---

[52] La historia de Rechungpa se desarrolla a lo largo de varios episodios de las *Canciones reunidas*, aunque es en los capítulos 38 y 39, La historia del cuerno de yak y La canción de las burras salvajes, donde se trata de forma directa el tema de la fe.

'mahamudra' puede usarse tanto para referirse a la práctica a través de la cual se accede a la realización última como para hablar de esa realidad genuina, no elaborada, que uno realiza.

La meditación mahamudra y los métodos que utiliza no son, generalmente, para principiantes. La mente debe estar bien entrenada a través de las prácticas preliminares antes de embarcarse en la meditación mahamudra como práctica principal. Y, además de los mencionados preliminares, la mayoría de las personas necesita poseer una formación precisa y estable sobre la visión del mahamudra para ponerse a hacer la práctica. Khenpo Tsultrim Gyamtso Rinpoche define a quienes intentan forzar la comprensión del mahamudra sin haber desarrollado previamente una comprensión de su profunda visión como 'meditadores ingenuos'. Khenpo Rinpoche enseña que la mayoría de las personas debe ir ganando certeza en la visión última paso a paso. Este acercamiento implica un estudio a fondo y una contemplación de los principios filosóficos como herramienta para ir alcanzando una experiencia directa de la verdadera naturaleza vacía de todos los fenómenos[53]. Milarepa no revela en las *Canciones* de forma directa esas fases graduales de familiarización con la visión última, asumiendo que su audiencia ya tiene cierto nivel de comprensión.

Una forma de presentación común que se utiliza para todos los practicantes del linaje mahamudra, y que el mismo Milarepa usa para explicar la práctica, habla de cuatro fases: 'visión, meditación, conducta y realización'. Milarepa enseña que la 'visión' del mahamudra es la base de la práctica; la 'meditación' es el camino para familiarizarse con dicha visión; la 'conducta' es la forma de vida con la que uno se compromete, aparte de la meditación formal, y también funciona como refuerzo de la práctica; y la 'realización' es el resultado de la meditación mahamudra. Milarepa utiliza este esquema en varias canciones a lo largo de sus

---

[53] Para una explicación y visión de conjunto sobre cómo afrontar el estudio y contemplación mencionados, ver el libro de Khenpo Tsultrim Gyamtso Rinpoche *The Progressive Stages of Meditation on Emptiness* (edición en castellano: *Meditación progresiva sobre la vacuidad*).

*Canciones reunidas*, pero una presentación particularmente clara y explícita puede hallarse en la canción final del capítulo 39.

En la primera estrofa de esta canción, Milarepa resume así la visión última, la meditación, la conducta y la realización:

> La visión es sabiduría, la cual es vacuidad.
> La meditación es claridad, libre de fijación.
> La conducta es la corriente continua del no apego.
> La realización es desnudez libre de manchas.

Es típico de Milarepa enumerar las partes principales de un tema al inicio de sus canciones y a continuación ir explicándolas. Para aclarar el primer punto, la visión última, canta:

> Con esta visión, la sabiduría que es vacuidad,
> existe el peligro de extraviarse en la mera palabrería.
> Si no desarrolláis certeza en la realidad,
> las palabras no aseguran la liberación del apego al 'yo'.
> Por tanto, la certeza es extremadamente importante.

Las enseñanzas budistas contienen muchos razonamientos y descripciones filosóficas que acercan a la comprensión de la vacuidad de manera deductiva y conceptual. Como ya se ha dicho, para la mayor parte de la gente se trata de un prerrequisito importante antes de la práctica formal de mahamudra. Sin embrago, según Milarepa, si nos quedamos en esa comprensión exclusivamente conceptual y teórica (lo que él llama 'mera palabrería'), no seremos capaces de alcanzar la liberación. El estudio, la contemplación y la meditación sobre esas enseñanzas son un importante preliminar, pero hay que acabar teniendo una experiencia directa, que debe ser inducida por alguna persona que tenga una compresión auténtica ella misma: un guru sostenedor del linaje. En esta práctica, la visión última no puede ser expresada en palabras o de manera lógica; al contrario, se trata de una experiencia directa. Esta experiencia personal y genuina de la vacuidad, esta visión, es la base para la práctica en el contexto del mahamudra. Hay que tener cierta experiencia directa de la vacuidad antes de poder meditar en ella.

Debe haber al menos un atisbo de esta sabiduría al principio y, para que se convierta en una experiencia estable, hay que familiarizarse de forma repetida con ella, recordarla. Milarepa canta:

> Con esta meditación, claridad libre de fijación,
> existe el peligro de extraviarse en la mera calma.
> Si la sabiduría no surge desde el interior,
> aunque permanezcáis en un estado estable, no hay
> liberación.
> La sabiduría no se desarrolla a partir de la torpeza ni de la
> agitación;
> de modo que es imprescindible una atención consciente sin
> distracción.

¿A qué se le llama meditación en el contexto de la práctica mahamudra? Es claridad libre de fijaciones. La palabra 'claridad' puede ser fácilmente malinterpretada. Al oírla podemos pensar que hay que empezar a ver luces al meditar, o alguna experiencia similar de tipo sagrado debe presentarse. Pero la claridad es una forma de describir la experiencia de la vacuidad como algo que no es una nada vacía. Las nociones de 'vacuidad' como un espacio exterior vacío o como un recipiente que no contiene nada, son malinterpretaciones comunes del concepto. El término budista 'vacuidad', por el contrario, suele describirse como 'apertura', como potencial para que aparezca cualquier cosa. Y, entonces, todas esas apariciones, cualquier experiencia que tengamos, son meras apariencias. No son autónomas y permanentes. Las apariencias carecen de entidad. Aparecen, pero están vacías. En el *Sutra del corazón* se describe así:

> "La forma es vacío y el vacío es forma.
> La forma no es algo diferente del vacío;
> el vacío no es otra cosa que la forma".

Expresado con las palabras de Milarepa:

> ¡E ma! Los fenómenos de los tres reinos del samsara
> carecen de existencia, pero aparecen. ¡Qué maravilla!

Las apariencias no pueden separarse de su esencia vacía, e igualmente la vacuidad no es algo separado de lo que se nos presenta. La verdadera naturaleza de la mente tiene un aspecto apariencial, está viva y es vibrante; y a eso es a lo que llamamos 'claridad'. Pero tenemos el arraigado hábito de ver las cosas de una manera incorrecta: sólidas y duraderas. Y esta costumbre de fijarnos en las apariencias luminosas como realmente existentes es lo que nos lleva al sufrimiento, haciendo nacer toda clase de estados mentales confusos, las aflicciones. Nos apegamos a las apariencias o desarrollamos aversión hacia ellas, sin parar. A causa de estos estados mentales perturbados, al final acabamos sufriendo. El papel de la meditación en este contexto es relajarse y dejar que las apariencias se manifiesten tal cual, sin las interferencias de nuestro etiquetado conceptual. Esto es lo que significa claridad exenta de fijación.

Cuando meditamos, tratamos en general de que nuestras mentes permanezcan en calma y concentradas. Cuando la mente permanece en ese estado, hablamos de meditación *samatha*, o calma mental. Pero Milarepa, en esta estrofa, dice que "Entraña el peligro de convertirse en mera calma". ¿Qué peligro es ese? Llevar nuestra mente a un estado de paz, ello por sí solo no es suficiente para alcanzar la liberación. Podemos quedarnos atrapados en la simple tranquilidad, lo cual no es una mala cosa, pero esa tranquilidad no aborda la raíz de nuestros problemas. Para que nuestra meditación trabaje por llegar a la raíz del problema, debe brotar de ella la sabiduría, la clara visión de la naturaleza de la realidad. La experiencia de la vacuidad debe estar presente; de lo contrario, incluso aunque nuestra meditación sea muy estable, solo estamos teniendo una experiencia pasajera de quietud. No estamos cortando la raíz de lo que nos ata al sufrimiento.

No quiero decir, sin embargo, que permanecer en calma no sea importante. Milarepa dice también que "La sabiduría no surge de la torpeza ni de la agitación". Si nuestras mentes se hallan agitadas por pensamientos y emociones, o si caemos en un estado de torpeza y somnolencia, no hay posibilidad de que nuestra sabiduría, presente de manera natural, irrumpa. Necesitamos estabilidad mental para que la sabiduría se desarrolle. De modo que, en las fases más avanzadas de meditación, permanecemos simplemente atentos y relajados, conscientes del momento presente, dejando que lo que sea se manifieste sin apegarnos a ello. La bien conocida plegaria del linaje Dakpo Kagyu dice:

> Se enseña que la no distracción es el cuerpo de la
> meditación.
> Así, ocurra lo que ocurra, el meditador reposa sin hacer nada
> en el frescor de la esencia misma del pensamiento.
> Bendecidme para que esté libre de la idea de algo en lo que
> meditar.

Cuando se hace meditación mahamudra, uno no fija su consciencia en ningún objeto ni trata de concentrarse en algo. Simplemente se mantiene en un estado de no distracción y permite que cualquier cosa que surja aparezca tal cual es.

Permanecer libre de cualquier fijación conceptual, mientras se reconoce la verdadera naturaleza de la mente en medio del surgimiento de toda clase apariencias, no es algo que suceda de forma automática para la mayor parte de las personas. Esta meditación se vuelve estable solo tras un entrenamiento con los preliminares de renuncia, devoción hacia el guru y comprensión de la visión profunda, de entrada, seguido de la práctica perseverante y relajada de familiarizarse con la visión.

Una vez desarrollada la estabilidad en esta visión y este tipo de meditación, uno no puede dedicarse solo a las sesiones de meditación formal, si desea alcanzar la completa liberación. Debe llevar su experiencia más allá del cojín de meditación, a la conducta en su actividad cotidiana. Milarepa canta:

> Con esta conducta, la corriente continua del no apego,
> existe el peligro de extraviarse en comportamientos inade-
> cuados.
> Si la visión y la meditación no surgen para acompañarla,
> la disciplina yóguica se convierte en amiga de las ocho
> preocupaciones.
> Por tanto, es imprescindible estar libre del apego y de la
> ignorancia.

Cuando los yoguis y las yoguinis se han hecho diestros en mantener la experiencia de la visión y la meditación, de la naturaleza de la mente, pueden practicar sin interrupción en todo aquello que hacen. Este modo de disciplina yóguica consiste en actuar de manera espontánea para el bien de todos los seres. En casos especiales hasta puede parecer que se trata de comportamientos extravagantes, como ya se dijo de Tsangnyön Heruka. De manera que, si tal conducta no va justamente acompañada de la visión última y la meditación, se vuelve inadecuada y no virtuosa. No solo no es beneficiosa, sino que daña. Milarepa afirma que tal disciplina yóguica se convierte en compañera de las ocho preocupaciones mundanas, cayendo en el apego hacia la ganancia y la pérdida, el elogio y el agravio, la felicidad y la tristeza, la fama y el no reconocimiento. Si alguna de estas preocupaciones está presente en la mente, uno puede tener la certeza de que no practica la verdadera disciplina yóguica. Para que esto suceda, hay que estar completamente libre de apego en todo momento y libre de la ignorancia que producen las aflicciones y la fijación conceptual.

En el sentido budista generalmente utilizado, la 'realización' es el término que describe el resultado de haber llegado al final del camino, y es sinónimo de budeidad o iluminación. Pero aquí, 'realización' tiene un matiz ligeramente distinto. Milarepa canta:

> La realización, que es desnudez libre de manchas,
> corre el peligro de ataviarse con las prendas de las características.
> Si la confusión no se detiene desde el interior,
> solo meditaréis con una aspiración mental; y eso será intrascendente.
> Por tanto, es imprescindible detener la confusión.

Al principio de esta canción, la visión última fue descrita como "sabiduría que es vacuidad". Se trata de otra forma de definir la naturaleza básica de la mente, también llamada 'naturaleza de buda'. Esta naturaleza de la mente, la sabiduría inherentemente presente en nuestras mentes, es también la realización. El vajrayana a menudo es llamado el vehículo de la realización; este enfoque toma la realización, el reconocimiento de la propia naturaleza de la mente, como camino. 'Desnudez', aquí, significa que, en última instancia, no hay nada que bloquee ni oscurezca la naturaleza de la mente. No existen manchas tales como aflicciones, conceptos o etiquetas presentes de forma inherente, que impidan ser capaz de ver y experimentar dicha naturaleza básica.

Sin embargo, existe el peligro de que estemos orgullosos de nosotros mismos, o de nuestro supuesto elevado logro, y le pongamos la etiqueta de 'naturaleza de la mente', o 'iluminación', o 'naturaleza de buda' o incluso 'algo especial'. Es normal que nos expresemos así al hablar, pero estas etiquetas no son la verdadera 'verdadera naturaleza': son simples pegatinas, o como las llama Milarepa, "las prendas de las características". La realidad última de la mente está desnuda y libre de manchas. Y, para poder verla tal cual es, la confusión debe desaparecer. Solemos pensar en la confusión como algo de lo que deshacernos, algo que abandonar, y en la sabiduría como algo que hay que adoptar o adquirir del exterior de alguna manera. Pero desde el punto de vista último, no hay nada que debamos hacer; la confusión sencillamente tiene que desaparecer de nosotros. ¿Y eso como sucede? El ejemplo tradicional que ilustra esto es la confusión de una cuerda enroscada como una serpiente. Cuando creemos que la cuerda es una serpiente, respondemos con miedo, y de esa confusión surgen todo tipo de emociones perturbadoras. Pero en cuanto nos damos cuenta de que en realidad la serpiente es una cuerda, la confusión sencillamente se desvanece, sin ningún tipo de intervención externa. No necesitamos convertir una serpiente falsa en una cuerda real. Todo lo que necesitamos para liberarnos de la confusión es ver la situación -nuestra mente- tal como es, sin alterar nada. Lograda la certeza de que 'la serpiente' es 'una cuerda', no existe la posibilidad de que la confusión regrese, desaparece para siempre.

En este sentido, ver la verdadera naturaleza de la realidad es análogo a ver la naturaleza de la mente. Cuando la vemos tal cual es, sin modificarla de forma alguna ni imponerle nuestros conceptos, la confusión sencillamente desaparece. Desde el punto de vista último, se enseña que la mente de la budeidad es algo naturalmente presente y no algo que deba ser creado o hallado en algún lugar. Toda la confusión que experimentamos no es algo que debamos quitarnos de encima. Una vez vemos las cosas tal como son, descubrimos que la confusión era un artificio. Y no necesitamos hacer nada al respecto, sencillamente desaparece. Milarepa señala que si la confusión no desaparece de nuestro interior y pensamos que "Ahora vamos a hacer la práctica definitiva del mahamudra para alcanzar la iluminación", o que "Practicando intensamente esta meditación conseguiremos algo especial", este tipo de pensamientos no serán sino una aspiración mental y un intento insignificante respecto a la práctica verdadera. Por ese motivo Milarepa afirma ser tan importante que desaparezca la confusión de nuestro interior.

En todas sus enseñanzas y canciones de realización, Milarepa habla desde un solo punto de vista: su propia experiencia. Todas sus canciones pueden servir como comentarios entre sí. En la canción que acabamos de citar, Milarepa presenta con claridad las características de la visión última, la meditación, la conducta y la realización, pero tiene mucho más que decir sobre estos tópicos en otras canciones. Las *Canciones reunidas* son un rico tapiz de enseñanzas en el que se entretejen todos los temas del Dharma desde diferentes aproximaciones y enfoques. Vistas y estudiadas como una colección, las *Canciones* de Milarepa ofrecen al practicante una visión útil de cómo encarar el trabajo para el beneficio de uno mismo y de los demás en el camino espiritual.

## NOTAS SOBRE LA TRADUCCIÓN

El lenguaje de la *Vida* y las *Canciones* utilizado por Tsangnyön Heruka es muy distinto del usado en la mayor parte de la literatura budista tibetana. Aparte de la terminología dhármica, que resultará familiar a los estudiantes del budismo en lengua tibetana, ambos textos incluyen una notable presencia de lenguaje coloquial. Esto connota un sentimiento realista para los hablantes nativos; pero, dado que el tibetano no tiene un registro estándar interdialectal, los traductores no nativos, e incluso a veces los propios hablantes nativos, se ven en dificultades a la hora de interpretar el significado exacto de ciertos pasajes. El dialecto empleado en las *Canciones reunidas* se identifica en general como perteneciente a la región de Tsang, en El Tíbet Central, y está datado en torno al siglo XV, o incluso antes. La combinación de oscuros regionalismos y arcaísmos convierte la comprensión en un reto, análogo al que sería la lectura de los textos medievales de Chaucer sin la ayuda de los glosarios y notas a pie de página herederos de siglos de erudición.

La mayor parte de la *Vida* y las *Canciones* se entiende de manera inmediata, pero tratar de traducir cada palabra con el sentido que tiene en el original ha requerido un gran esfuerzo de investigación y consultas. Se ha recurrido a la comparación con *Los doce hijos principales* y con *El*

*Tesoro negro* en busca de claridad, ya que muchos de los pasajes están sacados de ambos textos casi de manera literal, apenas con minúsculas diferencias. Cuando ha sido posible, se ha consultado con hablantes nativos tibetanos y con especialistas, en busca de claridad para los pasajes más oscuros. A pesar de todos estos esfuerzos, un cierto número de pasajes ha permanecido oscuro. En estos casos, se han traducido con el mayor cuidado y se ha señalado que hay notas al final con el significado original de los términos tibetanos. Donde ha sido posible consultar con un especialista tibetano, su información ha sido indicada con sus iniciales, tras el pasaje en cuestión. Todas estas notas son puramente técnicas, probablemente solo de interés para los lectores tibetanos, y, para facilitar la lectura, han sido colocadas como notas al final del libro. Con la misma intención, la información suplementaria útil de modo general, incluidas explicaciones sobre referencias poco claras e información básica sobre conceptos budistas, se ha ubicado en notas a pie de página.

Unas pocas palabras se han dejado como puras transcripciones de las originales tibetanas. Se trata de palabras usadas con mucha frecuencia, que han llegado a ser términos habituales entre los hablantes ingleses familiarizados con la historia de la vida de Milarepa y con la tradición a la que pertenece. La más común de todas ellas es el término honorífico usado para referirse a Milarepa: *el Jetsun*[54]. Se trata de una palabra compuesta de '*je*' (que se pronuncia 'jay'), que puede ser traducida por 'señor', 'rey' o 'majestad', y de '*tsun*', que se aplica a alguien que tiene una conducta impecable y es reverenciado por ello. En tibetano la segunda sílaba se pronuncia '*tsün*', pero la diéresis ha sido omitida buscando la simplicidad. *Jetsun* podría ser traducido literalmente como 'respetable o noble señor', pero el trato honorífico ha llegado a estar asociado tan estrechamente a Milarepa que lo he dejado sin traducir.

La palabra '*repa*'[55] significa 'ataviado de algodón', donde la sílaba '*re*' implica 'ropa de algodón' y '*pa*' indica a alguien que actúa o está asociado con la sílaba precedente. *Repa*, generalmente, hace referencia al

---

[54] Tib: rje btsun.

[55] Tib: *ras pa*.

yogui que practica *chandali* (en tibetano, *tummo*)[56]. Esta práctica produce un intenso calor interno, haciendo innecesario vestir gruesos ropajes incluso en los climas más gélidos. Los *repas* visten una sencilla túnica de algodón como signo de su realización del *chandali*, y a la vez como estímulo para mantener su práctica con diligencia.

Otro término que se ha dejado sin traducir es '*tendrel*'[57]. Se trata de una contracción de la expresión '*ten ching drelwar jungwa*'[58], usada por los tibetanos como traducción del concepto clave budista 'originación interdependiente' (sánsc: *pratītyasamutpāda*). En la tradición vajrayana, que es el contexto de este trabajo, el significado de la interdependencia adquiere un especial relieve. Una práctica capital de la tradición del Mantra Secreto es la 'visión pura' o perspectiva sagrada: ver el universo y a todos los seres que contiene como fundamentalmente puros y sagrados. Cuando se aplica esta visión, todos los fenómenos del mundo relativo adquieren un valor simbólico, y la interacción con ellos se convierte en significativa en el camino de uno hacia el despertar. La interrelación entre el guru y el discípulo es particularmente importante en el camino vajrayana. *Tendrel*, en este contexto vajrayana, puede adquirir el sentido de 'augurio'. Uno aprecia el juego de la interdependencia en el mundo prestando atención a la propia mente y al entorno[59].

Los apéndices del libro proporcionan a los lectores una serie de recursos adicionales. Hay un resumen de la *Vida de Milarepa*, de Tsangnyön Heruka, en el apéndice 1, para quienes no estén familiarizados con su historia. Para los estudiantes de tibetano, el apéndice 2 enumera los equivalentes tibetanos de los nombres propios de los lugares y personas que aparecen en el libro; y el apéndice 3 ofrece la traducción elegida para los términos tibetanos clave. El apéndice 4, provee la lista de las muchas canciones traducidas aquí y allá bajo la guía de Khenpo Tsultrim Gyamtso

---

[56] Tib: *grum mo*.

[57] Tib: rten 'brel.

[58] Tib: rten cing 'brel bar 'byung ba.

[59] NOTA DEL TRADUCTOR AL ESPAÑOL: En los contextos concretos en que *tendrel* se refiere a una conexión kármica previa, lo hemos traducido directamente por 'conexión', para facilitar la comprensión; en los casos en que el término 'tendrel' implica otros matices, lo hemos dejado tal cual.

Rinpoche, junto a dónde pueden ser encontradas en el texto. Finalmente, el glosario de términos sánscritos y budistas y de nombres propios completa la información.[60]

## AGRADECIMIENTOS

En primer lugar, me gustaría expresar mi más honda gratitud hacia todos los maestros del linaje que nos han precedido, dedicando completamente sus vidas y trabajando de manera incansable para permitir que nuestra generación tenga acceso a la historia de Milarepa y sus profundas y benéficas enseñanzas.

Agradezco que su santidad el XVII Gyalwang Karmapa, Ogyen Trinle Dorje, haya dado su bendición personal a la traducción y publicación de este trabajo. Que su actividad en este mundo se desarrolle sin obstáculos, y que su presencia transforme y moldee las mentes de los seres, trayendo la paz y el bienestar a todos.

Estoy también agradecido a Khenpo Tsultrim Gyamtso Rinpoche, doctor en doctrina y filosofía budista, así como experto en las prácticas tántricas transmitidas por Milarepa, cuya vida y enseñanzas han estado dedicadas por entero a la actualización de dichas prácticas para la actual generación. Me siento afortunado de haber tenido acceso a sus enseñanzas a través de los medios digitales y de sus estudiantes tibetanos y occidentales.

Y, por encima de todo, quiero dar las gracias a mi propio maestro raíz, Dzogchen Ponlop Rinpoche, cuyo ejemplo personal, integridad y dominio perfecto de las enseñanzas continúa maravillándome e inspirándome. Sin su sugerencia inicial y su posterior apoyo y motivación jamás me habría atrevido a embarcarme en un proyecto de tal envergadura y tan intimidante. Rinpoche sacrificó muchas horas de su tiempo revisando extensos pasajes conmigo palabra por palabra. Al igual que con el resto de sus estudiantes, siguió mostrándome su bondad al dedicarme su

---

[60] NOTA DEL TRADUCTOR AL ESPAÑOL: de todos estos apéndices aquí mencionados solo hemos conservado en la versión española el primero de ellos; hemos juzgado que el resto, o eran demasiado técnicos, o interesaban únicamente al lector en lengua inglesa. En todo caso, irrelevantes para nuestra versión.

atención personal para prepararme como practicante budista y como buen ser humano.

Me siento agradecido de haber tenido la oportunidad de asistir a las lecciones sobre la *Vida de Milarepa* de Khenpo Sherap Phuntsok, mientras era estudiante en el Vajra Vidya Institute de Nepal. Casualmente, coincidiendo con los primeros estadios de esta traducción, Khenpo Sherap decidió impartir una clase complementaria en la *shedra* para los monjes y los laicos que desearan asistir. Acharya Tashi Wangchuk y Acharya Lhakpa Tsering me prestaron también su valiosa ayuda en los inicios de esta traducción, y les estoy agradecido a ambos. Mi reconocimiento para Acharya Kelzang Wangdi, por ayudarme a desentrañar un par de referencias abstrusas. Y deseo hacer una mención especial de Tenzin Namdak, tibetano nativo y lector entusiasta de las canciones de Milarepa, quien me ayudó con la comprensión de muchos rasgos idiosincrásicos del texto.

David Karma Choephel, Andrew Quintman, Elizabeth Callahan, Karl Brunnhölzl, Scott Wellenbach, Chungdak y Peter Alan Roberts, todos ellos competentes traductores, me han prestado su desinteresada y valiosa ayuda a lo largo del proyecto.

Stephanie Johnston, Stuart Horn, Kimberly Colwell, Ryszard Fraçkiewicz, Andrew Clark, Jude Rozhon y Rita Stagg me han ayudado generosamente a pulir el estilo del manuscrito. Muchas gracias a mis editoras de Shambhala, Susan Kyser, quien ha puesto gran atención en cuidar la coherencia en los aspectos gramaticales y en las referencias, y a Audra Figgins, quien ha echado una mano en la revisión final.

Estoy también muy agradecido a mis múltiples benefactores, sin cuya ayuda esta traducción no habría sido posible.

Y, para acabar, mi más sincero agradecimiento por su apoyo a toda la sangha de Nalandabodhi, la comunidad de estudiantes y practicantes de Dzogchen Ponlop Rinpoche que es mi segunda familia.

Me siento afortunado y agradecido por haber tenido la oportunidad de estudiar y traducir una obra tan importante de la literatura espiritual. Todos los errores que pueda haber son fallo mío; pido perdón de antemano a los maestros del linaje y a los lectores por ello. Que esta obra sirva para que todos sus lectores conecten con el corazón de las enseñanzas de

Milarepa y con su linaje de práctica, y que ello sea de gran beneficio para todos los seres sensibles.

Christopher Stagg<br>
Seattle, WA<br>
Octubre de 2015

# UNAS PALABRAS DEL TRADUCTOR AL ESPAÑOL

Esta versión en lengua española de 'la nueva traducción' de Christopher Stagg ha tenido que tomar sus propias decisiones en algunos momentos. Y lo hemos hecho recurriendo al original tibetano siempre que hemos creído necesario, con la ayuda de la traductora Karma Sangye Khandro, y respetando las leyes de nuestra propia lengua.

Dado que no pretendemos hacer una obra de rigor filológico, sino acercar *Los Cantos de Milarepa* al lector normal interesado en la materia, hemos adoptado el criterio de adaptar la mayoría de los términos sánscritos y tibetanos presentes en el texto a las leyes fonéticas y ortográficas del español actual.

Desde su introducción en la tradición literaria británica del siglo XIX, la terminología budista se ha ido incorporando poco a poco al bagaje cultural de Occidente; y palabras como Buda, bodisatva, karma, vipasana, etcétera, nos pertenecen ya. No obstante, en algunos casos, como puede ser 'dharma' o 'samadhi', hemos optado por conservar su transliteración clásica, en aras de su identidad.

Algunos términos hemos optado por castellanizarlos en ciertos contextos y por mantener el original en otros, con el criterio de ir dando a conocer al lector interesado en la materia budista ese vocabulario básico de la doctrina tradicional. Es el caso, por ejemplo, de protectores/*dharmapalas*, inteligencia/*prajña*, instrucciones esenciales/*upadeshas*, conexión kármica/*tendrel*… y otros que el lector y la lectora irán descubriendo al hilo de su lectura.

Hemos conservado la grafía 'sh' por motivos fonéticos; y hemos tendido al menor uso posible de las mayúsculas, que acaban atascando un texto de palabras pretendidamente importantes. Hemos utilizado la cursiva para remarcar aquellos conceptos que pertenecen al mundo ideológico budista y que, de ser traducidos, perderían su sentido; la mayor parte de los cuales aparecen explicados, para quien los desconozca, en el glosario final.

Esperamos que todo ello redunde en una mayor modernidad y cercanía del texto que aquí presentamos.

Pese a que esta traducción va firmada por su responsable, se ha visto corregida y enriquecida por el rigor aportado en la revisión realizada por la Lama Guelongma Tsondru; y en todo momento hemos tenido la confianza que nos ha dado el acceso a la versión tibetana original.

¡Que sirva para el bien de todos los seres!

# LAS CIEN MIL CANCIONES DE MILAREPA

*Originalmente titulado*

རྗེ་བཙུན་མི་ལ་རས་པའི་རྣམ་ཐར་རྒྱས་པར་ཕྱེ་བ་མགུར་འབུམ༎

## Las canciones reunidas que Milarepa cantó a lo largo de su vida

# PRIMER CICLO:
## Milarepa subyuga bajo juramento a los espíritus dañinos

# 1. Mila recoge leña

Namo Guru

En cierta ocasión, mientras habitaba en La Fortaleza del Garuda Chonglung, estando en un estado luminoso de mahamudra, el poderoso señor de los yoguis, el Jetsun Milarepa, se levantó para prepararse la comida y vio que se había quedado no solo sin *tsampa*[61] sin sal sin agua y sin condimento alguno, sino que ni siquiera había algo de leña en la entrada. No habiendo agua ni fuego para la estufa, Milarepa pensó: "Parece que mi olvido de las provisiones se ha pasado de la raya. Iré fuera a recoger un poco de madera". Y salió.

Cuando ya hubo acumulado bastante leña para llenar el faldón de su túnica, se levantó una fuerte ráfaga de viento de forma súbita. Si se sujetaba la ropa, la leña volaba, y cuando sujetaba la leña, volaba su ropa. En ese punto, pensó: "A pesar de llevar tanto tiempo en retiro, no he superado mis apegos. ¿De qué sirve la práctica del dharma sin abandonar el apego al 'yo'?".

Y dijo en voz alta: "¡Si quieres mi ropa, tómala! ¡Si lo que quieres es mi leña, ahí la tienes!". Y, renunciando a ambas, se sentó en el suelo. Entonces, a causa de su falta de alimento, le sobrevino un desequilibrio del prana[62] y se desmayó. Cuando volvió en sí, su ropa colgaba de la copa de un árbol, agitándose al viento. Un sentimiento de desencanto se apoderó de él, y se sentó a meditar en la superficie plana de una roca del tamaño de una oveja.

Entonces, comenzó a aparecer una nube blanca por el este, desde la dirección del Valle de Drowo. Milarepa pensó: "Bajo esa nube está la ermita del Valle de Drowo. Allí es donde vive mi guru, Marpa Lotsawa, el Traductor". Y, recordando cómo junto a su guru, su consorte y su

---

[61] Harina de cebada tostada, dieta básica tibetana.

[62] Tib: *bser ma*. Es el equivalente del prana frío (el *qi* de la tradición china), y significa literalmente 'viento' o 'aire'. Cuando el prana se desequilibra, ello origina varios problemas de salud.

comunidad de hermanos y hermanas y amigos vajra había recibido las iniciaciones, las instrucciones y las explicaciones de los tantras, pensó: "Qué hermoso sería, si él se encontrara allí ahora, ir y reunirme con él". Y el desencanto que acababa de sentir se convirtió, ante el poderoso recuerdo de su guru, en una inmensa tristeza. Llorando a lágrima viva, cantó esta canción de tristeza y añoranza, *La canción de los seis recuerdos del guru*:

> Acordarme de ti, padre Marpa, disipa mi angustia;
> y una canción de añoranza brota espontánea en este renunciante.
>
> Al este, en La Montaña Roja de Chonglung,
> una blanca nube preñada de lluvia ha hecho su aparición.
> Bajo esa blanca nube viajera se emplaza el gran lugar, la ermita
> del Valle de Drowo.
> A su espalda hay una montaña que parece un majestuoso elefante
> sereno
> y la montaña que tiene enfrente es como un gran y majestuoso
> león sereno.
> Sobre el trono de piedra *amolika*[63],
> sobre un cojín de piel de ciervo *krishnasara*[64],
> ¿quién es la persona que se sienta ahí?
> Es Marpa el Traductor quien está ahí sentado.
> Si ahora mismo pudiera reunirme contigo, ¡qué feliz sería!
>
> Aunque mi devoción es débil, desearía estar a su lado;
> aunque mi anhelo es débil, desearía estar a su lado.
> Cada pensamiento, me recuerda al noble guru.
> Cada vez que medito, me acuerdo de Marpa Lotsawa.

---

[63] *Amolika* es un tipo de piedra, conectada con los reinos celestiales, a la que se hace referencia a menudo en la literatura tibetana (Kunsang 2006: 213).

[64] Avalokiteshvara, el bodisatva de la compasión, es representado tradicionalmente llevando una piel de ciervo krishnasara sobre su hombro izquierdo y su corazón, para simbolizar el amor y la compasión. Las pieles de ciervo, generalmente, son usadas por los yoguis budistas como asientos de meditación. "Como asana -o asiento-, se cree que la piel de ciervo fortalece la calma solitaria y la claridad requeridas por el asceta con la pureza de la energía sátvica del ciervo absorbida por el practicante" (Beer 2003: 62).

La señora Dagmema, más querida que mi propia madre,
si ahora mismo pudiera estar contigo, ¡qué feliz sería!
Aunque el viaje es largo, desearía reunirme con ella;
aunque el camino es difícil, desearía reunirme con ella.
Cada pensamiento, me recuerda al noble guru.
Cada vez que medito, me acuerdo de Marpa Lotsawa.

El profundo tantra de Hevajra,
si ahora mismo pudiera ser enseñado, ¡qué feliz sería!
Aunque mi sabiduría es poca, me gustaría recibirlo;
aunque mi inteligencia es poca, me gustaría recitarlo.
Cada pensamiento, me recuerda al noble guru.
Cada vez que medito, me acuerdo de Marpa Lotsawa.

Las cuatro iniciaciones simbólicas del Linaje de la Escucha,
si pudiera recibirlas ahora, ¡qué feliz sería!
Aunque mis ofrendas son pequeñas, me gustaría recibirlas;
aunque no pueda ofrecer un regalo de iniciación, me gustaría
solicitarlas.
Cada pensamiento, me recuerda al noble guru.
Cada vez que medito, me acuerdo de Marpa Lotsawa.

Las profundas instrucciones de los Seis Yogas de Naropa[65],
si ahora mismo pudieran ser enseñadas, ¡qué feliz sería!
Aunque mis fuerzas flojean, me gustaría recibirlas;
aunque mi resistencia en la meditación es débil, me gustaría
recibirlas.
Cada pensamiento, me recuerda al noble guru.
Cada vez que medito, me acuerdo de Marpa Lotsawa.

Hermanos del dharma llegados con fe desde Ü y Tsang[66],
si pudiera veros ahora, ¡qué feliz sería!
Aunque mi experiencia y realización son menores, me encantaría
debatir;

---

[65] Enseñados como prácticas condensadas de los tantras, 'Los Seis Yogas de Naropa' son:
chandali, el cuerpo ilusorio, el yoga del sueño, el yoga de la clara luz, la práctica del bardo
y el powa o transferencia de la consciencia.

[66] Ü es la región central del Tíbet.

aunque mi comprensión es inferior, me encantaría debatir.
Cada pensamiento, me recuerda al noble guru.
Cada vez que medito, me acuerdo de Marpa Lotsawa.

Aunque este renunciante sabe que la devoción nos hace
inseparables,

soy incapaz de soportar este torturante anhelo
de sentir a mi guru en el fondo de mi corazón.
Mi respiración se ha quedado agarrotada en el pecho, ¡no puedo
hablar!
¡Padre amoroso, por favor, libera a tu hijo de esta tristeza!

Entonces, sobre una nube que se extendía como una bandera de cinco colores, el Señor Marpa apareció ante él, sentado a lomos de un león blanco ataviado con muchos adornos, con una apariencia incluso más esplendorosa que cuando Milarepa había estado con él en el pasado.

"Hijo mío, Gran Hechicero[67], ¿por qué me has llamado con tanta angustia? ¿Has perdido la fe en las joyas supremas del guru y el *yidam*? ¿Te has dejado llevar por tus pensamientos, causa de las condiciones adversas? ¿Están impidiendo tu retiro los obstáculos de las ocho preocupaciones mundanas? ¿Se han apoderado de ti los demonios del miedo y la esperanza?

"Antes de nada, ¿has ofrecido tus servicios a la joya suprema del guru? Después, ¿has sido generoso con los seres sensibles de los seis reinos? Entre medias, ¿has purificado tu ignorancia y tu negatividad y has cultivado las virtudes positivas? ¿No han surgido las condiciones propicias para todo ello?

"Sea lo que sea, sabes que tú y yo somos inseparables. Así que, continúa con tu práctica, para beneficio de las enseñanzas y de los seres."

En respuesta ante esta visión, con una alegría desbordante, Milarepa cantó la siguiente canción:

---

[67] 'Gran Hechicero' era el apodo que Marpa le había puesto a Milarepa, debido a las artes de la magia negra que había aprendido y de las que había hecho uso para vengarse de los vecinos de su pueblo.

Al ver al guru, mi padre, y oírle hablar,
la depresión de este renunciante dio paso a una experiencia
maravillosa.
Al recordar el ejemplo de la vida de mi guru,
la devoción y la realización surgieron desde lo más hondo.
Verdaderamente me llegaron su compasión y sus bendiciones
y todas las apariencias no dhármicas cesaron.
Mi anhelante canción de recuerdo del guru
hirió los oídos del Jetsun[68] y, sin embargo,
este renunciante no pudo evitarlo; de hecho, lo haría de nuevo.
¡Te ruego que sigas sosteniéndome con tu compasión!

La diligencia y la perseverancia en las dificultades,
este es el servicio que agrada a mi guru.

Ir errante y solo, de retiro por las montañas,
es el servicio que agrada a las dakinis.

El dharma genuino, libre de preocupación por sí mismo,
es el servicio a las enseñanzas de Buda.

Hacer que la vida y la práctica sean la misma cosa[69]
es la manera de ser generoso con los desprotegidos.

Con perseverancia, me siento contento en la enfermedad y soy
feliz si muero:
esta es la escoba que barre el karma, la ignorancia y la falta de
virtud.

La austeridad de rechazar la comida obtenida con violencia
es la condición propicia para la experiencia y la realización.
Padre guru, retribuiré tu bondad con mi práctica.
Señor guru, protege con tu compasión a este hijo tuyo.
Concede tu bendición para que este renunciante pueda seguir de
retiro en las montañas.

---

[68] Aquí 'Jetsun' se refiere a Marpa.

[69] Hacer que la práctica y la vida sean lo mismo significa dedicar la vida entera a la práctica.

Así cantó.

Lúcido y contento, recobró su ropa y reunió una brazada de leña para llevar a su lugar de retiro. Cuando llegó a la cabaña, se encontró dentro a cinco *atsaras*[70] con los ojos abiertos como platos[1]. Uno se había acomodado en el asiento del Jetsun, otros dos le estaban escuchando, el cuarto estaba preparando comida y el último estaba ensimismado leyendo los libros de Milarepa.

De entrada, Milarepa sufrió un shock. A continuación, pensó: "Deben de ser espíritus locales descontentos. Allá donde he ido, nunca he hecho ofrenda de *tormas*[71] ni he dedicado alabanzas al lugar. Debería dedicar alguna alabanza a este lugar". Y cantó la siguiente canción de realización en alabanza del lugar:

> ¡Oh maravilla!
> En este solitario y remoto lugar de las montañas,
> un lugar donde los Victoriosos alcanzaron la iluminación,
> hay huellas de los *sidhas*[72] que pasaron por aquí antes que yo,
> aquí donde este ser humano permanece en soledad.
>
> En La Fortaleza del Garuda de La Peña Roja de Chonglung,
> arriba las nubes del sur[73] se arremolinan y giran;
>
> abajo el río se curva en meandros;
> en medio los buitres planean en círculos.
> Miríadas de plantas se esparcen por doquier.
> Los árboles se cimbrean sueltos y relajados.
> Las abejas susurran con su grácil zumbido.
> El dulce aroma de las flores, ¡qué delicia!
> Los melodiosos pájaros pían y trinan.
>
> Aquí, en La Fortaleza de La Peña Roja de Chonglung,
> los pájaros y sus polluelos prueban la destreza de sus alas.

---

[70] En este contexto, *atsara* es un tipo de demonio.

[71] Las *tormas* son pastelillos de obsequio que se ofrecen tradicionalmente a los protectores y las deidades locales.

[72] Literalmente: 'realizados'; seres que han alcanzado un alto nivel de logro en su práctica.

[73] En la meseta tibetana, las nubes que traen lluvia suelen venir del sur.

Los monos y los langures practican sus habilidades.
Los ciervos y los antílopes adiestran la pericia de sus patas.

Yo, Milarepa, entreno la habilidad de la experiencia.
Me entreno en las dos bodichitas.
Me armonizo con las deidades en este retiro.
Vosotros, espíritus *bhuta*[74] que os habéis reunido aquí,
bebed este néctar de amor y compasión
y luego regresad a vuestros propios lugares.

Tras cantar esto, los *atsaras*, con semblante hostil hacia Milarepa, intercambiaron entre sí miradas de enojo. A continuación, llegaron otros dos *atsaras* más y ya fueron siete. Unos se le enfrentaron mordiéndose los labios con airada expresión. Otros le mostraron los dientes con fiereza. Algunos gritaban y chillaban con voz estridente. Y todos a la vez lanzaban golpes y puñetazos al aire tratando de intimidar a Milarepa. Entonces, pensó: "Estos espíritus han venido a crearme obstáculos". Y, con una mirada furiosa, recitó poderosos mantras; pero no hicieron efecto. A continuación, sintió una gran compasión y comenzó a predicarles el dharma. Y cuando vio que tampoco le hacían ni caso, pensó: "Marpa de Lhodrak me ha enseñado que todos los fenómenos surgen de la propia mente, y que esta mente es en sí misma claridad y vacuidad; y he averiguado por mí mismo que esto es cierto. Por tanto, tomar estos obstáculos y demonios como algo externo y complacerse en hacer que se vayan es inútil". Así que, dando muestras de una confianza intrépida, cantó esta canción de realización, titulada *Con confianza en la visión*:

Padre, vencedor de las huestes de los cuatro *maras*[75],
me postro a los pies de Marpa el Traductor.

La gente me toma por un ser humano,
pero soy el hijo de la gran leona de las nieves.
En el vientre de mi madre, perfeccioné los tres poderes[76].

---

[74] Espíritus incorpóreos dañinos.

[75] Los cuatro maras o demonios son: el mara de los skandas, el mara Señor de la Muerte, el mara de las aflicciones y el mara divino o de los placeres mundanos.

[76] Los tres poderes son: el poder del cuerpo, del habla y de la mente (Goldfield, *Stories and Songs*: 21)

De cachorro, dormía en la madriguera.
De joven, guardaba su umbral.
Como león maduro me paseo por las cumbres nevadas.
No tengo miedo de las tormentas de nieve.
No me asustan los escarpados desfiladeros rocosos.

La gente me toma por un ser humano,
pero soy el hijo del *garuda*, el rey de las aves.
Estando en el huevo, me crecieron las alas.
De polluelo, dormía en el nido.
De joven, guardaba su entorno.
Como *garuda* adulto, vuelo por el cielo.
No tengo miedo de la vastedad del cielo.
No me asustan los estrechos desfiladeros.
La gente me toma por un ser humano,
pero soy el hijo de la colosal ballena.
En el vientre de mi madre, se formaron mis manchas doradas.
De alevín, dormía en el nido.
De joven, dirigía las corrientes de agua.
Cuando alcancé mi tamaño adulto, campeaba por el vasto océano.
No tengo miedo de las poderosas olas del mar.
No me asustan los anzuelos ni las redes.

La gente me toma por un ser humano,
pero soy el hijo de los gurus Kagyu.
En el vientre de mi madre, ya tenía fe.
De niño, entré por la puerta del dharma.
De joven, me esforcé en el estudio.
Ya de mayor, voy por las montañas de retiro en retiro.
Aunque los espíritus sean salvajes, no tengo miedo.
Aunque los demonios urdan sus trucos, no me asustan.

Cuando la leona se planta en la nieve, sus patas no se hielan.
Si las patas de la leona se helaran en la nieve,
sus consumados tres poderes no tendrían sentido.

El *garuda* volador no puede caerse del cielo.
Si el gran *garuda* pudiera caerse del cielo,
su magnífica envergadura no tendría sentido.

Cuando la ballena nada en el agua, no puede ahogarse.
Si la gran ballena pudiera sucumbir y ahogarse,
haber nacido en el agua no tendría sentido.

Los bloques de hierro no pueden ser dañados por las piedras.
Si los bloques de hierro pudieran ser dañados por las piedras,
fundirlos y pulirlos no tendría sentido.

Yo, Milarepa, no tengo miedo de los espíritus.
Si Milarepa tuviera miedo de los espíritus,
realizar la naturaleza esencial no tendría sentido.

Vosotros, pandilla de fantasmas, demonios y espíritus
obstaculizadores,
qué fantástico es que hayáis venido en este momento.
No os vayáis, relajaos y quedaos un tiempo.
Hablemos de todo lo que hay bajo el sol.

¿Tenéis prisa? ¡Vaya! ¡Quedaos al menos una noche!
Haremos un torneo relativo a nuestras tres puertas
y veremos la diferencia entre la virtud y la no virtud.
No dejaré que os marchéis antes de que me hayáis puesto algún
obstáculo.
Si os largáis sin haberme puesto obstáculos,
os iréis avergonzados y abochornados de haber venido.

Tras cantar esto, Milarepa se irguió con confianza en su práctica y arremetió contra los espíritus. Los *atsaras* lo miraron y se revolvieron de un lado a otro atemorizados. La energía de sus cuerpos temblorosos hizo que todo dentro de la cueva se agitara ligeramente. A continuación, se fundieron con rapidez en uno solo, y este último, con una fuerte ráfaga de viento, también se desvaneció.

Entonces, Milarepa pensó: "El rey de los espíritus obstaculizadores, Bhinayaka, lo ha intentado. La ráfaga de viento que echó a volar mi leña y mi ropa antes fue también obra suya. Pero, gracias a la compasión de mi guru, no ha sido capaz de apoderarse de mí". Esto fortaleció su práctica más allá de cualquier comprensión.

Este ciclo individual se conoce con tres nombres diferentes: "El ataque de Bhinayaka, rey de los espíritus obstaculizadores", "Los seis recuerdos del guru" y "La Peña Roja de Chonglung".

¡Que haya virtud!

# 2. El viaje a Lachi Chuzang

Namo Guru

Tras estar en La Peña de Chonglung, el señor de los yoguis, el Jetsun Milarepa, viajó a través del Paso de Tongla hacia la sierra nevada de Lachi con el fin de meditar y cumplir así el mandato de su guru. Cuando llegó a Tsarma, en Nyanang, la puerta de acceso a Lachi, los habitantes de Tsarma estaban celebrando una gran boda.

La gente estaba hablando y decían: "Actualmente hay un hombre llamado Milarepa que está retirado en las montañas, sin otra compañía humana, llevando una vida de asceta. Se trata de un verdadero practicante".

Mientras se discutía sobre la fama del Jetsun, Milarepa se acercó a las puertas del lugar donde estaban hablando. En ese momento salió una hermosa joven arreglada con preciosas joyas. Era Leksé Bum.

- De dónde eres, yogui -le preguntó.

- Soy el meditador Milarepa, que vive en las montañas y no tengo residencia fija -contestó el Jetsun-. Generosa joven, he venido a hacer una conexión contigo pidiéndote algo de comer y de beber, ¿serías tan amable de darme algo?

- Dado que eres un auténtico asceta, te traeré algo -dijo la chica-. Pero ¿eres de verdad el que llaman Milarepa?

- No tendría sentido que te mintiera -le respondió el Jetsun.

Encantada, la joven corrió dentro y les contó a todos los asistentes:

- El estimado practicante del dharma del que antes decíais que vivía lejos lo tenemos aquí mismo ahora a la puerta.

Entonces, todos salieron. Algunos se postraron ante él y otros trataron de averiguar los pormenores de su historia. Convencidos de que era realmente Milarepa, lo invitaron a entrar, y le hicieron los honores. Todo el mundo le manifestaba gran fe y devoción.

A la cabeza de todos estaba un joven, un rico benefactor. Su nombre era Shendormo. Tras hablar largo y tendido con él, le preguntó:

- Y ahora, lama, ¿dónde piensas dirigirte?

- Voy de camino a Lachi, para meditar allí -le contestó.

- Entonces, vas a quedarte en nuestra tierra, El Valle de los Demonios de Kyogmo, y a bendecirla -dijo el joven-. Te ofreceremos nuestros servicios para que no pases penurias.

Un maestro de dharma que estaba allí intervino:

- ¡Ajá! Veo que el lama y el benefactor se han entendido. De hecho, Lachi es otra forma de llamar al Valle de los Demonios de Kyogmo. Si te quedas allí, yo personalmente te serviré en todo lo que lo que pueda y te pediré enseñanzas.

El que había hablado era el maestro Shakya Guna.

- Nuestra remota región -añadió el benefactor-, ¡qué lástima!, es un lugar hermoso. Pero por miedo a la gran cantidad de problemas que causan los espíritus del lugar, nadie quiere quedarse en ella. Por favor, ve pronto allí.

Y toda la gente reunida comenzó a postrarse ante Milarepa.

- Iré enseguida -contestó el Jetsun-, pero no por amor a vuestra tierra, sino para cumplir el mandato de mi guru.

- Con eso nos vale -dijeron todos-. Te proveeremos de excelente comida y te enviaremos sirvientes.

- No necesito compañía ni comida elaborada en mis retiros de montaña. Para empezar, iré solo. Pero está bien que me hayáis ofrecido ayuda; veremos si hay algo que podáis hacer por mí más adelante.

Entonces, el Jetsun se dirigió solo hacia La Montaña Nevada de Lachi. Cuando estaba llegando al puerto, los espíritus del lugar comenzaron a enviarle poderosos encantamientos. Apenas llevaba andado un corto trecho, cuando se formó una tormenta repentina. Sonoros truenos retumbaban y estallaban los relámpagos. Se movieron las montañas a ambos lados del valle, haciendo que el agua bajara torrencialmente. Se acabó formando un gran lago agitado por fuertes olas. El Jetsun echó mano de su mirada yóguica y lanzó su bastón, haciendo que las aguas retrocedieran y desaparecieran bajo la tierra. Ese lugar es conocido como El Estanque del Demonio[2].

A continuación, Milarepa siguió un trecho hacia abajo y los espíritus hicieron que las montañas chocaran entre sí, produciendo una avalancha de cantos rodados por doquier. Ante ello, las dakinis formaron a través del valle para Milarepa una senda que se deslizaba hacia abajo con la forma de una serpiente. La senda que detuvo la avalancha es conocida como El Paso Elevado de las Dakinis.

Los espíritus más débiles se echaron para atrás, pero los más fuertes, que no habían conseguido derrotar a Milarepa, volvieron a la carga. Llegado al final del Paso Elevado de las Dakinis, el Jetsun usó su mirada yóguica para subyugar a los espíritus negativos. Y cuando hubo detenido sus encantamientos, él imprimió su huella en la roca en la que se había sentado. Caminó un poco más adelante, con el cielo ya transparente, y se sintió animado. Entonces, se paró a descansar en una alta atalaya. Entrando en un estado de *samadhi* de bondad amorosa hacia todos los seres, su práctica se vio inmensamente fortalecida. Este lugar es conocido como Los Altos de la Compasión Amorosa.

A continuación, se dirigió hacia Chuzang. Estando allí, practicando el 'yoga del flujo continuo del río', en el noveno atardecer del séptimo mes del año del Tigre Macho de Fuego, llegó un poderoso demonio, bajo la apariencia de Bharo el nepalí, con una tropa de espíritus. Llenaban toda la tierra y el cielo del valle de Chuzang. Lanzaban montañas y rayos hacia el Jetsun, haciendo que una violenta lluvia de armas cayera sobre él. Vociferaban su nombre y gritaban cosas temibles como "¡Agarrémoslo! ¡Matémoslo!", y exhibían todo tipo de apariencias horribles. Pensando "Los espíritus tratan de apoderase de mí", cantó esta canción de realización sobre el dharma de la verdad de la causa y el efecto:

> Me postro ante todos los gurus.
> ¡Tomo refugio en el bondadoso Señor!
>
> Vuestra magia, demonios masculinos y femeninos,
> se ha presentado ante mis ojos como una exhibición de
> apariencias confusas.

¡Qué lástima! ¡Cuánta compasión siento por vosotros, *pretas*[77]!
No habéis sido capaces de dañar a este ser humano.

El resultado de vuestro previo mal karma acumulado
lo experimentáis ahora en vuestro cuerpo de maduración kármica.
En esta forma, vuestras mentes se mueven con libertad en el
espacio.
Y con malas intenciones, a causa de vuestra motivación negativa,
actuáis salvajemente con el cuerpo y con el habla
diciendo: "¡Mata, corta, golpea, destroza!".

Pero este *yogui repa* que está libre de conceptos,
en su mente no hay miedo y tiene plena confianza en la visión.
Con mi heroico paso de león,
en el cuerpo, ostento la fortaleza de la forma de la deidad;
en el habla, ostento la fortaleza del sonido del mantra;
en la mente, ostento la fortaleza de la luminosa claridad.
La esencia de mis seis conciencias[78] sensoriales es vacía.
A un yogui de este nivel,
vuestra magia negra de *preta* no puede dañarlo.
El resultado de la virtud y la negatividad son los hechos.
Acumulando de forma repetida causas que casan con sus
resultados
iréis a los reinos inferiores, ¡qué triste es todo esto!

¡Qué lástima! Todos vosotros, afligidos *pretas*,
no sois capaces de realizar la naturaleza original ¡Qué triste!
Y este escuálido Milarepa que está aquí
explica el dharma cantando canciones de instrucción.

Los seres sensibles de este mundo
todos ellos han sido mis padres.

---

[77] Los *pretas*, o 'espíritus hambrientos' (tib: *yi dvags*), son una de las seis clases de seres del samsara, junto a los dioses, los asuras o dioses celosos, los humanos, los animales y los seres infernales. Demonios y espíritus suelen ser clasificados generalmente dentro de la categoría de los preta.

[78] Esto se refiere a las seis conciencias sensoriales: visual, auditiva, olfativa, gustativa, táctil y mental.

Y como han sido tan bondadosos conmigo, siento pena cuando sufren.
Por tanto, debéis abandonar vuestra mente malévola.
¿No es suficiente pensar en el karma, la ley de causa y efecto?
¿No es suficiente comprometerse con las diez acciones virtuosas?
Recordad estas excelentes palabras y reflexionad sobre ellas.
Comprended su sentido y ponedlas en práctica[3].

Así cantó.

Luego, la tropa de espíritus dijo:

- Tus inteligentes palabras no nos engañan. No vamos a dejarte en paz.

Y sus huestes crecieron en número y sus encantamientos se hicieron más poderosos.

Entonces, el Jetsun pensó para sí mismo y habló en concordancia:

- Ejército de espíritus, la magia de los demonios obstaculizadores, gracias a la bondad de mi guru, es un ornamento de la mente de este yogui que ha realizado la naturaleza original. Atacadme lo más fuerte que podáis, que yo os enfrentaré con la bodichita suprema.

Y, a continuación, cantó la canción de *Los siete grandes ornamentos*:

Me postro a los pies del Señor Marpa el Traductor.
Yo, el yogui que ha realizado la naturaleza original,
os cantaré la canción de los grandes ornamentos.
Vosotros, demonios masculinos y femeninos aquí reunidos,
escuchad atentamente sin distraeros.

Con la estupa del supremo Monte Meru en el centro,
en el sur, un resplandor de lapislázuli azul intenso
adorna el cielo de Jambudvipa[79].

---

[79] En la cosmología budista, el Monte Meru es el centro de nuestro universo; su ladera sur, que es de color azul, enfrenta el continente Jambudvipa, que es el mundo en que nosotros vivimos.

Jugando sobre el Monte Yugandhara[80]
está la luminosa pareja, el Sol y la Luna,
que son el ornamento de los cuatro continentes en toda su
extensión.

Por el milagroso poder de los nagas[4] bodisatva,
la lluvia cae a mares de la extensión del cielo
y es el ornamento de la tierra firme.

Del vapor de agua del océano exterior
se forman las nubes del sur arriba en los cielos.
Y así las nubes del sur son el ornamento de los cielos.

Por la interdependencia de los elementos -el calor y la humedad-,
en verano brilla el arcoíris sobre las verdes montañas.
El arcoíris es el ornamento de las colinas cubiertas de pasto.

En el oeste, los ríos fluyen desde el Lago Manasarovar[81]
y las plantas de Jambudvipa, en el sur, florecen.
Ellas son el ornamento para los seres que allí viven.

Yo soy un yogui que vive en retiros de montaña.
Por el poder de la meditación en la vacuidad de la mente,
han surgido los maleficios de los espíritus y de los *yakshas*[82]
masculinos y femeninos.
Esta magia es el ornamento de mi práctica.

Ahora, escuchadme bien, todos vosotros, espíritus:
este ser humano que veis aquí, ¿sabéis quién soy?
Por si no lo sabéis,
¡yo soy el yogui Milarepa!

La flor de la compasión amorosa ha florecido en lo más hondo de
mi corazón.

---

[80] Según la cosmología budista, el Monte Yugandhara es una de las siete montañas que rodean los cuatro continentes, con el Monte Meru en el centro de todos ellos. Se dice que el Sol y la Luna giran alrededor del Monte Yugandhara.

[81] Ubicado cerca del Monte Kailash, este lago es conocido en tibetano como "El lago de color turquesa insuperable" (tib: *g.yu ma pham mtsho*).

[82] Espíritus demoníacos maléficos (tib: *gnod sbyin*).

Por medio de esta placentera canción,
he predicado el dharma con palabras verdaderas.
Y con una mente altruista os he dado estos consejos.

Aunque la suprema bodichita no haya surgido en vosotros
ni actuéis para el beneficio de los demás seres,
una vez hayáis abandonado las diez acciones no virtuosas
¿cómo podríais no alcanzar la liberación y la paz?
Si escucháis a este hombre, os será de gran beneficio.
¡Practicad el dharma ahora y vuestra felicidad será duradera!

Así cantó.

La mayoría de los espíritus sintió fe y respeto hacia el Jetsun. Y, dejando de producir encantamientos, le dijeron:

- Yogui, eres una persona verdaderamente maravillosa. Si no nos hubieras revelado cómo son en realidad las cosas y no hubiéramos visto por nosotros mismos los signos, no habríamos entendido nada. A partir de ahora ya no te causaremos más obstáculos. Sin embargo, aunque ha sido una gran bondad por tu parte enseñarnos el dharma relativo a las causas y los efectos, nuestros hábitos negativos están muy arraigados y nuestra inteligencia es escasa, de manera que nuestra comprensión es limitada. Danos, por favor, alguna enseñanza que en pocas palabras contenga un gran significado, y que sea fácil de comprender y recordar.

Entonces, Milarepa cantó esta canción de realización titulada *Las siete características*:

Me postro a los pies de Marpa el Traductor.
Concédeme tus bendiciones para que esté dotado de bodichita.

Sin palabras que sean auténticas y significativas,
las canciones, aunque sean hermosas, no dejan de ser puro
entretenimiento.

Sin ilustrar el dharma con ejemplos adecuados,
las letras, aunque estén bien escritas, no son más que sonidos.

Si el dharma no se funde en la práctica con vuestra corriente
mental,
decir que se ha entendido es un autoengaño.

Si no practicáis siguiendo las instrucciones del Linaje de la
Escucha,
hacer retiros no es más que un acto masoquista.

Si no se practica el dharma que busca el bien,
esforzarse en los asuntos mundanos no es más que arduo trabajo.

Si no se tiene en cuenta el karma sutil, la causa y el efecto,
aunque vuestras palabras traigan buenos consejos, no serán sino
deseos.

Si no se practica el sentido de las palabras,
mover los labios solo produce mentiras.

Abandonad la no-virtud y la realización se producirá de forma
natural.
Practicad la virtud y la realización estará implícita.
Juntad todo esto en una sola idea y practicadlo.
Decir muchas palabras es de poca ayuda,
debéis practicar en sintonía con esta idea clave.

Así cantó Milarepa.

Los que habían solicitado el dharma sintieron fe y respeto por el
Jetsun, y lo circunvalaron y se postraron ante él muchas veces. La mayoría de ellos regresó al lugar de donde había venido. Sin embargo, el líder
de los espíritus, Bharo, y unos cuantos de su séquito siguieron lanzando
encantamientos contra él igual que antes. Entonces, Milarepa cantó la siguiente canción de realización sobre la ley de causa y efecto:

Me postro a los pies del bondadoso Marpa.
Escuchadme, espíritus, una vez más.

Vuestros cuerpos se mueven por el espacio sin trabas,
pero vuestros pensamientos malignos son un hábito inamovible.
Aterrorizáis a los demás con los colmillos de las aflicciones,
pero pagaréis por el acto no virtuoso de producir daño a los
demás.

No hay modo de evitar la verdad de la ley de causa y efecto,
nadie puede evitar la fuerza de la maduración.
Atraéis la cólera y el castigo del karma sobre vosotros mismos.

¡Ay, qué confundidos estáis, espíritus hambrientos!
¡Qué triste! Cuando pienso en el poder de todo vuestro karma
negativo,
se me llena de angustia el corazón.
Todo el karma que habéis reunido hasta ahora
os empuja a desear más.
Para comer, disfrutáis de la carne y la sangre,
lo que implica la negatividad de muerte y masacre.
Vuestra actividad es arrebatar la vida de los seres.
Entre los seis tipos de existencias, tenéis el cuerpo de los *pretas*.
Atrapados en la negatividad, seguiréis cayendo hacia los reinos
inferiores.
¡Qué tristeza más absoluta! Cambiad y dirigíos hacia el dharma
y, sin miedo ni esperanza, alcanzaréis rápidamente la felicidad.

Así cantó.

Y los espíritus dijeron:

- Eres tan hábil dando enseñanzas que por fin hemos entendido. Por favor, explícanos qué tipo de confianza surge en ti cuando practicas esta comprensión.

En respuesta, Milarepa cantó esta canción de realización titulada *La auténtica confianza*:

Me postro a los pies del genuino guru Marpa.

Yo, un yogui que ha realizado la perfección,
con confianza en 'la base', que es el estado libre de surgimiento,
he ido perfeccionando, por sus pasos, el poder incesante del
camino[5].
Explicando con compasión el método,
en la expansión de la verdadera realidad del *dharmata*[83], cantaré
una canción.

---

[83] Dharmata (tib: *chos nyid*) es la palabra usada para indicar la verdadera naturaleza de la realidad.

Ofuscados por los hechos negativos, os halláis en densas
tinieblas,
de manera que no podéis entender el significado último de la
naturaleza esencial.
Por ello os daré una enseñanza de significado provisional[84].

En el pasado, el omnisciente Buda predicó enfáticamente
en los sutras y en los tantras, que carecen de imperfección,
la ley de causa y efecto.
Ella es la única amiga de todos los seres sensibles.
Su explicación es totalmente verdadera y no conduce a engaño.
Y deberíais escuchar también las palabras del Señor Maitreya.

Yo, este yogui entrenado en la experiencia,
atento a los obstáculos externos -las ilusiones del exterior-,
he aprendido que son el mágico despliegue de la mente no nacida.
Contemplando la naturaleza de la mente,
he aprendido que es primordialmente vacía, pura mente, sin raíz
alguna.
Con las cualidades de la meditación en soledad
y las bendiciones del linaje de mis gurus,
he alcanzado esta comprensión a través del linaje del Señor
Naropa.
He meditado sobre el significado infalible,
la intención iluminada de los Victoriosos.
Mi señor guru me reveló los puntos esenciales
de la intención de los profundos métodos de los tantras.
Por el poder de la meditación mantenida en el camino de creación
y culminación,
he aprendido la conexión interdependiente de los *nadis* internos,
de manera que no temo los obstáculos de las apariencias confusas
del exterior.
El linaje del Gran Brahmán[85]

---

[84] Las enseñanzas de significado provisional eran dadas por Buda a aquellos que no estaban preparados para comprender el significado completo de la naturaleza de los fenómenos, que constituye el significado definitivo.

[85] El linaje de Saraha, el brahmán fundador del linaje mahamudra.

ha producido muchos yoguis gloriosos como el cielo[86].
Mis percepciones confusas se han disuelto en el espacio.
Habiéndome entrenado sin descanso en el punto clave de la mente
innata,
no he visto a nadie dañado o que haya producido daño.
Si os entregáis a la lectura de *Los tres cestos del dharma*[87]
estoy seguro de que con ello es suficiente.

Así cantó.

Entonces, Bharo y su cortejo, quitándose el turbante, lo circunvalaron y se postraron ante él muchas veces, y prometieron ofrecerle provisiones durante un mes entero. A continuación, se desvanecieron como un arcoíris.

A la mañana siguiente, cuando salió el sol, volvieron a aparecer los espíritus de Bharo de la noche anterior, rodeados de un gran cortejo de espíritus Bhari femeninos[88], ataviadas con hermosas vestiduras. Llenaron gran cantidad de recipientes con vino y otros licores, y una elegante bandeja con arroz y carne y todo tipo de guarnición, y se lo sirvieron al Jetsun.

- A partir de ahora -dijeron-, seremos tus súbditos y haremos lo que nos mandes.

Se postraron ante él y lo circunvalaron muchas veces, y a continuación desaparecieron. Su líder empezó a ser conocido como el Rey Tangdrem, señor de una gran asamblea de poderosas deidades.

Tras esta experiencia, la práctica del Jetsun se vio fortalecida; y, con su cuerpo en estado de gracia, se mantuvo sin hambre durante un mes entero.

---

[86] Esto indica que la visión y la meditación de los yoguis es vasta como el cielo.

[87] Los *Pitakas*, o Tres Cestos, es la clasificación de las escrituras budistas. Se componen de: los Sutras, que narran las historias y enseñanzas de Buda; el Vinaya, que describe las normas y votos relativos a la sangha de los monjes; y el Abhidharma, comentarios canónicos sobre el significado de las enseñanzas compiladas en los sutras.

[88] Bharo es el apelativo nepalí que se da a la casta de la nobleza militar. Su aplicación como nombre para este demonio es de origen incierto. Bhari es el femenino de Bharo.

Por entonces, el Jetsun había llegado a familiarizarse con todos los lugares de la región de Lachi Chuzang; y en el camino a Lachi Neythil[89], en el centro de un área grande de tamariscos[90], había una roca con un agujero a modo de refugio en la que Milarepa se sentó para descansar. Aparecieron muchas dakinis, lo rodearon, se postraron ante él y le ofrecieron gran cantidad de objetos deseables. Las dakinis dejaron dos huellas de pisadas en la roca y se desvanecieron como un arcoíris.

A continuación, Milarepa siguió caminando un trecho más, y a lo largo de todo el camino los espíritus iban haciendo aparecer órganos genitales femeninos. El Jetsun, usando su mirada yóguica, siguió adelante con su vajra secreto[91] completamente erecto. Tras haber atravesado nueve órganos femeninos, llegó a una piedra que encarnaba la esencia vital del lugar, y Milarepa dirigió hacia ella su mirada yóguica y toda la energía de su vajra secreto. Este lugar donde fueron definitivamente pacificadas todas las manifestaciones mágicas recibió el nombre de Las Nueve Cimas y Los Nueve Valles.

Luego, cuando estaba a punto de llegar a Neythil, se le apareció de nuevo el mismo Bharo con quien ya se había encontrado antes, le dio la bienvenida y le hizo muchas ofrendas. Le preparó al Jetsun un trono para dar enseñanzas y le pidió que le predicara el dharma. Tras ser aleccionado por extenso sobre la ley de causa y efecto, Bharo se fundió en la roca que tenía delante.

El Jetsun se sentía feliz de haber llegado por fin a Neythil, y permaneció allí durante un mes entero. Acudieron los habitantes de Tsarma, de la región de Nyanang, y Milarepa les dijo a sus benefactores:

---

[89] 'Thil' (tib: *mthil*) significa en tibetano 'centro' o 'primordial'; de manera que 'Lachi Neythil' puede ser literalmente interpretado como el 'centro' u 'origen' de la comarca de Lachi.

[90] El nombre exacto que se da en Occidente a esta planta no es seguro. El TDC lo describe como: "Una clase de árbol medicinal de sabor amargo, cuya esencia medicinal es refrescante; con poder para eliminar enfermedades y venenos, aplacar la fiebre, y secar el pus y la linfa".

[91] El pene (tib: *gsang rdo*).

- En efecto, este lugar era Kyogmo, un Valle de los Demonios. Dado que ya los he domesticado a todos, ahora es un lugar apto para la práctica. Realmente he sido el primero en llegar aquí y poder meditar.

Y surgió una fe suprema en todos.

Este es el ciclo del viaje a Lachi Chuzang.

# 3. La canción de la nieve



A causa de su fama por haber pacificado a los malévolos *devas* y espíritus de La Montaña Nevada de Lachi, donde se había dirigido en primer lugar, el Jetsun Milarepa se convirtió en objeto de homenaje y ofrendas para todos los habitantes de Nyanang. En particular, Jomo Urmo fue a solicitar sus enseñanzas. En esa ocasión, ella le dijo a Milarepa:

- Mi hijo, Dampa Gyakpupa, es todavía un niño, pero cuando crezca lo ofreceré para que sirva al Jetsun.

Los habitantes de aquel lugar habían desarrollado una gran fe, y los vecinos de Tsarma le invitaron a quedarse en el pueblo; Shendormo le ofreció estar a su servicio. El Jetsun se quedó allí durante un tiempo, pero viendo la actividad mundana samsárica de todo el mundo mostró gran disgusto.

- Me vuelvo a La Montaña Nevada de Lachi -dijo.

- Tu objetivo es beneficiar a los seres -le replicaron los habitantes de Tsarma-. Hazlo con nosotros, por favor; pasa aquí el invierno y danos enseñanzas. Tras haber domesticado a los demonios, podrás ir luego donde te apetezca. Al acabar la próxima primavera iremos contigo y te serviremos.

En concreto, el lama Shakya Guna y Shendormo trataron de disuadirlo, argumentando que con la llegada del invierno y de las nieves todo sería difícil y fatigoso.

Pero por mucho que se lo rogaban, Milarepa no hacía caso.

- Yo, un hijo del linaje de Naropa, no le temo al rugido de las nieves. Además, el mandato de Marpa fue que abandonara las distracciones y toda actividad mundana, y que permaneciera en lugares lejanos y deshabitados. Para mí, instalarme en el pueblo sería peor que la muerte -así les contestó, resuelto a irse.

Entonces, la gente de Tsarma reaccionó ofreciéndole provisiones, y varios le prometieron que irían a pedirle enseñanzas durante el invierno.

Seis personas, entre monjes y laicos, incluyendo al lama Shakya Guna y Shendormo, llevaron bebida para celebrar su marcha. Dijeron que lo acompañarían hasta el puerto, pero una vez pasado el puerto siguieron con él hasta El Lago de los Demonios. A partir de ese punto, el Jetsun, cargando dos *dré*[92] de tsampa, un *dré* de arroz, una pieza de carne y un bloque de mantequilla, siguió hasta La Cueva de los Demonios Pacificados, donde se instaló.

Todos los demás dieron media vuelta y, al llegar de nuevo al puerto, se cubrió todo de nubes y se desató una gran tormenta de nieve. Les costó mantenerse en el camino, debido a que la nieve formaba torbellinos y les llegaba hasta las rodillas. Finalmente consiguieron llegar al pueblo, justo antes de que la gente se fuera a dormir. A partir de esa tarde, nevó día y noche sin parar durante dieciocho días; y las comunicaciones entre Nyanang y Drin se interrumpieron durante seis meses. A causa de ello, los estudiantes[93] de Milarepa quedaron convencidos de que el Jetsun había muerto, e hicieron una *puja*[94] ritual funeraria por él.

Pasado el siguiente Saga Dawa[95], los discípulos que lo habían acompañado a la ida volvieron para recuperar el cadáver del Jetsun, abriéndose camino en la nieve con piquetas. Cuando llegaron cerca del sitio donde él se había quedado, se tomaron un descanso en un lugar elevado. Entonces, vieron un leopardo de las nieves[96] que saltaba sobre una roca y se estiraba

---

[92] Recipiente cuadrado que se usa en El Tíbet para medir grano, que tiene una capacidad de seis *phul*. Un *dré* equivale aproximadamente a un litro.

[93] A lo largo de todo este libro, el término 'estudiantes' traduce el tibetano *nyama* (tib: *nya ma*), distinto de 'discípulos', que se usa para traducir el tibetano *lobma* (tib: *slob ma*). *Nyama* suele implicar grupo femenino de estudiantes, aunque en este contexto concreto se refiere a mujeres y hombres laicos. Según Thrangu Rinpoche, *nyamas* son estudiantes laicos del dharma que, en los días de luna nueva y luna llena, van a ver a un maestro para recibir enseñanzas y prácticas. El día de la luna llena se llama en tibetano *nya gang*, de ahí el nombre *nyama* (Thrangu 2001: 27).

[94] Una *puja* es una ceremonia ritual que conlleva la realización de ofrendas.

[95] *Saga Dawa* es el nombre del cuarto mes del calendario tibetano, y corresponde generalmente al final de la primavera.

[96] Tib: *gsa' gzigs*. 'Leopardo de las nieves' parece ser lo correcto, aunque podría referirse a otra especie diferente, ya extinta (DPR).

encima de ella. Se cuenta que se quedó mirándolos un rato largo y luego se fue.

Tras ver esto, empezaron a discutir entre ellos la posibilidad de que el leopardo se hubiera comido al Jetsun y solo fueran a encontrar restos de su ropa y su cabello. Apesadumbrados, continuaron adelante llorando. La larga y accidentada senda[97], en la que aparecían tigres y leopardos, recibió el nombre de La Accidentada Senda de los Tigres y los Leopardos. En ese punto, la partida tenía el recelo de que pudiera tratarse de *devas* o de espíritus.

Con la mente llena de dudas, llegaron finalmente a La Cueva de los Demonios Pacificados, y oyeron al Jetsun cantando una canción. Entonces, pensaron: "Tal vez algún cazador le haya dado provisiones, o quizás haya encontrado el cadáver de algún animal atacado por alguna fiera. ¿Será posible que después de todo no haya muerto?

Cuando llegaron hasta él, el guru les dijo:

- ¡Venga, tontos, que lleváis ya un rato en la zona! ¿Por qué habéis tardado tanto en llegar? Pasad rápido dentro de la cueva, que la comida[98] se enfría.

Se llevaron tal alegría que se pusieron todos a llorar. Y se acercaron a Milarepa aferrándose llorosos a sus manos y a sus pies.

- Dejad ya de llorar. Entrad y comed -les dijo el Jetsun.

Antes de nada, se postraron a sus pies y se interesaron por la salud de su guru. Echaron un vistazo a las provisiones y observaron que solo había gastado uno de los *dré* de *tsampa*, y además había una fuente con carne y arroz cocinados.

---

[97] Tib: *'phrang*. La expresión 'accidentada senda', utilizada a lo largo de este libro, se refiere a un tipo de senda estrecha que discurre a lo largo de un desfiladero y que es tan frecuente en El Tíbet.

[98] Aquí se hace mención de dos tipos de comida, típicos de la cocina tibetana: *zen* y *tsöma* (tib: *zan dang tshod ma*). *Zen* son bolas de tsampa (harina de cebada tostada) amasadas con té caliente y mantequilla; y *tsöma* se refiere a la guarnición que acompaña al *zen*.

- Nos has hecho comida antes de que llegáramos -dijo el lama Shakya Guna-. ¿Nos ha visto venir el Jetsun por medio de su percepción extra-sensorial[99]?

- Os vi llegar desde lo alto de una roca -respondió el Jetsun-. Estabais todos allí descansando.

- En aquella roca -contestó el lama Shakya Guna- solo vimos a un leopardo de las nieves, no al Jetsun. ¿Dónde estaba el Jetsun en ese momento?

- Yo era ese leopardo de las nieves -dijo Milarepa-. Soy un yogui que ha alcanzado la maestría sobre la mente y el prana. He dominado la esencia de los cuatro elementos y puedo realizar el milagro de transformar mi cuerpo en cualquier cosa que desee. Puesto que sois dignos discípulos, he hecho esta demostración para vosotros. Pero no debéis contárselo a nadie.

- El Jetsun tiene una apariencia más saludable y radiante que el año pasado -intervino Shendormo-. Como la nieve cerró los dos accesos al camino, no ha habido forma de que ningún ser humano te haya ayudado. ¿Ha sido algún *deva* o algún espíritu quien lo ha hecho? ¿O tal vez has encontrado el cuerpo de algún animal muerto? ¿Qué ha pasado?

- A causa del fortalecimiento de mi *samadhi*, no he necesitado comida real. Los días especiales, las dakinis me traían una porción de las ofrendas de algún *ganachakra*[100]. También, a veces, me tragaba una cucharada de *tsampa*. En concreto, al final del primer mes lunar[101], tuve en meditación una visión de todos vosotros a mi alrededor trayéndome montones de comida y bebida. Gracias a ello, no tuve hambre durante muchos días. ¿Qué es lo que hicisteis durante ese tiempo?

Hicieron cálculos y llegaron a la conclusión de que había sido cuando celebraron la *puja* ritual funeraria para él, con todas sus elaboradas ofrendas.

---

[99] Las percepciones extrasensoriales pueden deberse a clarividencia o a poderes especiales logrados a través de la meditación.

[100] Banquete de ofrendas que hacen los practicantes vajrayana.

[101] Tib: *rta'i zla ba*, literalmente: 'el mes del caballo'.

Entonces, el Jetsun les dijo:

- La gente mundana que practica la virtud acumula méritos para el bardo después de la muerte, pero cortar el bardo de la vida presente es un mérito mayor.

Ellos invitaron encarecidamente al Jetsun a ir a Nyanang. Pero este les respondió:

- Me siento muy a gusto aquí, y dado que mi *samadhi* se está fortaleciendo, no iré a ningún sitio. Pero vosotros podéis volveros.

- Si el Jetsun no viene -dijeron ellos-, los habitantes de Nyanang nos acusarán de ser los responsables de tu muerte, nos criticarán y nos cargarán de reproches.

En concreto, Jomo Urmo les había dado un ultimátum: "¡Traedme al Jetsun a casa!".

- Si el Jetsun no viene -le repitieron angustiados-, nos quedaremos aquí hasta la muerte.

Ante tal insistencia, el Jetsun consintió en ir con ellos.

Las dakinis del invierno le habían advertido: "Milarepa, aunque tú no lo necesites, el linaje de los futuros discípulos sí tendrá la necesidad de este método. Por tanto, ábrete camino en la nieve como te digamos. Y el Jetsun y sus estudiantes se pusieron el calzado de nieve[102] tal como las dakinis les habían indicado, y regresaron esa misma mañana.

Cuando llegaron al puerto, Shendormo se adelantó para anunciar a los estudiantes y los habitantes de Tsarma la buena noticia de que el Jetsun no había muerto y que regresaba con ellos. Milarepa y sus discípulos llegaron hasta una gran roca plana que se utilizaba para trillar el trigo. Y todos los estudiantes que habían oído la noticia -hombres, mujeres, jóvenes y viejos- acudieron para dar la bienvenida al Jetsun. Todo el mundo

---

[102] Tib: *dkyar*. El significado concreto de este término varía entre los hablantes tibetanos. Según DSD, esta palabra indica meramente 'calzado' en dialecto local. Jäschke afirma que se trata de un término de la zona de Ladak que se refiere a un tipo de calzado usado para la nieve. James Valby dice que se trata de un tipo de raquetas para cruzar los glaciares nevados (JV).

le miraba y le abrazaba con lágrimas en los ojos. Se agolpaban preguntando por su salud, y se postraban ante él y lo circunvalaban. El Jetsun se apoyó sobre su bastón de bambú y descansó en él sus brazos y su torso. Y aún con los zapatos de nieve puestos, desde la misma roca, respondió a las preguntas de los discípulos allí reunidos sobre su salud con esta canción de realización:

> En este espléndido y auspicioso día,
> vosotros, hombres y mujeres benefactores que me habéis dado la
> bienvenida con vuestras postraciones,
> y yo mismo, el yogui Milarepa,
> seguimos vivos y hemos vuelto a reunirnos. ¡Qué alegría tan
> grande!
> Yo soy un hombre viejo con un tesoro de canciones,
> así que responderé a vuestras preguntas sobre mi salud con el
> siguiente canto,
> escuchad atentamente poniendo los cinco sentidos.
>
> Acabando el año del tigre
> y comenzando el año de la liebre,
> en la luna llena del mes de Wagyal[103],
> desilusionado de los asuntos del samsara,
> me puse a buscar un lugar apartado
> en los remotos pastos de las montañas nevadas de Lachi.
> La Tierra y el Cielo se pusieron de acuerdo
> y enviaron un mensajero, un fuerte viento.
> Con los elementos del agua y el viento en danza,
> las negras nubes del sur se amontonaron enfrente.
> El Sol y la Luna fueron encarcelados.
> Las veintiocho constelaciones enhebradas en un alambre.
> Los ocho planetas fueron encadenados por sentencia.
> La gran Vía Láctea amarrada.
> La Estrella de la Mañana completamente envuelta en la neblina.
> El viento y la cellisca comenzaron a azotar y, finalmente[6],

---

[103] *Wagyal* (tib: *wa rgyal*) significa literalmente 'el rey zorro'. El calendario del *kalachakra* tiene un mes llamado *gyal* (sánsc: *pauṣa*) que cae en medio del invierno y corresponde al décimo mes tibetano; aquí debe de referirse a algo similar.

la nieve cayó durante nueve días y nueve noches;
Sumándolos, en total fueron dieciocho.
Los copos grandes caían como gruesos vellones de lana,
como pájaros que se desplomaran en pleno vuelo;
y los copos pequeños caían como torbellinos,
como abejas que se precipitaran revoloteando;

otros copos pequeños del tamaño de semillas de mostaza y granos
de cereal
caían apelmazados como bolas de granizo.
La nieve caía en formas más diversas de lo que se puede contar.

En las alturas, las blancas cumbres nevadas tocaban el cielo.
Abajo, la vegetación y los árboles aparecían aplastados y
apelmazados.
Las negras montañas se recubrían de una blanca alfombra,
una especie de océano con olas de hielo.
Los ríos de aguas azules se metían en su cascarón.
Los relieves de la tierra aplanados.
Era tan grande la nevada
que la gente de pelo negro[104] permanecía escondida.
Las criaturas de cuatro patas, golpeadas por el hambre,
en especial los viejos, el sustento de los débiles cortado.
Arriba, la fuente de alimentación de las aves, agotada.
Abajo, picas y ratones escondidos en sus madrigueras.
Los animales carnívoros incapaces de hallar comida.

Y en cuanto a la suerte de la ventisca y el fuerte viento[7]
y, en particular, en cuanto a mi suerte, la de Milarepa,
esta tormenta de nieve que caía del cielo,
los fuertes vientos invernales del año nuevo
y yo, la ropa del yogui Milarepa, estos tres,
comenzamos a pelear en la ladera de la alta montaña nevada.
Y acabé venciendo sobre la tormenta de nieve, que se fundió
hasta ser agua.
A pesar de que el viento rugía poderoso, se fue acallando,

---

[104] En este contexto, es una forma de referirse a los tibetanos.

y mi ropa, como si fuera de fuego, resplandecía con fuerza.
Dos contendientes luchaban a vida o muerte.
Yo ataqué con el filo de mi espada real
y alcancé la victoria en la batalla en la que los valientes son
derribados.
De este modo, dejé a todos los practicantes del dharma un modelo
a seguir,
en especial a los meditadores, que recibieron dos.
Y en concreto, mi túnica de *chandali* mostró su poder.
Las cuatro enfermedades[105] fueron puestas en la balanza[8].
En ese momento las perturbaciones internas se desvanecieron
completamente[9].
Ambos *pranas*, el frío y el caliente, fueron expulsados del todo.
A continuación, los elementos escucharon y acataron lo que se les
decía[10].
El demonio de la nieve y la cellisca fue dominado.
Y todo quedó arreglado y en completa calma.
Aunque la armada del samsara lo había intentado, no había tenido
éxito.
Así, este yogui ganó la batalla.

Soy el descendiente de mi abuelo, vestido con la piel de un tigre;
nunca he llevado la piel de un zorro[106].
A mi padre le nació un hijo campeón,
nunca he perdido frente al enemigo[11].
Soy de la familia de los leones, el rey de los animales;
nunca he vivido en una tierra no nevada.

El destino ha vuelto a hacer de las suyas[12].
Si confiáis en que lo que este viejo afirma tiene algún poder,
las enseñanzas del Linaje de la Práctica se expandirán en el
futuro,
de él saldrán unos cuantos *sidhas*

---

[105] 'Las cuatro enfermedades' hace referencia a "las enfermedades causadas por el desequilibrio de la actividad y la fuerza de los cuatro elementos -tierra, agua, aire y fuego- en el cuerpo del yogui" (Chang 1999: 36).

[106] Los zorros son emblemáticos por su cobardía.

y yo, el yogui Milarepa,
seré famoso en todo el mundo.
Vosotros, discípulos, tendréis fe
y vuestra fama se difundirá en el futuro.

Yo, el yogui, estoy bien.
Y vosotros, benefactores, ¿cómo estáis?

Cuando hubo cantado esto, todos los estudiantes bailaron y lanzaron gritos de alegría. Milarepa también se puso a dar gritos de alegría. Cuando él bailaba, la roca se movía y se ablandaba como arcilla amasada, y toda la superficie quedó llena de las huellas de Milarepa y de las marcas de su bastón. El centro de la roca también cambió y adoptó forma de escalones. El lugar, que con anterioridad se conocía como La Roca Plana Blanca, pasó a llamarse La Roca de las Pisadas.

Los estudiantes invitaron a Milarepa a ir a Tsarma, en Nyanang, donde le ofrecieron una ceremonia con un festín de agradecimiento. Entre los participantes se encontraba Leksé Bum, que dijo:

- El Jetsun ha llegado hasta aquí hoy indemne; hoy es el día más feliz de mi vida. Tu aspecto es mejor que nunca. Tu práctica debe de haber ido bien. ¿Te han servido las dakinis?

En respuesta, él cantó esta canción de realización

Toco con mi cabeza los pies del guru.

Las dakinis me han otorgado el *sidhi*[107] de la bendición,
la *amrita*[108] del samaya ha sido muy beneficiosa.
A través de la ofrenda de mi fe, he recuperado la fuerza,
la acumulación de méritos de los discípulos ha sido excelente.

En mi mente guiada por la visión, ha surgido la vacuidad.
En la esencia de todo lo que veo no hay ni un solo átomo.

---

[107] El *sidhi*, o realización, es aquello que se alcanza o se realiza a través de la práctica. Existen los sidhis comunes (las percepciones extrasensoriales) y el sidhi supremo (el completo despertar).

[108] El término *amrita* (tib: *bdud rtsi*) se usa a veces de forma metafórica, en el lenguaje poético, con el sentido de 'néctar'; la amrita en sentido físico es una sustancia sagrada que se usa en algunos rituales vajrayana.

El que ve y lo visto han desaparecido por completo[109].
Esta forma de realizar la visión es excelente.

Mi meditación es la corriente del río de la claridad;
no divido mi meditación en sesiones y descansos.
El meditador y la meditación han desaparecido por completo.
La perseverancia en la meditación es excelente.

El hacedor y los hechos de mi conducta son claridad;
dado que el surgimiento dependiente está vacío,
el actor y la acción han desaparecido por completo.
Esta forma de conducta comprometida es excelente.

Mis prejuicios se han disuelto en el espacio;
estoy libre de hipocresía, de las ocho preocupaciones mundanas,
del miedo y de la esperanza.
El poseedor y la posesión han desaparecido por completo.
Esta forma de mantener el *samaya* es excelente.

He resuelto que mi mente es el dharmakaya[110].
De modo que a la hora de realizar el beneficio propio y el de los demás,
el realizador y lo realizado han desaparecido por completo.
Esta forma de realización es excelente.

La canción feliz de este viejo
es la respuesta a la fe de sus estudiantes.
En mi retiro de práctica estuve aislado por la nieve
y las dakinis me hicieron ofrendas de provisiones.

El agua de las rocosas montañas nevadas era la bebida más excelente.
Sin nadie que practicara, la práctica era gloriosa.
Sin trabajo que hacer, la cosecha maduraba.

---

[109] Tib: *stor nas thal.* "Desaparecen por completo" significa que no hay ninguna sustancia permanente, que las cosas son vacías en su esencia.

[110] Dharmakaya (literalmente 'cuerpo del dharma') es la mente de Buda.

Sin reservas ni suministros, que siempre son provisionales, mis graneros estaban llenos.

Mirando la mente, se ve todo.
Morando en la humildad, se alcanza el trono real.
Mi resolución de alcanzar la cumbre más elevada se debe a la bondad del guru.

En cuanto a vosotros, comunidad de discípulos y benefactores, recompensaré con el dharma
la bondad de vuestra fe y vuestros servicios.
¡Que todos los que habéis venido aquí quedéis colmados de alegría!

Así cantó.

El maestro Shakya Guna hizo postraciones ante Milarepa y dijo:

- Hoy el Jetsun ha llegado aquí sin ser afectado por la gran tormenta de nieve, y todos nosotros, sus estudiantes, también hemos sobrevivido. Esta llegada conjunta de maestro y discípulos nos hace extremadamente felices. Hoy te damos la gracias por el bondadoso regalo de las enseñanzas del dharma; y te pedimos, además, que nos des enseñanzas sobre los resultados de la experiencia meditativa del Jetsun durante este invierno.

En respuesta al maestro Shakya Guna, el Jetsun cantó esta canción de realización sobre los seis puntos esenciales de la experiencia meditativa, como regalo de despedida para sus estudiantes:

Me postro a los pies del guru de las tres bondades[111].
Respecto a mis experiencias meditativas en el retiro solitario:

Esta tarde, en este auspicioso lugar lleno de gente,
con todos los discípulos reunidos que ocupan los asientos,
encabezados por ti, maestro Shakya Guna,
y llegados aquí movidos por la aspiración pura,
junto con el benefactor Dormo y su esposa[112],

---

[111] Las tres bondades que otorga el guru son: las iniciaciones, las instrucciones y el permiso de lectura.

[112] Shendormo y su esposa, Leksé Bum.

además de vosotros, estudiantes que tenéis conmigo
una conexión dhármica y de samaya, me habéis hecho una
petición.
Habéis pedido al padre que os ofrezca una enseñanza como regalo
de despedida.
En aras de esta petición, he aquí mi respuesta.

Yo sentía hastío hacia los asuntos del samsara.
Decepcionado, fui a La Montaña Nevada de Lachi,
al lugar solitario de La Cueva de los Demonios Pacificados.

Para mí, el yogui Milarepa,
las experiencias de meditación no dejaron de sucederse durante
estos seis meses.
Y en esta canción os cantaré los seis puntos esenciales.

A través de los ejemplos de los seis objetos externos,
entenderéis las seis faltas internas.
Para las seis ataduras que encadenan impidiendo la libertad,
usé los métodos, las seis vías de liberación.
Una vez obtuve confianza en las seis expansiones,
la experiencia de las seis clases de gozo se manifestó.

Si no os cantara la canción en la que se mencionan estos puntos,
no seríais capaces de entender su significado.
Así que, he aquí la explicación de lo que estas palabras significan:

Si está obstruido, no se trata del espacio.
Si pueden ser contadas, no se trata de las estrellas[13].
Si tiembla o se mueve, no se trata de una montaña.
Si crece o disminuye, no se trata del océano.
Si un puente puede cruzarlo, no se trata de un gran río.
Si puede ser agarrado, no se trata de un arcoíris.
Estos seis son los ejemplos externos.

Si tiene puntos de referencia, no es la visión.
Si hay torpeza y agitación, no es la meditación.
Si hay inclinación y rechazo, no es la conducta.

Si hay conceptos, no es yoga[113].
Si hay crecimiento y mengua, no es la sabiduría.
Si hay nacimiento y muerte, no es la budeidad.
Estas son las seis faltas internas.

Si la ira es poderosa, esta es la atadura del reino infernal.
Si la avaricia es grande, esta es la atadura de los *pretas*.
Si hay una gran ignorancia, esta es la atadura de los animales.
Si la pasión es dominante, esta es la atadura de los humanos.
Si hay fuertes celos, esta es la atadura de los *asuras*[114].
Si hay mucho orgullo, esta es la atadura de los *devas*.
Estas seis son las ataduras que encadenan impidiendo la libertad.

Si la fe es fuerte, este es el camino de la liberación.
Si confías en el estudio y la virtud, este es el camino de la
liberación.
Si tu *samaya* es puro, este es el camino de la liberación.
Si vas errante por retiros de montaña, este es el camino de la
liberación. Si permaneces en soledad, este es el camino de la
liberación.
Si estás comprometido con la práctica, este es el camino de la
liberación.
Estos métodos son las seis vías de liberación.

La coemergencia es el espacio primordial.
Estar libre de 'dentro y fuera' es el estado natural.
Estar libre de 'claro y oscuro' es la expansión de la sabiduría.
Aquello que todo lo impregna es la expansión del dharma.
Estar libre del movimiento y del cambio es la expansión del
*bindu*[115].

---

[113] El equivalente tibetano de la palabra 'yoga' es *nal jor* (tib: *rnal 'byor*), que significa literalmente "unirse (*jor*) a lo genuino, al estado verdadero (*nal*)".

[114] Llamados también 'los dioses celosos', son una de las seis clases de seres del reino del deseo. Se dice que los celos son su mayor aflicción.

[115] Tib: *thig le*. Esencias sutiles que son el elemento clave de la práctica del cuerpo sutil en el anutarayoga tantra.

La continuidad ininterrumpida es la expansión de la experiencia.
Estas son las seis expansiones de la confianza.

Las llamas de *chandali* en el cuerpo traen gozo.
El prana del lado derecho y del lado izquierdo entrando en
*avadhuti* traen gozo[116].
Por arriba, la corriente del río de la bodichita trae gozo.
Por abajo, la penetración del claro *bindu* trae gozo.
En el medio, el encuentro del blanco y el rojo trae gozo.
El contentamiento a través del gozo del cuerpo inmaculado trae
gozo.
Estos son los seis gozos de la experiencia del yogui.

Este es mi canto sobre los seis puntos esenciales,
la canción de mis experiencias de meditación durante estos seis
meses.
Que sea para vosotros, discípulos míos, un banquete.

Vosotros, gente feliz reunida hoy aquí,
bebiendo cerveza a modo de *amrita*, estáis contentos.
Esta vieja canción cantada por este viejo
ha sido cantada para complacer a mis discípulos;
espero que baste por ahora como mi ofrenda del dharma.
Aplicaos a practicar el auspicioso dharma con un corazón alegre.
Que esta aspiración de actividad pura se cumpla.

Así cantó.

Y, a continuación, Shendormo dijo:

- Aunque conocer al valioso Jetsun es como haber conocido a los budas de los tres tiempos, la gente que no te sirve ni te sigue ni practica el dharma, por no hablar de la que no te tiene devoción, es más ignorante que los animales.

---

[116] Literalmente: "El prana de *lalana* (el nadi primario del lado izquierdo) y de *rasana* (el nadi primario del lado derecho) entrando en avadhuti (el canal central) es gozo". Se dice que cuando el prana entra en *avadhuti*, queda purificado, y aporta una poderosa experiencia de la naturaleza de la mente.

- Si hay alguien que no sienta devoción pura por mí -respondió el Jetsun-, no pasa nada; pero si, habiendo obtenido una preciosa existencia humana en un tiempo en el que se han difundido las enseñanzas de Buda, no se practica el dharma, eso sí que es una estupidez.

Y, entonces, cantó esta canción:

> Me postro a los pies de Marpa el Traductor.
> Ahora escuchad, fieles benefactores.
>
> Cuando el dharma genuino ha sido difundido por doquier,
> entregarse despreocupadamente a la no virtud es una locura.
>
> Teniendo un cuerpo humano tan difícil de obtener, con sus
> libertades y sus ventajas,
> derrochar la existencia humana es una locura.
>
> Quedarse a vivir en los cementerios
> o en viejas ciudades amuralladas es una locura.
>
> Los cónyuges son como los invitados a una fiesta[117],
> discutir y pelear entre ellos es una locura.
>
> Quedarse encantado por el autobombo de las palabras
> ilusorias de la fama es una locura.
>
> Los enemigos son tan efímeros como las flores,
> arriesgar la vida peleando con ellos es una locura.
>
> En la casa del engaño de los propios familiares,
> desesperarse cuando uno de ellos muere es una locura.
>
> La riqueza que tenemos de prestado es como una gota de rocío,
> quedarse atrapado en la avaricia es una locura.
>
> En cuanto a este cuerpo, este saco de inmundicia,
> restregarlo tratando de darle un buen aspecto es una locura.

---

[117] Esto, así como el ejemplo de las "flores efímeras" que viene a continuación, se refiere a la enseñanza budista de la impermanencia: los cónyuges, como los invitados a una fiesta, se separarán pronto cuando llegue la muerte.

Este alimento supremo, este néctar de las instrucciones,
cambiarlo por comida o riqueza es una locura.

En esta asamblea, plagada de locos,
a quien sea listo, el dharma sublime lo hará autosuficiente.
Si sois inteligentes, haréis lo mismo que este yogui.

Así cantó.

Y los estudiantes allí reunidos dijeron:

- Por favor, acéptanos. Aunque no seamos tan inteligentes ni tan listos como el Jetsun, estamos tratando de no caer en esas locuras que has mencionado. Quédate con nosotros como lama residente, enseñando el dharma a los que vivimos aquí y oficiando los rituales de la Tierra Pura para quienes mueran. Quédate aquí y vive con nosotros, por favor.

- Debo ir a meditar a La Sierra Nevada de Lachi -replicó el Jetsun-, tal como mi guru profetizó. Solo me quedaré otro poco. Por lo demás, no tengo ni idea de las actividades mundanas que agradan a los benefactores. Encima, si me quedara, acabaríais viniendo a verme sin ganas.

Y, entonces, cantó esta canción de realización:

Me postro a los pies de Marpa de Lhodrak.

Vosotros, hombres y mujeres benefactores aquí reunidos,
con una fe inquebrantable y profundamente sincera
hacia mí, el yogui Milarepa,
me hacéis súplicas libres de hipocresía.

Permaneciendo continuamente en un solo lugar,
cuando estáis con otros, aunque sea un rato corto, acabáis
cansándoos de ellos.
Si se crea demasiada familiaridad, se acaba menospreciando a la
gente.
Si os quedáis mucho tiempo, al no ver cumplidas vuestras
expectativas acabáis enfadándoos.
Con este mal humor y estas discusiones, el *samaya* se perturba.
Los malos amigos hacen que las excelentes virtudes
desaparezcan.
Al alardear en falso de vuestra magnanimidad, acumularéis mal

karma.

Hablad mucho sobre lo bueno y lo malo, y vuestros enemigos se multiplicarán.

Ser un farsante con prejuicios crea gran negatividad.

Esperar recibir las gracias por las ofrendas hechas, hace que los pensamientos negativos os perturben[14].

Apoderarse de la comida ofrecida a los muertos es una deuda difícil de sobrellevar.

Los lamas residentes sois realmente gente de pacotilla.

Si acabáis despreciando a aquellos con quienes pasáis tiempo, os sentiréis desmoralizados.

Los líderes de masas sufren en el momento de la muerte.

Por tanto, si los yoguis retirados en la montaña

bajan a vivir a los pueblos, es una gran pérdida.

Yo me voy de retiro a la montaña sin una dirección fija.

Que vosotros, gente de fe, acumuléis mérito es estupendo.

Vosotros, hombres y mujeres benefactores aquí reunidos, pidiéndome que sea vuestro lama, creáis una excelente huella kármica:

es a causa de nuestra conexión de aspiración por lo que nos volvemos a encontrar una y otra vez.

Así cantó.

Y, a continuación, ellos le dijeron:

- Nosotros, tus estudiantes, no nos cansaríamos nunca de escucharte, pero el Jetsun sí se cansaría de nosotros. Aunque te hemos pedido fervientemente que te quedaras, no ha habido forma de convencerte. Por favor, sigue pendiente de nosotros y vuelve a Lachi de vez en cuando.

Le hicieron muchas ofrendas a Milarepa, pero él no las aceptó. Los estudiantes reunidos allí estaban asombrados. Con gran emoción, se alegraron y adquiricron una fe inquebrantable en el Jetsun.

Este es el ciclo de La canción de la nieve.

# 4. La diablesa *rakshasa* de La Roca de Lingpa

Namo Guru

Por mucho que los habitantes de Nyanang, en Tsarma y alrededores, le suplicaron que se quedara, el Jetsun Milarepa no les hizo caso. Decidido a cumplir el mandato de su guru, se dirigió a meditar hacia Riwo Palbar[118], en la región de Kyidrong, y se quedó en La Cueva de la Roca de Lingpa[119].

Una tarde, ya casi al anochecer, mientras estaba realizando su práctica dentro de la cueva, comenzó a oírse un sonido siseante que procedía de una grieta de la roca, a la izquierda de donde el Jetsun estaba sentado. "Shhhhh, shhhhhh", se escuchaba; y Milarepa se levantó. Pero cuando miró allí, no había nada. Pensó: "Debe de tratarse de una de esas percepciones engañosas típicas de la meditación"; y volvió a su asiento.

Entonces, esta vez, se produjo un estallido de luz desde de la grieta. Delante de los rayos de luz apareció un hombre de piel rojiza sentado a lomos de un ciervo negro almizclero, ambos conducidos por una hermosa mujer. El hombre le dio un codazo al Jetsun y desapareció llevado por una ráfaga de viento. La mujer se transformó en una perra roja que mordió el dedo gordo del pie izquierdo de Milarepa, y no lo soltaba. Dándose cuenta de que se trataba de la aparición mágica de una diablesa *rakshasa* de las rocas, cantó esta canción de realización:

> Me postro a los pies de Marpa el bondadoso.

> Has tratado de herirme
> y has desplegado una emanación desagradable.
> Eres la diablesa *rakshasa* de La Roca de Lingpa.
> ¿Acaso no eres un espíritu con karma negativo?

---

[118] La Gloriosa Montaña Resplandeciente (Tib: *riwo dpal 'bar*).

[119] Lingpa Drakpuk (tib: *ling pa'i brag phug*).

Yo no sé cantar canciones melodiosas,
pero escucha estas palabras verdaderas.

Arriba, en el centro de cielo azul,
se halla la próspera presencia del Sol y de la Luna,
un maravilloso palacio de las deidades.
Sus rayos luminosos brillan como la gloria de los seres.
En su actividad de circunvalar los cuatro grandes continentes
Rahu[120] no se levanta para rivalizar con ellos.

En La Montaña Nevada de Cristal, la elevada cima del este,
se halla la próspera presencia del blanco león de las nieves,
que reina como soberano de los animales.
Como signo de su grandeza, nunca come carroña.
Cuando desciende por las azules laderas rocosas
las ventiscas no se levantan para rivalizar con él.

Bajo el dosel de los bosques del sur
se halla la próspera presencia de la tigresa,
vencedora de todos los animales.
Como signo de su valor, no teme por su vida.
Cuando transita por los pasos peligrosos
las trampas no se levantan para rivalizar con ella.

En el rebosante Lago Manasarovar del oeste
se halla la próspera presencia del pez de vientre blanco,
el que baila con el agua.
Tiene hermosas manchas doradas.
Cuando sale a buscar comida apetecible
los arpones no se levantan para rivalizar con él.

En el norte, en La Roca Roja de Samye,
se halla la próspera presencia del buitre, el rey de las aves.
Ellos son los sabios entre todos los seres voladores.
¡Qué maravilla que no quiten la vida a los demás!

---

[120] En la cosmología budista tradicional, se considera a *Rahu* el planeta causante de los eclipses.

Cuando buscan comida en la montaña de las tres crestas
redes y trampas no se levantan para rivalizar con ellos.

En La Roca de Lingpa, donde el buitre hace sus nidos,
se halla la próspera presencia del yogui Milarepa,
el conseguidor del beneficio propio y de los demás.
Como signo de que soy auténtico, he abandonado esta vida.
Habiendo despertado la bodichita suprema, que es la causa,
en esta misma vida y en este mismo cuerpo,
practicaré sin descanso hasta alcanzar la budeidad.
Diablesa de las rocas, no te levantes para rivalizar conmigo.

Esta es la canción de los cinco maravillosos ejemplos,
que con su explicación suman seis,
una alegórica cadena dorada de palabras poéticas.
¿Has entendido, diablesa de las rocas, lo que he dicho?
El karma que estás acumulando es una grave negatividad.
No insistas en comportarte de esta manera.
Domina tu malevolencia y tu vicio.

Si no sabes que todo es mente,
el fantasma de los conceptos nunca te abandonará.
Si no te das cuenta de que la mente en sí misma es vacío,
¿desaparecerán alguna vez esos fantasmas?
Espíritu maléfico, ¡no me hieras! ¡No me hieras!
No hieras a este hombre, ¡vuelve al lugar de donde has venido!

Cuando Milarepa acabó de cantar esta canción, la diablesa seguía allí, firme sobre sus patas. A continuación, se desvaneció de repente, pero sin irse. Y le dio la réplica con estas palabras:

¡Oh maravilla!
¡Hijo afortunado de noble familia!
Valiente que vas solo por el mundo,
yogui que vas errante por la montaña de retiro en retiro
y que soportas las dificultades como nadie.
La canción que has cantado se parece al mandato de un rey.
Este mandato de rey es más pesado que atractivo.
Es una especie de oro mezclado con latón, lleno de defectos.
Si no sabes cómo arreglar esos defectos

todo lo que has dicho hasta ahora es completamente falso[15].
Voy a explicarte algo usando los mismos ejemplos
empleados por su majestad en su defectuosa canción.
Préstame atención un momento sin distraerte.

Como acabas de decir:
"Arriba, en el centro del cielo azul,
se halla la próspera presencia de los luminosos Sol y Luna,
un maravilloso palacio de los devas.
Ellos disipan la oscuridad de los cuatro continentes".
Cuando están en acción circunvalan los cuatro grandes
continentes,
si, con su resplandor, no abandonan la vigilancia
y sus órbitas luminosas no desisten,
¿cómo va Rahu a levantarse para rivalizar con ellos?

Como acabas de decir:
"En La Montaña Nevada del Este de cristalina cima
se halla la próspera presencia del blanco león de las nieves
que reina como soberano sobre todas las criaturas.
Él tiene sometidos a los demás animales, sus súbditos, a su ley".
Cuando desciende por las azules laderas rocosas,
si no lo hiciera lleno de furia y orgullo,
imponente con su melena turquesa al aire,
¿cómo no iba a levantarse la ventisca para rivalizar con él?

Como acabas de decir:
"Bajo el dosel de los densos bosques del sur
se halla la próspera presencia de la tigresa,
vencedora de todos los animales.
Ella se impone sobre los demás con sus colmillos y sus zarpas".
Cuando transita por las estrechas sendas peligrosas,
si no se mostrara arrogante de sus habilidades
y engañara a todo el mundo con su piel veteada,
¿cómo no iba a levantarse cualquier trampa para rivalizar con
ella?

Como acabas de decir:
"En el rebosante lago Manasarovar

se halla la próspera presencia del pez de vientre blanco,
el que baila con el agua,
un sabio divino, imponente de observar."
Cuando sale a buscar comida apetecible,
si no persiguiera a todos los seres humanos
y los engañara con su cuerpo ilusorio,
¿cómo no iba a levantarse algún arpón para rivalizar con él?

Como acabas de decir:
"En el norte, en La Roca Roja de Samye,
se halla la próspera presencia del buitre, el rey de las aves.
Ellos son los sabios entre las aves,
y eclipsan a todas las rapaces".
Cuando buscan comida en las crestas de las tres montañas,
si no fueran tras la sangre fresca y la carne
ni engañaran con sus aleteos,
¿cómo no iban a levantarse las redes y las trampas para rivalizar
con ellos?

Como has dicho:
"En La Roca de Lingpa, donde el buitre hace sus nidos,
se halla tu próspera presencia, yogui Milarepa,
el buscador del beneficio para sí mismo y para los demás.
Habiendo despertado la bodichita suprema, que es la causa,
en esta misma vida y en este mismo cuerpo,
cuando practicas sin descanso
para alcanzar la budeidad en una sola vida
conduces a los seres de los seis reinos por los caminos
apropiados".
Si los conceptos, con las fuertes tendencias latentes que son su
causa,
no se levantaran para rivalizar contigo
por medio de la perpetuación de la propia confusión de tu mente,
¿cómo iba yo, esta diablesa de las rocas, a levantarme para
rivalizar contigo?

El demonio de las tendencias latentes surge de la mente.
Si tú no comprendes la naturaleza de la mente

y te limitas a decir "¡Lárgate!", no pienso hacerlo.
Si no te das cuenta de que tu propia mente es vacío,
incontables espíritus vendrán junto a mí para acosarte.

Si reconoces tu propia mente,
todas las condiciones adversas mostrarán ser tus amigas,
y yo, esta diablesa de las rocas, seré tu súbdita.
Aunque la verdad es que tengo serias dudas sobre tu mente.
Tienes todavía trabajo pendiente con tu propia mente,
todavía necesitas aclarar tu confusión.

Lo que le dijo la diosa diablesa de las rocas tenía perfecto sentido para el Jetsun. Y, en respuesta, le cantó esta canción de realización sobre los ocho ejemplos del recuerdo[121]:

¡Lo que dices es verdad! Muy verdad, maléfico espíritu.
No hay palabras más verdaderas que esas.
He andado errante a lo largo y a lo ancho de estas tierras
y nunca había escuchado una canción tan satisfactoria.
Incluso en un congreso de cien eruditos,
sería imposible encontrar un discurso más elevado que el tuyo.
Espíritu, las palabras salidas de tu boca han sido bien elocuentes.
La cuchara de oro de tu excelente discurso
me ha llegado al centro de la mente y del corazón.
Ha removido la enfermedad[122] de mi fijación interna en las cosas
y ha aclarado la oscuridad de la confusión y la ignorancia.
Ha abierto el loto blanco de mi mente.
Ha encendido la lámpara de la clara autocognición.
Ha despertado de golpe la sabiduría de la atención consciente.
¡La plena atención consciente ha despertado poderosamente!

Mirando hacia el centro del cielo azul,
de pronto he recordado el *dharmata-vacuidad*.
No tengo miedo de los fenómenos de la existencia.

---

[121] En tibetano se usa la misma palabra para 'recuerdo' (*dran pa*) y para 'mindfulness'.
[122] Literalmente: "El prana del corazón (la enfermedad)".

Mirando hacia el Sol y la Luna,
de pronto he recordado la claridad de la mente.
No tengo miedo del sopor y la agitación.

Mirando hacia las cimas de las montañas,
de pronto he recordado el *samadhi* inamovible.
No tengo miedo de los pensamientos que vienen y van.

Mirando hacia las aguas del río,
de pronto he recordado la corriente imparable.
No tengo miedo de las condiciones cambiantes.

Mirando hacia el arcoíris en medio del cielo,
de pronto he recordado la unión de apariencia y vacuidad.
No tengo miedo del eternalismo ni del nihilismo.

Mirando hacia el reflejo de la luna en el agua,
de pronto he recordado la claridad innata libre de fijación.
No tengo miedo de los conceptos de percepción y perceptor.

Mirando hacia dentro, a la mente autoconsciente,
de pronto he recordado la lámpara en su vaso[123].
No tengo miedo de la torpeza ni de la ignorancia.

Espíritu, tras oír las palabras de tu boca,
de pronto he recordado la autoconsciencia discriminativa.
No tengo miedo de las trabas ni de los obstáculos.
He entendido a la perfección tu elocuente discurso
y he comprendido la talidad de la mente.

Has nacido como diablesa con un cuerpo horrible.
Te dedicas a realizar acciones negativas, que dañan y perjudican.
Ello se debe a que no has acatado la ley de causa y efecto.
Ahora, contempla los defectos del samsara.
Abandona completamente las diez acciones no virtuosas.

---

[123] Se trata de una metáfora referida a la naturaleza de la mente, que es luminosa y está siempre presente, aunque no pueda ser vista por los seres ordinarios a causa de su contenedor oscuro, igual que la lámpara queda oscurecida cuando se la coloca en un vaso.

Yo soy un yogui similar a un león,
no tengo miedo ni aprensión.
Me he metido contigo y te he molestado algo,
espíritu malévolo, no te lo tomes muy en serio, por favor.
Espíritu, como me has herido esta tarde,
igual que en el cuento de antaño
de los cinco hermanos *yakshas* y *rakshasas*
y del poder de la compasión amorosa del rey[124],
igualmente, habiéndonos encontrado por medio de nuestra
conexión de aspiración,
que puedas llegar a alcanzar la bodichita.
Que pueda yo educarte en una vida futura.

Entonces, la diablesa de la roca sintió una gran fe y soltó el pie de Milarepa. Y, de nuevo sin forma física, en el espacio ante él, le ofreció en respuesta esta agradable canción:

¡Oh maravilla, afortunado yogui!
Tú disfrutas del dharma porque has acumulado mérito.
Ser maravilloso que vives solo en las montañas,
con tu mirada compasiva abarcas a los seres a lo largo y a lo
ancho.

Yo pertenezco al linaje de Pema Tötreng Tsal[125],
y he escuchado la guirnalda genuina de las palabras del dharma.
Y aunque he oído esas palabras, mi apego es fuerte.
He asistido a todas las reuniones de yoguis.
Tengo relación kármica con todos los virtuosos,

---

[124] Uno de los cuentos del *Jataka*, la colección de historias de las vidas previas de Buda, narra cómo Buda fue una vez un rey que siempre estaba meditando sobre la compasión amorosa para proteger a sus súbditos; y, por el poder de su meditación, jamás les sucedía ningún mal. Un grupo de rakshasas locales (una especie de demonios comedores de carne) fue a quejarse ante el rey reclamando que, como todos los súbditos del reino estaban protegidos, ellos no eran capaces de encontrar nada con lo que alimentarse. Así que el rey les ofreció para beber su propia sangre, y formuló el deseo de ser capaz de educarlos en una vida futura. Se dice que esos cinco hermanos rakshasas llegaron a ser los cinco primeros discípulos de Buda en una vida posterior, y que alcanzaron el estado de arhat bajo la guía de Buda (aquel rey del cuento).

[125] Es otro de los nombres de Padmasambhava, también llamado Guru Rinpoche.

estoy auténticamente conectada con todos los afortunados.
Y aunque soy altruista y hago acciones virtuosas,
este pobre cuerpo mío no tiene remedio, y estoy siempre
hambrienta.
A causa del mal karma, voy vagando por el mundo.
Para comer, necesito carne y sangre,
y a veces me apodero de las mentes de los débiles.
A las mujeres hermosas les provoco enfermedades[126]
y a los hombres vanidosos y arrogantes los marco con sangre.
Me distraigo mirando a todo el mundo,
me apodero de los humores de la gente con el pensamiento
e incito a la confusión y la agitación con mi cuerpo.
Mi morada es La Roca de Lingpa.
Y estas son mis actividades.

Eso es todo lo que tengo que decirte,
te ofrezco esta canción en respuesta a las tuyas.
Me siento contenta y feliz de que nos hayamos encontrado.

He tenido que contarte estas cosas insólitas
y lo he hecho para servirte.
Esta es la expresión pura de mi propia fe,
ojalá mi sincera canción te haya agradado.

El Jetsun pensó: "Tengo que seguir hablando con esta diablesa para arrancarle un compromiso bajo juramento". Y le respondió con esta canción de realización:

Escúchame, espíritu digno de lástima:
tienes un gran maestro, pero has sido una estudiante deplorable.
Has oído y contemplado el dharma sublime,
pero te agarras a una cuerda de palabras que no entiendes.
Usas muy bien las palabras, pero no te las aplicas.
Con palabras impostadas y un discurso vacío
no es posible purificar las manchas de tu flujo mental.
A causa de tus hábitos negativos previos

---

[126] Quiere decir que ellas son atacadas por crisis de miedo o depresión.

y tu constante acumulación de karma negativo,
los votos del *samaya* que tomaste han resultado afectados.
Como resultado, has nacido en este estado miserable,
y estás en la ciudad de los *rakshasas*, cuyos cuerpos sufren.
Tus mentiras, falsedades y engaños son muchos.
Con tu mente inmoral has dañado la energía vital de los seres.
Este cuerpo horrible, esta forma en la que has nacido,
te la has ganado no acatando la ley de causa y efecto.
Ahora, si eres capaz de considerar los defectos del samsara,
confiesa todas las acciones negativas que has realizado
y comprométete a practicar la virtud.
Al igual que un león, yo no tengo miedo.
Como un elefante, nada me intimida.
De la misma manera que un loco, carezco de puntos de referencia.
Te estoy hablando de forma veraz,
sigue siendo honesta conmigo.
Herirme y crearme obstáculos, diablesa,
es la cosecha que recogerás al final.
Por el poder de nuestra conexión de aspiración al dharma,
te aceptaré en una vida futura.
Piensa en ello, miserable espíritu extraviado.

Así cantó.

Entonces, la diablesa de las rocas, mostrando su forma anterior, le ofreció esta sincera canción:

Señor, ser supremo entre los budas de los tres tiempos,
Gran Vajradhara[127] encarnado en el cuerpo de un sabio,
actúas como soberano de las maravillosas enseñanzas
y has engendrado la sublime y maravillosa bodichita.
Cuán afortunados son mis miserables hermanos y hermanas.
Hemos podido escuchar y comprender las palabras que tú has
pronunciado.

---

[127] *Vajradhara* está considerado el buda primordial en el linaje Kagyu, y se dice que se trata del fundador no humano del propio linaje.

Al principio, estudié y medité sobre el dharma genuino,
siguiendo el firme mandato de mi maestro.
Después, me dejé arrastrar por el karma negativo.
Estoy sometida a rigurosos sufrimientos y carezco de paciencia.
Así llegué a nacer en este cuerpo miserable.
He hecho cosas buenas, pero también he dañado
a todos los seres sensibles que van por el mundo.
Previamente, este año pasado,
Gran Meditador, llegaste aquí solo,
a La Roca de Lingpa, y te pusiste a practicar.
A ratos me caías bien, pero a ratos no.
Porque me caes bien, esta tarde vine a verte.
Porque no me caes bien, te mordí el pie.
Porque he tenido remordimientos, he confesado ante ti, Gran
Maestro.
A partir de ahora, esta miserable abandonará su conducta no
virtuosa.
Practicaré el dharma con dedicación y seré su defensora.
En el futuro, sé para todos nosotros,
con tu cuerpo gozoso, como la sombra fresca del árbol,
el refugio de los espíritus de karma negativo,
afligidos día y noche por los cinco venenos.

Sobre la base de tu mandato,
de ahora en adelante y hasta el despertar,
tras apaciguar toda maldad,
seré una protectora de los yoguis.
Seré una defensora de los practicantes.
Seré una servidora de todos los grandes meditadores.
Seré una cuidadora de todos los que practiquen el dharma.
Defenderé a todos los que tengan un *samaya*.
¡Protegeré y serviré a las enseñanzas!

Formulando esta excelente aspiración, desarrolló una gran fe e hizo el juramento de proteger a todos los practicantes y no dañarlos nunca.

Entonces, el Jetsun cantó esta canción de aceptación de la *rakshasa* diablesa de las rocas:

Yo soy el yogui[16] que ha abandonado el samsara,
soy el hijo de un noble guru.
Soy un tesoro de preciosas instrucciones esenciales,
un fiel practicante del dharma genuino.
Soy el yogui que ha realizado el *dharmata*,
una vieja y sabia madre para todos los seres sensibles.
Soy un ser valiente,
un sostenedor de la tradición de Shakyamuni.
Soy un soberano de la bodichita,
alguien que ha meditado a fondo sobre la compasión amorosa.
A través de la compasión he dominado la malevolencia.
Soy el morador de La Roca de Lingpa,
un meditador libre de distracción.

¿Ya eres feliz, o sigues sintiéndote miserable y confundida?
Si no sientes alegría, en verdad te encuentras en un estado
lamentable.
Un espíritu mayor que tú es el apego al 'yo'.
Un espíritu mayor que tú es el pensamiento conceptual.
Un espíritu más maléfico que tú es la mente malintencionada.
Un espíritu más salvaje que tú son los pensamientos discursivos.
Un espíritu más mimado y testarudo que tú son las tendencias
latentes.

Si crees que los espíritus son espíritus, entonces serán dañinos.
Si has aprendido que los espíritus son vacuidad, entonces se
disiparán.
Si sabes que los espíritus son el *dharmata*, entonces te liberarás.
Si sabes que los espíritus son tus padres, entonces los
comprenderás.
Si sabes que los espíritus son mente, se convertirán en
ornamentos.
Sabiendo que así es como son las cosas, todo queda liberado.

Espíritu miserable, esta es mi respuesta a tus palabras.
Te acepto bajo juramento como mi aprendiz.
Empieza a practicar de acuerdo con lo que has prometido.
No incumplas esta solemne declaración,

este *vidyadhara*[128] *samaya* que tú y yo tenemos.
No menosprecies la fuerte compasión del guru.
No crees obstáculos en el cuerpo, el habla y la mente de los practicantes.
Si traicionas los compromisos contraídos,
estate segura de que irás al infierno *vajra*.
A causa de su importancia, te lo diré tres veces:
comprende bien todo esto y mantén la práctica.

Nos hemos encontrado debido a nuestras elevadas aspiraciones.
En una vida futura, en el reino infinito
e inconcebible de Sukhavati[129],
en el que tú estarás dotada de la bodichita,
serás la primera del séquito de mis estudiantes.
Serás una dama de Vajrasatva.

Cantando así, él la comprometió bajo juramento. Luego, la diablesa de las rocas se postró ante él y lo circunvaló numerosas veces. Ella aceptó cumplir todo lo que Milarepa había dicho, y luego se desvaneció como un arcoíris.

A la mañana siguiente, a la salida del sol, la *rakshasa* diablesa de las rocas volvió, acompañada de todos sus hermanos y hermanas, bajo apariencia humana y elegantemente ataviados. Con esa hermosa y agradable presencia, le traían muchas ofrendas a Milarepa. Tras presentárselas, la *rakshasa* diablesa de las rocas dijo:

- A causa del karma negativo, he caído en el cuerpo de un espíritu, me he dejado conducir por mis tendencias latentes negativas y he infligido daños adrede. Solicito tu perdón. A partir de ahora, yogui, haré caso de tu mandato y seré tu súbdita. Ahora, Jetsun, enséñanos, por favor, el dharma del significado definitivo que se ha manifestado en tu mente.

Y cantó la siguiente canción de petición:

---

[128] Literalmente, "mantenedor de la consciencia", alguien que reside de forma permanente en el estado del despertar.

[129] Tib: *Dewachen*. Es la morada del gran gozo del Buda Amitabha.

¡Oh maravilla!

¡Oh hijo de los nobles sabios!
Afortunado acumulador de mérito,
receptor de las bendiciones de un excelente linaje,
perseverante en la práctica,
valiente que vive en soledad,
esforzado en las prácticas del significado profundo.
Ningún espíritu podría jamás obstaculizarte.
Así, desde el *tendrel*[130] de los signos de los *nadis* y el prana
internos,
en la danza de las ilusiones, tú enseñas el significado verdadero.
Nos hemos encontrado gracias a tu mente.
Estamos conectados desde tiempo atrás, a través de una
aspiración excelente.
Aunque he conocido a otros *sidhas* hasta ahora,
es a través de ti y de tu bondad como he obtenido las bendiciones.
Ahora, yo, esta miserable, te ofrezco lo siguiente:

En el engaño del significado provisional de los yanas inferiores
es realmente difícil reconducir el karma y las aflicciones.
Vanas y arrogantes compañías de vacía conversación
que echan a correr cuando las condiciones adversas del
sufrimiento aparecen.
Maestros hartos del dharma
que se comportan de forma violenta y no se benefician ni a sí
mismos.

Señor que eres emanación[131] de los budas de los tres tiempos,
tú has realizado lo definitivo, el *dharmata*.
La profunda realidad que ha nacido en tu mente

---

[130] En la vía vajrayana se enseña que el *tendrel*, o 'auspiciosa coincidencia' (o, como se tradujo en la introducción, 'augurio'), juega un papel importante.

[131] Literalmente, *Nirmanakaya* ('cuerpo físico emanado'). Tib: *rje dus gsum sangs rgyas sprul pa'i sku.*

la has cantado a modo de *upadeshas*[132] que condensan los puntos clave
-El significado definitivo, el lugar último al que llegar-,
a este séquito de hermanos y hermanas.
Te rogamos que nos concedas las secretas palabras vajra, el significado genuino.
Te rogamos nos otorgues la suprema claridad,
la clara luz de la gran sabiduría primordial,
el sello secreto del profundo significado definitivo,
que impide caer en los reinos inferiores a quien lo oye
e impide deambular por el samsara a quien medita en él.
No nos lo ocultes, por favor, ¡revélanoslo!

Así cantó.

Luego el Jetsun dijo:

- Todavía no estáis preparados para meditar sobre el significado definitivo. Si lo estuvierais, además de haberme hecho una promesa solemne, me habríais ofrecido vuestra esencia vital.

Los demonios le ofrecieron su esencia vital inmutable, y a continuación le prometieron cumplir cualquier orden que él diera a partir de ese momento y defender todos los asuntos dhármicos. En respuesta a ello, el Jetsun cantó esta canción de realización del significado definitivo sobre los veintisiete casos de disolución:

Señor, buda oculto con forma humana,
Traductor cuyo nombre no se pronuncia a la ligera,
padre amoroso, a tus pies me postro.

No soy experto en canciones védicas,
pero me has apremiado, espíritu, "¡Canta una canción, canta una canción!".

---

[132] En contraste con las clasificaciones y la lógica de la tradición escrita, las *upadeshas*, o instrucciones esenciales, condensan el significado de las enseñanzas de los budas en breves instrucciones que pueden ser puestas en práctica de manera inmediata.

Así que te responderé con una canción sobre la naturaleza esencial.

Las nubes, el relámpago y el trueno, estos tres,
cuando surgen, lo hacen desde el cielo,
y cuando desaparecen, desaparecen en el cielo.

La bruma, la niebla y el arcoíris, estos tres,
cuando surgen, lo hacen desde el espacio,
y cuando desaparecen, desaparecen en el espacio.

Las plantas, los frutos y las cosechas, estos tres,
cuando surgen, lo hacen desde la tierra,
y cuando desaparecen, desaparecen en la tierra.

Los bosques, las hojas y las flores, estos tres,
cuando surgen, lo hacen desde la montaña,
y cuando desaparecen, desaparecen en la montaña.

Los ríos, las corrientes y las ondas del agua, estos tres,
cuando surgen, lo hacen desde el océano,
y cuando desaparecen, desaparecen en el océano.

Las tendencias latentes, el apego y las obsesiones, estos tres,
cuando surgen, lo hacen desde Alaya, la conciencia-base,
y cuando desaparecen, desaparecen en la conciencia-base.

La autocognición, la autoclaridad y la autoliberación, estas tres,
cuando surgen, lo hacen desde la mente en sí,
y cuando desaparecen, desaparecen en la propia mente.

Lo no nacido, lo incesante y lo inefable, estos tres,
cuando surgen, lo hacen desde el *dharmata*,
y cuando desaparecen, desaparecen en el *dharmata*.

El concepto de espíritus, sus apariencias y el apego a ellos, estos tres,
cuando surgen, lo hacen desde el yogui,
y cuando desaparecen, desaparecen en el yogui.

De modo que los obstáculos son proyecciones mágicas de la mente.
Si uno no reconoce sus propias proyecciones vacías

y toma su propia mente por espíritus, entonces, yogui, estás
perdido[133].

La raíz del engaño surge de la mente.
Realizando la verdadera naturaleza de la mente
uno ve que la claridad es libre de ir y venir.

Las apariencias de objetos externos son la confusión de la mente.
Examinando las características de las apariencias
uno se da cuenta de que apariencia y vacuidad son no-dos.

La 'meditación' en sí misma es un pensamiento.
Y de la misma forma la 'no-meditación' también es un
pensamiento.
Meditación y no-meditación no son dos cosas distintas.

El punto de vista dualista es la base de la confusión.
No hay punto de vista en la realidad última:
todos estos ejemplos muestran las características de la mente.

El ejemplo de las características del espacio
sirve para tener la certeza de la verdadera naturaleza de la mente.
Que tu punto de vista sea fijarte en esa realidad que está más allá
de la mente conceptual,
que tu meditación sea permanecer sin distracción,
que tu conducta sea comportarte de forma natural y consciente,
que tu logro sea abandonar los conceptos tales como esperanza y
temor.
Espíritu, esta es tu parte del tesoro del dharma.

No tengo tiempo para seguir cantando sin fin canciones vacías.
No me hagas más preguntas ni pienses mucho, quédate en
silencio.
Espíritu, me dijiste "Canta una canción", y es lo que he hecho.
He aquí las palabras de un loco.

---

[133] Si uno toma un espíritu, que es una mera proyección mental, por algo real, individual
y externo, entonces uno está extraviado. (DPR)

Espíritu, si eres capaz de llevar esto a la práctica,
tu alimento será el gran gozo,
cuando tengas sed, beberás la *amrita* pura,
y tu trabajo será prestar ayuda a todos los yoguis practicantes.

La diablesa de las rocas y el séquito al completo sintieron una gran fe, y a continuación se postraron ante él y lo circunvalaron muchas veces. Dando las gracias a Milarepa, se desvanecieron como un arcoíris. Desde aquel día, se comportaron como el Jetsun les había ordenado, sin dañar a ningún meditador que se instalara allí y ayudando a todos los que estuvieran conectados con el dharma.

Este es el ciclo de La diablesa *rakshasa* de La Roca de Linga.

# 5. La primera visita a Rakma

Namo Guru

La intención del Jetsun Milarepa era trasladarse desde La Roca de Lingpa hasta Riwo Palbar para meditar. Cuando iba de camino, les contó a sus benefactores de Rakma que pensaba quedarse en Riwo Palbar.

Ellos le dijeron:

- Debajo de Riwo Palbar hay un sitio incluso mejor que Riwo Palbar, un lugar llamado La Fortaleza del Protector[134]. Sería bueno que te quedaras allí. Lo cierto es que no conocemos bien el camino a Riwo Palbar; pero si te quedaras en La Fortaleza del Protector, luego haríamos que un guía fuera contigo.

Milarepa pensó: "Primero me quedaré en el sitio este del que me hablan, y luego iré a conocer Riwo Palbar. Pero no necesito su guía". Y les dijo:

- No necesito vuestro guía, encontraré el camino por mí mismo.

- Si no llevas un guía -le replicaron- va a ser imposible que encuentres el camino. ¿Acaso tienes tu propio guía?

- Lo tengo -dijo Milarepa.

- ¿Cómo se llama? -le preguntaron. Y él les cantó esta canción de realización en respuesta:

> El santo y genuino guru
> es el guía que disipa cualquier oscuridad.
>
> La sencilla túnica que está más allá del frío y del calor
> es el guía para el abandono de los apegos.

---

[134] En tibetano es *Gön Dzong* (tib: *dgon rdzong*)

Los tres ciclos de enseñanzas sobre combinación y
transferencia[135]
son los guías que suprimen los estados del bardo.

El prana y la mente, tan útiles a estos efectos,
son los guías para viajar por el mundo.

Desechar el cuerpo, como si fuera comida para otros,
es el guía para mantener a raya el apego al 'yo'.

Meditar en lugares solitarios
es el guía para alcanzar la iluminación.

Con estos seis guías mostrándome el camino
haré marcha hacia La Fortaleza de la Iluminación, y allí me
quedaré.

Tras esto, marchó al lugar que estaba encima de Rakma, y a partir de
ese momento el sitio fue conocido como La Fortaleza de la Iluminación[136].

Allí, mientras el Jetsun permanecía en la continuidad del río del *samadhi*, un día, a medianoche, se produjo un gran clamor de trompas mi-
litares y alaridos de guerra. Milarepa pensó: "¿Habrán llegado enemigos
para atacar a los habitantes de la región?". Entonces, mientras el Jetsun
se mantenía en un *samadhi* de profunda compasión, los ruidos se iban
haciendo más y más fuertes. De pronto, apareció una resplandeciente luz
roja.

"¿Qué será?", pensó.

Cuando echó un vistazo, vio todos los campos arrasados por el fuego.
La tierra y el espacio estaban abarrotados de un temible e implacable ejército que prendía fuego por doquier, desviaba las aguas de su cauce, de-
rrocaba montañas, hacía temblar la tierra y blandía sus armas. Se había

---

[135] "Estas tres enseñanzas son: durante el día, la combinación de chandali con el yoga del
cuerpo ilusorio; durante la noche, la combinación del yoga del sueño con la claridad; y, a
la hora de la muerte, la combinación de las prácticas del bardo y el powa". (KTGR, *Stories
and Songs*: 23).

[136] El lugar más arriba de Rakma, La Fortaleza del Protector (tib: *dgon rdzong*), sería
conocido más adelante como La Fortaleza de la Iluminación (tib: *byang chub rdzong*).

desplegado un millar de mágicas apariciones. En particular, se pusieron a destrozar la cueva de meditación de Milarepa y a gritarle toda clase de insultos.

A causa de ello, el Jetsun pensó: "Se trata de espíritus que crean obstáculos y siembran el caos en este lugar. ¡Qué lástima!, los seres vagan por los seis reinos acumulando karma negativo en el samsara desde un tiempo sin principio. Entre los seis tipos de seres, estos han nacido como *pretas* que viajan a través del espacio. Con su conducta desordenada y sus intenciones malévolas hacia los demás, dañan las vidas de muchos seres y causan toda clase de perjuicios. Debido a ello, deberán nacer una vez más en los ineludibles[137] reinos infernales, donde habrán de experimentar sufrimientos insoportables". Y, dando libre curso a su compasión, cantó esta canción de realización:

> En tu corazón, un espacioso cielo de bondad amorosa,
> nubes de compasión arracimadas
> dejan caer la lluvia de la actividad,
> y maduras las cosechas de los que están preparados.
> Marpa el Traductor, a tus pies me postro.
> Concede tus bendiciones para que todos los seres, innumerables
> como el espacio[138],
> alcancen el nivel de la budeidad omnisciente.

> Vosotros, espíritus *yaksa* que os habéis reunido aquí,
> vosotras, horda de dakinis cuyas mentes se desplazan por el
> espacio,
> vosotros, espíritus hambrientos que solo pensáis en comida,
> a causa de la maduración del karma de la conducta no virtuosa
> habéis nacido esta vez con cuerpo de *pretas*.
> Y, de nuevo, a causa de dañar a los demás seres en esta vida,
> en la próxima vida, naceréis en los reinos infernales.
> En esta canción, os daré alguna breve enseñanza sobre causa y
> efecto.

---

[137] 'Ineludible', aquí, "Significa que la liberación de este tipo de infiernos es difícil de lograr". (KTGR, *Stories and Songs*: 24).

[138] Hay tantos seres sensibles como vasto es el espacio.

Ahora que tenéis la certeza de este asunto imprescindible, escuchad.

Yo soy el hijo de los gurus Kagyu.
La base, que es la fe, surgió y entré en el dharma.
Conociendo el karma, la ley de causa y efecto, he padecido grandes trabajos.
Por medio del poder del camino,
que es la diligencia entusiasta y la meditación,
he llegado a la realización, la verdadera naturaleza de la mente.
Sé que todas las apariencias son ilusiones.
Me he liberado de la enfermedad del apego al 'yo'.
He cortado los lazos samsáricos del perceptor y lo percibido.
Me he apoderado del trono real del inmutable dharmakaya.
Con una mente maliciosa, habéis tratado de crear obstáculos
a un yogui libre de cualquier miedo,
y todo lo que conseguiréis es agotaros
y crear las causas de más odio en vosotros.

El flujo de mi mente es la base[139].
Si vosotros o cualquier otro ser del reino de Brahma
hasta el último de los dieciocho infiernos,
o si cualquiera de las seis clases de seres
se alzara como enemigo contra mí,
yo no tendría ni un solo pensamiento de temor.

Vosotros, espíritus *yaksa* que os habéis reunido aquí,
vuestras fuerzas marciales de mágicos poderes,
no han dejado ni una sola marca en mí.
Si os dierais media vuelta y os largarais,
todo lo que habríais hecho hasta ahora sería en vano.
Lo único que habríais conseguido sería avergonzaros.
¡Así que intentadlo de nuevo, horda de espíritus!

Tras cantar esto, Milarepa volvió a absorberse en la equidad del *dharmata*, y como resultado el montón de espíritus quedó lleno de fe. Hicieron

---

[139] Aquí 'la base' es sinónimo de naturaleza de buda (KTGR, *Stories and Songs*: 25)

muchas postraciones y circunvalaciones, y tocaron con sus cabezas los pies de él.

- Eres un yogui que ha logrado la auténtica estabilidad. No lo sabíamos. Perdona, por favor, el caos que hemos armado. De hoy en adelante, haremos lo que nos ordenes. Danos un mandato, por favor, para que establezcamos una conexión con el dharma.

- Muy bien -dijo el Jetsun-. Entonces, absteneos de hacer cualquier fechoría y practicad solo la virtud.

Todos y cada uno le contaron su historia a Milarepa, le ofrecieron sus mentes y sus corazones, y se convirtieron en sus estudiantes, comprometiéndose a hacer lo que les dijera. A continuación, cada uno regresó a su tierra; y ahora son las deidades locales de Riwo Palbar y la diosa Se'i Lhamo de Mangyul.

Luego, el Jetsun pensó: "Dado que la deidad local de Riwo Palbar ha venido hasta aquí en persona, ya no necesito ir yo allí para meditar". Y, tras pasar en aquel lugar unas cuantas noches, su práctica dio importantes frutos, y cantó esta canción de realización:

> En este lugar solitario, La Fortaleza de la Iluminación,
> yo, Milarepa, estoy logrando el despertar.
> Soy un maestro de la bodichita
> y he mantenido la práctica del corazón iluminado.
> Habiendo alcanzado con prontitud la gran iluminación,
> ¡que pueda yo reunir a todos los seres que han sido mis madres
> con el supremo despertar!

Así cantó y, a continuación, siguió esforzándose en la práctica.

Unos días después, un benefactor le trajo un fardo de leña y medio saco de *tsampa*.

- Con esa túnica tan fina que llevas vas a agarrar un resfriado. Rakma es el lugar más frío de toda la región del sur. Y entre todos los lugares de Rakma, esta cueva en la que estás es especialmente gélida. Si te parece bien, lama, me gustaría regalarte este chaquetón forrado. ¿Cómo te llamas, lama? -le preguntó.

- Y tú, benefactor, ¿cuál es tu nombre? -respondió el Jetsun.

- Me llamo Lhabar[140].

- Buen nombre. No tengo necesidad de tu *tsampa* ni de tu chaquetón forrado. Aun así, es estupendo que me hayas ofrecido *tsampa*; pero el chaquetón no me lo quedaré. Estoy bien como estoy.

Y, a continuación, cantó esta canción de realización para Lhabar:

En la ciudad de la confusión de las seis clases de seres,
mi consciencia vagaba como un niño perdido
y era víctima de inagotables proyecciones kármicas engañosas.

A veces sufría la ilusión de tener hambre
y, practicando el sabor único, mendigaba comida.
A veces aceptaba todas las adversidades.
A veces me alimentaba de vacuidad.
A veces comía cualquier porquería y me aguantaba.

A veces sufría la ilusión de tener sed
y bebía el agua clara y azul de la montaña.
A veces bebía mi propia orina.
A veces bebía del río de la compasión.
A veces bebía la sustancia del *samaya* de las dakinis.

A veces sufría la ilusión de tener frío
y me cubría con una sencilla tela.
A veces me calentaba el maravilloso calor de *chandali*,
a veces no funcionaba y simplemente soportaba el frío.

A veces sufría la ilusión de falta de amigos
y me apoyaba en mi compañera la sabiduría primordial.
Me entretenía con la actividad de las diez acciones virtuosas
y llevaba a cabo la práctica de la visión genuina.
Investigaba a fondo la naturaleza autoconsciente de la mente.

Yo soy un yogui, un león entre los seres humanos.
Llevo la melena turquesa de la visión superior flotando al viento.
Poseo las garras y los colmillos de la meditación excelente,

---

140 *Lhabar* significa, literalmente, 'deidad resplandeciente'.

practico en las cumbres nevadas
y espero alcanzar las buenas cualidades de la realización.

Yo soy un yogui, un tigre entre los seres humanos.
He perfeccionado los tres poderes[141] de la mente iluminada.
Mi piel está marcada con las rayas inseparables de los medios y la sabiduría.
Habito en los bosques medicinales de la claridad.
Y espero que llegue la oportunidad de ayudar a los demás.

Yo soy un yogui, un buitre entre los seres humanos.
Extiendo las alas de la claridad de la fase de creación
con las plumas de la fase de la culminación estable.
Con su unión, planeo en el espacio del *Dharmata*
y duermo en las rocas de la realidad verdadera.
He completado el resultado de los dos beneficios[142].

Yo soy un yogui, un ser humano auténtico.
Soy el yogui Milarepa.
Puedo plantar cara a cualquier apariencia que surja,
puedo afrontar todo lo que haya aquí y ahora.
Soy un yogui impredecible.
Me hago cargo de lo que surja, sin puntos de referencia.

No tengo comida y mendigo limosna.
Voy desnudo sin nada que echarme encima.
Soy un pordiosero carente de todo.
Estoy libre de hacer planes.
No pertenezco a este ni a ningún otro lugar.
Mis acciones son totalmente espontáneas.
Soy un loco que mira a la muerte ilusionado.
No necesito nada.

Si necesitas acumular provisiones esenciales
las desgracias te traerán trabajos y dolores de cabeza.
Benefactor, no te busques problemas y vuelve a casa.

---

[141] Los poderes del cuerpo, la palabra y la mente (*Stories and Songs*: 27).
[142] El beneficio de sí mismo y de los demás.

> Yo soy un yogui que hace todo tipo de cosas raras.
> Con tu virtud y tu mente benevolente,
> con tu generosidad, has sido muy amable.
> Espero que tengas una larga vida libre de enfermedades
> Y que, aprovechando las libertades, las condiciones favorables y
> las ventajas,
> en la próxima vida, en algún reino puro,
> volvamos a encontrarnos y practiquemos juntos el dharma
> para beneficiar a todos los seres.

Así cantó.

A continuación, el benefactor sintió una gran fe y dijo:

- Eres el *sidha* Milarepa, y me basta con saber todo esto sobre ti. En orden a perfeccionar la acumulación de méritos, yo, este ser ordinario[143], te suministraré provisiones mientras estés en este lugar. ¡Acéptalas, por favor!

Y, durante todo el tiempo que Milarepa estuvo en La Fortaleza de la Iluminación, el rico Lhabar le estuvo llevando provisiones.

La práctica del Jetsun mejoró mucho; y, mientras tenía estas experiencias de gran gozo, varias personas de Rakma acudieron a conocerlo.

- ¿Ha tenido usted una buena estancia en este lugar? ¿Ha ido bien su práctica?

- He disfrutado en este lugar -respondió el Jetsun-, y mi actividad virtuosa ha dado sus frutos.

- Así suele ser -dijeron ellos-. Cante, por favor, un elogio a este agradable lugar y háblenos sobre su práctica aquí.

En respuesta, Milarepa cantó esta canción de realización:

> Este lugar aislado, La Fortaleza de la Iluminación:
> en su cumbre, poderosos dioses y altas blancas nieves.
> A los pies, gran cantidad de benefactores dotados de fe.

---

[143] Literalmente: "Yo soy alguien que ha cometido acciones negativas", o "Alguien con mal karma".

Al fondo, las montañas como blancas cortinas de seda.
Densos bosques apiñados enfrente.
Vastos y hermosos campos y praderas
repletos de fragantes lotos placenteros a la vista
donde revolotean las criaturas de seis patas.
En las orillas de los estanques,
los cisnes lanzan miradas mientras doblan sus cuellos.
En las ramas cargadas de fruta de los árboles,
bandadas de bellas aves cantan placenteras melodías.
Con la suave y gentil brisa
las ramas de los árboles se mecen y danzan.
En las copas de los árboles más altos, que no tapan la vista,
los monos y los langures juegan a mil juegos distintos.
En las inmensas praderas de hierba tierna y verde,
el ganado pasta desparramado.
Y los pastores que están a su cuidado
cantan hermosas canciones acompañados de sus flautas.

Los esclavos del deseo de las cosas del mundo
llenan la tierra, afanándose por conseguir cosas.
Este yogui lo observa todo
sobre esta preciosa roca desde donde todo se ve con claridad:
recuerdo que las apariencias son ejemplos de impermanencia.
Veo los placeres sensoriales como un espejismo.
Contemplo esta vida que es como un sueño, una ilusión,
y cultivo la compasión por quienes no se dan cuenta.
Me alimento del espacio vacío
y cultivo la meditación de la no-distracción.
De la infinidad de las experiencias, surge cualquier cosa.
Los fenómenos de los tres reinos del samsara
carecen de existencia, y sin embargo aparecen. ¡Qué maravilla!

Cuando Milarepa acabó de cantar esto, los estudiantes, llenos de fe, regresaron a sus casas.

Este es el ciclo de La primera visita a Rakma.

# 6. La Fortaleza del Cielo de Kyangpen

Namo Guru

El Jetsun Milarepa fue desde Ratma hasta La Fortaleza del Cielo de Kyangpen. Durante el tiempo que permaneció allí, en cierta ocasión apareció un mono montado en un conejo. Vestía una armadura hecha de cáscaras de cebada y llevaba un arco y flechas de paja. El mono trató de intimidar a Milarepa, y el Jetsun se echó a reír.

- He venido a meterte miedo -dijo el mono-; pero si no te asustas, me largo.

Y el Jetsun dijo:

> Tengo muy claro que las apariencias son mente
> y he visto que la mente misma es el dharmakaya.
> Así que, espíritu, cualquier magia que puedas hacer
> solo hará reír a este yogui.

Así cantó.

Entonces, el espíritu se comprometió a servir a Milarepa y se desvaneció como un arcoíris. Ese espíritu era el rey Drotang.

Más tarde, algunos benefactores de Drotang se acercaron para conocer al Jetsun, y le preguntaron:

- ¿Cuáles son las buenas cualidades de este lugar?

En respuesta, Milarepa cantó esta canción de realización:

> Señor guru, atiende mis súplicas.
>
> ¿Conocéis las buenas cualidades de este lugar o no?
> Si no conocéis las cualidades de este lugar:
>
> Esta es La Fortaleza del Cielo de Kyangpen, un lugar de retiro solitario.
> En el palacio de esta Fortaleza del Cielo,
> arriba, las nubes procedentes del sur se juntan oscuras.
> Abajo, corren cascadas de aguas frescas y claras.
> Detrás, hay rocas rojas y toda la extensión del cielo.

Delante, praderas llenas de flores radiantes.
A los lados, bestias salvajes dejan oír sus impresionantes rugidos.
Enfrente, planean los buitres, reyes de las aves.
Desde el cielo, cae la fina lluvia
y las abejas están siempre tarareando su canción.
Ciervos y asnos salvajes, madres y criaturas, trotan jugando.
Monos y langures saltan y corretean.
Las alondras y sus polluelos revolotean por doquier
y los urogallos de montaña cantan melodiosas canciones.
Los claros manantiales de la alta montaña balbucean
placenteramente.

Todos estos sonidos, cada uno a su tiempo, son los amigos de la
experiencia.
Las buenas cualidades de este lugar son inimaginables,
y mi mente es tan feliz que he estallado en cantos.
Las instrucciones esenciales brotan de mi discurso.
Todos vosotros, hombres y mujeres benefactores aquí reunidos,
seguidme y haced lo mismo que yo:
¡abandonad la negatividad y practicad la virtud!

Así cantó.

Entre la gente reunida allí había un *mantrika*, que le dijo:

- Jetsun, por favor, en esta feliz ocasión en que te hemos conocido,
haznos el regalo de una instrucción fácil de entender y de practicar. Explícanos cómo poner en práctica la visión, la meditación y la conducta.

En respuesta, el Jetsun cantó esta canción de realización:

Que las bendiciones del guru entren en mi mente.
Concédeme tu bendición para que pueda realizar la vacuidad.

En respuesta a estos benefactores llenos de fe
cantaré una canción que agrade a las deidades *yidam*.

Apariencia, vacuidad y su inseparabilidad, las tres:
estas tres cosas resumen la visión.

Claridad, no elaboración intelectual y no distracción, las tres:
estas tres cosas resumen la meditación.

No-apego, no-aferramiento y completación[144], los tres:
estas tres cosas resumen la conducta.

Sin esperanza, sin miedo y sin confusión, los tres:
estas tres cosas resumen la realización.

Sin engaño, sin hipocresía y sin simulación, los tres:
estas tres cosas resumen el *samaya*.

Cuando Milarepa hubo cantado esto, todos ellos volvieron a sus casas llenos de fe.

Varios días más tarde, muchos estudiantes se acercaron para encontrarse con Milarepa. Los que ya habían estado antes se interesaron por su salud, y le preguntaron si se encontraba bien física y mentalmente. En respuesta, Milarepa cantó esta canción de realización:

Me postro a los pies del noble guru.

En este lugar, este aislado bosque deshabitado:
la meditación de Milarepa va bien.
Mis paseos y mis descansos sin apegos van bien.
Mi cuerpo ilusorio libre de enfermedades está bien.
Mi estar sentado sin dormir va bien.
Mi *samadhi* libre de conceptos va bien.
Mi *chandali* libre de frío va bien.
Mi austeridad libre de melancolía va bien.
Mi trabajo hecho sin esfuerzo va bien.
Mi morada aislada libre de distracciones está bien.
Así se encuentra mi cuerpo.
Mi *yana*[145] con los medios y la *prajña* va bien.

---

[144] Literalmente: "completitud o perfección" (tib: *mthar skol*). Tras acceder a la verdadera visión y a la meditación, uno necesita practicar la conducta, que debe estar libre de apegos y aferramiento. Esta conducta, a su vez, debe ser mantenida de forma ininterrumpida, sin pausas. (KSP)

[145] Aquí *yana* significa vehículo para transitar el camino espiritual. Normalmente se enseña que, para que el camino esté completo, los medios hábiles (métodos) y la sabiduría (prajña) ambos deben estar presentes.

La unión de mi creación y mi culminación[146] está bien.
Mi atención libre de los movimientos del prana va bien.
Mi silencio sin amigos con los que hablar va bien.
Así se encuentra mi habla.

Mi visión libre de identificaciones va bien.
Mi meditación que fluye sin parar va bien.
Mi conducta que no se deteriora va bien.
Mi realización sin esperanzas ni temores va bien.
Así se encuentra mi mente.

La inmutable claridad no-conceptual va bien.
El gran gozo en la perfecta pureza del espacio va bien.
Las manifestaciones[147] incesantes en el espacio van bien.

Esta humilde melodía del sentirse bien
refleja mi experiencia a través de una canción.
Con la visión y la conducta trabajando a la par,
de aquí en adelante, vosotros que os esforzáis por el despertar,
siempre que practiquéis, hacedlo de este modo.

Cuando hubo cantado esto, los discípulos dijeron:

- ¡Es estupendo que el cuerpo, el habla y la mente del guru se sientan bien! ¿De dónde procede todo ello?

- Todo ello -respondió Milarepa- procede de la realización de la mente.

- A pesar de que nosotros no experimentemos el mismo tipo de gozo que tú, esperamos poder llegar a tener al menos una muestra. Danos, por favor, una enseñanza que sea fácil de entender sobre el método de meditación para la realización de la mente que trae consigo este gozo.

En respuesta, el Jetsun cantó la canción de realización titulada *Los doce puntos de la mente*:

---

[146] Tib: *bskyed rdzogs*. Esto se refiere a la fase de la práctica de creación (o generación) y a la fase de la práctica de la culminación del vajrayana.

[147] La palabra que hemos traducido aquí como 'manifestaciones' (*'char sgo*) tiene en el original tibetano una ligera connotación negativa; el verso podría traducirse también como "Todas las condiciones adversas o negativas que surgen son gozo".

Me postro a los pies del noble guru.
Vosotros, benefactores que deseáis realizar la naturaleza de la
mente,
cuando practiquéis, que sea de este modo.

Fe, estudio, disciplina, estos tres
son los puntales de la mente.
Si los plantáis con firmeza, obtendréis gozo.
Si ponéis un puntal, que sea de este modo.

No apego, no aferramiento, no ignorancia, estos tres
son la armadura de la mente.
Ligera de llevar y a prueba de armas.
Si lleváis armadura, que sea como esta.

Meditación, diligencia y perseverancia ante las dificultades, estos
tres
son el corcel de la mente.
Cuando galopa, os dirigís a la carrera hacia la iluminación.
Cuando montéis el corcel, que sea de este modo.

Auto-cognición, auto-claridad y auto-gozo, estos tres
son la realización de la mente.
Se planta, madura y alimenta al comerlo.
Cuando alcancéis la realización, que sea de este modo.

Estos doce puntos de la mente
han nacido en la mente de este yogui.
Vosotros, fieles benefactores, debéis practicarlos.

Mientras iba cantando esto, ellos sintieron una fe mayor; y más adelante sirvieron a Milarepa en todo. A continuación, el Jetsun decidió ir a La Sierra Nevada de Yolmo.

Este es el ciclo de La Fortaleza del Cielo de Kyangpen.

# 7. La Sierra Nevada de Yolmo

Namo Guru

Para cumplir el mandato de su guru, el Jetsun Milarepa, señor de los yoguis, fue desde Kyangpen hasta La Sierra Nevada de Yolmo, donde se instaló en La Cueva del Tigre de la Fortaleza del León[148], en el bosque de Singa Ling. Enseguida apareció la diosa protectora de Yolmo, bajo una apariencia hermosa y una actitud pacífica desde el primer momento. Aceptada como súbdita, el espíritu mostró respeto y prestó servicio sobrado a Milarepa.

Mientras la práctica del Jetsun se desarrollaba de manera fructífera, cinco jóvenes monjas de Mönyul[149] llegaron para pedirle enseñanzas.

- Dado que este es un lugar aterrador -le dijeron-, la experiencia y la realización deben verse reforzadas y la práctica dará sus frutos. Guru, ¿eres de la misma opinión que nosotras?

En respuesta, cantó la siguiente canción de alabanza del lugar y de cómo se habían manifestado su experiencia y su realización[150]:

Me postro a los pies del noble guru.
Por la acumulación de méritos, he podido tener un maestro tal.

A causa de la profecía de mi guru he venido aquí,
a este maravilloso castillo de las montañas boscosas de Mönyul.

---

[148] Tib: Takpuk Senge Dzong (stag phug seng ge rdzong)

[149] "El topónimo Mön, o Mönyul, aparece en muchos relatos, y suele referirse a las regiones de Arunachal Pradesh, en el nordeste de La India, al sur del Tíbet y de Bután. En el contexto de la tradición biográfica de Milarepa, sin embargo, Mön es usado para describir la región fronteriza de las laderas sur del Himalaya, y se aplica 'a todo tipo de grupos humanos a lo largo del Himalaya con los que los tibetanos estaban en contacto'. Se trata, por tanto, de un término genérico, que significaría 'algo parecido a habitantes de las montañas del sur o del oeste' que no son ni indios ni tibetanos bárbaros'" (Quintman 2014b: 78, citando a Michael Aris, Bhutan: *The Early History of a Himalayan Kingdom*. Warminster, England: Aris & Phillips, 1979).

[150] El comentario de Khenpo Tsultrim Gyamtso Rinpoche a esta canción está disponible en *Stars of Wisdom*.

Esta es una tierra de prados de montaña con radiantes flores
en medio de un sinnúmero de árboles danzarines;
una tierra en la que los langures y los monos juegan;
un lugar donde los pájaros cantan canciones sin cuento;
una tierra donde las abejas vuelan plácidamente por todas partes;
donde los arcoíris brillan tanto de día como de noche;
donde la suave lluvia cae tanto en verano como en invierno;
donde el rocío se extiende en otoño y en primavera.
En un lugar solitario como este,
para mí, el yogui Milarepa,
la experiencia luminosa de la meditación
en la vacuidad de la mente va muy bien.
A pesar de que surjan muchas manifestaciones negativas, todo va
muy bien.
Cuando los altibajos son intensos, todo va incluso mejor.
Mi cuerpo, libre del karma negativo, se encuentra bien.
Cuando hay miríadas de perturbaciones sin cuento, todo va muy
bien.
Cuando las aterradoras apariciones son intensas, todo va incluso
mejor.
Estar libre de las aflicciones del nacimiento y de la muerte, va
bien.
Cuando la brutalidad de los demonios empeora, todo va muy
bien.
Cuando no hay enfermedad, todo va incluso mejor.
Si el sufrimiento se experimenta como gozo, va bien.
El *Trulkhor*[151] que surge de la experiencia meditativa va muy
bien.
La danza de las carreras y los saltos va incluso mejor.
El tesoro de las canciones espontáneas va bien.
Estas palabras, que son como melodías de abejas, van muy bien.
Cuando este sonido se convierte en mérito, va incluso mejor.

---

[151] Tib: *'khrul 'khor*, es un grupo de ejercicios físicos yóguicos. "Cuando surge una experiencia meditativa, de manera implícita el trulkhor brota de ella. Todo movimiento se convierte en trulkhor". (DPR)

La confianza en la fuerza de la mente se siente bien en el espacio.
La mente auto-originada a partir de su propia fuerza va bien.
Su despliegue en la variedad va incluso mejor.
Este yogui, feliz con estas gozosas experiencias,
hace este regalo de despedida a estas chicas llenas de fe.

Una vez hubo cantado esto, les dio las iniciaciones y las instrucciones, y luego les hizo meditar. Las chicas tuvieron una experiencia excelente y realizaciones, y el Jetsun quedó muy contento con ello. Entonces, cantó esta canción de realización, la *Canción de la experiencia de la amrita del consejo*:

Guru, buda, dharmakaya,
infalible maestro del camino de la liberación,
tu actividad compasiva es la gloria de los seres.
Estás sentado en mi coronilla como ornamento, nunca apartado de mí.

Vosotras, practicantes del dharma, que os habéis quedado aquí,
aunque hay muchas formas de practicar el dharma genuino,
sois afortunadas de estar practicando el camino profundo.

Para lograr la budeidad en una sola vida,
no tengáis grandes deseos en esta vida.
Si lo hacéis, os debatiréis entre la virtud y la negatividad.
Y, si esto sucede, caeréis en los reinos inferiores.

Al ofrecer servicio al guru,
no os quejéis de lo que hagáis en su servicio.
Si lo hacéis, se producirá resentimiento para ambos, maestro y discípula.
Y, si esto sucede, no se cumplirán vuestros deseos.

Cuando toméis los votos del *samaya*,
no durmáis en las ciudades de la gente común.
Si lo hacéis, acabaréis influidas por sus ejemplos negativos.
Y, si esto sucede, vuestros votos de *samaya* acabarán rotos.

Cuando estéis entregadas al estudio,
no sintáis mucho orgullo del conocimiento convencional.
Si lo hacéis, las brasas de los cinco venenos se encenderán.

Y, si se encienden, vuestro propósito de actividad virtuosa se verá
perturbado.

Cuando estéis meditando con amigos,
no os comprometáis en tareas diversas.
Si lo hacéis, os distraeréis de la actividad virtuosa profunda.
Y, si os distraéis, dejaréis escapar la fortuna del dharma sagrado.

Cuando practiquéis el camino de los medios del Linaje de la
Escucha,
no os involucréis en bendecir o dominar a los espíritus.
Si lo hacéis, vuestra propia corriente mental se rebelará como un
espíritu.
Y, si esto sucede, acabaréis luchando por el dharma de los
ciudadanos[152].

Cuando la experiencia y la realización comiencen a dar frutos,
no habléis de vuestra destreza ni de las percepciones
extrasensoriales.
Si lo hacéis, corromperéis el lenguaje del código secreto.
Y, si esto sucede, las buenas cualidades y signos del camino
quedarán oscurecidos.
Cuando os deis cuenta de estas faltas, no volváis a cometerlas.

Alimentarse del engaño y la conducta negativa,
arrebatar las ofrendas hechas a los muertos,
esforzarse en agradar a los demás: no os dejéis atrapar en nada de
todo ello.
Actuad con humildad y sed autosuficientes.

Entonces, ellas le preguntaron:

- ¿De qué manera debemos ser autosuficientes?[17]

Ante la petición de que explicara esto más, el Jetsun cantó esta canción
de realización:

---

[152] Esto se refiere a hacer prácticas de rituales con finalidad mundana, en vez de perseguir
una finalidad espiritual. (KSP)

Suplico al señor bondadoso:
concédeme tu bendición para que la práctica de este renunciante
vaya bien.

Vosotras, jóvenes y nuevas estudiantes,
en la fraudulenta ciudad de la virtud y la negatividad,
no malgastéis vuestra buena fortuna, escuchad el dharma genuino.
No habéis enfilado el mal camino, ya que me habéis encontrado.

Reunid acumulaciones una y otra vez, practicad la meditación.
El rocío de las bendiciones hace nacer la experiencia y la
realización.
Pero esto solamente no basta, debéis ser autosuficientes.
Esta *upadesha* de ser autosuficiente
os la explicaré con amor, escuchad atentamente.

Cuando os quedéis en lugares de retiro apartados en la montaña,
no evoquéis las diversiones de la ciudad.
Si lo hacéis, los demonios de vuestra propia mente os distraerán.
Mantened la mente concentrada en sí misma, ¡sed autosuficientes!

Cuando tratéis de penetrar con perseverancia el punto clave de la
meditación,
contemplad la incertidumbre del momento de la muerte,
y recordad los defectos del samsara.
Sin darle vueltas a los placeres de esta vida,
Cultivad la perseverancia ante las dificultades, ¡sed
autosuficientes!

Cuando recibáis instrucciones sobre meditaciones profundas,
no tengáis un gran deseo de conocimiento conceptual.
Si lo hacéis, os enredaréis en conductas mundanas.
Y, si esto sucede, esta existencia humana resultará vacía y
desperdiciada.
Actuad con humildad, ¡sed autosuficientes!

Cuando surjan brotes de experiencia y realización,
no os vanagloriéis y sintáis la necesidad de hablar de ello.

Si habláis de ello, disgustará a las *mamos*[153] y las dakinis.
Meditad sin distracción, ¡sed autosuficientes!

Cuando paséis tiempo cerca del guru,
no examinéis sus buenas cualidades y sus faltas.
Si lo hacéis, no veréis más que un montón de faltas.
Tened una visión pura, ¡sed autosuficientes!

Cuando estéis en armonía con los hermanos del dharma, en cola
para las iniciaciones,
no queráis ser la cabeza o la primera de la fila.
Si lo hacéis, el apego y la cólera alterará vuestro *samaya*.
Permaneced en armonía, ¡sed autosuficientes!

Cuando vayáis mendigando limosna por medio del pueblo,
no engañéis a la gente con falso dharma.
Si lo hacéis, os hundiréis por vosotras mismas en los reinos
inferiores.
Actuad sinceramente, ¡sed autosuficientes!

Siempre y en todo lo que hagáis,
dejad de lado el exceso de amor propio y los fuertes deseos.
Si los tenéis, solo seréis gente satisfecha de apariencia dhármica.
Abandonad el engaño y la mentira, ¡sed autosuficientes!

Así, quien es capaz de ser autosuficiente,
debe legar las excelentes instrucciones
para beneficio propio y de los demás.
¡Estableced la generosidad en el centro de vuestro corazón!

Cuando Milarepa hubo cantado esto, todas ellas intensificaron la perseverancia en la meditación y la motivación por abandonar esta vida. Con una fe inquebrantable en el Jetsun, le ofrecieron un mandala de oro y le pidieron una práctica que condensara la esencia de los puntos clave de la visión, la meditación y la conducta.

---

[153] Las *mamos* (tib: *ma dang mkha' 'gro*) son un tipo de espíritus rakshasa. Este término se usa también para referirse a una clase de dakinis airadas o semi-airadas.

- Tomad ese oro -dijo el Jetsun- y usadlo para adquirir provisiones para vuestro retiro. En cuanto a los puntos clave de la visión y la meditación, son los siguientes.

Y cantó su canción de realización titulada Los clavos de la visión, la meditación y la conducta[18]:

Concededme vuestra bendición para que pueda mantenerme de
forma natural
fiel a la visión, la meditación y la conducta del guru, mi maestro.

En cuanto a la visión, hay tres clavos que clavar.
En cuanto a la meditación, hay tres clavos que clavar.
En cuanto a la conducta, hay tres clavos que clavar.
En cuanto a la realización, hay tres clavos que clavar.

Para explicar los tres clavos de la visión:
toda la existencia fenoménica está incluida en la mente,
la mente misma tiene la naturaleza de la claridad,
y sin embargo no puede ser encontrada.

Para explicar los tres clavos de la meditación:
los conceptos quedan liberados en el dharmakaya,
la clara conciencia tiene la naturaleza del gozo.
Espontánea y en reposo, está en equilibrio.

Para explicar los tres clavos de la conducta:
las diez virtudes son la expresión natural de la conducta,
las diez no-virtudes son puras en su propio lugar,
el antídoto no restaura la claridad-vacuidad[154].

Para explicar los tres clavos de la realización:
el nirvana no es algo que esté en otro lugar.

---

[154] Khenpo Tsultrim Gyamtso Rinpoche, en su canción *El brillo de la esencia de la clara luz: un comentario sobre el significado de Los Tres Clavos*, explica así este verso: "El remedio, la prajña que realiza la ausencia de 'yo' / no modifica la vacuidad luminosa de la mente lo más mínimo; / el remedio en sí mismo es naturalmente puro y libre, / de modo que no es la causa de la vacuidad ni de la claridad". Traducción de Ari Goldfield (*Songs of Realization*: 214).

El samsara no debe ser abandonado por otro lugar.
He resuelto que mi propia mente es Buda.

De los tres clavos, solo hay uno que clavar:
este clavo es el clavo de la vacuidad del *dharmata*.
El clavado lo realiza el noble guru.
Si lo piensas mucho, no podrá ser clavado.
La realización coemergente será clavada.
Esta riqueza compartida por los practicantes del dharma
Ha surgido también en la mente de este yogui aquí presente:
que todas vosotras, estudiantes, estéis satisfechas.

Entonces, las discípulas dijeron:

- Aparte de hacer súplicas ardientes al guru raíz que nos guía en el camino infalible de la práctica, ¿hay algo más que tener en cuenta?

- El guía raíz del camino -respondió el Jetsun con agrado- tiene los siguientes aspectos.

Y cantó esta canción de realización:

El guru, las instrucciones y el estudiante, estos tres;
la fe, la diligencia y la perseverancia, estos tres;
la inteligencia, la compasión y el carácter, estos tres;
estos son siempre los guías en el camino.

Este lugar solitario libre de ocupaciones
es el guía en el camino que protege la concentración meditativa.

El respetado guru *sidha*
es el guía en el camino que despeja la oscuridad.
La fe que no se fatiga
es la guía en el camino hacia los estados superiores.

La reflexión sobre las cinco facultades de los sentidos
es la guía en el camino de liberar cualquier cosa que aparezca.

Las instrucciones de los gurus Kagyu
son la guía en el camino que muestra los tres kayas.

Los objetos de refugio, las Tres Preciosas Joyas,
son la guía en el camino que es infalible.

Una vez estas seis guías han mostrado el camino,
el yogui puede ir al campo del gran gozo
y permanecer en el estado libre de elaboraciones y conceptos.
¡Cuánta felicidad hay en la patria del autorreconocimiento y la
autoliberación!
Me siento en el trono de la certeza al comprender la realidad.

En esta tierra vacía y deshabitada,
esta feliz canción yóguica ha sido soltada como el rugido de un
dragón.
La lluvia de la fama se precipita en las diez direcciones,
los pétalos del florecimiento de la compasión se abren,
los resultados de la bodichita maduran con pureza,
y la actividad iluminada lo impregna todo.

Entonces, las monjas pensaron: "Ya que al guru le da lo mismo estar
en cualquier parte, podríamos invitarle a ir a nuestra tierra". Y le dijeron
a Milarepa:

- Lama, puesto que la práctica del guru es perfecta y no tiene necesidad
de meditar, ven a nuestra tierra y permite que los benefactores de allí acu-
mulen mérito; gira la rueda del dharma y haz el bien a todos los seres
sensibles.

- La meditación aquí -dijo el Jetsun-, en estos retiros de montaña, es
mi forma de beneficiar a los seres sensibles. Aunque mi meditación es
perfecta, permanecer en retiros de montaña es la dignidad del meditador.

Y, a continuación, cantó esta canción de realización:

Con mi práctica retribuyo la bondad del guru,
concédeme tus bendiciones para que mi corriente mental madure
y se libere.

Para vosotras, afortunadas practicantes del dharma que estáis
aquí,
cantaré una canción de upadeshas sobre el significado profundo.
Escuchad concentradas y no os distraigáis.

La blanca leona de las nieves de las cumbres nevadas
se planta majestuosa sobre la blanca superficie de la montaña.

No lo hace por miedo a nadie:
su postura mayestática es la dignidad heroica del león.

El buitre de las rocas rojas, rey de las aves,
extiende sus alas en la vastedad del cielo.
No lo hace por miedo a caer en los despeñaderos:
volar en el cielo es la dignidad heroica del buitre.

En el océano, la madre de todas las aguas,
la reina de los peces entrena a fondo su habilidad.
No lo hace por miedo a hundirse:
moverse y saltar es su dignidad heroica.

En las ramas de los árboles de las montañas de Mön,
los langures y los monos practican a fondo su habilidad.
No hay temor de que los monos se caigan:
es su naturaleza jugar de todas las formas posibles.

En las profundidades de los densos bosques,
la tigresa veteada entrena a fondo su habilidad.
No lo hace porque tenga miedo:
es su naturaleza estar orgullosa de su habilidad.

En el bosque de Singala,
Milarepa medita en la vacuidad.
No lo hago por miedo a que mi meditación pueda desviarse:
prolongar la meditación es mi dignidad heroica.

Con la práctica libre de distracción
dirigida hacia el mandala del dharmata perfectamente puro,
no hay miedo de confundir el significado:
amarrar el punto clave a su lugar es la dignidad heroica del yogui.

Cualquier obstáculo, desviación o confusión
en la práctica del nadi interno, el prana y el bindu
no son una falta del dharma:
son el alarde de la rápida producción de signos.

Los poderosos andares de la conducta espontánea,
las múltiples expresiones con sus altibajos,

no son los conceptos de las apariencias de la mente dualista:
son el tendrel de la miríada de signos.

En la maduración del poder del karma, la ley de causa y efecto,
surgen a la vista las formas verdaderas de la virtud y la
negatividad.
Pero no suponen ni un milímetro de desviación en la meditación:
son las claras palabras de la verdad de la propia personalidad.

Un meditador que no se mueve de su asiento de meditación
tiene muy poco deseo de las cosas mundanas.
No lo hace por alcanzar fama o renombre:
es un signo interno de rechazo del mundo.

Yo, un yogui que medita en el camino profundo,
me quedo solamente en las montañas y en las cuevas de las rocas.
No soy un farsante ni me dedico a comportamientos inapropiados;
lo único que deseo es una meditación concentrada.
Las muchas canciones de este repa
ni son engañosas ni un deseo de distracción.
Son consejos nacidos de lo profundo del corazón para ayudar
a este grupo de fieles discípulas.

Cuando hubo cantado esto, ellas le dijeron:

- Aunque solamente te quedes en retiros de montaña, necesitas unas
condiciones mínimas; como, por ejemplo, un buen habitáculo para meditar. Nosotras te las proporcionaremos.

- Ya tengo las condiciones apropiadas -replicó el Jetsun-; como, por
ejemplo, este castillo de meditación. Esto es lo que son.

Y, entonces, cantó esta canción de realización:

Me postro a los pies de mi padre, la joya que otorga todos los
deseos.
Concédeme tu bendición para que tu hijo encuentre las
condiciones apropiadas.

Guíame, te ruego, hasta llegar a la certeza
de que mi propio cuerpo es el palacio de la deidad.

Movido por el miedo, me asusté y construí un castillo;
este castillo resultó ser el castillo de la vacuidad del *dharmata*.
Ahora ya no tengo miedo de que se venga abajo.

Movido por el frío, me asusté y anduve buscando ropas;
esas ropas resultaron ser las ropas de la *ashé*[155] de *chandali*.
Ahora ya no tengo miedo del frío.

Movido por la pobreza, me asusté y busqué riquezas;
esas riquezas resultaron ser las inagotables siete nobles
riquezas[156].
Ahora ya no tengo miedo de la pobreza.

Movido por el hambre, me asusté y anduve buscando comida;
esa comida resultó ser la comida del *samadhi* del *dharmata*.
Ahora ya no tengo miedo del hambre.

Movido por la sed, me asusté y anduve buscando algo de beber;
esa bebida resultó ser la *amrita* de la claridad y de la atención
consciente.
Ahora ya no tengo miedo de la sed.

Movido por la tristeza, me asusté y busqué compañía;
esa compañía resultó ser la compañía de la continuidad del gozo-
vacuidad.
Ahora ya no tengo miedo de la tristeza.

Movido por la confusión, me asusté y anduve buscando un
camino;
ese camino resultó ser el camino abierto y espacioso de la unión.
Ahora ya no tengo miedo de los errores.

Este yogui, que lo ha deseado todo,
donde quiera que ahora esté, me siento feliz.

---

[155] Tib: *a shad*. Se refiere a la forma de la letra tibetana que se visualiza durante la práctica de chandali, con la que se busca generar el calor yóguico.

[156] Las siete nobles riquezas, o las siete riquezas de los arias, son la fe, le disciplina, el aprendizaje/estudio, la generosidad, la modestia, el decoro/vergüenza y la inteligencia.

En La Fortaleza del León del Tigre de Yolmo,
se le ponen a uno los pelos de punta con el rugido del tigre;
ante ello, uno no puede sino mantenerse estrictamente en retiro.

El jugueteo de los cachorros del tigre incita a la compasión;
ante ello, uno no puede sino cultivar la bodichita.

El chillido de los monos le hace a uno sentirse intranquilo;
ante ello, uno no puede sino sentirse desilusionado.

El clamor de los bebés del mono le provoca a uno risas;
ante ello, uno no puede sino cultivar la intención altruista.

La tonadilla del cuclillo le hace a uno sentirse triste;
ante ello, uno no puede sino derramar lágrimas.

El canto melodioso y fluctuante de la alondra[157],
ante él, el oído no puede sino quedarse extasiado.

Los corpulentos cuervos negros con sus insistentes graznidos
son la compañía de los yoguis y la ayuda de sus mentes.

Viviendo en un lugar como este, me siento espontáneamente feliz.
Y si estoy sin compañía, aún soy más feliz.

Que esta canción yóguica sobre la experiencia de la felicidad
elimine el sufrimiento de los seres errantes.

Cuando hubo cantado esto, la desilusión y el hastío de los asuntos mundanos brotó con fuerza en las discípulas[19] que estaban allí. Se comprometieron con él a no abandonar nunca las montañas, y por medio de la meditación todas ellas alcanzaron el logro último de su virtuosa actividad.

Entonces, el *yidam* le dijo al Jetsun: "Vuelve al Tíbet y beneficia a los seres sensibles meditando en retiros apartados de montaña". Con ese vaticinio, el Jetsun decidió ir al Tíbet.

Este es el ciclo de La Sierra Nevada de Yolmo.

---

[157] Tib: *co ga*. Probablemente se trate de la alondra oriental (*Alauda gulgula*).

# 8. La ofrenda de la joven diosa paloma

Namo Guru

El Jetsun Milarepa partió de Yolmo y emprendió camino al Tíbet, siguiendo el augurio. Mientras estaba solo como un rinoceronte[158] en una cueva de Kutang, permaneciendo en un estado de claridad, llegó una paloma que llevaba puesta una anilla de oro. Simulando que se postraba, la paloma inclinaba el cuerpo y agachaba la cabeza, mientras circunvalaba a Milarepa muchas veces. Luego echó a volar en dirección a La Roca Inmaculada[159].

Dándose cuenta de que se trataba de la invitación de un espíritu, el Jetsun fue tras ella. Allí había un montón de arroz blanco que la paloma empezó a ofrecerle con el pico. Y al igual que antes, se postró y lo circunvaló; y, a continuación, echó a volar. El Jetsun, contento y divertido, cantó esta canción de realización:

> ¡E ma ho!
>
> Marpa de Lhodrak, que has sido tan amable conmigo,
> sintiéndote en mi corazón, medito ahí contigo.
> Una y otra vez te suplico que nunca te apartes de mí.
> Fundir la propia mente con la del guru es el mayor gozo.
>
> ¡A la la! La naturaleza de las apariencias
> es mostrada como dharmakaya no-nacido
> y se funden de manera espontánea[160] con el estado del
> dharmakaya.

---

[158] Los rinocerontes son considerados tradicionalmente animales solitarios, porque no viven en manadas.

[159] Tib: Tsangwa Drak (gtsang ba brag).

[160] Nota a pie de página de la traducción de *Canción a una joven diosa paloma*, de Jim Scott: "El tema aquí no es que apariencias y vacuidad hayan llegado a unirse, sino que están unidas desde el principio. Y lo mismo tiene validez para los otros factores descritos (como 'fundidos') en el resto de las estrofas". (*Songs of Realization*: 363)

No me interesa si unos puntos de vista son bajos y otros elevados.
¡Esta mente espontánea es verdaderamente gozosa!

La naturaleza de la mente es claridad-vacuidad.
Esta claridad-vacuidad es mostrada como la naturaleza de la
mente no dual
y ambas se funden en el espontáneo estado no-nacido.
No me interesa si la meditación es buena o mala.
¡Esta mente espontánea es verdaderamente gozosa!

El séxtuple conjunto de las conciencias sensoriales se disuelve en
su propio lugar.
Es mostrado como no dual, libre de perceptor y percibido,
y placer y dolor se funden en uno.
Con este cuerpo, de forma espontánea, en su estado primordial,
no me interesan la buena ni la mala conducta.
¡Esta mente espontánea es verdaderamente gozosa!

La realización es la naturaleza del dharmakaya.
La variedad es mostrada como nirmanakaya.
Todo lo que va sucediendo se funde con el estado de la liberación,
pero no abrigo esperanzas de ninguna realización.
¡Esta mente espontánea es verdaderamente gozosa!

Cuando Milarepa hubo cantado esto, la paloma regresó, esta vez acompañada de otras siete. Y justo igual que las veces anteriores, se postraron y circunvalaron al Jetsun. Este pensó: "Sin duda se trata de espíritus. Veré si hablan con sinceridad o no".

- ¿Quiénes sois y a qué habéis venido? -les preguntó.

Las *devis*[161] revelaron mágicamente sus formas corporales propias. La líder del grupo, la que había venido al principio, dijo:

- Somos *devis* que tenemos fe en ti, y hemos venido a pedirte el dharma. Por favor, enséñanoslo.

---

[161] Diosas. *Devi* es la forma femenina de deva.

En respuesta a esta petición, el Jetsun cantó esta canción de realización:

> Señor, guru emanado, ser maravilloso
> lleno de compasión, te ruego que me otorgues tu bendición.
>
> Vosotras, cuya milagrosa conducta es acorde con el dharma,
> que habéis aparecido previamente con forma de paloma,
> vosotras, ocho *devis* de asombrosa belleza,
> si queréis practicar el puro y sublime dharma,
> guardad el significado de esta canción en vuestras mentes.
>
> En general, la comodidad mundana en la vida,
> aunque parece muy placentera, dura poco.
>
> En particular, vuestro punto de vista, nobles doncellas,
> aunque parece elevado, no hay nada estable en él.
>
> El modo de vida familiar, con sus sufrimientos samsáricos,
> aunque parece bueno, implica grandes penalidades.
>
> Los excelentes hijos de las familias nobles,
> si no tienen sus propios recursos, sufrirán mucha angustia.
>
> Los estudiantes que tienen un guru excelente,
> si su conducta es pobre, caerán en el samsara.
>
> Vosotras, diosas-paloma emanadas,
> aunque pidáis el dharma, la verdadera confianza en él es difícil.
> Si queréis practicar el dharma genuino,
> debéis de ver como defectuosas, sin ningún género de dudas,
> las buenas cualidades de esta vida mundana.
> Comprended que las condiciones adversas que surgen en la vida
> son las compañeras de la iluminación.
> Para este hombre que os habla, las condiciones adversas son
> increíblemente buenas;
> así es como debéis entenderlo.

Así cantó.

Entonces, las *devis*, sonriendo, dijeron:

- ¡Claro, eso haremos!

Y se postraron ante él y lo circunvalaron.

- ¿A qué se debe que antes hayáis aparecido como palomas? -preguntó el Jetsun.

- Tú careces por completo de apego a esta vida y a tu propio beneficio -respondieron-. Con el fin de lograr la iluminación para el bien de los demás, has abandonado toda distracción y permaneces en soledad, dedicado a la concentración meditativa sin interrupción. Observando esto con nuestra visión divina, hemos venido a pedirte enseñanzas, movidas por la fe. Hemos aparecido bajo esa forma para ocultarnos de la gente dominada por la negatividad. Ahora, te rogamos que vengas a nuestro reino divino para enseñar allí el dharma.

- Durante toda esta vida -dijo el Jetsun-, permaneceré en el reino humano para beneficiar a los seres. Dado que los reinos divinos carecen igualmente de esencia, no necesitan atención especial. Incluso si tuviera que ir allí, no tendría nada que decir distinto a lo ya dicho. Debéis practicar de la manera que explico a continuación.

Y cantó esta canción de realización:

Me postro a los pies de Marpa de Lhodrak.
Padre guru, te ruego que junto a tu bendición me concedas el
*sidhi*.

Hermosas ocho diosas:
vuestro arroz blanco, alimento para la concentración meditativa y
el *sidhi*,
ha revitalizado mi cuerpo y mi práctica dará sus frutos.
Retribuiré vuestra bondad con el dharma.
Escuchad atentamente y guardad esto en vuestra memoria.

El blanco y radiante trono celestial,
aunque lo habéis conseguido por vuestros méritos, carece de
esencia.
Vuestra juventud y vuestra belleza, *devis*,
aunque es de una apariencia atractiva, pronto desaparecerá.
Este engaño ilusorio, esta mágica exhibición,
aunque el disfrute sea grande, será causa de caída.

Los sufrimientos de las seis clases de seres del samsara,
cuando uno los considera, son profundamente descorazonadores.
A causa de ello, deberíais desear practicar el dharma
y a continuación suplicar a las Tres Joyas,
meditar sobre las seis clases de seres como si fueran vuestros
progenitores,
hacer ofrendas al guru vuestro señor,
dar con generosidad a los empobrecidos,
dedicar vuestra virtud al beneficio de las seis clases de seres,
meditar siempre en la incertidumbre del momento de la muerte,
recitar la profunda palabra del mantra
tomando el propio cuerpo como la deidad *yidam*,
meditar en la sabiduría vacía de la autoconsciencia
y, sin tregua, hacer que vuestra mente sea testigo de sí misma.

A continuación, ellas dijeron:

- Somos ignorantes seres sensibles con aflicciones fuertemente arraigadas en nuestra mente. Te rogamos que nos enseñes un método seguro para remediar ese estado con atención plena.

Entonces, en respuesta, él cantó esta canción de realización:

Me postro a los pies de Marpa el bondadoso.

Concédeme tu bendición para que los remedios surjan en mi
corriente mental.

Vosotras, *devis* dotadas de fe,
si deseáis practicar con regularidad:

Interiormente, meditad con la concentración de samatha;
abandonar la actividad es un gran ornamento.

Exteriormente, adoptad con estabilidad el antídoto;
relajar el cuerpo y el habla es un gran ornamento.

Continuamente, mantened la atención de forma natural;
tener pocos asuntos entre manos es un gran ornamento.

Cuando las condiciones adversas planteen a la mente dificultades,
estad alerta ante el surgimiento de la agresividad.

Cuando os llegue dinero u objetos de deseo,
estad alerta ante el surgimiento de apegos.

Cuando las armas de las duras palabras caigan sobre vosotras,
estad alerta ante el engaño de vuestros oídos.

Cuando estéis acompañadas de amigos iguales a vosotras,
estad alerta ante el surgimiento de los celos.

Cuando los honores y los elogios vengan hacia vosotras,
estad alerta ante el surgimiento del orgullo.

A todas horas y por todos los medios,
dominad a los demonios en vuestra corriente mental.

Estudiad mucho y hablad lo justo,
no hay mejor consejo que este.
Y ahora, ¡practicad disfrutando de la meditación!

Cuando Milarepa hubo cantado esto, las *devis* se regocijaron con gran deleite. Luego, transformadas de nuevo en palomas, regresaron a su reino celestial.

El Jetsun, quedándose muy contento con el resultado, y con su práctica en pleno florecimiento, se dirigió hacia La Fortaleza Vajra de Drakya.

Este es el ciclo de La ofrenda de la joven diosa paloma. Y con esto concluye a la vez el ciclo mayor que trata fundamentalmente de cómo Milarepa comprometió bajo juramento a los espíritus dañinos.

# SEGUNDO CICLO:
## Maduración y liberación de los afortunados hijos e hijas del corazón

# 9. La primera visita a La Fortaleza Vajra de Drakya

Namo Guru

El Jetsun Milarepa viajó hasta La Fortaleza Vajra de Drakya, donde su práctica dio frutos en La Cueva de la Roca de la Silla del Caballo[162]. Por entonces, andaba por allí un *mantrika* de Kutang[163], que fue a conocer en persona al Jetsun y sintió una gran fe.

- Lama -le dijo-, aunque he practicado un poco de meditación, parece que hay algún punto esencial que no acabo de entender. Dame, por favor, alguna explicación sobre el motivo por el que mi práctica no funciona y no obtengo buenos resultados.

- Para ello -le respondió Milarepa- necesitas comprender los siguientes puntos clave.

Y, a continuación, cantó esta canción de realización sobre las seis preguntas:

Las manifestaciones de la mente superan el número de motas de polvo que hay en los rayos del sol.
¿Existe algún noble yogui que conozca las apariencias de las cosas en sí mismas?

La naturaleza esencial de las cosas, su base, no es el producto de ninguna causa ni condición.
¿Existe algún noble yogui que sepa cómo cortar esa única raíz?

El espontáneo surgimiento de la mente no puede ser detenido ni por un centenar de lanceros.
¿Existe algún noble yogui que sepa que el apego se revierte por sí solo?

---

[162] Tib: Drak Tagé Puk (brag rta sge'i phug).

[163] Esta región de altas montañas pertenece actualmente a Nepal, y en nepalí recibe el nombre de Manaslu.

El movimiento de la mente no puede ser encerrado en una caja de
hierro.
¿Existe algún noble yogui que sepa que el pensamiento discursivo
está vacío en sí mismo?

Las deidades de sabiduría no abandonan los placeres sensoriales.
¿Existe algún noble yogui que sepa que las seis conciencias se
relajan con facilidad?

Las apariencias de los objetos de las seis conciencias no pueden
ser detenidas ni siquiera por la mano de los Victoriosos.
¿Existe algún noble yogui que sepa que no hay objeto en esas
apariencias?

Entonces, el hombre volvió a preguntar:

- Y esta práctica, ¿se desarrolla de forma gradual o se trata de algo que
sucede de repente?

- En las personas de capacidad superior -respondió el Jetsun- aparece
de repente. Para los que tienen capacidades medianas o inferiores, se
desarrolla de acuerdo con los cuatro yogas[164]. La manera de saber si se
han manifestado los signos o no, es como sigue.

Y, a continuación, cantó esta canción de realización sobre la distinción
entre lo que son y lo que no son los cuatro yogas:

Me postro a los pies del guru, mi maestro supremo.

Apegarse a la mente como algo real es la causa del samsara.
La autocognición es clara y libre de fijación;
cuando se reconoce como presencia espontánea,
se perfecciona la concentración.

Hablar de 'unión' mientras uno medita en las características
o hablar de 'causa y efecto' mientras se lleva una mala vida

---

[164] Los cuatro yogas, en el contexto del mahamudra, son: concentración, ausencia de elaboraciones, sabor único y no-meditación. Se describen en el canto que viene a continuación. Ver también: Wangchuk Dorje, 212.

es cultivar la ignorancia, que es la fuente de todo[165],
y carecer del yoga de la concentración.

La mente de uno mismo, que es clara y libre de fijaciones,
posee el corazón del gozo, que está libre de elaboraciones.
Cuando su esencia, como el espacio, es luminosa,
se realiza estar libre de elaboraciones.

Decir 'libre de elaboraciones' mientras hay un montón de elaboraciones
o hablar de 'inefable' mientras se usa un montón de palabras
es la ignorancia, el apego al 'yo',
y carecer del yoga libre de elaboraciones.

En el dharmakaya, que es apariencia-vacuidad no dual,
se experimenta el samsara y el nirvana como una sola cosa.
Cuando los seres vivos y los budas se funden,
uno realiza 'el sabor único'[20].

Hablar de 'el sabor único' pero proponer muchas cosas
o hablar de 'solo uno' pero desmenuzarlo en fragmentos,
con tal engaño uno se engaña a sí mismo
y carece del yoga de 'el sabor único'.

El pensamiento conceptual es la esencia de la sabiduría.
En su presencia espontánea no hay causas ni efectos.
Cuando los tres kayas se hallan presentes,
uno realiza la no-meditación.

Hablar de 'no-meditación' desde un punto de vista intelectual
o hablar de 'claridad' mientras se cultiva la estupidez,
balbuciendo meras patrañas,
es carecer del yoga de la 'no-meditación'.

Cuando Milarepa hubo cantado esto, el hombre volvió a hablar:

---

[165] Como en la segunda de las cuatro nobles verdades, esto (tib: *kun 'byung*) significa 'fuente de todas las aflicciones, del karma y del sufrimiento'.

- ¡Estas prácticas son realmente maravillosas! Pero si la gente corriente quisiera practicar las seis paramitas, ¿cómo debería hacerlo?

En respuesta, Milarepa cantó esta canción de realización:

Me postro a los pies de mi guru, el maestro genuino.

La riqueza es como una gota de rocío en la hierba:
hay que dar con generosidad, libre de apego.

Al tiempo que das sentido a las libertades y las ventajas[166],
debes mantener la disciplina, igual que proteges tus ojos.

La cólera es la raíz de los reinos inferiores,
debes practicar la paciencia a riesgo de tu vida.

Los perezosos no consiguen ningún beneficio para sí mismos ni
para los demás.
Sé diligente en practicar acciones virtuosas.

La confusión impide realizar las enseñanzas mahayana.
Enfócate en familiarizarte con el significado de ellas.

La budeidad no es algo que se encuentre buscando.
Mira la naturaleza de tu propia mente.

La fe es como la neblina de otoño.
Cuando se desvanece, debes perseverar.

Cuando Milarepa acabó de cantar esto, el hombre quedó impresionado, sintió una gran fe y regresó a su casa.

Varios días después, el *mantrika* volvió con varios estudiantes que llevaban ofrendas para Milarepa. Se las entregaron con respeto y el hombre dijo:

- Los estudiantes que ves aquí tienen fe en lo que se cuenta de la vida del Jetsun, y han querido conocerte en persona. Te rogamos que nos des alguna enseñanza sobre cómo el Jetsun adquirió confianza en la práctica a consecuencia de sus grandes adversidades.

---

[166] Al tiempo que valoramos la existencia humana con sus libertades y ventajas.

En respuesta, el Jetsun cantó la canción de realización titulada *Las seis medidas de la confianza*:

> Sintiendo hastío hacia los asuntos del samsara,
> establecí conexión por medio de una fe intensa:
> abandonar el apego a la casa paterna es duro,
> pero dejé mi tierra y puse fin a las hostilidades.
> Dejar las relaciones con la gente querida es duro,
> pero abandoné a mis familiares y quedé libre de apegos.
> Dado que no me importan las posesiones materiales,
> visto una simple túnica, y a ello se reducen mis necesidades.
> Renunciar a las distracciones mundanas es duro,
> mantener la humildad ayuda a derribar el orgullo.
> Renunciar a la arrogancia del apego al 'yo' es duro,
> y como un animal deambulo por retiros de montaña.
> Para vosotros que tenéis fe, la acumulación de mérito es
> importante,
> esta es la medida de la confianza en la perseverancia.
>
> El dharmakaya es como el espacio,
> y aunque impregna a todos los seres errantes,
> a causa de la ignorancia inmemorial, los seres deambulan en el
> samsara.
> Aunque uno pueda tener atisbos de ello, estabilizar ese
> conocimiento no es fácil.
> Sin la estabilidad de esta comprensión,
> a menudo los cinco venenos surgen en la mente.
> A causa de esto, uno deambula sin rumbo en la inmadurez.
> Si uno alcanza la estabilidad en esta comprensión,
> las seis conciencias fluyen de manera continua libres de apego
> y uno permanece inseparable de los tres kayas.
> Esta es la medida de la confianza en la realización.
>
> Meditación y posmeditación,
> ambas aparecen en el camino de los principiantes.
> Para la mente estable, no aparecen como dos.
> Para un yogui libre de distracción,
> las seis conciencias fluyen continuamente libres de apego

y permanecen inseparables de los tres kayas.
El *prana* que se mueve libre de apego
es la fuente de todas las cualidades deseables.
Los sabios meditan como el espacio.
Esta es la medida de la confianza en la meditación[21].

Sin apego a los cuatro modos de conducta[167],
las formas hermosas y la riqueza
-lo que sea que aparezca- yo sé que son como la neblina.
Así que, mi forma de guiar a los seres
es tratarlos como cuerpos ordinarios, como ilusiones
y lunas en el agua[168]: no tengo fijación en ellos.
Yo no estoy contaminado por las ataduras de los objetos.
Su ejemplo es el loto creciendo del lodo.
Esta es la medida de la confianza en la conducta.

La mente lo penetra todo, es como el espacio.
Las apariencias condicionadas son puras, son la claridad del
dharmakaya.
El verdadero maestro que tiene omnisciencia sobre cualquier
aspecto
es como una bola de cristal en la palma de la mano[169].
Primero, no viene de ninguna parte.
Después, no reside en ningún lugar.
Para acabar, no va a ningún sitio.
Permaneciendo en la igualdad de los tres tiempos,
la mente carece de causa de nacimiento y de muerte.
En su pureza primordial, es como el espacio,
las nubes blancas y rojas desaparecen en sí mismas,
no queda ni un solo rastro de los cuatro elementos.

---

[167] Caminar, moverse, yacer y estar sentado.

[168] 'Lunas en el agua' (tib: *chu zla*) se refiere al reflejo de la luna en la superficie del agua. Es un símil comúnmente usado para todos los fenómenos, que se manifiestan aunque su esencia sea vacuidad.

[169] La bola de cristal simboliza la claridad, el aspecto de la verdadera naturaleza de la mente que lo ve todo. Estar en la palma de la mano significa que está siempre presente y accesible.

En la mente que es como el espacio y lo penetra todo,
siendo inseparable de la continuidad de lo no-nacido,
la corriente de los tres reinos del samsara queda cortada.
Esta es la medida de la confianza en la realización.

Para el yogui que tiene este tipo de realización,
cuando abandona este cuerpo ilusorio,
en el bardo donde todas las buenas cualidades se han completado,
al reconocer las profundas instrucciones orales,
la mente madre y la mente hija se reunirán.
Si en ese momento no lo hacen,
el impuro y perpetuado cuerpo ilusorio,
por medio de la coemergencia de las instrucciones esenciales,
se manifestará como cuerpo ilusorio puro, como
sambhogakaya[170].
Sabiendo que el sambhogakaya es como un reflejo,
no habrá preocupación por confundir el camino.
Esta es la medida de la confianza en no experimentar confusión
en el bardo.

Cuando Milarepa acabó de cantar, los estudiantes de Kutang sintieron una gran fe. Y, más adelante, le hicieron excelentes ofrendas de servicio.

Una mañana temprano, estando en un estado de claridad, se le apareció Vajrayoguini[171] al Jetsun y le dijo:

- Vas a tener un discípulo que será como el Sol, otro que será como la Luna, veintitrés discípulos que serán como las estrellas, y habrá veinticinco *sidhas* entre tus estudiantes. Tendrás cien discípulos que alcanzarán el estado de realización irreversible, ciento ocho grandes seres que realizarán el 'calor' en el camino y mil y un yoguis, hombres y mujeres, que tomarán el camino. Y serán incontables los que, tras conectar con el dharma, cortarán los renacimientos en los reinos inferiores. Tu discípulo

---

[170] *Sambogakaya*: 'Cuerpo de gozo'. En este contexto, sambogakaya se refiere a la forma propia que se manifiesta en el estado intermedio (bardo) entre la muerte y el siguiente renacimiento.

[171] Vajrayoguini es una deidad *yidam* particularmente importante para el linaje Kagyu.

como la Luna, que tiene un gran potencial kármico, está en el Paso de Pura, en Gungtang. Por tanto, debes ir allí.

Tras recibir esta profecía, Milarepa se puso en camino hacia allí.

Este es el ciclo de La primera visita a La Fortaleza Vajra de Drakya.

# 10. El encuentro con Rechungpa

Namo Guru

El Jetsun Milarepa, de acuerdo con la profecía, viajó hasta el Alto Gungtang. Llegó a una casa donde había muchos albañiles trabajando. Milarepa les habló:

- Quisiera establecer conexión con vosotros pidiéndoos comida y provisiones.

- Estamos muy ocupados haciendo esta obra -le contestaron-, no tenemos tiempo libre. Como tú estás sin hacer nada, ¿por qué no te pones a trabajar en nuestro lugar? Si lo haces, podremos ir a traerte algo de comer.

- Claro, como ya he terminado de hacer mi propio trabajo de construcción, estoy libre. Pero incluso aunque no vayáis a traerme nada de comer, deberíais dejar ese trabajo mundano de construcción.

- ¿Qué clase de trabajo de albañilería has hecho tú? -le preguntaron- ¿Y por qué deberíamos dejar nuestra faena aquí?

En respuesta, les cantó esta canción de realización:

> Primero vienen los cimientos estables de la fe.
> En segundo lugar, los altos muros de la diligencia.
> Lo tercero son las amplias paredes de la concentración
> meditativa.
> Cuarto, el tejado[22] excelente de la sabiduría.
> Estos cuatro constituyen la casa[23] que yo he estado construyendo.
> Es una casa que permanecerá en pie para siempre.
> Vuestra casa mundana solo os dará decepciones.
> ¡Deberíais abandonar esa prisión de los demonios ya mismo!

Cuando acabó de cantar, ellos le dijeron:

- Lo que acabas de decir es muy provechoso para nuestras mentes. Pero dinos, por favor, qué tienes tú que sustituya a nuestros campos y nuestra riqueza, a nuestros familiares, a nuestras esposas y a los hijos que nos dan. Probablemente tú ya has abandonado todo eso que es nuestra forma de vida. Danos una razón para que adoptemos tu forma de vida y abandonemos la nuestra.

En respuesta, les cantó esta canción:

> Primero, tengo el excelente campo de la conciencia básica.
> En segundo lugar, planto las semillas de las instrucciones.
> Lo tercero es que los brotes de la práctica germinan.
> Cuarto, el fruto de los tres kayas madura.
> La cosecha que combina estos cuatro factores
> es una cosecha que dura para siempre.
> Vuestra cosecha mundana solo os decepcionará.
> Deberíais abandonar la pesada carga de procuraros comida y
> ropa.
>
> Primero, tengo el excelente tesoro de la vacuidad.
> En segundo lugar, las siete riquezas de los nobles.
> Lo tercero es ser feliz con la conducta de las diez virtudes[24].
> Cuarto, el inmaculado gran gozo.
> La comida y la riqueza que combinan estos cuatro factores
> son la comida y la riqueza que dura para siempre.
> Vuestra comida y vuestra riqueza mundanas solo os darán
> decepciones.
> Deberíais abandonar las trampas de la ilusión.
>
> Primero están los excelentes antepasados, los budas.
> En segundo lugar, mi propia boca[25] que proclama el dharma
> genuino.
> Lo tercero son los tíos y primos de la sangha.
> Cuarto, los protectores o *dharmapalas*.
> Los familiares que combinan estos cuatro factores
> son los familiares que duran para siempre.
> Vuestros familiares mundanos solo os darán decepciones.
> Deberíais abandonar a los amigos temporales.
>
> Primero están los excelentes antepasados de ella, que alcanzaron
> la felicidad.
> En segundo lugar, ella es experta en cocinar la claridad gozosa.
> Lo tercero es que posee el radiante aspecto de la unión.
> Cuarto, va vestida con la experiencia y la realización.

La esposa que combina estos cuatro factores
es una esposa que dura para siempre.
Vuestras compañeras mundanas solo os darán decepciones.
Deberíais abandonar a vuestras enemigas provisionales.

Primero está el hijo nacido del conocimiento.
En segundo lugar, ese niño trae los signos de la realización.
Lo tercero, el lenguaje de la experiencia y de la realización fluyen
fácilmente de él.
Cuarto, trae una descendencia completamente iluminada.
El hijo que combina estos cuatro factores
es el hijo que dura para siempre.
Vuestros hijos mundanos solo os darán decepciones.
Deberíais abandonar las ataduras del samsara.

Vosotros, hombres y mujeres trabajadores de Gungtang,
y yo, el yogui Milarepa,
por la huella que ha dejado esta conversación que hemos tenido
aquí,
podremos volver a encontrarnos en la tierra gloriosa de Uddiyana.

Cuando Milarepa acabó de cantar esta canción, todos sintieron una
gran fe, hicieron postraciones ante él y le trajeron provisiones. Y, a partir
de entonces, fueron sus devotos.

A continuación, el Jetsun fue a quedarse en La Cueva de la Seda, en
la parte alta del Paso de la Cabra[172]. Allí, en el Paso de la Cabra, vivía un
muchacho guapo e inteligente que había perdido a su padre a una edad
muy temprana. Tras la muerte del padre, le habían criado su madre y un
tío. El chaval, desde bien temprano, era capaz de leer con soltura y recibía
muchos regalos de la gente para la que él recitaba las escrituras.

Un día, yendo el chico montado en un burro, mientras se ocupaba del
ganado por la parte alta de su propio valle, llegó a la cueva donde el Jetsun
estaba practicando. Oyendo al Jetsun cantar una canción de realización,
se quedó traspuesto. Bajó del burro, se olvidó del ganado y se acercó al
Jetsun. Tan pronto como el chico vio el rostro de Milarepa, un

---

[172] Tib: Ralé Pu Za-Ok Puk (ra la'i phu za 'og phug).

indescriptible *samadhi* surgió en su corriente mental. Se quedo allí, de pie y quieto, un buen rato. Ese chico era Rechungpa Dorje Drakpa, uno de los hijos del corazón de Milarepa.

Por el poder de su karma despierto, alcanzó una fe inquebrantable en el Jetsun. Le ofreció todos los regalos que le habían hecho a él por recitar las escrituras y se quedó con Milarepa para estudiar el dharma.

Su madre y su tío evaluaron la situación y vieron que el chico estaba quedándose con Milarepa y que ya no recibía regalos por sus recitaciones. Y pensaron: "¿Habrán dejado los benefactores de pagarle?". Fueron a ver a todos los que le habían estado dando dinero por sus recitaciones de las escrituras y les preguntaron: "¿Habéis seguido dándole dinero a nuestro chico?". Y todos confirmaron que sí.

Entonces, dándose cuenta de que le había ofrecido el dinero al Jetsun, la madre y el tío hicieron todo lo posible por detenerlo, pero fue en vano. Ambos se enfadaron y se llenaron de rencor. El chico, sin embargo, recibió instrucciones del Jetsun, comenzó a meditar y enseguida obtuvo experiencias y resultados excelentes. Debido al calor de la práctica de *chandali*, consiguió vestirse con una simple túnica de algodón, y por eso recibió el nombre de Rechungpa[173].

Un día, la madre y el tío fueron a por él y se lo llevaron a la fuerza. Cuando lo pusieron a arar los campos, fue atacado por una enfermedad producida por los espíritus de la tierra[174]. Mientras estaba de retiro, con la esperanza de curarse a sí mismo de la enfermedad, aparecieron cinco *acharyas*[175] mendigando comida. Rechungpa les ofreció algo de la cebada tostada que le habían traído su madre y su tío. Mientras estaban comiendo, de pronto gritaron *"¡Chiti-jvala!"*, al darse cuenta de que Rechungpa tenía lepra[26].

---

[173] El nombre Rechungpa puede ser traducido como 'Pequeño Repa' o 'Repa Junior'.

[174] Tib: *Sa-dak* (*sa bdag*). En la tradición tibetana es común atribuir el ataque de una enfermedad a las deidades o a los espíritus locales, que tienen cierto sentimiento de propiedad sobre la región que habitan. Cuando la tierra se ve perturbada de alguna forma, como aquí por medio del trabajo de arar el campo, se cree que estos espíritus buscan retribución causando enfermedades u otros percances al perpetrador.

[175] En este contexto, se refiere a yoguis indios.

- ¿Conocéis algún método -preguntó Rechungpa- para curar esta enfermedad?

- ¡Mala cosa! -dijo el líder del grupo- Realmente estás en un apuro. Puedo llevarte con Varachandra[27], mi guru.

Y, dejando aparte sus planes en El Tíbet, se comprometió a volver a La India con Rechungpa.

Rechungpa fue a pedirle permiso al Jetsun para ir a La India, a lo que este consintió, y cantó para él esta canción de realización sobre el dharma de los viajes:

> Hago súplicas al señor de la bondad suprema:
> bendice a mi hijo Rechungpa, aquí presente.
>
> Hijo, como objetivo último de la vida, enfócate en el dharma.
> Debes hacer súplicas, no solo con las palabras,
> al guru, a los *yidam* y a Las Tres Preciosas Joyas.
> Ahora, ve y viaja por La India.
>
> Para comer, aliméntate de la permanencia en el *samadhi*;
> para estar conectado con *a-tung*[176], viste la túnica de algodón;
> luego, cabalga el caballo ilusorio de la mente y el *prana*.
> Ahora, ve y viaja por La India.
>
> Pule la mente hasta que esté libre de manchas.
> Para ello, nada más observa, sin reproches,
> el espejo de plata blanca del *samaya*.
> Ahora, ve y viaja por La India.
>
> Quizá los bandidos del deseo de fama te asalten externamente,
> mantén la vigilancia sobre las ocho preocupaciones mundanas.
> Esconde tus buenas cualidades en el estado inobservable.
> Propiciando la excelente *bodichita*, ¡ve y viaja!
> Hijo, hago plegarias para que tu vida sea larga y esté libre de enfermedades.

---

[176] Tib: *'a thung'*. Literalmente: la letra A.

El Jetsun se quedó dentro de su cueva de retiro, y Rechungpa selló la entrada con barro. A continuación, siguiendo al *acharya*, fue a La India, donde conoció al guru Varachandra.

Varachandra le dio a Rechungpa las instrucciones completas de *El Garuda Alado del Vajrapani Airado*[28], y comenzó a practicar esa meditación. Por medio de esta práctica se curó de su enfermedad y regresó al Tíbet. A partir del pueblo de Kyidrong, empezó a preguntar por el paradero de su guru. Oyó hablar de alguien que tenía noticias de un cierto yogui llamado Mila que andaba por allí, pero recientemente nadie había vuelto a oír nada más de él.

"¿Habrá muerto mi guru?", se preguntaba. Y con pesar de corazón, llegó hasta La Cueva de la Seda para ver. El barro con el que había tapiado la entrada de la cueva estaba intacto. "¿Habrá muerto encerrado dentro?", se preguntó. Echó abajo el tapial de barro y entró. El Jetsun estaba allí, sentado perfectamente erecto, haciendo su práctica. Al ver esto, Rechungpa se sintió eufórico y le preguntó por su salud. En respuesta, el Jetsun cantó esta canción de realización:

> Me postro a los pies de Marpa, el bondadoso.
> Habiendo cortado mis lazos familiares, me siento bien.
> Habiendo renunciado al apego a mi tierra, me siento bien.
> Sin preocupación por los asuntos locales, me siento bien.
> No corrompido por los donativos de la sangha, me siento bien.
> Sin haberme convertido en propietario, me siento bien.
> Sin necesidad de esto ni de lo otro, me siento bien.
> Próspero en las riquezas de los nobles, me siento bien.
> Sin el sufrimiento de tener que almacenar provisiones, me siento bien.
> Sin el temor a perderlas, me siento bien.
> Sin miedo a que se acaben, me siento bien.
> Habiendo clarificado mi mente, me siento bien.
> Sin necesidad de agradar a benefactores, me siento bien.
> Sin cansancio ni irritación, me siento bien.
> Sin tener una conducta hipócrita, me siento bien.
> Todo lo que hago es dharma, y eso me sienta bien.
> No fatigarse queriendo dar vueltas por ahí, eso sienta bien.

Sin miedo a ser asesinado, me siento bien.
Sin miedo a que me roben, me siento bien.
Tener condiciones propicias para la actividad virtuosa, eso sienta bien.
Abandonar las acciones negativas, eso sienta bien.
Esforzarse en acumular mérito, eso sienta bien.
No sentir enfado ni malevolencia, eso sienta bien.
Abandonar el orgullo y los celos, eso sienta bien.
Ver los defectos de las ocho preocupaciones, eso sienta bien.
Permanecer en armonía, eso sienta bien.
Con la mente concentrada en mirar la mente, me siento bien.
Sin miedo ni temor, me siento bien.
En la expansión de la clara luz, libre de fijación, me siento bien.
En el espacio de la sabiduría no conceptual, me siento bien.
En el estado primordial de la espontaneidad, me siento bien.
Con las seis conciencias en su sitio, me siento bien.
Con la claridad de las conciencias de las cinco puertas, me siento bien[177].
Habiendo cortado el ir y venir de la mente, me siento bien.

Tengo muchos motivos para sentirme bien.
Esta es la canción de la felicidad de un yogui.
No aspiro a ninguna otra felicidad.
Frente a la muerte me siento bien, ya que no he cometido actos negativos.
Frente a la vida me siento bien, ya que la actividad virtuosa ha florecido.
Mis benefactores me traen ropa y comida.
Es la bondad de las Tres Joyas y del guru.
Practicar en aras del gozo yóguico sienta bien.
Y tú, Rechungpa, ¿estás bien? ¿Conseguiste lo que ibas buscando?

Cuando Milarepa acabó la canción, Rechungpa le contestó:

---

[177] Las cinco conciencias sensoriales.

- Sí, yo también estoy bien, y encontré lo que iba buscando. Te ruego que me aceptes y que sigas dándome instrucciones.

El Jetsun volvió a darle a Rechungpa nuevas instrucciones y le hizo quedarse a meditar en La Cueva de la Seda. Allí, perfeccionó su experiencia y su realización.

Este es el ciclo del encuentro con su hijo del corazón Rechungpa en La Cueva de la Seda.

# 11. El encuentro con Tsaphu Repa

Namo Guru

El Jetsun Milarepa se trasladó de La Cueva de la Seda a La Cueva de la Claridad de Rönphu[178]. Mientras estaba allí, se presentaron varios jóvenes de su propia tierra natal de Tsaphu[179] para conocerlo.

- Primero, destruiste a todos tus enemigos -dijeron ellos-, y ahora eres un excepcional practicante del dharma. ¡Qué asombroso! Estando a tu lado, sentimos que somos practicantes del dharma; pero cuando regresemos a casa, solo pensaremos en cosas mundanas. ¿Qué podemos hacer para evitar esto?

- Si habéis tomado la decisión de liberaros de los sufrimientos del samsara, tales como el nacimiento, la vejez, la enfermedad y la muerte, entonces todo lo que hagáis estará bien. De lo contrario, los sufrimientos de las vidas futuras serán más duraderos e intensos. Así que es importante tomar ciertas precauciones para la próxima vida. Escuchad".

Y, a continuación, cantó esta canción de realización:

> Todos nosotros, los seres mundanos que estamos aquí,
> somos arrastrados por el río del nacimiento, la vejez, la
> enfermedad y la muerte.
> El próximo río puede ser incluso más grande que este.
> ¿Habéis tenido la precaución de conseguir una embarcación?
>
> En la próxima vida, el miedo a los demonios, a los *rakshasas*
> y al señor de la muerte, podrían ser mayores.
> ¿Habéis tenido la precaución de conseguir un guía[180]?

---

[178] Tib: Rönphu'i Ösal Puk (ron phu'i 'od gsal phug).

[179] Alto Tsa.

[180] Acompañante que sirve a la vez de guardaespaldas (tib: *skyel ma*).

El apego al deseo, a la violencia
y la ignorancia podrían ser aún fuertes en la próxima vida.
¿Habéis tenido la precaución de conseguir los antídotos?

En la próxima vida, nuestro viaje por esta vasta tierra
de los tres reinos del samsara podría incluso ser más duradero.
¿Habéis preparado comida para el camino?
¡Si no lo habéis hecho, entonces practicad el sublime dharma!

Cuando Milarepa hubo cantado esta canción, ellos dijeron:

- Esto es de gran ayuda para nuestras mentes. Practicaremos el dharma cerca del guru.

Milarepa pensó: "No parece mala gente; por tanto, el guru debería dejar que estos discípulos y benefactores se ocupen de él".

- Por favor -le pidieron-, acepta algo de dinero de cada uno de nosotros. Y, lo cierto es que no hemos entendido del todo lo que acabas de cantar, ¿podrías explicar un poco más el sentido?

En respuesta, Milarepa cantó esta canción:

Seguir a un guru instruido
se llama la guía del samsara y el nirvana.

Dar generosamente, sin sentimiento de pérdida ni
arrepentimiento,
es hacer provisiones de comida para el viaje.

Hacer brillar la luna de la experiencia sobre la oscuridad
es conseguir un guía.

Dar lo acumulado al dharma
es conseguir una embarcación.

Cuando uno ha alcanzado la visión carente de prejuicios,
esto se llama la meditación sin distracción.

Cuando la conducta es acorde al dharma,
este es el *samaya* que complace al guru.
Su resultado es no tener remordimientos a la hora de morir.

Amigos, benefactores y discípulos, estos tres,
este yogui tiene poca necesidad de ellos.
Vosotros, seres mundanos, sí los necesitáis.

Obediencia, honores e hipocresía, estos tres,
este yogui tiene poca necesidad de ellos.
Las personas con las ocho preocupaciones sí los necesitan.

Objetos materiales, pertenencias y negocios, estos tres,
este yogui tiene poca necesidad de ellos.
Quien desea la fama, son cosas que sí necesita.

Aseo, higiene y reparos, estos tres,
este yogui tiene poca necesidad de ellos.
Pero es algo que los jóvenes sí necesitan.

Esto se llama "Las doce cosas que no necesitas",
y no son del agrado de todo el mundo.
El alarde de este repa yogui,
vosotros que estáis aquí, tenedlo en mente.
Si queréis ser felices, practicad el dharma genuino.
Si estáis desilusionados de los negocios, manteneos en lugares
solitarios.
Si tenéis una fuerte perseverancia, estad solos.
Si deseáis la iluminación, desarrollad la tenacidad en la
meditación,
y ciertamente resultaréis victoriosos de los cuatro *maras*
enemigos.

Así cantó.

Entre los discípulos, había un joven lleno de fe, diligencia, inteligencia, compasión y amor. Este dijo:

- Lama, nosotros estamos apegados a las necesidades de esta vida, y a causa de ello no hemos conseguido las provisiones necesarias para la próxima vida. Ahora, siguiendo al guru, abandonaré esta vida mundana y comenzaré a reunir provisiones para la próxima.

Manifestó esto con gran sentimiento. Y el Jetsun le respondió:

- Obtener una preciosa existencia humana, con todas sus libertades y sus ventajas, y ser capaz de practicar el dharma es muy difícil. Incluso si uno logra practicar el dharma, reunir las condiciones apropiadas, como encontrar un guru, es mucho más difícil. Ahora, mientras vas reuniendo todas estas condiciones, te ruego que no dejes de practicar el sublime dharma.

Y, a continuación, cantó esta canción de realización:

> Conseguir un nacimiento humano, con sus libertades y sus ventajas,
> en el que uno está exonerado de los ocho estados sin libertad, es difícil.
>
> Abandonar la felicidad mundana de esta vida
> y dar así un sentido a las libertades y las ventajas es difícil[181].
>
> Ver los defectos del samsara
> y realizar el estado del nirvana es difícil.
>
> Incluso si alguien practica el dharma genuino,
> que aparezcan las condiciones perfectas es difícil.
>
> Tener un guru dotado de compasión
> que conozca las escrituras, la lógica y las *upadeshas*[182] es difícil.
>
> Tener un discípulo capaz de practicar
> con una fe que no se rinda es difícil.
>
> Tener un retiro con todo lo que uno necesite,
> en el que no haya nada que temer ni que sea perjudicial, es difícil.
>
> Tener un amigo con la misma mentalidad y la misma práctica,
> afín con nuestros principios y nuestra conducta, es difícil.
>
> Tener un cuerpo flexible,
> libre de dolores y enfermedades, es difícil.

---

[181] Literalmente: "Hacerse cargo de la esencia de las libertades y las ventajas es difícil" (tib: *dal 'byor snying po len pa dka'*).
[182] Las instrucciones esenciales.

Incluso si todo lo anterior se da a la vez,
practicar de manera concentrada es difícil.

A pesar de que estas nueve dificultades sobre las que acabo de
cantar
sean arduas de afrontar, debes entregarte a la práctica.

Así cantó.

El joven sintió un arrebato de fe y fue aceptado como asistente. Recibió las iniciaciones y las instrucciones esenciales, y a través de ellas fue madurando hasta alcanzar la liberación. De este modo, llegó a ser el hijo del corazón conocido como Tsaphu Repa.

Este es el ciclo del encuentro con Tsaphu Repa en La Cueva de la Claridad.

# 12. La última visita a Rakma

Namo Guru

El Jetsun Milarepa bajó de La Cueva Luminosa a Kyidrong, en Mang-yul, para tomarse un respiro. Mientras andaba pidiendo limosna, practicando 'el sabor único', se metió en medio de un grupo de gente en el centro del pueblo.

- Benefactores, soy un yogui y he venido en busca de provisiones para hoy.

- ¿Eres el que dicen que ha estado en Rakma? -le preguntaron.

- El mismo.

- Entonces, eres un ser maravilloso -le contestaron.

Y todos sintieron una gran devoción hacia él.

Entre la gente había un matrimonio que no había tenido hijos, e invitaron a Milarepa a su casa. Le presentaron sus respetos y le agasajaron, y después le preguntaron:

- Lama, ¿de dónde sois tú y tu familia?

- Yo soy un renunciante que ha abandonado su familia y su país; y mi país y mi familia también me han abandonado a mí.

- Entonces, te rogamos que seas nuestro hijo adoptivo. Tenemos una finca excelente en la que puedes vivir. Podrías tomar una hermosa esposa y crear tu propia familia.

- No tengo necesidad de nada de todo eso -contestó Milarepa-. He renunciado a ello.

Y, a continuación, cantó esta canción de realización:

> Al principio, la tierra natal produce placer y felicidad,
> pero acaba raspando como una lima el cuerpo, el habla y la mente de uno.
> En el medio, uno ara con todas sus fuerzas

y luego siembra, pero las semillas no brotan.
La ciudad de la hambruna, esa tierra terrible,
es como un reino de *gandharvas*[183] sin protector.
Al final, dejándolo todo atrás, uno se va.
En esa morada de negatividad acumulada, la propia mente
zozobra.
No tengo ningún deseo de esa mazmorra temporal.
No me convertiré en vuestro hijo adoptivo.

Cuando Milarepa hubo cantado esto, la pareja le contestó:
- ¡No digas eso, por favor! Invitaremos a una muchacha de buena
familia, adecuada para que sea tu novia.
En respuesta, él cantó esta canción:

Esa compañera, al principio será una diosa sonriente,
con un rostro tan hermoso que nunca te cansarías de mirarla.
En el medio, se convertirá en una ogresa con los ojos de un
cadáver.
Dile una palabra y ella te disparará dos.
Si tú le tiras del pelo, ella te agarra la rodilla.
Si la golpeas con un palo, ella blande el cucharón.
Al final, será una vaca vieja sin dientes.
Se convertirá en una ogresa de mirada furibunda y tu mente estará
turbada.
He abandonado a los adversarios demoníacos,
no tengo ningún deseo de vuestra joven amiga.

Cuando acabó de cantar esto, la pareja le respondió:

- Lama, cuando te hagas viejo y estés a las puertas de la muerte, no
será lo mismo que cuando eras joven. Si no tienes un hijo, te sentirás aba-
tido más allá de toda medida. ¿No crees que necesitas un hijo?

En respuesta, él cantó esta canción de realización:

---

[183] Literalmente: 'comedores de aromas' (tib: *dri za*). Este tipo de espíritus o deidades se sustenta de aromas. También puede referirse, en otros contextos, a músicos celestiales entre los devas, en el reino del deseo.

Ese hijo, al principio será un precioso príncipe divino,
le querrás con una pasión difícil de soportar.
En el medio, será un encarnizado acreedor,
se lo darás todo, pero nunca estará contento.
Entonces, llevará a alguna muchacha a casa
y los padres que fueron tan cariñosos serán echados fuera.
Aunque el padre llore, no obtendrá respuesta;
aunque la madre clame a gritos, él no contestará.
Al final, los vecinos, carentes de afecto,
te tratarán de forma rencorosa y provocarán tu ruina.
Con ese enemigo al que has dado la vida, tu mente estará turbada.
Renuncio a esas ataduras del samsara.

Cuando acabó de cantar esto, la pareja replicó:

- Bueno, tal vez sea cierto que un hijo puede acabar convirtiéndose en enemigo. Pero tener una hija seguramente merecería la pena. Sin una hija, no serías feliz.

Entonces, Milarepa les cantó esta canción de realización en respuesta:

Una hija, al principio sería una divina princesita sonriente,
una joven llena de energía que dilapida todo lo que has atesorado[29].
En el medio, trae unas deudas que nunca terminan;
se lleva las cosas delante de las narices de su padre
y sisa secretamente a espaldas de su madre.
No agradece nada de lo que se le ha dado
y se siente deprimida por los padres que tiene.
Al final se convertirá en la diablesa de cara roja que empuña un cuchillo[184].
En el mejor de los casos, será muy generosa con los demás.
En el peor de los casos, traerá a su familia el infortunio y la vergüenza.
Con tal clase de diablesa que empuña un cuchillo, tu mente estará

---

[184] 'La diablesa que empuña un cuchillo' (tib: *gri mo*) es uno de los muchos personajes del panteón tibetano de espíritus y demonios.

turbada.

He abandonado las miserias irremediables.

No quiero una hija, ese cimiento de ruina.

Cuando Milarepa hubo cantado esto, la pareja dijo:

- Aunque no necesites ni un hijo ni una hija, si no tienes más familia, entonces padecerás el insoportable sufrimiento de las clases bajas.

Y el Jetsun cantó esta canción de realización:

Al principio, los familiares se sienten felices de encontrarse y se sonríen cuando se ven.

"¡Pásate! ¡Quédate unos días!", se oye por todo el valle.

En el medio, se convierten en aquellos que se deben una invitación a comer,

y citas van y vienen de un lado a otro.

Al final, entre el apego y las discusiones, todos acaban lamentándolo.

Con esa fuente de disputas y de tristeza tu mente estará turbada.

Yo he abandonado a los amigos con los que uno se junta para pasar el rato[185].

No anhelo ningún tipo de relaciones mundanas.

Así cantó.

Y, de nuevo, la pareja le habló con vehemencia:

- Aunque no desees ninguna relación familiar en la que poner tu afecto, nosotros tenemos un montón de riquezas y comodidades. ¡Por lo que más quieras, tómalos y quédatelos! -insistieron en que se quedara con sus bienes.

- El Sol y la Luna -dijo el Jetsun- no se quedan en un lugar pequeño para eliminar allí la oscuridad; de la misma forma, yo no renunciaré al bien de muchos seres para convertirme en vuestro hijo adoptivo en esta vida. Pero, al conocerme, ambos habéis alcanzado un beneficio para

---

[185] Literalmente: "Compañeros de comilona para cuando se es feliz" (tib: *skyid tshe'i za grogs*).

vosotros mismos en esta vida y en vidas futuras. Hago el voto de que podamos volver a encontrarnos en la próxima vida en la tierra de Udiyana.

Y, a continuación, cantó esta canción de realización:

> Al principio, la riqueza le hace a uno feliz, es el objeto de deseo de todo el mundo;
> pero por mucho que uno consiga, nunca estará satisfecho.
> En el medio, uno queda atrapado en los lazos de la mezquindad,
> y se vuelve incapaz de practicar la generosidad como simple acto virtuoso.
> Es un acto de convocatoria de enemigos y demonios.
> Lo que uno haya acumulado, otros se lo gastarán.
> Al final, se convierte en el *mara* de la muerte.
> Tus enemigos irán tras tus riquezas, y tu mente estará turbada.
> Yo he abandonado las tentaciones del samsara.
> No tengo ningún anhelo de ese engaño de *mara*.

Así cantó.

La pareja sintió una fe inquebrantable en el Jetsun y entregó toda la riqueza que había reunido a la causa del dharma. A continuación, tras recibir instrucciones del Jetsun, se dedicaron a la meditación. Con esta conducta, tomaron el buen camino a la hora de la muerte. Así, quedaron libres para siempre del sufrimiento de los reinos inferiores y progresaron gradualmente hacia la iluminación.

A continuación, el Jetsun regresó a La Fortaleza de la Iluminación, en Rakma. Mientras residió allí, los benefactores de antes volvieron a ofrecerle sus servicios, y su práctica floreció.

Un día, dos jóvenes pastores se acercaron a conocer al Jetsun.

- ¿No tiene el lama nadie que le haga compañía? -preguntó el más joven de ellos.

- Tengo una compañera -respondió Milarepa.

- ¡Ajá! ¿Y cómo se llama?

- Mi compañera se llama Bodichita.

- ¿Y dónde está ahora? -preguntó el chico.

- Justo en este momento está en la casa de la conciencia base -contestó Milarepa.

- ¿Y dónde está esa Casa de la Conciencia Base?

- Dentro de mi cuerpo.

- Guru -intervino el más mayor-, no hemos venido a tomar refugio contigo. Tenemos que irnos[186].

Pero el joven preguntó:

- ¿La conciencia base es la mente? ¿Este cuerpo es la casa de la mente?

- Así es.

- En la casa de alguien -siguió indagando el más joven-, puede haber dentro una persona o mucha gente. En el cuerpo, ¿hay una mente, o hay muchas mentes? ¿Cuántas hay? ¿Y cómo son?

- En cuanto a si hay una o muchas -contestó el Jetsun-, mírate a ti mismo.

- Muy bien -dijo el joven. Y se fueron los dos a casa.

A la mañana siguiente, el más joven volvió para ver al Jetsun y le dijo:

- Lama, he estado observando cuántas mentes hay y cómo son. He visto que no hay más que una. Si tratas de eliminarla, no puedes eliminarla. Si tratas de apoderarte de ella, no puedes. Si tratas de sujetarla, no puedes agarrarla. Si tratas de empujarla, no puedes empujarla. Si la colocas, no se queda quieta. Si la mandas irse, no obedece. Si tratas de tenerla junta, no puedes juntarla. Si la miras, no la ves. Si quieres examinarla, no la encuentras. Si crees que existe, no se te muestra. Si crees que no existe, está por todas partes. Parpadea y se agita, da brincos y saltos, destella y desaparece[187]. ¡No puedo decir en absoluto qué es! Por favor, lama, ¡dime tú qué es!

---

[186] El sentido que tiene este verso es: "Tú no eres un maestro auténtico y digno de confianza".

[187] Tib: *rig rig / tur tur / phras phras / yal yal ba 'di*. Estos términos empíricos "Tratan de representar el movimiento rápido y de transmitir lo intermitente, lo punzante y sin descanso". (KTGR, *Stories and Songs*, 40)

Entonces, el Jetsun cantó esta canción de realización:

Amoroso pastor, escúchame.

El agradable sabor del azúcar, tan dulce,
solo escuchando sus cualidades, uno no es capaz de
experimentarlo.
Puedes pensar en él todo lo que quieras, pero no sentirás su sabor.
Para experimentar el sabor, debes usar la lengua.

Lo mismo sucede con la esencia de la mente:
otra persona puede indicártela,
pero en ese momento no serás capaz de verla en absoluto.
Ahora bien, debido a esa indicación previa,
si buscas la mente, seguro que podrás verla.
Pastor, ¡así es como debes trabajar con tu mente!

Cuando Milarepa acabó de cantar, el chico habló:

- Te ruego, lama, que me des 'la indicación' y la buscaré esta noche; y mañana por la mañana volveré para decirte qué he encontrado.

- Esta noche -le dijo el Jetsun-, observa y mira si puedes decirme de qué color es la mente: ¿es roja?, ¿es blanca? Investiga de esta forma. Luego observa para ver qué forma tiene: ¿es alargada?, ¿es redonda? Después mira por debajo de tu cabeza, hasta la planta de los pies, para ver en qué lugar se encuentra.

Por la mañana, tras la salida del sol, el muchacho condujo su rebaño hasta los prados altos y regresó para ver a Milarepa.

- ¿Estuviste anoche buscando tu mente? -le preguntó el Jetsun.

- Sí, estuve haciéndolo -contestó el muchacho.

- ¿Cómo es?

Se mueve  contestó el chico- y es clara y luminosa. Pero no puedo identificarla. No vi que tuviera ninguna forma ni color. Asociada con los ojos, puede ver. Asociada con los oídos, puede oír. Asociada con la nariz, puede oler. Con la lengua, saborea. Con los pies, camina. ¡Es un galimatías, un desastre total![30]. Este cuerpo no es más que el siervo de la mente. Cuando el cuerpo es feliz, la mente lo usa hasta que se estropea y envejece. Cuando queda totalmente deteriorado, la mente lo arroja como una piedra usada para limpiarse el trasero, y ella sigue adelante igual que haría un niño mimado. Cuando el cuerpo trata de que la mente le pague sus servicios, la mente es incapaz de quedarse ahí quieta y tranquila. A causa del sufrimiento que esto conlleva, el cuerpo la pisotea para detenerla, como haría una manada de animales. Cuando por fin el cuerpo se queda dormido por la noche, la mente se va a correrla por ahí; vengándose, así, de los malos tragos que le ha hecho pasar el cuerpo. Cuando el cuerpo trata de dominar la mente, las cosas van de mal en peor.

Entonces, el Jetsun cantó esta canción de realización:

> Hijo mío, amoroso pastor, escucha lo que te digo.
> En este cuerpo, lugar de encuentro de la inteligencia y la materia,
> es la consciencia quien soporta una gran carga de negatividad.
> Su experiencia del sufrimiento de los reinos inferiores
> puede ser revertida abandonando el samsara.
> ¿Quieres ir, noble hijo,
> a los reinos superiores, los espacios de libertad?
> Si quieres ir, ¡yo puedo llevarte!

Cuando Milarepa acabó de cantar, el chico dijo:

- ¡Oh, sí, claro que sí! ¡Acéptame como discípulo, te lo ruego!

- ¿Cómo te llamas? -le preguntó Milarepa.

- Me llamo Genyen[188] Sangye Kyap.

- ¿Qué edad tienes?

- Dieciséis años.

Y, con esto, el Jetsun le dio el refugio, le explicó los beneficios de tomar refugio y le dijo:

- A partir de esta tarde, no rompas tus votos. A la noche, piensa si es tu cuerpo o tu mente quien ha tomado refugio. Vuelve mañana por la mañana con tu respuesta.

---

[188] Tib. *Genyen*, en sánscrito es upasaka: el mantenedor de los votos laicos budistas.

A la mañana siguiente, el chico volvió con la respuesta:

- Lama, anoche estuve mirando si es el cuerpo o la mente quien toma refugio, y vi que no era ninguno de los dos. Vi que todas las partes de mi cuerpo, desde la cabeza hasta los pies, cada una tiene su nombre. Y, entonces, pensé: ¿Podría ser que quien toma refugio fuera alguna de esas partes del cuerpo? Si el cuerpo está separado de la mente, no es más que un cadáver, y en ese caso, el cuerpo no puede ser el que toma refugio. Y no solo eso: si tomamos una a una las partes del cadáver, cada una tiene también su propio nombre. Entonces, pasé a considerar si fuera la mente la que toma refugio. Si la mente recibe el nombre de 'La que ha tomado refugio', entonces ya no podemos llamarla 'Mente'. Y no solo eso: si hay una mente previa a la que hemos llamado 'Mente', ¿puede haber después una mente distinta que sea 'La mente que toma refugio'? Así que 'la mente que toma refugio' no puede ser ni la mente previa ni la mente posterior. Además, la mente presente y la mente futura tienen también sus nombres respectivos; y, si a ambas las llamas 'La mente que toma refugio', nunca podría liberarse de la existencia. Y de esa forma, todas las vidas pasadas y futuras vividas en cualquiera de los seis reinos podrían ser llamadas 'la vida que toma refugio'. Pero no recuerdo mis vidas pasadas y no sé qué vidas tendré en el futuro. La mente del año pasado y la de ayer, ya no existen; y la mente de mañana, aún no ha nacido. La mente presente cambia a cada momento. Lama, tú lo sabes, haz el favor de explicármelo.

En respuesta el Jetsun cantó esta canción de realización:

> Guru que has realizado la naturaleza de la ausencia de 'yo',
> te suplico respetuosamente con mis tres puertas:
> bendícenos, a mí y a todos los discípulos que vengan a partir de ahora,
> para que podamos realizar nosotros también la naturaleza de la ausencia de 'yo'.
> Por tu compasión, que podamos también liberarnos del objeto del

apego al 'yo'[189].

Tras esta plegaria, amoroso pastor, escucha lo siguiente.

Esta conciencia que se apega a un 'yo',
si tratas de mirarla, definitivamente no podrás verla.
Por el poder de la meditación mahamudra,
acabarás viendo sin ver nada.
Para la meditación mahamudra
necesitas la base: fe, devoción y determinación;
durante el camino, pon atención en la causalidad del samsara;
y para realizar el resultado final
necesitarás las iniciaciones, transmisiones e instrucciones del
guru.
Para ser un recipiente digno de todo esto,
se necesita la acumulación de mérito
y mantener la determinación más allá del placer y del dolor,
perseverar incluso ante las puertas de la muerte[190].
Hijo mío querido, ¿eres capaz de practicar de esta forma?
Si es así, tienes la tendencia kármica.
Si no, no hay nada más que hablar.

Insisto, debes reflexionar sobre esto minuciosamente.
Si no puedes encontrar ese 'yo' al que uno se apega,
esa es la ausencia de 'yo' de las personas.
Después, si quieres realizar la ausencia de 'yo' de los
fenómenos[191],
sígueme durante los próximos doce años.

---

[189] El objeto del apego al 'yo' son los cinco skandas. En las enseñanzas budistas tradicionales, se atribuye la falsa existencia del 'yo' a los cinco skandas: el cuerpo (la forma) y los otros cuatro mentales (las sensaciones, las percepciones, las formaciones mentales y la conciencia).

[190] Literalmente: "En la muerte uno debe levantar el tejado de la aptitud" (tib: *'chi bar nus pa'i thog 'gel dgos*).

[191] Según la tradición budista mahayana, uno debe realizar las dos clases de ausencia de 'yo' para alcanzar la completa budeidad. Cuando se realiza la ausencia de 'yo' de las personas (es decir, la naturaleza vacía de los cinco skandas), se alcanza la libertad de las aflicciones mentales. Para alcanzar la completa budeidad, uno debe realizar la ausencia de entidad de la totalidad de los fenómenos.

Si lo haces, acabarás reconociendo la mente.

Mi querido joven, ¡trabaja de esta forma con la mente!

Así cantó.

- Guru -dijo el muchacho-, te ofrezco mi cabeza y todo mi cuerpo. Tú sabes cómo ayudarme para averiguar la naturaleza de mi mente.

Y el Jetsun pensó: "Tengo que averiguar si este muchacho tiene capacidad para la meditación o no". Suplicó a las Tres Joyas, y le dijo al chico:

- Medita sobre la forma de Buda, como si estuviera justo delante de tu nariz.

Y así, dándole esta instrucción sobre la meditación *samatha* con objeto, Milarepa lo despidió.

Al cabo de siete días, el séptimo, se presentó el padre del chico.

- Lama -se dirigió a Milarepa-, hace siete días que mi hijo no aparece por casa. Temiendo que le haya pasado algo malo, he salido a buscarlo. Todos sus compañeros pastores me dicen que ha encontrado un guru y que está con él recibiendo enseñanzas de dharma. Pensé que volvería a casa hoy, pero no lo ha hecho. ¿Ha estado aquí contigo?

- Hace siete días que no viene por aquí -contestó Milarepa.

Al oír esto, el padre se marchó llorando. Finalmente, tras mucha búsqueda, encontró al muchacho en las grietas de una montaña, sentado bien recto con la mirada fija ante sí.

- ¿Qué estás haciendo? -le preguntó el padre.

- Estoy meditando, siguiendo las instrucciones esenciales del guru.

- Hace ya siete días que no pasas por casa. ¿Por qué?

- ¿De qué estás hablando?, si solo llevo aquí un rato.

- Mira el sol.

El muchacho echó la vista hacia arriba y vio que, en efecto, era más temprano que cuando había empezado a meditar.

- ¡Cómo puede ser! -exclamó.

Tras esto, el chico volvió a desaparecer en varias ocasiones, a veces durante cinco o seis días, y el padre tenía que salir a buscarlo de nuevo.

- Este tener que ir a buscarte continuamente es peligroso; nos hace sentirnos desgraciados y nos agota. ¿Quieres ir y quedarte con tu guru o no?

El chico dijo que le gustaría ir, y el padre le preparó algunas provisiones y se lo llevó a Milarepa. Entonces, el Jetsun le otorgó los votos de *upasaka*, le dio enseñanzas sobre el karma, la ley de causa y efecto, y finalmente le dispensó enseñanzas sobre la unión coemergente, y lo puso a practicar. Enseguida surgió en su flujo mental el estado de meditación pura. El guru quedó muy complacido y cantó esta canción de realización:

> Me postro a los pies de mi señor Marpa el Traductor,
> que fue bendecido por Maitripa y el glorioso Naropa.
>
> Todos los grandes maestros que dan discursos sobre el dharma,
> aunque tengan una vasta formación sobre el dharma que enseñan,
> cuando su cuerpo material y su consciencia se separan,
> sus meras palabras sobre el dharma se disuelven en el espacio.
> La ignorancia oscurece la manifestación de la clara luz
> y se aterrorizan ante el dharmakaya a la hora de la muerte.
> Aunque hayan dedicado sus vidas enteras al estudio del
> *Tripitaka*[192],
> cuando la mente parte del cuerpo material, eso no les beneficia.
>
> Todos los meditadores que practican *samatha*
> tienen experiencias poderosas, claras y vívidas,
> y se sienten felices, pensando que esa experiencia es *vipasana*[193].
> Pero cuando, a la hora de la muerte, el *vipasana* del dharmakaya
> se hace necesario,
> la clara luz madre e hija no se reúnen.

---

[192] Ver nota 87. El *Tripitaka* son los tres *Pitakas*.

[193] El estado de calma mental (*samatha*) no es suficiente por sí solo para alcanzar la liberación; según las enseñanzas, hay que desarrollar también la visión (o vipasana) de la ausencia de esencia, que es la verdadera naturaleza de la realidad.

El *samatha* de antes no ayuda en la muerte,
y de nuevo se ven atrapados en el reino animal.

Upasaka, hijo, protector supremo[194], ¡escúchame!
Cuando descansas en meditación con las energías de tu cuerpo
equilibradas,
si las apariencias cesan y te quedas sin pensamientos,
esos son los signos de un *samatha* aletargado.
Pero cuando te espoleas a ti mismo con *mindfulness*,
es como la llama de una vela, autoluminosa y brillante,
o como una flor que es vívida y clara de manera natural.
Como mirar con los propios ojos el resplandor del cielo,
la claridad-vacuidad es desnuda, abierta y clara.

Esta ausencia de conceptos clara y luminosa
es el surgimiento de la experiencia de *samatha*.
Sobre la base de esta experiencia meditativa,
mientras haces plegarias a las Preciosas Joyas,
has de reforzar tu certeza con el estudio y la contemplación del
dharma.
Mantén el *vipasana* que trae la comprensión de la ausencia de
'yo'
y átalo con la recia cuerda del *samatha*[195].
Entonces, este fuerte y noble ser, lleno de amor y compasión,
a través de la todopoderosa fuerza del surgimiento de la *bodichita*
para el beneficio de los demás,
tras ser elevado por su aspiración pura
hasta el camino absolutamente puro de la visión,
realiza de forma directa el *vipasana* de la pureza que no puede ser
vista
y los defectos de las esperanzas y los miedos de la mente quedan

---

[194] Milarepa está haciendo un juego de palabras con el nombre del muchacho, Sangye Kyap, que significa 'Buda Protector'.

[195] Goldfield: "'Átalo' se refiere al vipasana mencionado en el verso anterior. (Es también) llamado 'vipasana aproximativo', porque en el estadio de los seres ordinarios se trata aún de una comprensión conceptual de la verdadera naturaleza de la realidad" (*Stories and Songs*, 44).

al descubierto.
Sin ir a ningún lado, llegarás a la tierra de los budas.
Sin mirar a ninguna parte, verás el dharmakaya.
Sin haber logrado nada, tu objetivo quedará espontáneamente cumplido.
Hijo mío, *upasaka*, trabaja con tu mente de esta forma.

Tras haber cantado esto, el Jetsun tomó al chico como su asistente y le otorgó todas las iniciaciones y las instrucciones esenciales. Luego, meditando, el chico ganó en experiencia y realización, y llegó a ser uno de los hijos del corazón de Milarepa: Repa Sangye Kyap.

Este es el ciclo del encuentro de Milarepa con Repa Sangye Kyap durante su última visita a Rakma.

# 13. La aceptación del maestro Shakya Guna

Namo Guru

El Jetsun Milarepa se trasladó desde Kyidrong, en Mangyul, hasta Nyanang, donde sus antiguos benefactores se alegraron muchísimo de volver a verlo, y le suplicaron que se quedara allí de forma permanente. Se instaló en un lugar entre Tsen Döshö y Nyanang, en una cueva que había bajo una gran roca con forma de barriga. Hasta aquel lugar fueron a visitarlo el maestro Shakya Guna y otros estudiantes de Nyanang. Y le preguntaron:

- En los retiros de montaña de otras tierras en las que has estado, ¿cómo se ha fortalecido tu práctica y qué clase de certezas han nacido en ti?

En respuesta, Milarepa cantó esta canción de realización:

> Me postro a los pies de Marpa el Traductor.
> Después de haber meditado en otros retiros de montaña
> he hallado la certeza en lo no-nacido
> y he purificado el apego a las vidas pasadas y futuras como dos cosas distintas.
> He visto la falsedad de las apariencias de los seis reinos
> y he acabado con el error de ver el nacimiento y la muerte como dos cosas distintas.
>
> He hallado la certeza en la igualdad
> y he purificado el apego a la felicidad y el dolor.
> He visto la falsedad de la experiencia de los sentimientos
> y he acabado con el error de cosas a las que adherirse y cosas que rechazar.
>
> He hallado la certeza en la inseparabilidad
> y he purificado el apego al samsara y al nirvana como dos cosas distintas.
> He visto la falsedad de practicar la base y los caminos
> y he acabado con el error de esperar unas cosas y de temer otras.

Cuando Milarepa acabó esta canción, los discípulos le preguntaron:

- ¿Y qué otras prácticas te han dado frutos?

- Os hablaré -replicó él- sobre cómo la actividad virtuosa floreció en mí de una forma que os sea fácil de entender.

Y, a continuación, cantó esta canción de realización:

En el exterior, aparecen las condiciones heredadas de mi padre y
de mi madre;
en el interior, aparece mi propia naturaleza búdica consciente.
En medio, poseo este perfecto cuerpo humano
no nacido en los tres reinos inferiores, ¡es todo lo que tengo!

En el exterior, surgen las apariencias de nacimiento y muerte;
en el interior, aparecen el hastío y la fe.
En medio, recuerdo el sublime dharma.
No he caído en la trampa mortal de los amigos íntimos[196], ¡es todo
lo que tengo!

En el exterior, aparece la condición de mi padre el guru;
en el interior, aparece la inteligencia que purifica mis manchas.
En medio, surge la certeza de la comprensión.
Ninguna duda se levanta contra el dharma, ¡es todo lo que tengo!

En el exterior, aparecen los seres de los seis reinos;
en el interior, aparece la compasión imparcial.
En medio, recuerdo mi experiencia de meditación.
Compasión sin apego, ¡es todo lo que tengo!

En el exterior, aparecen los tres reinos autoliberados;
en el interior, aparece la sabiduría espontánea.
En medio, la confianza en la realización.
No siento inquietud sobre la verdadera realidad, ¡es todo lo que
tengo!

---

[196] En la práctica del dharma, los enemigos son vistos como amigos en el camino, ya que le ayudan a uno a desarrollar la renuncia y la paciencia, y menoscaban el amor propio. En el mismo sentido, los amigos y las relaciones habituales, debido a las distracciones que nos provocan, son considerados obstáculos y enemigos de la práctica del dharma.

En el exterior, aparecen los cinco placeres sensoriales;
en el interior, aparece la sabiduría del no apego.
En medio, poseo la conducta de 'el sabor único'.
No estoy apegado al dolor y al placer como dos cosas distintas,
¡es todo lo que tengo!

En el exterior, aparecen los fenómenos compuestos que se
desintegran;
en el interior, aparece la liberación del miedo y la esperanza.
En medio, estoy libre de la enfermedad del esfuerzo.
No estoy apegado a la virtud y la no virtud como dos cosas
distintas, ¡es todo lo que tengo!

Así cantó.

Entonces, el maestro Shakya Guna le dijo:

- Jetsun, tu práctica ha sido impecable desde el principio. Aunque ya me encontré contigo en el pasado, no tenía fe ni confianza en las instrucciones que dabas. Ahora, te ruego que me aceptes y me des las iniciaciones y las instrucciones.

El Jetsun le dio las iniciaciones y las instrucciones, y lo mandó a practicar.

Cuando el maestro Shakya Guna tuvo alguna experiencia, volvió para ver al Jetsun, y le dijo:

- Si las apariencias y el samsara no existieran, no habría necesidad de practicar. Si no hubiera mente, nadie podría llegar a ser un khenpo[197]. Sin el guru, no sabríamos cómo practicar. Te ruego que me des las definiciones de todo esto y la indicación de la naturaleza de la mente.

En respuesta, Milarepa cantó esta canción de realización:

Lo que define las apariencias es que no surgen;
si parece que surgen, es porque nos apegamos a las cosas como
reales.

---

[197] *Khenpo* es el título que se les da a los maestros con estudios avanzados. El título de Shakya Guna ('maestro') implica que él también es un estudioso.

Lo que define el samsara es que carece de base y de raíz;
si le encontramos alguna base o raíz, se trata simplemente de un concepto.

Lo que define la mente es la unión, la inseparabilidad;
si separas sus características, entonces tendrás una ilusión.

Lo que define a un verdadero guru es tener un linaje;
aquellos que se inventan las cosas por sí mismos están engañados.

La naturaleza de la mente, que es como el espacio,
queda oscurecida por los conceptos como si fueran densos
nubarrones meridionales.
Deja que esta *upadesha* de un guru genuino
sea como el aire que los barre.

Incluso los conceptos en sí mismos son claridad,
y la experiencia se manifiesta como el Sol y la Luna.
Esta claridad, libre de los tres tiempos y las diez direcciones,
como no puede ser identificada, tampoco puede ser expresada,
y la certeza resplandece como las estrellas y los planetas en el
cielo.

Cuando nada surge, aparece el gran gozo.
Su naturaleza está libre de elaboraciones -es el dharmakaya-.
Las apariencias condicionadas de las seis conciencias están vacías
por naturaleza.
La espontaneidad sin esfuerzo es inmaculada[198];
en esta naturaleza esencial, completamente relajada,
la sabiduría libre de fijación está presente de manera continua.
Los tres kayas inseparables, ¡qué portento!

Al acabar de cantar, Milarepa le dijo a Shakya Guna:

- Maestro, no te quedes apegado a la fama y la felicidad en esta vida.
Sin ir detrás de los asuntos convencionales, deberías centrarte en la prác-

---

[198] 'Inmaculada' aquí significa no afectada por las aflicciones.

tica del tema esencial de la vida. Así es como hay que practicar el dharma. Todo el mundo debería practicarlo así. Pon en práctica estas palabras.

Y, a continuación, cantó esta canción de realización:

> Escuchad, gente noble y afortunada:
> esta vida es engañosa, ¿lo entendéis?
> Los placeres son una ilusión, ¿lo entendéis?
> El samsara es paz, ¿lo entendéis?
> La felicidad es un sueño, ¿lo entendéis?
> Las alabanzas y los reproches son ecos, ¿lo entendéis?
> Las apariencias son la naturaleza de la mente, ¿lo entendéis?
> Nuestra propia mente es buda, ¿lo entendéis?
> Buda es el dharmakaya, ¿lo entendéis?
> El dharmakaya es el *dharmata*, ¿lo entendéis?
> Si realizáis esto, cualquier cosa que aparezca estará incluida en la mente.
> Día y noche, mirad vuestra mente;
> cuando miráis la mente, no hay nada que ver.
> Reposad en ese 'nada que ver'.
> En cuanto a lo que pienso del mahamudra,
> no es otra cosa más que la naturaleza básica.
> Reposad en la ausencia de conocedor.
> Dado que meditación y posmeditación son inseparables,
> yo no tengo niveles de meditación.
> Cualquier cosa que aparece, está vacía de sí misma.
> Recordando esto, no hay nada a lo que apegarse ni no apegarse.
> Saboreando esta cualidad no nacida,
> la realización aparece de forma natural en nuestra meditación:
> así, la práctica del *karmamudra*,
> las prácticas del *nadi*, el *prana* y el *bindu*,
> la meditación y las plegarias a las deidades,
> y la meditación de los cuatro *brahmaviharas*[199]
> son solo métodos de entrada al mahayana.

---

[199] Los cuatro *brahmaviharas* (tib: *tshangs pa'i gnas bzhi*), o 'cuatro moradas de Buda', son: bondad amorosa, compasión, alegría y ecuanimidad

Si meditáis en ellos de manera obsesiva,
no os desprenderéis de las raíces del apego y el odio.
Sabed que las apariencias no son sino la naturaleza básica de la mente
y esta mente misma está vacía.
Si vuestra experiencia implica esta comprensión,
las acumulaciones de virtud, como son la disciplina y las ofrendas,
serán perfectas.

Así cantó.

El maestro Shakya Guna se dedicó exclusivamente a la práctica a partir de entonces. Desarrolló una extraordinaria experiencia y realización, y se convirtió en uno de los maestros-meditadores hijo íntimo de Milarepa.

# 14. El encuentro con Paldarbum

Namo Guru

El Jetsun Milarepa se propuso ir a meditar a La Montaña Nevada de Jan Tago[200]. Partió en otoño y, de camino, pasó por un pueblo llamado Gepa Lesum, en Chung. En el momento de su llegada, todos los vecinos estaban trabajando en la recogida de la cosecha. En particular, en una finca muy extensa vio a una chica de unos quince años que mostraba todos los signos de ser una *dakini* de sabiduría, y que estaba dirigiendo a un numeroso grupo de gente en los trabajos de la cosecha.

Milarepa se acercó a ellos y les dijo:

- Benefactores, soy un yogui y necesito provisiones.

- Yogui -contestó la chica-, acércate a mi casa, que está en esa dirección. Yo iré más tarde y me encontraré contigo.

El Jetsun fue hasta la puerta de la casa y la empujó con su bastón. La puerta se abrió sin dificultad y él entró. Tras unos instantes, una vieja vestida con ropa sucia y harapienta salió del interior de la casa, llevando un puñado de cenizas en la mano.

¡Miserables yoguis! ¡En el verano aparecéis mendigando algo de mantequilla y de queso, y en el invierno grano y cerveza! ¡Nunca paráis quietos! ¡Apuesto que venías con la intención de robar las joyas de mi hija y de mi nuera, y te has dejado caer ahora pensando que no había nadie!

Su cuerpo temblaba de rabia; y, cuando estaba a punto de lanzarle las cenizas a la cara, el Jetsun habló:

- Abuela, antes de que me eches encima las cenizas, escucha esta canción de Milarepa.

Y cantó para ella esta canción de realización sobre los nueve temas de la ancianidad:

---

[200] 'Montaña Nevada de la Puerta del Caballo del Norte' (tib: *byang rta sgo'i gangs*)

Uno, arriba, la alegría de la libertad de los reinos superiores;
dos, abajo, el sufrimiento de los tres reinos inferiores;
tres, en medio, los seres sin control sobre su nacimiento.
Cuando estas tres cosas se te vienen encima,
abuela, te muestras cruel y abominas del dharma.
¡Cuídate y vigila tu mente!
Si haces algo, que sea practicar el sublime dharma.
Si sigues a alguien, que sea a un guru genuino.
Cuando llegaste entregada como novia a esta familia,
¿pensaste que acabarías convirtiéndote en esta clase de mujer?

Uno, te levantas muy temprano por las mañanas;
dos, te acuestas muy tarde por las noches;
tres, el trabajo nunca se acaba.
Cuando estas tres cosas se te vienen encima,
abuela, te sientes una miserable esclava sin recompensa.
¡Cuídate y vigila tu mente!
Si haces algo, que sea practicar el sublime dharma.
Si sigues a alguien, que sea a un guru genuino.
Entonces, piensa: ¿si hubieras hecho eso, serían las cosas así?

Uno, el autoritario jefe de la familia;
dos, pagar impuestos aunque no tengas nada;
tres, los hijos a los que no puedes ignorar.
Cuando estas tres cosas se te vienen encima,
abuela, te sientes subestimada y no llegas a fin de mes.
¡Cuídate y vigila tu mente!
Si haces algo, que sea practicar el sublime dharma.
Si sigues a alguien, que sea a un guru genuino.
Entonces, piensa: ¿si hubieras hecho eso, serían las cosas así?

Uno, los ladrones que te roban todo lo que tienes;
dos, los atracadores que te asaltan;
tres, defenderte sin temor a ser herida o asesinada.
Cuando estas tres cosas se te vienen encima,
abuela, te enciendes de rabia cuando encuentras un enemigo.
¡Cuídate y vigila tu mente!
Si haces algo, que sea practicar el sublime dharma.

Si sigues a alguien, que sea a un guru genuino.
Entonces, piensa: ¿si hubieras hecho eso, serían las cosas así?

Uno, estás pendiente todo el rato de lo que hacen las hijas de los demás[31];
dos, te inmiscuyes en los asuntos propios de tus hijos;
tres, te dedicas a cotillear con todos tus nietos.
Cuando estas tres cosas se te vienen encima,
abuela, andas entrometida en todo.
¡Cuídate y vigila tu mente!
Si haces algo, que sea practicar el sublime dharma.
Si sigues a alguien, que sea a un guru genuino.
¿Si hubieras hecho eso, serían las cosas así?

Uno, cuando estás de pie, eres como una estaca clavada;
dos, cuando caminas lo haces como un pato;
tres, si te sientas, te dejas caer como una piedra.
Cuando estas tres cosas se te vienen encima,
abuela, te sientes abatida en tu viejo y gastado cuerpo.
¡Cuídate y vigila tu mente!
Si haces algo, que sea practicar el sublime dharma.
Si sigues a alguien, que sea a un guru genuino.
Si hubieras hecho eso, piensa: ¿serían las cosas así?

Uno, por fuera, tu piel está toda arrugada;
dos, por dentro, tu carne y tu sangre se hallan consumidas;
tres, en medio, estás casi ciega, casi sorda, casi muda y senil.
Cuando estas tres cosas se te vienen encima,
abuela, tienes un aspecto horrible y malcarado.
¡Cuídate y vigila tu mente!
Si haces algo, que sea practicar el sublime dharma.
Si sigues a alguien, que sea a un guru genuino.
Ahora, piensa: ¿si hubieras hecho eso, serían las cosas así?

Uno, tu comida y tu bebida están frías y pasadas;
dos, tu ropa está apelmazada y andrajosa;
tres, tu cama está hecha de cuatro pellejos cosidos.
Cuando estas tres cosas se te vienen encima,
abuela, te das cuenta de que eres medio humana medio animal.

¡Cuídate y vigila tu mente!
Si haces algo, que sea practicar el sublime dharma.
Si sigues a alguien, que sea a un guru genuino.
Así que, piensa: ¿quieres que las cosas sigan así?

La liberación y los reinos superiores son tan raros como ver una
estrella durante el día;
el samsara y los reinos inferiores son más comunes que tus
achaques y tus dolores.
En este momento terrible en que tu cuerpo y tu mente están a
punto de separarse,
abuela, estás llena de arrepentimiento y sin ninguna confianza en
la muerte.
¡Cuídate y vigila tu mente!
Si haces algo, que sea practicar el sublime dharma.
Si sigues a alguien, que sea a un guru genuino.

Debido a la compasión del Jetsun y a su melodiosa canción, la abuela
no pudo evitar sentirse llena de fe, y las cenizas que llevaba en la mano
se le escurrieron entre los dedos. Se disculpó por su comportamiento previo y, en el momento en que la anciana se echaba a llorar, llegó la chica
a la que el Jetsun había visto en los campos y que le había dirigido a su
casa.

- ¿Has sido capaz -dijo la chica-, yogui, tú, un practicante del dharma,
de pegar a esta pobre mujer?

- Hija -habló la anciana-, no le culpes, no me ha agredido de ninguna
forma. Más bien fui yo quien estuvo a punto de atacarle. A cambio, él me
ha dado una lección de dharma. En todo lo que ha descrito, no hay una
sola cosa que no se cumpla conmigo. Me he sentido avergonzada y de-
sesperada; y, arrepentida por no haber sido capaz de practicar el dharma,
me he puesto a llorar. Pero tú no eres como yo; eres joven, llena de aptitudes y tienes fe. Este guru es al que llaman Milarepa. Ofrécele tus respetos y tus servicios; y pídele el dharma y las instrucciones esenciales.

- Si lo que dices es cierto -dijo la chica-, ambos sois realmente extraordinarios. Si eres de verdad el gran Milarepa, solo por el hecho de haberte conocido ya tengo mérito acumulado. Se dice que cuando cuentas

la historia de tu linaje de practicantes del dharma, tus discípulos se llenan de fe y cambia su visión de la vida. Háblanos, por favor, sobre tu linaje.

Entonces, el Jetsun pensó: Esta chica es una discípula con conexión kármica. Y cantó esta canción de realización sobre el encuentro con el linaje:

> Primero está Samantabhadra, el ubicuo dharmakaya;
> en segundo lugar, el gran Vajradhara, el sambhogakaya de las marcas y los signos;
> el tercero es Shakyamuni, el nirmanakaya que beneficia a los seres.
> Yo soy un yogui que ostenta estos tres linajes.
> ¿Hay alguna discípula[32] con fe en estos tres?

Cuando Milarepa cantó esto, ella dijo:

- Estos linajes son maravillosos; son como el ejemplo del río que fluye desde sus fuentes de las montañas nevadas. Se dice que vosotros, practicantes del dharma, adquirís certeza en el espontáneo dharmakaya interno confiando en el simbólico guru externo del flujo de conciencia. Por favor, cuéntanos de qué clase de maestro raíz dependes tú.

- Mis gurus raíz son los siguientes -replicó el Jetsun, y cantó esta canción de realización sobre la confianza en los gurus genuinos:

> El guru externo representa lo exterior como flujo de conciencia.
> El guru interno muestra lo interior como flujo de cognición.
> El guru último muestra que la mente es el flujo ulterior.
> Yo soy un yogui que posee estos tres gurus.
> ¿Hay alguna discípula con fe en estos tres?

Cuando Milarepa cantó esto, ella dijo:

- Estos gurus son extraordinarios, como turquesas engastadas en una cadena de oro. Antes de solicitar enseñanzas sobre ellos, ¿qué clase de iniciación hay que recibir?

En respuesta, Milarepa cantó esta canción de realización:

Colocar la *bumpa*[201] en la cabeza es la iniciación externa.
Mostrar que el cuerpo propio es la forma de la deidad es la
iniciación interna.
El reconocimiento de la mente en sí misma es la iniciación
última.
Yo soy un yogui que ha recibido estas tres iniciaciones.
¿Hay alguna discípula que quiera pedir estas tres?

Cuando Milarepa acabó de cantar esto, ella volvió a hablar:

- Estas iniciaciones son extremadamente profundas. Son como el león, el rey de los animales, que se impone a todos con sus zarpas. Una vez se han recibido las iniciaciones, se dice que hay algo llamado 'las instrucciones definitivas', que permiten llevar la conciencia al camino. Explica, por favor, cómo le guían a una a lo largo del camino.

En respuesta, Milarepa cantó esta canción de realización:

La instrucción definitiva exterior es escuchar, estudiar y meditar.
La instrucción definitiva interior es hacer que la roca junte el
hueso con la consciencia[202].
La instrucción definitiva última es experiencia y realización libres
de encuentro y separación.
Yo soy un yogui que posee estas tres instrucciones definitivas.
¿Hay alguna discípula que quiera pedir estas tres?

Así cantó Milarepa, y la chica replicó:

- Estas instrucciones definitivas son como las imágenes reflejadas en un espejo libre de manchas. Una vez se han recibido, se dice que hay que ir a retirarse a las montañas para practicar el Chö[203]. ¿Qué clase de práctica de Chö haces tú?

---

[201] NOTA DEL TRADUCTOR AL ESPAÑOL: El original inglés dice 'vase' (jarra); y se refiere a un objeto ritual tibetano llamado 'bumpa', que es una especie de jarrita usada en las iniciaciones.

[202] "Hacer que la roca junte el hueso con la consciencia" significa tener una perseverancia inamovible.

[203] *Chö*, escrito a veces 'Chod' (tib: *gcod*), significa literalmente 'cortar' o 'romper ataduras'; y tiene varios niveles de significación, como se ilustra bien en esta misma canción de Milarepa.

En respuesta, Milarepa cantó esta canción:

Deambular haciendo retiros por montañas inhóspitas es el Chö
externo.
Desmembrar el cuerpo y ofrecerlo como comida es el Chö
interno.
Cortar la raíz de lo único es el Chö último.
Yo soy un yogui que practica estas tres clases de Chö.
¿Hay alguna discípula que quiera pedir estas tres?

La chica dijo:

- Estas clases de Chö son como el garuda, el ave más gloriosa, que
sobrepasa al resto de las aves cuando vuela por el cielo. ¡Son maravillosos! Cuando el yogui practica el Chö, hay algo llamado PHAT[204] que le
habilita para incorporar a la práctica las condiciones adversas. Cuéntame
cuál es el significado de ese PHAT.

Entonces, él cantó esta canción:

Reunir los pensamientos dispersos es el PHAT externo.
Avivar la consciencia adormecida es el PHAT interno.
Reposar en la naturaleza esencial es el PHAT último.
Yo soy un yogui que ejecuta estos tres tipos de PHAT.
¿Hay alguna discípula que quiera pronunciar estos tres?

Así cantó.

Entonces, ella dijo:

- ¡Estos tipos de PHAT son asombrosos! Requieren una acción firme
y decidida, como la orden o la trompeta de llamada a la batalla de un rey.
Practicando de esta forma, ¿qué clase de experiencias has tenido?

En respuesta, él cantó esta canción de realización:

La base sin artificio se manifiesta como la gran omnipresencia,
el camino sin artificio se manifiesta como la gran espontaneidad,
el resultado sin artificio se manifiesta como el gran sello del

---

[204] *PHAT* es una sílaba sánscrita que se pronuncia en algunas prácticas del mantrayana
para disolver obstáculos varios y, en general, toda negatividad.

mahamudra.
Yo soy un yogui que tiene estas tres experiencias.
¿Hay alguna discípula que aspire a estas tres?

Así cantó.

Luego, ella dijo:

- Esas manifestaciones son como el sol brillando en un cielo sin nubes: todo queda iluminado y claro. ¡Son maravillosas! Practicando con tales manifestaciones, ¿qué clase de confianza has alcanzado?

En respuesta, él cantó esta canción de realización:

Estar libre de dioses y de espíritus es mi confianza en la visión.
Estar libre de objetos atractivos y de distracción es mi confianza
en la meditación.
Estar libre de miedos y deseos es mi confianza en la realización.
Yo soy un yogui con estas tres clases de confianza.
¿Hay alguna discípula que desee estas tres?

Cuando Milarepa acabó de cantar, una gran fe se apoderó de la chica y, postrándose ante él, le tocó los pies con su cabeza y le invitó a entrar en su casa, donde le ofreció sus respetos y sus servicios.

- Lama -dijo ella-, antes, debido a que vivía sumida en la ignorancia, nunca pensaba en el dharma. Ahora, lama, me gustaría seguirte como asistente. Te ruego que, por tu compasión, seas mi guía en el dharma.

De este modo, contemplando sus propios defectos, le pidió que le enseñara el dharma con este canto:

¡Precioso guru!,
nirmanakaya supremo entre los seres,
carezco de comprensión e inteligencia y estoy confundida:
estos tres defectos se ven a las claras en mi vida mundana.

Los nubarrones del sur son tan espesos en los tres meses de
verano
que no veo en absoluto el amanecer.
Los vientos gélidos de los tres meses de invierno son tan fuertes
que no veo que las flores se abren.

Mis propias tendencias latentes negativas son tan fuertes
que no he sido capaz de reconocer que tú eras un *sidha*.

Te contaré la historia de esta inmadura muchacha:
a causa de mi karma negativo, tomé un cuerpo inferior.
A causa de la densa capa de ignorancia de mi bajo renacimiento,
no me daba cuenta de que era un buda[205].
Por falta de perseverancia, nunca pensaba en el dharma.
Y cuando me daba cuenta de que debía ocuparme del dharma, lo
dejaba por pereza.

Si una mujer tiene una cara bonita, su libertad está perdida.
Si es fea, no encuentra compañero.
Dejamos atrás a nuestros cariñosos padres
y nos sacrificamos por el bien del marido.
Somos muy sensibles, pero cortas de paciencia.
Discutimos mucho y somos expertas en disputas.

Vamos recogiendo todas las habladurías del pueblo.
En casa nos comportamos como el perro guardián.
Aunque nuestra comida y nuestras propiedades son compartidas
por todos,
el malhumor y la codicia son nuestro sino.
Nunca pensamos en la muerte ni en la impermanencia.
Nuestra ignorancia nos persigue como nuestra propia sombra.
Ahora, de corazón, deseo practicar el dharma.
Dame una enseñanza que sea fácil de comprender y de poner en
práctica.

Complacido por lo que ella había cantado, el Jetsun, en respuesta a su
petición, cantó a su vez esta canción de realización:

¡Oh Paldarbum, discípula mía!
La historia que acabas de contar sobre la vida de las mujeres,
si la elogio, te pondrás orgullosa.

---

[205] Todos los seres sensibles poseen de manera inherente la naturaleza de buda, y por ello mismo son fundamentalmente budas; pero, debido a la ignorancia, no son capaces de reconocerlo.

Si la corrijo, te enfadarás.
Si digo lo que pienso, expondría tus defectos.
Escucha, pues, lo que tiene que decir este hombre maduro.

Si deseas practicar el dharma desde el fondo de tu corazón,
es hora de dejar de sacar brillo a tus pertenencias
y empezar a sacárselo a tu propia mente.
Es hora de abandonar tu vanidad y tu engreimiento
y ocupar una posición más baja y más humilde.
Es hora de renunciar a servir a un marido y a unos hijos
y seguir a un guru perfectamente genuino.
Es hora de abandonar el trabajo por los logros en esta vida
y acumular méritos para la próxima.
Es hora de abandonar la codicia y el deseo de riqueza
y darlo todo generosamente sin mirar a quién.
Si has entendido todo esto, eres una chica inteligente.

Muchacha, tú eres un poco pizpireta:
te expresas muy bien, pero estás en pañales respecto al dharma.
Muchacha, eres como el pavo real del bosque:
tienes un cuerpo precioso, pero estás en pañales respecto al
dharma.
Muchacha, eres como el vendedor ambulante del mercado:
aunque eres muy astuta, estás en pañales respecto al dharma.

Si quieres practicar correctamente el dharma,
sígueme y haz lo mismo que yo haga.
Medita sin distracción en las montañas siguiendo las
instrucciones esenciales.

Así cantó.

Entonces, la chica le ofreció esta canción a modo de respuesta:

¡Oh precioso Jetsun!,
yogui con quien todo contacto es significativo:
por el día, estoy ocupada con un trabajo que nunca se acaba;
por la noche, caigo rendida en un sueño sin consciencia.
Desde el amanecer hasta el ocaso, ocuparse de la comida y de la

ropa me tiene esclavizada.

De modo que nunca estoy libre para practicar el dharma.

El Jetsun le contestó:

- Si quieres practicar el dharma de verdad, debes entender que la actividad mundana es un enemigo y abandonarla.

Y, en respuesta a su canción, el Jetsun cantó esta canción de realización sobre las cuatro cosas que hay que abandonar:

> ¡Oh muchacha Paldarbum, mi estudiante!
> Escucha, persona llena de aptitudes y con fe.
> Tus vidas futuras se extienden mucho más allá de esta,
> ¿has preparado provisiones para ellas?
> Si no has preparado provisiones para ellas,
> la provisión es la generosidad, ¡debes ser generosa!
> El perro guardián llamado avaricia, ese enemigo,
> aunque creas que es benéfico, solo te traerá pérdidas.
> ¿Has entendido que la avaricia es un enemigo?
> Si lo has entendido, ¡entonces debes abandonarla!
>
> ¡Oh muchacha Paldarbum, mi estudiante!
> Tus vidas futuras serán incluso más oscuras que esta.
> ¿Has preparado una lámpara para llevar contigo?
> Si no has preparado una lámpara para llevar contigo,
> esa lámpara es la claridad, debes familiarizarte con ella.
> El sueño de cadáver llamado ignorancia, ese enemigo,
> aunque creas que es beneficioso, solo te traerá perjuicios.
> ¿Has entendido que la ignorancia es un enemigo?
> ¡Si lo has entendido, entonces debes abandonarla!
>
> ¡Oh muchacha Paldarbum, mi estudiante!
> Tus vidas futuras serán incluso más temibles que esta.
> ¿Te has hecho con un guía y protector?
> Si no te has hecho con un guía y protector,
> ese guía es el sublime dharma, debes practicarlo a fondo.
> Los familiares, ese enemigo que trata de disuadirte,
> aunque creas que son beneficiosos, solo te traerán problemas.

¿Ya sabes que los familiares son enemigos?
Si lo sabes, ¡entonces debes abandonarlos!

¡Oh muchacha Paldarbum, mi estudiante!
Tus vidas futuras serán incluso más largas y traicioneras que esta.
¿Has preparado tu montura para cabalgar?
Si no has preparado tu montura para cabalgar,
esa montura es la diligencia, debes practicarla a fondo.
La pereza, ese enemigo que te engaña,
aunque creas que es beneficiosa, solo te traerá daño.
¿Ya sabes que la pereza en un enemigo?
Si lo sabes, ¡entonces debes abandonarla!

Así cantó.

De nuevo, la chica le rogó fervientemente:

- Lama, no he preparado ningún tipo de provisiones para la próxima vida. Sé compasivo conmigo y dame instrucciones que me guíen sobre cómo meditar y hacer esos preparativos.

- En mi tradición -le dijo el Jetsun sumamente complacido- no es necesario cambiarse el nombre para practicar el dharma de forma sincera. Puedes alcanzar la budeidad con todo tu pelo, no necesitas cortártelo ni usar ropas distintas para practicar el dharma[206].

Entonces, cantó esta canción de realización, que contiene cuatro ejemplos, cinco con su explicación, con instrucciones de meditación para la práctica de la mente:

¡Oh muchacha Paldarbum, mi estudiante!
Joven llena de fe y aptitudes,
toma el cielo como ejemplo:
medita libre de centro y de límites.
Toma el Sol y la Luna como ejemplos:
medita más allá de la luz y la oscuridad.
Toma esta montaña como ejemplo:

---

[206] Milarepa hace referencia a la tradición monástica de afeitarse la cabeza, vestir hábitos y adoptar un nombre religioso.

medita libre del movimiento.
Toma el océano como ejemplo:
medita libre de la superficie y lo profundo.
Estos ejemplos ilustran tu mente,
medita en ellos, libre de preocupaciones y de duda.

Cuando acabó de cantar esto, le enseñó a la chica los puntos clave del cuerpo y de la mente, y la puso a meditar. La muchacha obtuvo excelentes experiencias y realizaciones.

Pasado un tiempo, con la intención de eliminar dudas y obstáculos, ella le ofreció a Milarepa esta canción:

¡Oh precioso Jetsun,
supremo nirmanakaya entre los seres!

Puedo meditar con facilidad en el cielo,
pero meditar en las nubes del sur no es fácil.
Dame, por favor, instrucciones para meditar en las nubes.

Puedo meditar con facilidad en el Sol y la Luna,
pero meditar en los planetas y las estrellas no es tan fácil.
Dame, por favor, instrucciones para meditar en los planetas y las estrellas.

Puedo meditar con facilidad en la montaña,
pero meditar en las plantas no es tan fácil.
Dame, por favor, instrucciones para meditar en las plantas.

Puedo meditar con facilidad en el océano,
pero meditar en las olas no es tan fácil.
Dame, por favor, instrucciones para meditar en las olas.

Puedo meditar con facilidad en mi mente,
pero meditar en los pensamientos no es tan fácil.
Dame, por favor, instrucciones para meditar en los pensamientos.

Cuando ella acabó de cantar esto, el Jetsun pensó: "Ha empezado a meditar de verdad". Y se sintió sumamente complacido. En respuesta a su petición, cantó esta canción de realización sobre cómo apartar los obstáculos y fortalecer la práctica:

¡Oh muchacha Paldarbum, mi estudiante!
Escucha, joven llena de fe y aptitudes.

Si meditar en el cielo es fácil,
las nubes del sur no son más que el despliegue mágico del cielo.
Reposa sin más en la naturaleza del cielo.

Si meditar en el Sol y la Luna es fácil,
los planetas y las estrellas no son más que el despliegue mágico
del Sol y la Luna.
Reposa sin más en la naturaleza del Sol y la Luna.

Si meditar en la montaña es fácil,
las plantas no son más que el despliegue mágico de la montaña.
Reposa sin más en la naturaleza de la montaña.

Si meditar en el océano es fácil,
las olas no son más que el despliegue mágico del océano.
Reposa sin más en la naturaleza del océano.

Si meditar en la mente es fácil,
los pensamientos no son más que el despliegue mágico de la
mente.
Reposa sin más en la naturaleza de la mente.

Ella meditó de acuerdo con estas instrucciones y adquirió la certeza de que la naturaleza de la mente es el *dharmata*. Más adelante, fue capaz de viajar con su propio cuerpo hasta los reinos celestiales acompañada de música.

Este es el ciclo del encuentro con la estudiante Paldarbum, una de las cuatro hijas-discípulas del Jetsun, en el lugar llamado Gepa Lesum, en Chung.

# 15. El encuentro con Seben Repa

Namo Guru

El Jetsun Milarepa, tras pasar un tiempo meditando en Jang Tago, se fue a meditar a La Montaña de Shri. Durante el camino, paró en una posada al norte de Yeru. En la posada estaba un *gueshe* llamado Yakru Tangpa, que iba acompañado por un séquito de monjes. También estaba allí un mercader, Dawa Norbu, cargado de mercancía y de ganado, y acompañado por un grupo grande de su propia gente.

El Jetsun se acercó al comerciante Dawa Norbu y a su gente para pedirles provisiones.

- Si vosotros los yoguis vivierais de vuestro propio trabajo, en vez de ir sableando a los demás -se lo quitó bruscamente de encima el mercader-, seríais mucho más felices.

- En este preciso instante -le replicó el Jetsun-, todos vosotros sois felices con lo que tenéis. Pero de lo que no os dais cuenta es de que, en el futuro, todo ello será causa de sufrimiento. Escuchad mi canción.

Y les cantó esta canción de realización sobre las ocho cosas que hay que recordar:

Ahora, tenéis a la familia reunida en casa y sois felices.
Cuando muráis, se desharán de vuestros restos y desapareceréis.
¡Recordad esto!

Ahora, os habéis juntado aquí varios grupos fuertes y jactanciosos y sois felices.
Cuando muráis, sin refugio ni protector, desapareceréis.
¡Recordad esto!

Ahora, vais acompañados por un gran séquito de parientes y sois felices.
Cuando muráis, quedaréis separados de todos vuestros familiares y amigos.
¡Recordad esto!

Ahora, tenéis sirvientes, séquitos, hijos y riquezas y sois felices.
Cuando muráis, quedaréis desnudos, con las manos vacías y sin
un céntimo.
¡Recordad esto!

Ahora, sois fuertes, ágiles, vigorosos y os sentís felices.
Cuando muráis, cogerán vuestro cuerpo y lo doblarán en tres
partes[207].
¡Recordad esto!

Ahora, vuestra comida es dulce y deliciosa y sois felices.
Cuando muráis, ni siquiera podréis tragar agua.
¡Recordad esto!

Yo recuerdo esto a todas horas y practico el dharma.
Sin necesidad de ningún placer mundano, soy feliz.
Esta canción sobre las ocho cosas que deberíais recordar
ha sido cantada en la posada de Garakache, en Tsang,
por mí, el yogui Milarepa.
Ojalá sirva para recordaros la virtud y dirigiros hacia ella.

Así cantó.

Una gran fe surgió en el mercader Dawa Norbu y dijo:

- Lama, todo lo que acabas de decir está cargado de sentido para mí.
Ahora incluso yo mismo pienso en el dharma. Te ruego que me des algún
consejo para practicar el dharma como has dicho.

En respuesta, Milarepa cantó esta canción de realización:

En este accidentado[208] retiro de montaña, un lugar lleno de
cualidades,
te suplico, con fe y respeto,
precioso guru ostentador de la visión y la conducta.

---

[207] Esto hace referencia al modo en que se manipulan los cuerpos tras la muerte.

[208] Tib: *gnyan sa*. Este término significa tanto 'lugar accidentado' como 'sitio con poderosos espíritus locales'.

Que todos aquellos que practiquen esto no tengan dudas sobre su significado.

Cuando la mente corre desbocada, aplica la visión y domínala;
las características percibidas por la mente se autoliberan, ¡qué maravilla!

Cuando la mente es infeliz, mendiga la limosna de 'el sabor único';
todos los objetos se autoliberan, ¡qué maravilla!

Cuando la experiencia meditativa es desagradable, consulta a alguien con experiencia;
consultar a un amigo con experiencia es una ayuda para la mente.

Si te falta confianza, lee las enseñanzas de los Victoriosos;
por medio de sus palabras de sabiduría, obtendrás certeza.

Cuando tu corazón esté pesaroso, pide ayuda a tu maestro;
las bendiciones del padre guru serán de beneficio para tu mente.

Cuando observes a la gente carente de fe,
verás sus cuerpos desparramados en el lecho del samsara,
su cabeza abandonada en la almohada de los cinco venenos,
las mucosidades de sus aflicciones expulsadas en las diez direcciones.

Tú deberías ir en busca del doctor que cura tal enfermedad
y hacer la ofrenda de tu devoción con las tres puertas.
Ese doctor, el guru, receta las seis yerbas excelentes[209],
la excelente medicina de revelar los tres kayas.
Esto te liberará, con seguridad, de la enfermedad de los cinco venenos.
Haz la ofrenda de tu práctica para mostrar tu gratitud.

---

[209] Una enumeración de las seis 'yerbas' medicinales usadas en la medicina tradicional tibetana podría ser: nuez moscada, clavo, pimienta de Java, cardamomo, azafrán y bambú. Otras listas incluyen myrobalan, almizcle y bilis de elefante (JV, RY). Aquí, sin embargo, "seis yerbas excelentes" debe ser entendido, en un sentido coloquial amplio, como 'buena medicina'.

Cuando Milarepa acabó de cantar esto, una fe suprema surgió en Dawa Norbu, e hizo justo lo que el Jetsun había dicho. Andando el tiempo, se convirtió en un excelente yogui cabeza de familia.

Por entonces, mientras el *gueshe* Yakru Tangpa enseñaba el dharma, el Jetsun andaba por allí comportándose al modo de los kusulus[210]. Los monjes que seguían al *gueshe* debían participar en las actividades dhármicas de memorización y recitación por las tardes; de noche, tenían que sentarse en meditación, en buena postura y profundo *samadhi*; y por las mañanas, debían entregarse de nuevo a las actividades dhármicas de memorizar y recitar.

Cierto día, a la hora del desayuno, el Jetsun se pasó por allí para pedir algo de comer.

- Vas disfrazado de yogui -le dijeron con desprecio-, pero no sabes nada de memoria ni haces ninguna recitación. Tampoco meditas en *samadhi*. Ni siquiera sabes recitar mantras. Y te plantas aquí, en medio de una sangha monástica, para llevarte lo que le ha sido donado a ella. ¡Qué vergüenza!

- Yo practico la meditación en la deidad -replicó el Jetsun- y la recitación de mantras; estoy entregado al estudio y la actividad dhármica, y medito en *samadhi*; y lo hago todo al mismo tiempo. Me siento muy feliz.

Y, a continuación, cantó esta canción:

El soporte, las Tres Joyas que están siempre presentes,
existen perfectamente en el estado de conciencia sin
elaboraciones;
no necesito hacerles súplicas.
Este yogui está libre de la recitación de mantras, ¡soy tan feliz!

Las deidades *yidam*, que conceden las dos clases de *sidhis*[211]
no pueden ser creadas, existen perfectas en la claridad.

---

[210] El término *kusulu* suele usarse con el sentido de 'mendigo' o 'vagabundo'; y se refiere a alguien que no hace otra cosa sino comer, dormir y defecar. (KTGR)

[211] Las dos clases de *sidhis* son los sidhis comunes (percepciones extrasensoriales, poderes mágicos, etc.) y el sidhi supremo de la completa iluminación.

Así que tampoco necesito practicar la fase de creación.
Soy un yogui cuyo cuerpo es la propia deidad, ¡soy tan feliz!

Las huestes de *dakinis* que barren los obstáculos y las condiciones adversas
existen perfectamente en el estado innato natural.
No necesito ofrecerles *tormas*.
Soy un yogui que reposa relajado en las seis conciencias, ¡soy tan feliz!

Los demonios que causan impedimentos son mis propios pensamientos.
Las apariencias de los espíritus existen perfectas en el *dharmata*.
No necesito hacer *pujas* o tocar tambores.
Soy un yogui en quien los pensamientos brotan como dharmakaya, ¡soy tan feliz!

Todos los términos convencionales de las escrituras
existen de forma perfecta en la experiencia de la claridad.
No necesito estudiar sobre ello.
Soy un yogui para quien la experiencia adopta forma de textos, ¡soy tan feliz!

Así cantó.

- Yogui -le dijo el *gueshe* Yakru Tangpa-, tu práctica es estupenda. Pero para ser un buen representante de las enseñanzas budistas uno debe primero estudiar, luego vestir los hábitos naranja y, finalmente, adoptar una conducta impecable.

- Eso será en tu tradición -le contestó el Jetsun-, y así debes hacerlo. Pero yo soy Milarepa y, en mi tradición, si no siento vergüenza de mi conducta, con eso basta. Cuando observo tu tradición, esta es la impresión que tengo; mira a ver si lo que yo digo es verdad.

Y, a continuación, cantó esta canción de realización:

Me refugio en las Tres Preciosas Joyas.
Guru, mírame con compasión.

Tú eres un amigo espiritual preocupado por los ocho asuntos mundanos.

Si, en el interior, tu propia mente no ha sido adiestrada,
¿cómo quieres, en el exterior, adiestrar a gente indisciplinada?

Los blancos parasoles de los lamas adornados con plumas de
pavo real
son impermanentes, como el destello de un relámpago en el cielo.
*Gueshe*, piensa un poco, ¿no es cierto?

En las afueras del pueblo, el servicio de té de los monasterios
es como una señal que invita al engaño y al fraude.
*Gueshe*, piensa un poco, ¿no es cierto?

El trajín de los negocios de los laicos que andan por aquí
es como la exhibición de los enemigos agresivos.
*Gueshe*, piensa un poco, ¿no es cierto?

Proteger los medios propios de vida -caballos, ovejas, ganado-
es como un viento sucio que soplara sobre las gotas de rocío en la
hierba.
*Gueshe*, piensa un poco, ¿no es cierto?

Este cuerpo ilusorio, con su carga de miserias,
es como un cadáver recubierto de oro.
*Gueshe*, piensa un poco, ¿no es cierto?

En cuanto a los líderes de los grupos de yoguinis[212] practicantes,
suelen empezar bien, pero acaban de mala manera.
*Gueshe*, piensa un poco, ¿no es cierto?

El banquete de *ganachakra* con su deseable comida
es como la llegada de los mongoles a cobrar un impuesto
obligatorio.
*Gueshe*, piensa un poco, ¿no es cierto?

Los rituales de las ciudades -adivinaciones, ritos bön, la
astrología-
son ardides para forzarnos a soltar montones de dinero.
*Gueshe*, piensa un poco, ¿no es cierto?

---

[212] *Yoguini* es el femenino de yogui.

Las cancioncillas cantadas para llevarse al huerto a las estudiantes
son como los maullidos de un gato en celo.
*Gueshe*, piensa un poco, ¿no es cierto?

El propietario de una casa y de tierras en su propio país
es como un niño encandilado con un arcoíris.
*Gueshe*, piensa un poco, ¿no es cierto?

Estos engreídos estudiantes aquí reunidos
son como los sirvientes de muchos ministros.
*Gueshe*, piensa un poco, ¿no es cierto?

Enseñar el dharma cuando tú no has captado su sentido
es la estafa de un embustero.
*Gueshe*, piensa un poco, ¿no es cierto?

Para acabar, con una cosecha que apenas le da a uno para comer
es terriblemente difícil poder ayudar a los demás.

Así cantó.

Y una fe y una devoción ilimitadas surgieron en el *gueshe* Yakru
Tangpa. Derramando lágrimas, se levantó de su cojín y comenzó a hacer
postraciones ante el Jetsun.

- Todo lo que has dicho es verdad -dijo.

Y le pidió enseñanzas para establecer una conexión con el dharma.

Entre los monjes presentes, había uno llamado Seben Tönchung, que
se convirtió en seguidor del Jetsun. Milarepa le dio las iniciaciones e instrucciones y, tras meditar, perfeccionó su experiencia y su realización, y
llegó a ser uno de los hijos del corazón de Milarepa, conocido como Seben Repa de Dotra.

Este es el ciclo del encuentro con Seben Repa en la posada de Garakache, en el norte de Yeru, en Tsang.

# 16. El encuentro con Drigom Repa

Namo Guru

En cierta ocasión, el Jetsun Milarepa estaba haciendo su práctica mientras residía en La Gran Montaña de Gyal-gyi[213], en Latö, cuando el jefe de un grupo de bandidos, acompañado por varios de sus secuaces, cayó sobre el Jetsun. Al ver que Milarepa carecía de posesiones materiales y de provisiones de cualquier tipo, y que se dedicaba a la práctica genuina del dharma, se sintieron llenos de fe.

- Lama, ¿por qué estás en este lugar con un agua tan mala y sin recursos? Ven con nosotros a nuestra casa, y allí te ofreceremos servicio.

- Aunque este lugar -respondió el Jetsun- tiene un agua mala y tan pocos recursos, precisamente por ello lo que de verdad necesito, concentración meditativa, se ve favorecido. Seguro que vuestro hogar está lleno de comodidades, pero no iré. Dicho lo cual, si alguno de vosotros tiene la buena fortuna y la tendencia kármica, le invito a quedarse en Gyal-gyi a meditar.

Y, a continuación, cantó esta canción de realización:

La Gran Montaña de Gyal-gyi, este lugar maravilloso:
el viaje es largo, pero el sitio está cerca del camino.
Si hay aquí algún afortunado que tenga la tendencia kármica, que venga a La Gran Montaña de Gyal-gyi.
Si hay alguien que pretenda apartarse del mundo, que venga a La Gran montaña de Gyal-gyi.

La Gran Montaña de Gyal-gyi, este lugar maravilloso:
aquí el agua queda lejos, pero la experiencia y la realización están cerca.
Si hay aquí algún afortunado que tenga la tendencia kármica, que venga a La Gran Montaña de Gyal-gyi.

---

[213] Tib: *rgyal gyi shrI ri*. Quintman afirma que se trata de "Un nombre alternativo, y más antiguo, para la montaña sagrada de Rtsib ri (*gnas ri*)" (2008: 378). Este nombre también aparece en *El tesoro negro* como *Tsib-ri* (*rtsib ri*) (DN: 375).

Si hay alguien que pretenda apartarse de esta vida, que venga a La
Gran Montaña de Gyal-gyi.

La Gran Montaña de Gyal-gyi, este lugar maravilloso:
aquí el agua y el combustible escasean, pero es un lugar de
reunión de las *dakinis*.
Si hay aquí algún afortunado que tenga la tendencia kármica, que
venga a La Gran Montaña de Gyal-gyi.
Si hay alguien que pretenda apartarse de esta vida, que venga a La
Gran Montaña de Gyal-gyi.

La Gran Montaña de Gyal-gyi, este lugar maravilloso:
aquí reside el *yidam* Chakrasamvara[214] con sus bendiciones;
es un *yidam* que otorga sus *sidhis*.
Si hay aquí algún afortunado que tenga la tendencia kármica, que
venga a La Gran Montaña de Gyal-gyi.
Si hay alguien que pretenda apartarse de esta vida, que venga a La
Gran Montaña de Gyal-gyi.

La Gran Montaña de Gyal-gyi, este lugar maravilloso:
aquí residen los extraordinarios protectores Mahakala y Mahakali;
ellos son los *dharmapalas* que eliminan los obstáculos.
Si hay aquí algún afortunado que tenga la tendencia kármica, que
venga a La Gran Montaña de Gyal-gyi.
Si hay alguien que pretenda apartarse de esta vida, que venga a La
Gran Montaña de Gyal-gyi.

Así cantó.

El jefe de los bandidos sintió una gran fe e hizo postraciones ante el
Jetsun, llevándose los pies de él sobre la coronilla de su cabeza.

- Ojalá volvamos a vernos pronto -dijo antes de marchar.

Más adelante, el hombre volvió a visitar a Milarepa, llevándole una
turquesa de gran tamaño. Pero se preguntó si sería buena idea regalársela,
dando así pábulo a ciertas dudas mezquinas. De modo que se la guardó y,

---

[214] Se trata de una deidad *yidam* de la clase del tantra madre anutarayoga. Chakrasamvara
es uno de los *yidam* principales que se practica en la tradición de Milarepa.

a cambio, le ofreció otro regalo. Al darle este nuevo regalo de valor inferior, el Jetsun sonrió y le dijo:

- No tengas dudas sobre si ofrecerme la turquesa que trajiste para mí. Yo no la necesito, pero si me la ofreces ayudará a perfeccionar tu acumulación de méritos.

Dándose cuenta de que Milarepa poseía una elevadísima percepción extrasensorial, el hombre le ofreció la turquesa, y Milarepa se la aceptó. Pero, a continuación, se la devolvió, diciendo:

- Tómala, y úsala para adquirir provisiones para tu retiro.

El hombre pensó: "Realmente carece de apego hacia la riqueza"; y sintió una fe inquebrantable. Se convirtió en seguidor del Jetsun, le sirvió como su asistente y recibió las iniciaciones y las instrucciones. Y, por medio de la meditación, perfeccionó su experiencia y su realización.

Así, el hombre llegó a ser uno de los hijos del corazón de Milarepa: Drigom Lingkhawa.

Este es el ciclo del encuentro con Drigom Repa en La Gran Montaña de Gyal-gyi.

# 17. Repa Shiwa Ö

Namo Guru

El señor de los yoguis, el Jetsun Milarepa, había pasado el verano meditando al sur de La Gran Montaña. Cuando llegó el tiempo de la cosecha otoñal, salió a pedir limosna, en la práctica de 'el sabor único'. Se cuenta que, durmiendo en el Alto Khotang, tuvo un sueño en el que se le aparecía una mujer de piel oscura y brillante melena rubia que llevaba consigo a un joven de unos veinte años. Ella le decía al Jetsun: "Milarepa, de las ocho partes de tu corazón, una pertenece a este chico. Dásela". Y, a continuación, se desvanecía.

El Jetsun se despertó y pensó: "Esta mujer era una *dakini*. De los discípulos que tengo destinados, ocho completarán el camino, y son mis hijos del corazón. Hoy conoceré a otro de ellos, un ser de karma maduro. Indudablemente, debo ayudarle".

Subió por el camino del Bajo Bong y, nada más llegar a La Estupa del Manantial de Plata, se sentó a dormir un rato. Entonces, apareció un joven montado en un caballo negro como un cuervo[215].

- ¿Qué haces aquí durmiendo, yogui? -se dirigió a él.

- Benefactor -le contestó-, ¿adónde te diriges?

- Voy a cruzar el río -le dijo-, y voy camino de Dingri Khokna.

- Ya que este viejo yogui no puede cruzar el río, estaría bien que le dejaras montar a la grupa de tu caballo.

- Voy con prisa -dijo el joven- para llegar a un festival que hay en el este. Además, si montaras conmigo, podríamos lastimar al caballo.

Y, sin ganas de echarle una mano al Jetsun, continuó adelante, según se cuenta.

---

[215] El ave a la que aquí se refiere (tib: *'ol ba*) es probablemente una chova piquirroja (*Pyrrhocorax pyrrhocorax*), muy común en el Himalaya. (DPR)

Entonces, absorto en la práctica devocional de guru yoga, el Jetsun asió su *prana*[33], y se deslizó hasta la otra orilla sin hundirse en el agua. Cuando echó la vista atrás, hacia el lugar de donde venía, se cuenta que vio al joven en medio del río, chapoteando y levantando espumosas y blancas olas. Aunque el joven había visto al Jetsun desplazarse hasta la otra orilla ante sus propios ojos sin meterse en el agua, no podía creérselo. Pensó: "¿Me están engañando mis ojos? ¿De verdad ha cruzado el río sin meterse en el agua?". Y siguió adelante hasta llegar a la otra orilla.

- ¡Lama -gritó-, espera!

Y se acercó a él. Le miró los pies y vio que sus plantas apenas habían tocado el agua. En ese momento, una fe sincera surgió en él.

- No me había dado cuenta de que el guru era un *sidha* -dijo-. Te ruego que me perdones que antes no te haya ofrecido subir a mi caballo.

Inmediatamente, se bajó del caballo, hizo repetidas postraciones ante el Jetsun, tocó los pies de él con su cabeza y, con una intensa devoción, le preguntó:

- Lama, de dónde eres, dónde has estudiado, quién es tu maestro, dónde está tu monasterio, qué experiencias de meditación has tenido, de dónde vienes hoy, dónde irás esta noche.

El joven disparó todas estas preguntas sobre Milarepa. Y el Jetsun le respondió con esta canción de realización:

> En ese caso, atractivo muchacho,
> si quieres saber, escucha.
>
> ¿Quieres saber quién soy, o no?
> Si no sabes quién soy,
> mi nombre es Milarepa.
> Mi cordón umbilical[216] fue cortado en el Bajo Gungtang.
> Estudié en Ü y en Tsang.
> Empezando con el maestro Gyetön Ngokme
> y siguiendo con Rangtön Lhaga,

---

[216] Tib: *lte ba.* Cordón umbilical.

he tenido diez gurus que han sido muy bondadosos conmigo.

El dharma que he recibido de ellos han sido los tantras de las escuelas tempranas[217].

Todos ellos tenían gran comprensión de la visión budista.

En particular, de manos de Lhajé Nupchung

recibí el mantra airado del Rahula del Rostro Blanco y Rojo[218].

Aunque era una persona instruida en su tradición de práctica,

no pudo cortar del todo mis percepciones erróneas.

Luego vino el bendecido por Maitripa y Naropa,

iniciado en el *dharmata* madre de la mente

y dominador de los puntos clave de la interdependencia del cuerpo:

"El que reside en el lugar llamado Lho Chükhyer", como se ha dicho.

Famoso en todas partes, este padre Lotsawa,

me bastó oír su nombre para que el vello se me pusiera de punta.

Tras hacer un dificultoso camino, llegué a su presencia.

Cuando vi su rostro, mi percepción cambió instantáneamente.

Sentí con seguridad que ya era un guru mío de vidas anteriores.

Para el de Lhodrak, maestro sin igual,

ese venerable lleno de bondad,

yo no tenía nada material que ofrecerle,

así que le serví con el cuerpo y el habla triturando rocas[219].

Estudié el profundo tantra de Hevajra.

En particular, recibí el camino de los medios de Naropa.

De Chakrasamvara, quien está dotado de la bendición,

recibí completamente las cuatro iniciaciones del camino de la maduración.

Me reveló el dharma del mahamudra

---

[217] Los tantras de la fase inicial de la introducción del dharma en El Tíbet, también conocida como escuela Nyingma.

[218] Llamado a veces Za de Rostro Rojo, que es una especie de traducción directa del tibetano (tib: *gza' gdong dmar nag*).

[219] Se trata de una referencia a los duros trabajos de Milarepa construyendo casas bajo la supervisión de Marpa. Ver el capítulo 2 de la sección segunda de *La vida de Milarepa*, de Tsangnyön Heruka.

y vi la esencia de la mente, la realidad innata.
Realicé la base, el *dharmata* libre de elaboraciones.
Respecto a las cuatro corrientes del Linaje de la Escucha[220],
reuní todas las instrucciones esenciales de importancia
y extraje la esencia vital de los puntos clave profundos.
En cuanto a la práctica, medité en los *nadis*, el *prana* y el *bindu*,
y alcancé la maestría de la mente y el *prana*.
Soy, por consiguiente, un yogui del espacio.
Los cuatro elementos internos están minuciosamente
combinados[34] en mí;
no tengo miedo del elemento externo agua.
Antes, solo te estaba probando[35].
Mi monasterio es La Gran Montaña de Gyal-gyi.
Esta mañana, vine del Alto Kothang,
esta noche no sé por dónde andaré.
Esta es la vida que lleva un yogui como yo.
Jovencito, ve donde te plazca y que seas feliz.

Cuando el Jetsun acabó de cantar esto, la fe del joven se volvió aún más fuerte y sus lágrimas brotaron de manera espontánea. Tomó las riendas de su caballo negro, las puso en manos del Jetsun y le ofreció esta canción:

He aquí un *sidha* al que nunca antes yo había visto;
un ser más allá de cualquier ser humano ordinario;
un buda difícil de encontrar cara a cara;
un nirmanakaya de insólito lenguaje.
Nunca había oído tu nombre.
No reconozco tu cara.
No me he postrado ante ti.
Ni siquiera me he interesado por tu salud.
De verdad que lo siento, y vuelvo a pedirte,
señor, que disculpes bondadosamente mi desvergüenza.

---

[220] Las cuatro corrientes del Linaje de la Escucha proceden de Tilopa, y consisten en los siguientes yogas: chandali, el sueño, la claridad y el cuerpo ilusorio.

Mi caballo negro con alas de viento,
tiene el cuello adornado con guarnicionería[221] y campanillas.
Sobre su lomo de fina raza
lleva una manta de pelo de yak, suave y caliente,
y una silla regia hecha de madera de roble.
En su cincha hay hebillas de hierro forjado.
La grupa y el pecho van ceñidos con nudos finos de cuerda roja.
La testera de la mágica brida del caballo
está recubierta de piel de tigre con rayas finamente dibujadas[36]
y repujada con trozos de espejo que brillan como estrellas.
Si controlas las riendas puedes hacer que gire sobre sí mismo.
Con una fusta blanca de caña serás su dueño.
Cuando compita en las fiestas en memoria del padre del rey[37]
y se levante la bandera en la línea de llegada,
sin duda este será el caballo que ganará el premio[222].

Se trata de un verdadero premio para un hombre mundano como
yo.
Y ya que le ofrezco este caballo al padre Jetsun,
por favor, gran mago, no me envíes a los infiernos.

Al acabar de cantar esta canción, le ofreció su caballo, pero el Jetsun
no quiso aceptarlo.

- Yo tengo un caballo mucho mejor que el tuyo -le dijo.

Y cantó esta canción de realización:

Hijo benefactor, escucha esto.
Tengo el caballo de la consciencia y el *prana*,
altamente ensalzado por el equilibrio meditativo.
Lleva la manta de la posmeditación ilusoria

---

[221] Se trata de un correaje ornamental que se coloca alrededor del cuello del caballo para mostrar la dignidad o la riqueza de quien lo monta (tib: *mgul dom g.yer khas gzengs bstod de*). (DPR)

[222] Probablemente hace referencia a la tradición tibetana de plantar una lanza o una vara con una banderola para el primer competidor que cruce la línea de llegada en una carrera, y el 'premio' es literalmente una especie de pañuelo ceremonial (tib: *khata, kha btags*). (DPR)

y la silla de la autoconsciencia luminosa.
Los tres clavos a los que hay que prestar atención[223] van en su
cincha.
Su grupa y su pecho son las dos puertas *upadesha*[224].
En la testera de la brida, la práctica del control del *prana*,
están los tres puntos de sutura finamente dibujados[38].
Y está repujada con las vibraciones de la paz interior.
El *trulkhor*[225] físico es lo que le hace girar sobre sí mismo.
Es fustigado por el continuo flujo de la experiencia
y galopa en las llanuras de *avadhuti*[226].
Así es el caballo de este yogui que ves aquí.
Si galopo lejos, es para liberarme del fango del samsara;
si persigo algo, es llegar a la tierra seca de la iluminación.
No tengo ningún deseo de hacerme con tu caballo negro;
de modo que, jovencito, puedes seguir tu camino.

Cuando el Jetsun hubo cantado esto, le quedó claro al joven que Milarepa no aceptaría su caballo. Sin embargo, viendo que iba descalzo, el joven pensó: "Tal vez podría llevar mis botas". Se quitó sus botas repujadas y le ofreció esta canción:

Precioso gran yogui realizado,
caminas sin dirección fija
sin apego a tu tierra
por lugares donde perros salvajes con dientes como cuchillos
y zarzas y lodazales atormentan tus pies.
Caminar descalzo es agotador,
estas botas azules pueden ser tus leales sirvientas.

Valiosos hilos de seda han sido utilizados
para elaborar sus adornos, hermosos a la vista.
Llevan hebillas de latón repujado.
Fina piel del Alto Gungtang

---

[223] Los tres clavos, aquí, probablemente son: la visión, la meditación y la conducta.
[224] *Upadeshas*: instrucciones esenciales.
[225] Ejercicios yóguicos para el cuerpo sutil.
[226] *Avadhuti*: el canal central

y de barriga de yak salvaje
han sido combinadas con habilidad por un artesano.
En sus trabillas de milagrosa factura manual[39]
se han labrado cabezas de león y de cocodrilo[227].

Forman parte del elegante atuendo de este jovencito.
Jetsun, te lo ruego, póntelas
y acéptame con compasión.

Cuando acabó de cantar y de ofrecerle sus botas de esta forma, el Jetsun dijo:

- No las aceptaré. Yo tengo unas botas que son mejores que las tuyas.

Y, en respuesta, cantó esta canción de realización:

Joven lleno de fe, escucha.
En esta tierra de los tres reinos del samsara,
se condensa la oscuridad de la ignorancia.
La ciénaga de las pasiones está saturada de sucio fango.
La rocosa planicie de los celos está sembrada de afilados
guijarros.
El perro salvaje de la agresividad muerde y destroza.
La montaña rocosa del orgullo tiene abruptos desfiladeros.

Tras haber cruzado los cuatro grandes ríos[228],
llegué a los campos del gran gozo.
A la piel ilusoria de la impermanencia, que es la causa[229],
y a la suela de cuero del hastío del samsara
me he unido con confianza en el karma, la ley de causa y efecto.
Las trabillas de la infinidad de los placeres sensoriales[40]
las he trenzado con el hilo de seda de la libertad del apego a mis
propias percepciones

---

[227] Las botas tibetanas van guarnidas de correas que se ciñen alrededor de la pierna para llevarlas bien sujetas. Lo más probable es que las cabezas de león y cocodrilo sean hebillas metálicas, a modo de adorno, que además sirvan para pasar las correas.

[228] Los ríos del nacimiento, la vejez, la enfermedad y la muerte.

[229] Según las enseñanzas, la contemplación de la impermanencia y de la muerte es la causa para desarrollar el deseo de practicar el dharma.

y las he pasado por las hebillas de latón repujadas de la práctica y la realización[230].

Esas son las botas de este yogui;
de las tuyas repujadas, no tengo ningún deseo.
Benefactor, puedes seguir camino de tu casa.

Cuando Milarepa no quiso aceptar las botas, el joven volvió a hablar:

- De acuerdo, Jetsun, si no me aceptas las botas, reconocerás que yendo con una simple túnica pasas un frío tremendo. Así que, por favor, acepta este chaquetón rojo y verde.

Y ofreció la siguiente canción:

Precioso gran guru realizado,
no has elegido ningún lugar como propio,
así que, sin residencia fija, deambulas por cualquier parte.
A veces, te alojas en las cumbres de las montañas.
A veces, duermes en las calles de los pueblos.
Una simple túnica de algodón es como no llevar ropa.
Viviendo desnudo, debes de tener frío.

La prenda que ves sobre mi joven cuerpo
ha sido fabricada con sedas crudas de Mendri[231] roja y verde,
cosidas de manera combinada por un buen sastre.
Su forro está acolchado con un relleno blanco como una nube[41].
La parte del pecho está adornada con un brocado de seda[42].
Los hombros están revestidos con piel de lince.
Los bajos están hechos de otro tipo de piel.
Las mangas están confeccionadas con una seda excelente.
Si la vistes, estarás majestuoso y radiante.
Dejarás de estar preocupado por las rachas de viento frío.

---

[230] Los tres puntos son probablemente el cuerpo, la palabra y la mente. (DPR)

[231] 'Mendri' (tib: *mendri*) es la transliteración de una oscura palabra procedente, tal vez, de algún dialecto indio. Rockhill afirma: "Probablemente tiene conexión con la seda munga de Assam. O tal vez sea una denominación local del satén" (Rockhill 1884: 239). Jäschke dice que podría tratarse de algún tipo de piel. Yo leo "*sprin chu*" como error ortográfico, o incluso como pronunciación alternativa, de la palabra "*srin bal*", que significa 'seda cruda'.

Es la elegante prenda que un ministro[232] de la familia Zhang
vestiría.
Jetsun, padre, tómala y póntela.
Te pido, por tu bondad, que me concedas el refugio.

A pesar de suplicárselo de esta forma, el Jetsun no quiso aceptar,
y le replicó:
- Yo tengo un chaquetón mejor que el tuyo.
Y, a continuación, cantó esta canción de realización:

¡Escucha, jovencito de lengua resabida!
En general, en la ciudad de los seis reinos del samsara,
con el viento del karma negativo empujándome poderosamente,
mi consciencia deambulaba impotente.
Deambulaba por el campo de los bardos del nacimiento y la
muerte,
iba hasta la cumbre del bardo de los sueños
y dormía en las encrucijadas del bardo del devenir.
Yo perseguía la tierra eterna primordial.

Fabricado de la seda cruda de la pureza perfecta,
forrado de la seda de los votos del *samaya*
y cosido por el sastre del *mindfulness* y el conocimiento.
La parte del pecho, que tiene la forma de los tres yogas,
está adornada con Los Tres Puntos Clave de La Fusión[233].
Las mangas de la claridad, en el momento de la muerte
se unen al cuerpo ilusorio puro
y luego se cosen los bajos de la indicación del bardo.
Ese es el chaquetón de este yogui.
No quiero el tuyo rojo y verde.
Joven benefactor, ve enhorabuena y sé feliz.

---

[232] *Zhang* era un clan importante del antiguo Tíbet. (TDC, RY)

[233] Los Tres Puntos Clave de La Fusión (tib: *gnas bsre ba gsum*) es una enseñanza que
procede de Marpa (DPR). Las tres 'fusiones' están conectadas con los seis dharmas de
Naropa: 'chandali' es la fusión del deseo y el gran gozo, 'el cuerpo ilusorio' es la fusión
de la cólera y la ausencia de verdadera existencia, y 'el yoga de la claridad' es la fusión
de la ignorancia y la no conceptualización. (DK)

Entonces, el joven dijo:

- Jetsun, si no quieres aceptar el chaquetón, con esa túnica tan fina que llevas, acepta al menos este chaleco.

Y, a continuación, se lo suplicó con esta canción:

Escucha, precioso ser supremo:
cuando llega el intenso calor de los tres meses de verano
y se oye el melodioso canto del cuco,
aunque vivas desnudo, no tienes nada de frío.
Pero durante los tres meses del invierno, la tierra se queda sin
aliento;
la sencilla tela de algodón que te cubre es más fina que la seda,
el viento glacial del año nuevo se clava más hondamente que una
flecha
y el padre Jetsun padece frío.

Este chaleco del chaquetón rojo y verde
está hecho de tela blanca adornada con bodoques
y rematado con un dobladillo oscuro de seda cruda.
La parte del pecho está hecha de satén
y forrada con una tela estampada a cinco colores.
La tela de los tirantes está bordada a mano.
Este es el vestuario de este jovencito.
Por medio de esta ofrenda de ropa a mi Señor Repa,
te ruego que me mires con compasión.

A pesar del modo en que se lo ofrecía, el Jetsun volvió a no
aceptarlo.
- Yo tengo una prenda mejor que la tuya -le dijo.
Y, en respuesta, cantó esta canción de realización:

Escucha ahora a este padre compasivo[43].
Obligado por la confusión de la ignorancia,
me acerqué, sin percatarme, a los temibles barrancos.
Las tempestades de las aflicciones eran a la vez ardientes y
gélidas.
Las consecuencias del mal karma, como lluvia, caían a cántaros.
Por fin, conseguí escapar a la ciudad de la liberación.

De la blanca tela de la *ashé* de *chandali*,
está hecha la pieza del pecho de los cuatro chakras de los *nadis*[234].
Los dobladillos de la mente y el *prana* interno están plegados.
El brocado del calor del resplandor y el goteo del *bindu*
está envuelto por las costuras de la experiencia del gozo-vacuidad
en unión.
Es la prenda coemergente de *chandali*.
Para las ropas del *chandali* interno, no existe verano ni invierno.

Aunque las prendas de lana son hermosas exteriormente,
una sencilla túnica de algodón es más ligera y cómoda.
Por tanto, no deseo tener tus ropas.
Así que, benefactor, vete a casa.

Cuando Milarepa hubo cantado esto, el joven, de nuevo, le hizo otro ofrecimiento:

- Jetsun, aunque no quieras aceptar mis ropas, como has estado practicando tanto durante el último año, tu cuerpo debe de estar débil; de modo que te ofrezco mi sombrero para que lo vendas y compres comida para restaurar tus fuerzas.

A continuación, cantó esta canción de ofrecimiento:

¡Oh yogui, ser supremo!
Te has debilitado enfrentándote al samsara
en tu deseo de liberación del nacimiento y de la muerte.
Tratando de practicar con total concentración,
has sobrellevado grandes penalidades
y tu cuerpo se ha quedado débil por los padecimientos del frío.

Este sombrero que llevo en la cabeza
es un resplandeciente sombrero de La India.
La preciosa y brillante placa de plata
ha sido elaborada por un hábil artesano de allí.
Por dentro y por fuera es de piel de cocodrilo
y ha sido cosido a mano.

---

[234] Los *chakras*, o 'ruedas', son los centros corporales donde se da la concentración de los nadis. Los chakras son el componente clave de las prácticas yóguicas del cuerpo sutil.

Una pluma de buitre lo corona
y el barboquejo es una guirnalda de cristal natural.
Si fuera tasado, darían por él el precio de un yak adulto.
Nirmanakaya, te lo ofrezco.
Podrás trocarlo por gran cantidad de nutritiva carne.
Por favor, padre Jetsun, recupera tu cuerpo.
Te ruego que me dejes estar contigo y servirte en invierno y en
verano.

El Jetsun no aceptó el ofrecimiento y cantó esta canción de realización
en respuesta:

Escucha, jovencito, no dejes que tus ojos te engañen:
este hijo del linaje del gran erudito Naropa
ha alcanzado la maestría sobre los puntos clave de la
interdependencia, el camino,
y está perfectamente familiarizado con los métodos profundos.
De modo que no les tengo miedo a los aires internos,
que no dependen de comer carne nutritiva y variada.
¡Viento frío, puedes soplar a tu gusto!

Respecto a la corona que llevo en la cabeza:
está embellecida por una claridad similar a la del Sol y la Luna.
Sentado sobre ella, como joya que otorga todos los deseos,
está mi señor nirmanakaya, engalanado por sus atributos de
cementerio,
aquel cuyo nombre es conocido a lo largo y a lo ancho, el
Traductor.
Si uno sabe encararlo con la mirada del respeto,
conocerá el rostro del glorioso Vajradhara.
Ciertamente te protegerá con el amor que se le tiene a un hijo.
Esta es mi corona interna y oculta.
El gorro externo de pandita a la moda india es hermoso,
pero haberme deshecho de esa clase de gorro es el verdadero
gorro que yo visto[44].
No deseo tu sombrero.
Jovencito, sigue yendo despreocupado hacia donde ibas.

Entonces, el joven pensó: "Los continuos rechazos del Jetsun deben de querer decir que todo lo que le ofrezco es insignificante para él". De manera que se desató la preciosa turquesa que llevaba al cuello, y le ofreció esta canción:

Ya entiendo, supremo y maravilloso ser:
habiendo practicado y practicado sin apego,
y viendo que todo lo que surge es ilusión,
careces del deseo de objetos y riqueza.
Y yo, sin poder resistirme, he sucumbido a la fe.
Si este muchacho, por generosidad, no te ofrece
la comida y la riqueza heredadas de su padre,
los dioses celestiales quedarían indignados
y a partir de mañana mi mente se encaminaría hacia el mal.
Así que, mi señor, te ruego que no digas que no quieres nada.

Esta blanca turquesa bruñida,
una lámpara brillante del clan Shuyé[235]:
un cordón de suave piel está enhebrado en ella
y va montada sobre una base de seda roja.
Si se vendiera, libraría de la pobreza.
Yo se la ofrezco al cuello de este ser auténtico.
Por tu bondad, concédeme el dharma auténtico.

Con esta canción le ofreció la turquesa, pero el Jetsun siguió sin aceptar.

- No tengo ningún deseo de tu turquesa, yo tengo una joya mucho más preciosa que esa.

Y Milarepa cantó esta canción de realización:

¡Hijo benefactor, escucha a este padre amoroso!
En la extensión de esta vasta tierra
este yogui ha recorrido largos caminos.
En las pobladas encrucijadas de los pueblos
voy mendigando diariamente, como alimento, pequeños bocados.

---

[235] *Shuyé* es el nombre del clan del joven al que aquí se llama Darma Wangchuk. Más tarde llegaría a ser conocido como Repa Shiwa Ö.

He aborrecido la comida elaborada y deliciosa.
La riqueza mundana nunca aporta verdadera satisfacción.
Cuando veo la riqueza acumulada que hay que dejar atrás[236],
no tengo ningún deseo de tu riqueza humana.
Soy el rey de la satisfacción, y en mi tesoro
está la preciosa joya del Linaje de la Escucha.
Está engastada con la práctica y la experiencia,
pulida con el *mindfulness* que no pierde brillo
y su ojo está enhebrado en los cuatro yogas.
Mi mente está adornada con el hijo de la consciencia,
por eso no tengo ningún deseo de tu colgante de turquesa.
Hijo, ve feliz por tu lado.

Cuando el Jetsun hubo cantado esta canción de realización, el joven pensó: "¿Acaso este Jetsun nirmanakaya no me acepta porque ve que he cometido actos negativos?". Y le dijo a Milarepa:

- Santo ser, aunque no tengas ningún aprecio por la riqueza ilusoria, te ofrezco estas tres armas[237]. De ahora en adelante, abandono el uso de las armas y tomo el voto de nunca más arrancar una vida. Por tu bondad, tienes que concederme la toma de refugio.

Y ofreciéndole a Milarepa su bolso de viaje[238] y su equipamiento, cantó esta canción:

Siempre, ser supremo de gran compasión,
hasta este momento, he tomado a mis enemigos por enemigos.
Nunca he dejado escapar a un adversario porfiado.
A mi derecha llevo la aljaba de piel de tigre
de rayas flamígeras que contiene mis flechas.

---

[236] Cuando uno muere, debe dejar atrás toda la riqueza que ha acumulado a lo largo de su vida.

[237] Las tres armas tradicionales tibetanas: las flechas, la espada y la lanza (tib: *'khor gsum*).

[238] El bolso de viaje solía contener lo indispensable: estuche de yesca, utensilios para fumar, armas, etc. (tib: *stag chas*).

A la izquierda, la vaina de piel de leopardo[239],
con sus manchas guarda mi arco.
Mi espada está adornada y grabada a mano,
ella es el lugar de confluencia de *dralha* y *tsen*[240].
Cuando me ato el equipo y la funda a la cadera,
tengo el aspecto de un guerrero mongol listo para el bandidaje.
Cuando mis enemigos lo ven, su corazón y sus pulmones se
aceleran,
huyen como yaks pastando que corren hacia las alturas rocosas.
He contemplado todo eso y ahora siento un profundo
arrepentimiento.
Esos actos previos, me arrepiento de ellos y deseo purificarlos.
Y por ello te ofrezco ahora estas tres armas.
De hoy en adelante, hago este voto:
señor, donde quiera que vayas, te seguiré y te serviré.

Aunque le hizo este ofrecimiento, de nuevo el Jetsun no aceptó.

- Hijo, tú no eres capaz de mantener ese voto. Y yo tampoco quiero las armas que me has ofrecido. Yo tengo un bolso de viaje mucho mejor que el tuyo.

Y, en respuesta, cantó esta canción de realización:

Hijo, paladín sin igual, escucha.
Desde la atalaya de la confusión -la conceptualización errónea de
los objetos-,
el adversario -el bandido de los cinco venenos- avanza
agresivamente.
Si no eres capaz de fusionar victoria y derrota[241]
existe el peligro de que, más adelante, seas arrojado al calabozo

---

239 Entre el equipamiento tradicional tibetano, el arco y las flechas van enfundados en bolsas planas que caen a cada lado de las piernas y se sujetan a la cintura con un cinturón.

240 Dralha (tib: *dgra lha*) significa 'dios guerrero', y tsen (tib: *btsan*) es un tipo de espíritu airado generalmente asociado a la montaña; ambos son deidades derivadas de la tradición bön tibetana.

241 Esto significa dejar de estar apegado a la victoria y tratar de evitar la derrota, verlas como iguales.

del que no hay escape.
Este yogui conduce su batalla hacia tales adversarios.
Las apariencias externas son mi veteada aljaba de piel de tigre,
la espontánea claridad interna, sin fijación, es mi funda de piel de
leopardo.
Sobre la espada de la gran *prajña*
y su cinturón del amplio camino de la unión
está el recamado hecho a mano de los signos de las cualidades de
la realización.
Este es el equipamiento interno secreto.
En el arco de la vacuidad, la realidad no nacida,
se encaja el culatín de la flecha de la *bodichita* -los medios-.
Cuando la flecha de los cuatro inconmensurables es disparada,
repele el ataque del enemigo -los cinco venenos-.
Bloquea el batallón de las aflicciones y del karma.
Así es como este yogui subyuga al enemigo.
No quiero tu bolso de viaje.
Hijo benefactor, vuelve feliz a tu casa.

Cuando el Jetsun hubo cantado esta canción de realización, de nuevo el joven habló:

- Glorioso Jetsun, aunque no aceptes mis tres armas, como no puedo irme sin agradecer tu bondad, acepta, por favor, esta funda y esta daga.

Suplicando a Milarepa que lo aceptara con compasión, cantó esta canción:

Señor, yogui nirmanakaya, te ruego que me escuches.
Aunque muchos conocen el dharma, hay pocos que lo practiquen,
y solo unos pocos entre cientos de ellos pueden mostrar signos de
realización.
¿Acaso no es el padre repa nirmanakaya uno de estos?
Yo no he recibido enseñanzas de muchos que conozcan el
dharma,
así que tu dharma genuino que procede de tan duras penalidades
no me atrevo a pedirlo con las manos vacías.

Este hierro colado procedente del centro de Nepal
está decorado con grabados de olas y nubes.

Esta afilada daga de hierro con un león en la empuñadura
va en una funda metálica blanca que es una redecilla de plata.
Tiene una cadena metálica blanca tallada
y otra cadena de bronce y oro.
Cuando la ciño a mi cintura, tengo un aspecto impresionante y
majestuoso.
Es un magnífico complemento para cualquier joven.
Te ruego que aceptes este regalo que te ofrezco con devoción,
con ello te solicito unas pocas palabras sobre tu experiencia
meditativa.

Haciendo esta solicitud de forma cantada, tomó el cinturón y la daga
con las manos y se los ofreció al Jetsun. Entonces, Milarepa dijo:

- Justo ahora no es el momento apropiado para que yo comparta mis
experiencias meditativas. Y, además, no me apetece aceptar tu ofrenda.
Yo tengo un cinturón y una daga mejores que los tuyos.

Y cantó esta canción de realización en respuesta:

¡Hijo, joven sin igual, escucha!
Yo, un león que vaga por las montañas nevadas,
tengo una leche que es un nutritivo elixir.
Nunca la he echado en otro recipiente
que no sea un cazo de oro.

A mi cintura, que es firme y flexible,
llevo ceñido el cinturón de una intensa motivación -la base-.
Grabadas en él están las olas de la mente libre de engaño.
Para mi *prajña*, que es una daga puntiaguda y afilada,
tengo la vaina metálica de las tres medidas de la confianza y la
experiencia.
La cadena de hierro de la fe
y la cadena de oro de la diligencia
son los mejores adornos de cualquier actividad dhármica.
Por miedo al castigo de las *dakinis*
nunca he vendido el dharma por dinero,
ni ahora voy a aceptar tu regalo.
Jovencito, sigue camino de tu casa.

Cuando el Jetsun hubo cantado esto, el joven dijo:

- Jetsun yogui, si no piensas aceptar ningún ofrecimiento material, te ofrezco hacerte un monasterio. Te ruego que lo aceptes y te quedes en él.

Y le cantó esta canción:

Señor de la disciplina y la conducta yóguicas,
puesto que estás libre de la acción y has revertido el apego,
le has dado la espalda a la cárcel de tu tierra natal.
Deambulas por las regiones de los seres humanos sin dirección
fija.
Has cortado las elaboraciones de los placeres y los sufrimientos
del cuerpo.
Ahora, quedándote en un solo lugar, tu experiencia y tu
realización podrían florecer.
Ese monasterio se construiría entre la llanura y la montaña.
Sería como un pilar surgido de forma natural
en el que resplandecerían las luces del Sol y de la Luna.
En su suelo azul celeste a la tinta china
habría dibujado un mandala con polvo mineral.
Habría, también, muchos ramos de flores hermosamente
dispuestos.
En el exterior, una fosa protectora lo rodearía.
Los adornos de las vigas maestras serían de madera
y ocho estupas embellecerían su entorno.
Este soporte para nuestra devoción de seres mundanos,
le ofrezco como sede al padre Jetsun.
¡Por favor, quédate aquí relajado y a gusto!

El Jetsun no aceptó su ofrecimiento y dijo:
- No deseo ser dueño de un monasterio, y no sé adaptarme a las
costumbres de la gente mundana. Así que escucha mi canción.
Y, a continuación, cantó como respuesta esta canción de
realización:

Escucha, fuerte y emperifollado joven.
En esta vida todo es impermanente, una mera ilusión.
Cuando Yama, el señor de la muerte, llegue,
no podrás comprar el rescate con tu riqueza,

no habrá ocasión de que el héroe golpee con su espada
ni el cobarde zorro tendrá oportunidad de huir.
Cuando llega el momento, la carne vuelve al polvo.

Por miedo a esto he ocupado la fortaleza
que hay en el monasterio de la mente interna no nacida:
en medio, las vigas ornamentales están hechas del inamovible
*prana,*
se eleva el pilar de la base inmutable de la realidad
y brillan el sol y la luna de las fases de la creación y la
culminación.
En los pavimentos del calor de *samatha*
está dibujado el mandala con la tinta de *vipasana.*
Hay además ramilletes de gozo, claridad y no pensamiento por
todas partes.
Las hermosas ocho estupas de los diez actos virtuosos
están rodeadas por el foso protector de la vacuidad.
Ese es el monasterio de este yogui.
Hijo benefactor, sigue feliz camino de tu casa.

Así cantó Milarepa, sin aceptar el monasterio que el joven le ofrecía. De nuevo, el joven habló:

- Lama, aunque no quieras aceptar ese lugar de retiro, piensa que el cuerpo es ilusorio y en cualquier momento puede enfermar. Te ofrezco a mi competente hermana. Es una persona de fe y puede ser tu consorte. No te ofendas, por favor, y acéptala.

Entonces, le ofreció esta canción:

Señor, yogui que deambulas por retiros de montaña,
como has visto los defectos ocultos de las mujeres
tu mente está libre de lujuria. Y, sin embargo,
dado que este cuerpo es ilusorio, en cualquier momento puedes
enfermar.
Por ello, es bueno tener una compañía cercana y cariñosa.

La única chica de mis tres hermanos,
hija descendiente de un excelso linaje paterno,
nacida de una madre sabia, una mujer mágica.

Belleza cautivadora que sobresale entre la multitud de dioses y
humanos.
Una reina a la altura de un auténtico rey.

Viste con la ropa de seda de una diosa,
estampada con ondulantes arcoíris tornasolados.
La trenza de oro y turquesa que adorna su cabeza
lleva una guirnalda en la que se alternan el ágata y el ónice.
Esta maravillosa joven, bella como una pintura,
ha tenido muchos pretendientes, pero no hemos aceptado a
ninguno.
Ahora, nirmanakaya, te la ofrezco a ti.
No te ofendas, por favor, y acepta el regalo.

A pesar de ofrecérsela de esta manera, el Jetsun no la aceptó.

- Hijo, no hables así. Yo he abandonado los asuntos familiares del
samsara. No tengo ningún deseo de una esposa egocéntrica. Mi felicidad
actual procede del hecho de ser espontáneo. Si entregas a tu hermana a un
viejo mendigo como yo, sin nobleza ni linaje, más adelante todos los vecinos de tu región se burlarán de ti. Y seguramente te arrepentirás, hijo.
No seré el novio de tu hermana. Además, ya tengo una esposa mucho
mejor.

En respuesta, cantó esta canción de realización:

Incluso en el linaje de los nobles y los sabios,
en general, las mujeres son objeto de deseo,
pero una consorte despierta y genuina es extremamente rara.
Y aunque el mensajero viaje por un camino maravilloso,
habrá elogios, censuras y burlas de tu hermana,
de modo confiar en ella como *mudra*[242] sería difícil.

Mi señora es la vacuidad, libre de apegos;
tiene la belleza de la compasión radiante.
Su amorosa sonrisa es absolutamente cautivadora.
Sus diversos vestidos rojos y blancos

---

[242] NOTA DEL TRADUCTOR AL ESPAÑOL: Hemos de entender aquí el término *mudra* como referido a la consorte tántrica.

están cortados en la seda de la unión no dual.
Lleva el collar de la conducta del sabor de la igualdad.
Sobre la trenza de los cuatro gozos
luce la guirnalda de la multiplicidad como 'sabor único'.
Es la belleza que realiza la realidad innata, la base.
Ella es la compañía femenina de este yogui.
No tengo ningún deseo de una vida familiar samsárica.
Y ahora, benefactor, vuelve a casa.

Así cantó el Jetsun, rehusando aceptar el ofrecimiento. Y, una vez más, el joven insistió:

- Jetsun, aunque un ser tan maravilloso y realizado como tú carezca del sentido de la vergüenza, dado que los seres mundanos como yo podríamos malinterpretarte, acepta, por favor, estos pantalones.

Y le ofreció sus pantalones con esta canción:

Señor yogui, que no tienes nada que esconder,
que duermes desnudo con la conducta de la disciplina yóguica,
con tu joya masculina al aire allá por donde vas.
Como tu confusión ha sido desmantelada desde dentro,
no tienes en absoluto aprensiones ni temores.
La gente mundana como yo tenemos vergüenza y pudor.
Tu realización es elevada, por supuesto, eres un buda,
pero si tu conducta se conformara con la de los seres normales
sería estupendo.

Los pantalones que lleva este joven
están hechos de la más suave lana de oveja.
Fue hilada por mi propia madre y por mi hermana,
y mi esposa encordó diestramente el telar.
Luego fue tejida por mi hermana y su vecina,
y mi querido tío los cosió.
Es ropa para la gente que tiene vergüenza como nosotros.
Te ofrezco estos pantalones.
Y te ruego que no digas que no los aceptas.

Después de ofrecerle los pantalones de esta manera, el Jetsun replicó:

- Hijo, tú no entiendes la diferencia entre vergonzoso y desvergonzado. Te ríes de mi apariencia totalmente relajada, pero cuando salimos del vientre de nuestra madre, lo hicimos desnudos. Y al final, cuando muramos, nuestra consciencia dejará el cuerpo desnudo y hará su camino. Entre tanto, yo no practico una conducta convencional, me comporto de forma natural. Conozco la vergüenza que tiene la gente socializada. Por tanto, hijo, escucha esta canción.

Y así, en respuesta, cantó esta canción de realización:

Escucha, joven de finos regalos.
Tú tienes vergüenza de cosas que no son en absoluto vergonzosas.
Esto que ves no es más que un órgano masculino,
yo no tengo el prejuicio de la vergüenza[45].
Pero tú no rechazas las cosas que son verdaderamente
vergonzosas:
hacia quienes actúan con negatividad e hipocresía
ni llaman tu atención ni sientes vergüenza.
Yo sí tengo esa clase de vergüenza.

La tela, la suave lana de la *bodichita*,
ha sido hilada por la maduración de las cuatro iniciaciones del
camino.
Ha sido tejida en el telar del *samadhi*, el camino de la liberación,
y luego lavada y suavizada por medio de las aspiraciones puras.
El operario, con toda su amabilidad,
cose los pantalones de la atención y la vergüenza.
Esta ropa que protege la propia vergüenza perfecciona el
beneficio ajeno.
No tengo ningún deseo de tus pantalones, pues.
Y ahora, benefactor, vuelve a tu propia casa.

Cuando hubo cantado esto, el joven pensó: "Cualquier servicio que le ofrezco a este gran ser, no lo acepta. Tengo que averiguar dónde se dirige y dónde piensa quedarse; lo invitaré a mi propia casa". Luego, le dijo a Milarepa:

- Santo Jetsun, ya veo que no me aceptarás ningún servicio ni ofrecimiento. Sin embargo, habrá algún lugar en el que hayas planeado quedarte por esta ruta en la que viajas. Te ruego que no lo mantengas en secreto, tienes que decírmelo.

- Hijo, aquí no hay ningún secreto. Me dirijo a Dingri para pedir donativos durante la cosecha. Cuando acabe la trilla, me dejaré caer por Nyanang. Luego, el invierno lo pasaré en un valle remoto llamado Lachi.

El joven volvió a pensar: "Tengo que disuadirlo e invitarlo a venir a mi casa a pasar unas noches. Si acepta y le pido el dharma, me pregunto si consentirá en darme enseñanzas.

Entonces, cantó esta canción:

> Incomparable nirmanakaya, señor:
> aunque tengas la intención de ir a Dingri
> para pedir limosna, practicando el 'sabor único',
> esa región carece de buenas cualidades.
> En Dingri, lugar de vastos cielos,
> la virtud de sus habitantes vale menos que un grano de mostaza.
> Sus puños están más cerrados que las puertas de los templos.
> El *tsampa* es tan raro como el precioso oro
> y, en el improbable caso de que te den algo, te hará enfermar.
> Esa región es una tierra de hambruna.
>
> Y luego, si sigues camino de Nyanang,
> ten en cuenta que el puerto de Tongla Ngonmo es un lugar terrible.
> Los bandidos que asaltan en la región pululan por allí.
> Por la noche, está infestado de leprosos.
> Las emboscadas acechan por todas partes.
> Nadie se atreve a ir por allí si no va acompañado por cien personas.
> Para dar incluso tres pasos necesitarías un guía.
> Así es el lugar llamado Nyanang, el Valle Oscuro.
>
> Se encuentra en la frontera entre El Tíbet y Nepal:
> la región más elevada es la tierra nevada del Tíbet.
> Ya sea verano o invierno, siempre nieva.
> Día y noche sopla un fuerte viento glacial
> y sus habitantes son más simples que las vacas.

Sus ríos fluyen hacia Mön, al sur:
esa región inferior es una tierra caliente llena de desfiladeros
con estrechos puentes traicioneros donde la vida de uno corre
peligro
y las fiebres nepalíes amenazan de muerte.
Al sur, la gente habla distinto, en lengua nepalí,
y los árboles parecen cadáveres humanos tiesos.

Señor, esa no es tierra para que tú vayas;
te ruego que no vayas ya, retrasa tu partida, por favor.
Aunque rehúses ser mi objeto de veneración permanente,
durante medio mes puedo darte de comer.
Te ruego que vengas a casa de este joven.
¡Señor, por favor, por compasión, ven conmigo!

Así cantó el benefactor. Y Milarepa dijo:

– En general, no siento aprecio por los benefactores egocéntricos. Hijo, no iré a tu casa. Conozco Dingri y Nyanang mejor que tú. Escucha esto que voy a cantar.

Y, en respuesta, cantó esta canción de realización:

Oh joven lleno de determinación,
hijo, escucha esto con fe firme.

Una tierra donde las diez virtudes estén presentes
y sus habitantes carezcan de defectos y estén adornados con
buenas cualidades
es difícil de encontrar, porque los tiempos han cambiado.

Este yogui actúa según lo que le viene a la mente.
Nunca he estado sujeto a la autoridad de los demás.
Es cierto que el *tsampa* no abunda en Dingri,
pero en lo que a mí respecta, no existe comida limpia ni sucia.
Exteriormente, disfruto de las cinco *amritas*.
Nunca he estado apegado a la comida exquisita.
De modo que soy un yogui de la casta intocable.
Interiormente, me alimento del *samadhi* no conceptual.
Por tanto, la comida no me preocupa lo más mínimo.
¡Hambruna, haz lo que te venga en gana!

Aunque el puerto de Tongla sea un lugar temible,
suplico a mi maestro que me proteja con sus bendiciones.
Las Tres Joyas del refugio son una defensa excelente
y las *dakinis* de los tres mundos vienen para guiarme.
Mi amiga *bodichita* me acompaña
y las ocho clases de *devas* y *rakshasas* se acercan a darme la
bienvenida.
Estoy libre de enemigos y sin un céntimo.
¡Bandidos, haced lo que os venga en gana!

Aunque la tierra de Nyanang sea llamada el Valle Oscuro,
sus habitantes son auténticos, como en los tiempos antiguos.
Su habla es veraz y auténtica.
Su conducta es auténtica y del todo relajada.
Su comida y su bebida son auténticas y no las esconden.
La tierra tiene una vegetación natural auténtica.

No me preocupo mucho por las ofrendas materiales,
pero su comida y su bebida son abundantes.
La mente de este yogui se encuentra feliz allí.
Allí, hay pocos asuntos con los que distraerse.
El *samadhi* de la meditación equilibrada florece allí.
Por tanto, es a Nyanang donde iré.
He obtenido el control sobre el calor de *chandali*.
Estoy libre del miedo a los aires fríos y calientes.
¡Nieve, haz lo que te venga en gana!

No retrasaré mi viaje esta vez;
hijo, no iré a tu casa.
No tengo deseo de benefactores arrogantes.
No tengo nociones sobre cómo complacer a los demás.
El sol se está poniendo, sube a tu caballo.
Joven, es hora de que te vayas tranquilamente.
Hijo, que estés libre de enfermedad y tengas una larga vida.

De esta forma declinó ir con el joven. Luego, decepcionado, el joven
replicó:

- Jetsun, cualquier servicio que te ofrezco lo rechazas. Por mucho que
te pida el dharma, no me lo darás. Debo de ser alguien realmente malo.

Ya no me queda otra salida salvo hacer aspiraciones y quitarme la vida delante de ti.

Entonces, sacó su daga de agudo filo y la puso contra su corazón. Y, con voces de lamento, le ofreció esta canción:

> Gran yogui, señor, te ruego que me escuches ahora a mí.
> Yo, hoy, esta mañana,
> aquí, en La Estupa del manantial de Plata,
> vi a un hombre durmiendo desnudo.
> Pensé que tal vez sería un yogui completamente loco
> o de los que hacen todo tipo de cosas inadecuadas,
> de los que manifiestan una conducta de todo punto impropia.
> De manera que no pensé que fueras una persona en la que confiar.
> No te tuve ninguna fe y te desprecié de forma irrespetuosa.
> No seguí mi camino, sino que di la vuelta para evitarte.
> Y tú, Jetsun, te diste buena cuenta de ello.
> Mi disgusto y mi remordimiento son peores que la muerte.
>
> Luego, cuando el sol brilló suavemente en su cénit
> y cruzaste el ancho río azul,
> te vi deslizándote sobre las aguas como un pájaro.
> Te vi moviéndote en el espacio como un viento.
> Vi tu milagroso cuerpo desplazándose.
>
> Cuando ya estuviste en la otra orilla del gran río,
> al encontrarme con un *sidha* de tal categoría,
> pensé: "Mis tendencias latentes y mis ofuscaciones deben de ser
> ya pequeñas".
> Pensé: "Debo de haber acumulado un inmenso mérito".
> Pensé: "Tengo con él una conexión kármica y una aspiración
> pura".
> Pensé: "He tenido la fortuna de encontrar el sublime dharma".
> La intensa alegría que sentí hoy aquí
> no la había sentido jamás desde que mi madre me dio a luz.
> Y cuando te ofrecí toda la riqueza ilusoria
> tu respuesta fue: "¡No la necesito! ¡No la quiero!".
> Salvo por ti, yogui repa, señor,
> nunca había oído nada igual en todo El Tíbet.

Nunca había conocido entre todos los practicantes del dharma
a un hombre tan asombroso como tú.
Señor, siendo como eres un ser asombroso,
el modo en que te he presentado hoy mis ofrendas
no ha sido en absoluto de tu agrado, señor.
De modo que parece que mi karma negativo y mis ofuscaciones
son grandes.
Parece que solo tengo el más pequeño de los méritos.
Parece que no soy apto en absoluto para practicar el sublime
dharma.

Ahora, poseído por la desesperación y la ignorancia,
mi mente se agita y me siento descorazonado.
Ya ni sé dónde voy, me siento del todo enajenado[46].
Ahora que he visto a un verdadero nirmanakaya,
si ni siquiera puedo obtener de él unas palabras amables,
será como si no lo hubiera encontrado en absoluto.
¿Qué les diré a mis paisanos?
Si vuelvo a casa, lo haré totalmente avergonzado.

Por ello prefiero quitarme la vida.
Los seres vivos, tras nacer, finalmente deben morir,
Y para mí este parece el mejor momento para irse.
Moriré en presencia de un supremo *sidha*.
Con la mente concentrada en el dharma moriré.
¿Puede asistirse a un discurso mejor que este?[243]
Señor, te ruego que me contemples con tu percepción
extrasensorial.
¡Oh, qué mérito tan escaso el de este joven!

Así suplicó, con total desprecio de sí mismo. Entonces, el Jetsun
pensó: "El chico muestra una gran devoción y afecto hacia mí, debe de
haber entre nosotros una conexión de vidas pasadas. Y estoy seguro de

---

[243] Pensar en términos del dharma como el joven lo está haciendo aquí, ¿puede haber algo
más hermoso de escuchar que esto? (DPR)

que es la persona que he visto esta noche en mi sueño. Tengo que aceptarle ya". Y, en respuesta, cantó esta canción:

> Hijo, joven benefactor, escúchame.
> Con la fuerte determinación hacia la virtud que hay en tu mente,
> está claro que tu mal karma y tus ofuscaciones son pocas.
> Por la resolución con la que acabas de hablar,
> está claro que tienes poco orgullo y amor propio.
> Por la perseverancia y diligencia que has manifestado aquí,
> está claro que no eres nada perezoso.
> Con la generosidad de corazón que has mostrado,
> está claro que eres poco avaricioso y apegado.
> Con la gran *prajña* y compasión que has demostrado
> está claro que no eres ignorante ni violento.
> Con la intensa devoción que has manifestado hacia mí,
> está claro que ya has estado relacionado anteriormente con los
> nobles.
> Por tanto, hijo mío, no digas que has caído en la desesperación.
>
> Tú, que vienes del Bajo Gyaltrom,
> y yo, un vagabundo de Tsa, en Gungtang,
> hoy, aquí, esta mañana,
> nos hemos encontrado a las orillas de este ancho río azul.
> Hemos llegado juntos hasta la base de La Estupa del Manantial de
> Plata.
> Esto, según parece, es fruto de aspiraciones previas.
> Con seguridad tenemos una conexión kármica de práctica.
> Parece que las tendencias de la conciencia básica han despertado.
> Esta es una canción sobre nuestra excelente conexión anterior.
>
> Ahora, cuando te has encontrado con la auténtica realidad,
> hijo, si deseas seriamente practicar el sublime dharma,
> si la fe ha brotado de las profundidades de tu ser,
> si no vas a echarte atrás para volver a tu vida anterior,
> si verdaderamente quieres seguirme:
>
> Los parientes son las disuasiones de los *maras*;
> pensando que no son reales, debes cortar sus lazos.
> La comida y la riqueza son los espías de los *maras*;

cuanto más te acostumbras a ellos,
peor se ponen las cosas, abandona tu apego.
Los placeres sensoriales son los lazos corredizos de los *maras*;
acabarán con seguridad ahogándote, abandona tu apego.
Las jóvenes compañías son las *maras* femeninas;
acabarán con seguridad engañándote, sé cauto con ellas.
La tierra natal de uno es la prisión de los *maras*;
liberarse es difícil, ¡escapa lo antes que puedas!

Dejando todo ello a un lado, deberías irte;
si lo dejas de lado ahora mismo, sería excelente y significativo.
La marioneta de este cuerpo ilusorio se irá desvaneciendo;
si estableciéramos una conexión ahora, sería excelente.
El buitre de la mente sin duda echará a volar;
si te elevas ahora hacia el cielo, sería excelente.
Si escuchas y sigues las instrucciones de este hombre,
hijo, tendrás la fortuna del sublime dharma.
Te daré las iniciaciones y las bendiciones, que son la puerta de
entrada;
te daré las instrucciones del profundo Linaje de la Escucha.
Hijo, has tomado posesión del camino,
y yo, este yogui, me siento de maravilla.
Joven, ¡guarda esto en tu mente!

Así cantó el Jetsun, y el joven se alegró y se sintió exultante. Tocó los pies del Jetsun con su cabeza e hizo muchas postraciones y circunvalaciones. Y formulando una solemne aspiración, siguió su camino, según se cuenta.

Unos cuatro meses más tarde, cuando el Jetsun estaba en Menlung Chuwar, en Drin, el joven y su sobrino fueron a visitarlo. El tío le ofreció una turquesa, la lámpara brillante del clan Shuyé, y su sobrino le ofreció media medida de oro. Pero Milarepa no las aceptó.

Justo por entonces, Guru Bari Lotsawa estaba construyendo en Drin una estupa para Ushnishavijaya[244]. Y el Jetsun les dijo:

---

[244] Una deidad femenina de larga vida.

- Tío y sobrino, es adecuado que yo no tenga las cosas que me habéis ofrecido, pero se las podéis ofrecer a Guru Bari Lotsawa y solicitar que os dé la iniciación. En cuanto a las instrucciones, os las daré yo mismo.

De esta manera les ayudó a establecer la conexión. Ambos recibieron la iniciación completa de Chakrasamvara de manos de Guru Bari Lotsawa; y tras ello les dio también las tres prácticas externas -el ciclo de Ushnishavijaya, la práctica de larga vida llamada *La Recitación de Meru Singha* y el *Ciclo de Arya Amoghapasha*[245]-. En cuanto a las tres prácticas internas, les dio la *sadhana* de *Las siete letras de Chakrasamvara*, el *Ciclo del guru simbólico Jetsunma* y la *Sadhana de Kurukulle*. Después, los dos acompañaron al Guru Bari Lotsawa a Sakya y, al cabo, retornaron donde estaba Milarepa.

Permanecieron con el Jetsun durante cinco años y recibieron los muy conocidos *Seis Yogas de Naropa* y el Linaje del Mahamudra del gran maestro Maitripa. Los educó dándoles las instrucciones esenciales y las instrucciones orales completas.

Previamente, el nombre del joven había sido Shuyé Darma Wangchuk, más tarde el Jetsun se lo cambió por el de Repa Shiwa Ö. Antes, en lo relativo a las costumbres mundanas, había tenido un gran apego; después, se convirtió en alguien que aborreció las preocupaciones mundanas. Mientras estaba en presencia del Jetsun, hizo los votos de que el resto de su vida vestiría solo una sencilla túnica, no calzaría zapatos de piel, nunca regresaría a su casa familiar y jamás acumularía provisiones para más de dos días. Con perseverancia en la meditación, logró una excelente experiencia. El Jetsun se sintió muy complacido, y cantó esta canción de realización:

> Me postro ante todos los nobles gurus.
> Este compasivo Linaje de la Práctica posee una gran bendición.
> Las instrucciones de Marpa y Mila tienen gran poder.
> Este joven, Shiwa Ö, es un meditador perseverante;
> gracias a las *mamos* y las *dakinis* ha desarrollado una realización

---

[245] Es un *kriya yoga tantra*; cuando se traduce literalmente del tibetano, significa "El ciclo del noble y significativo Lasso". Amoghapasha es una manifestación de Avalokiteshvara, el bodisatva de la compasión.

rápida.
Hijo, si quieres llevar tu practica hasta el final,
practica el dharma de manera imparcial
sin involucrarte en vanos discursos.
No te recrees en las nobles glorias del pasado,
busca los valles remotos y deshabitados.
No gastes el tiempo con amigos o servidores negativos,
estate solo y dedícate continuamente a la práctica.
No pienses en llegar a ser tú mismo un guru,
ocupa una posición humilde y practica meditación.
No desees los signos de una rápida realización,
haz que tu meditación dure hasta el día de tu muerte.
No estudies los conceptos ni la terminología,
medita sin distracción en las instrucciones del Linaje de la
Escucha.
Si te diera por pensar "¿Esto me beneficia?",
abandona los términos convencionales y practica la meditación.

Entonces, Shiwa Ö le dijo:

- Alguna vez has dicho que dedicarse al estudio sin practicar es una desviación del camino. Explica un poco más esto, por favor.

- Quien no se ha apartado de la vida mundana -replicó el Jetsun- y desconoce los puntos clave de la práctica se desviará. Yo, un hijo del linaje de Marpa, no tengo desviaciones. No te dediques a los conceptos y la terminología, entrégate a la práctica.

Luego, cantó esta canción de realización:

Me postro a los pies del noble guru.
El maestro que usa palabras altisonantes
cuando el debate se vuelve ingenioso, se comporta como un loco.
Cuando habla, es como una mujer satisfecha que parlotea sin
parar.
Cuando se va a la cama, se adormece con pedante orgullo.
Cuando camina, se pavonea como un mongol.
Un hombre tal sufre muchos obstáculos y desviaciones.

> En general, los tres reinos y las seis clases de seres tienen sus
> propias desviaciones.
> Los seres ordinarios se desvían dejándose llevar por el deseo.
> *Sravakas* y *pratyekabudas* se desvían por estancarse en la paz.
> Los *gueshes* se desvían por su forma de administrar las
> donaciones.
> Los maestros se desvían en la fortaleza de las palabras.
> Los monjes se desvían simulando ser buenos.
> Los yoguis se desvían cayendo en la locura.
> Los meditadores se desvían en la visión de una vacuidad vacía.
> Así, todo tipo de ignorancia es una seria desviación.
>
> En cuanto al aliento de las *dakinis* del Linaje de la Escucha,
> pensar que haya en él desviaciones es demoníaco.
> Shiwa Ö, mientras estés al lado del Gran Repa,
> si crees que puedes caer en desviaciones, estás engañado.
> Abandona tus dudas y practica la meditación.
> Cuando apliques directamente las instrucciones esenciales,
> si crees que pueda haber desviaciones, no lo tomes por real.
> Hijo, no te preocupes por el estudio.
> Medita con total concentración y obtendrás el resultado.

Renunciando al comportamiento convencional, se dedicó a meditar con total concentración en la presencia del guru, soportando grandes carencias en cuanto a ropa y comida. Por entonces, uno de sus antiguos amigos pasó por allí. Viéndolo en un estado tan desmejorado, sin provisiones materiales de ropa ni comida, dio rienda suelta a una falsa compasión y le dijo:

- Shuyé Darma Wangchuk, tú antes eras rico, un hijo mimado. Ahora te has convertido en un mendigo envejecido sin nada que vestir ni llevarse a la boca. ¡Qué deshonra para ti!

En respuesta, Repa Shiwa Ö cantó esta canción de realización:

> El Jetsun guru, mi padre, es la naturaleza de buda.
> La ayuda para haber logrado este campo de ofrendas son mis
> padres.
> Pero mis otros parientes han sido motivo para el samsara;
> por eso he renunciado a las relaciones cercanas.

Estar entregado a sí mismo es la naturaleza de buda.
La ayuda para la actividad virtuosa son los amigos del dharma.
Pero tres o más juntos es motivo para la cháchara ociosa;
por eso vivo entregado a mí mismo.

Una simple palabra de instrucción es la naturaleza de buda.
La ayuda para la actividad virtuosa son manuales breves con
instrucciones.
Pero la multiplicidad de textos variados es motivo de orgullo;
por eso he abandonado tomar notas.

Los retiros de montaña en la naturaleza son la naturaleza de buda.
La ayuda para la actividad virtuosa es ir en busca de provisiones.
Pero las cosas materiales son motivo para el apego;
por eso he renunciado a mi tierra natal.

El país sin rumbo fijo es la naturaleza de buda.
La ayuda para la actividad virtuosa son las limosnas dadas con fe.
Pero los séquitos y los sirvientes son motivo para las aflicciones;
por eso he renunciado a los séquitos y los sirvientes.

Surgiendo en el amigo una gran fe, le hizo ricas ofrendas.

El Jetsun estaba muy complacido con Shiwa Ö, que le sirvió como su
asistente hasta que pasó al parinirvana. Recibió las instrucciones esenciales de práctica completas y gracias a ello pudo dejar de lado todas las
desviaciones de la experiencia y la realización. El sobrino no se hizo un
yogui repa, lo que disgustó un poco al Jetsun. Llegó a ser conocido como
el noble y alocado Sangye Kyap y abrió un pequeño monasterio en Ratna,
en Nyannag, según se cuenta.

En cuanto a Repa Shiwa Ö, después del parinirvana del Jetsun, tras
meditar en La Cueva de Golung Menchu, perfeccionó todos los caminos,
los *bhumis*[246], la experiencia y la realización. Alcanzó el poder de atrave-
sar las rocas en sus cuevas de práctica, y fue directo desde esta misma
vida a un reino celestial.

---

[246] *Bhumi* (tib: *sa*) significa 'nivel' o 'base, y hace referencia a las diferentes fases en el
camino de la meditación de los seres realizados.

# 18. El encuentro con Ngendzong Tönpa

Namo Guru

El Jetsun Milarepa no tenía riqueza ni posesiones materiales de ningún tipo, y todas sus pertenencias las llevaba atadas a su bastón de caña de caminante. Un día, acompañado por Seben Repa, se acercó a mendigar limosna, en la práctica de 'el sabor único', a un caserío en la confluencia de los ríos del valle de Chim. La única habitante del lugar era una anciana. Milarepa se dirigió a ella y le dijo:

- Hemos salido a mendigar limosna.

- Yo no tengo nada que daros -respondió la anciana-, soy muy pobre. Pero en los campos de allá vive un hombre rico de Ngendzong llamado Jangchup Bar. Hoy está trabajando en su finca. Id allí y él sí que podrá daros algo.

Con ello, el padre Jetsun y el hijo discípulo se dirigieron hacia allí. Cuando llegaron, el hombre rico iba cargando un saco grande de semillas.

- Benefactor -le dijo el Jetsun-, nos han dicho que eres rico. Danos, por favor, a los dos provisiones para hoy.

- Puedo daros algo -replicó el hombre; y añadió-: Si sois verdaderos yoguis, entonces sabréis observar las apariencias y utilizarlas como analogías. Cantad una canción de realización relacionada con este arado que veis aquí.

Y, en respuesta, el Jetsun y su discípulo Seben Repa cantaron juntos esta canción de realización:

> Muy bien, benefactor arrogante,
> hombre rico de Ngendzong, escucha esto.
> Durante los tres meses de primavera y el primero del verano,
> cuando todos los tibetanos están arando sus campos,
> yo, el yogui, también me dedico a arar el mío.
> En la dura tierra del campo de las aflicciones, la base,
> extiendo el abono de la fe, los preliminares,
> y la riego con la humedad de las cinco *amritas*.

Un agricultor sabio e inteligente
planta las semillas libre de conceptos confusos.
Unce juntos a los dos bueyes de la no-dualidad,
sujeta el arado dotado de conocimiento.
El agricultor dotado de *samaya*
pone a trabajar el arado de la no-distracción.
Entonces, utiliza el látigo de la diligencia para ir más deprisa.
Aunque las aflicciones son difíciles, él consigue eliminarlas.
Los brotes del despertar comienzan a germinar
y, al tiempo de la cosecha, estarán completamente maduros.
Tú eres un agricultor mundano,
yo soy un agricultor de la cosecha duradera.
Qué cosecha será mejor, está por ver.
Quién logrará la felicidad última, ya tendremos tiempo de
comparar.

He hecho una analogía de las apariencias que nos rodean
y he cantado esta canción sobre el trabajo agrícola.
Espero que te haya hecho feliz, hombre arrogante,
que logres tu propio beneficio y que acumules mérito.

Así cantó.

Entonces, el hombre dijo:

- Muy bien, yogui. ¿Qué simboliza el bastón de caña que llevas en la
mano? Esa cosa que parece un juguete infantil, o la herramienta de un
loco, debe de tener algún significado. Explícamelo, por favor.

De nuevo, en respuesta, el Jetsun cantó una canción de realización:

Bueno, inquisitivo benefactor,
sé generoso y escucha bien.
¿Sabes quién soy o no?
Si no lo sabes, yo soy Milarepa.
Soy un hombre que lleva sobre sus hombros grandes trabajos.
Soy un meditador perseverante.
Soy un yogui adiestrado en la imparcialidad.

Este bastón de bambú que llevo en la mano
creció en la pared de una gran roca.

Luego, fue cortado por medio de una gran guadaña curva.

Y, al final, fue encordado con una tira de fina piel.

En cuanto a su origen, viene de Mön, en el sur.

¿Quién lo trajo? Fue transportado por el dzö[247] del mahayana.

¿Cómo llegó aquí? Vino hasta los mercados.

¿Quién me lo regaló? Me fue ofrecido por alguien lleno de fe.

Este bastón de bambú de caminante que llevo conmigo,

¿sabes cuál es su significado o no?

Si no sabes cuál es su significado,

escucha bien y te lo explicaré.

Cortar el bambú de raíz, para empezar,

es signo de cortar la raíz del samsara.

Cortar el extremo superior del bambú

es signo de cortar todas las dudas y desviaciones.

El bambú mide de largo dos codos[248]:

esto es signo de las dos medidas de un practicante.

El bambú del que está hecho es excelente y flexible:

esto es signo de que la misma mente, la base, es en origen

excelente.

La savia del bambú es suave y tiene un buen color:

esto es signo de haberse adiestrado en la realidad innata de la

mente.

El bambú es recto y flexible:

esto es signo de la práctica del significado inequívoco.

Las grietas que hay en el bambú

son signo de haber sido adiestrado en el camino continuo del

despertar.

Las cuatro diferentes secciones del bambú

son signo de poseer los cuatro inconmensurables.

Los tres nudos que hay en el bambú

---

[247] Tib: *mdzo*. Los *dzos* son las crías del cruce entre los yaks y el ganado doméstico, y suelen ser utilizados como animales de carga.

[248] El TDC da como medida del 'codo' (tib: *khru*) "La longitud desde la punta del codo hasta la base del dedo meñique", con lo que el bastón de Milarepa sería algo corto. Es posible que dicho término se refiriera con anterioridad a una unidad de medida mayor.

son signo de los tres kayas, acabados en la base.
El color del bambú no cambia:
esto es signo de que la base, el *dharmata*, es inalterable.
El bambú tiene además forma redonda:
esto es signo del *dharmata*, libre de elaboraciones.
El bambú es primordialmente puro y brillante:
esto es signo del dharmakaya sin manchas.
El centro hueco del bambú
es signo de que todos los fenómenos son vacíos.
Las pequeñas marcas negras sobre el bambú
son signo de los conceptos sutiles que surgen
para los *repa yoguis* del Tíbet.
El linaje paterno del bambú, la nobleza de su origen,
es signo de practicar correctamente el dharma.
El bambú es hermoso y agradable a la vista:
esto es signo de la fe y el anhelo de los seres.
La contera de metal en la base del bambú
es signo del vagabundeo del yogui en retiros de montaña.
La empuñadura de cobre que lo rodea
es signo de mantener bajo control a las *dakinis*.
El clavo de hierro incrustado en el bambú
es signo de la gran perseverancia del yogui.
Los adornos metálicos engastados
son signo de la expansión de las buenas cualidades internas.
La tira de piel encordada alrededor
es signo de la flexibilidad de la mente del yogui.
Los dos cordones[249] de cuero trenzados juntos
son signo de traer la unión al camino.
El cordón madre y el cordón hijo trenzados juntos
son signo de los tres kayas encontrándose con la madre.
Los adornos de huesos encastrados
son signo del vagabundeo del yogui por el campo.

---

[249] 'Cordón' es un término genérico usado para 'cuerda trenzada'. El proceso requiere normalmente cuatro hilos, lo que relaciona estos dos hilos mencionados en este verso y los otros dos del ejemplo siguiente.

La bolsa de acero y pedernal que cuelga de él
es signo de tomar lo que surja como amigo.
El adorno de concha blanca añadido
es signo de hacer girar la rueda del dharma.
La pequeña pieza de piel de animal que lleva
es signo de no tener recelo ni temor.
El espejo que lleva
es signo de la completa realización que surge del interior.
La navaja afilada que lleva
es signo de cortar el sufrimiento de las aflicciones.
La esfera de cristal que lleva
es signo de estar libre de las tendencias latentes y las manchas.
La guirnalda de marfil que lleva
es signo de la intensa añoranza del guru.
Las campanillas que lleva
son signo de reconocimiento en las diez direcciones.
La prenda de lana blanca y roja que lleva
es signo del numeroso séquito de hijos discípulos.
Que sea hermoso cuando el yogui lo lleva en la mano
es signo de domar a los seres ordinarios a través de los métodos.

La pregunta que has planteado sobre su significado
es signo de la huella de devoción que hay en ti.
Que te hayas encontrado conmigo
es signo de tu aspiración previa.
Esta canción sobre los signos del bastón de bambú blanco de
caminante,
¿entendéis, dioses y seres humanos, su simbolismo?
Todos tienen un significado dhármico. Ahora, con fe y respeto,
¡que puedas practicar el dharma genuino felizmente durante largo
tiempo!

Tras cantar el Jetsun esta canción de realización sobre el blanco bastón
de caminante de bambú como analogía del dharma, una fe abrumadora
surgió en el benefactor. Hizo postraciones, tocando los pies de Milarepa
con su cabeza.

- Lama, te ruego que hasta el día de mi muerte seas mi objeto de veneración. Quédate aquí y haz que esta sea tu casa.

Pero el padre Jetsun y su hijo no accedieron a quedarse más de siete noches.

- No seré tu mundano lama residente -dijo, preparándose para irse.

Y, cuando ya se disponía a salir, el benefactor le dijo:

- Si el Jetsun guru tiene que irse ya, al menos, antes de irte, di algo sobre cómo la experiencia meditativa ha florecido en tu mente.

Entonces, el padre Jetsun y su hijo discípulo cantaron esta canción de realización:

> Muy bien, benefactor dotado de fe,
> hombre rico de mente veleidosa, escucha.
> Es muy fácil hablar del dharma, pero su significado es difícil.
> Vosotros, gente mundana, vivís muy confundidos;
> buscando tener momentos de ocio, dejáis pasar las estaciones.
> Gastáis vuestra existencia humana pensando en que ya
> practicaréis.
> Sería bueno si os decidierais a practicar el dharma mínimamente.
>
> El agua de manantial de las montañas rocosas y las tres medicinas
> refrescantes
> pueden ciertamente sanar la enfermedad de la ictericia;
> pero solo el urogallo[250] de las nieves de la montaña puede llegar
> hasta allí,
> las criaturas de las tierras bajas no pueden hacerlo.
>
> La espada forjada con hierro de meteorito
> puede ciertamente repeler el ataque en la batalla;

---

[250] El TDC describe esta especie de aves (tib: *lha bya gong mo*) de la siguiente forma: "Pájaro que habita en el campo, de plumas amarillas y grises, plumaje abigarrado en el vientre, con patas y pico rojos". Otras fuentes lo describen simplemente como "Pájaro que habita en las montañas".

pero solo el rey de los elefantes[251] puede empuñarla,
los elefantes más pequeños no pueden hacerlo.

La *amrita* de la inmortalidad de los dioses
logra ciertamente la *rasayana*[252] para el cuerpo;
pero es algo propio del maestro Nagarjuna,
no es del dominio de todos los practicantes del dharma.

El relicario de oro de los *vetalas*
puede ciertamente eliminar la pobreza;
pero, aparte del príncipe Chandraprabha,
no es del dominio de los seres ordinarios[253].

Una joya procedente de las profundidades del océano
puede ciertamente satisfacer todas las necesidades y deseos;
pero, aparte de los reyes *naga* Nanda y Takshaka,
no es del dominio de la gente del Jambudvipa.

El palacio celestial de Tushita[254]
es ciertamente un gran espectáculo;
pero, aparte del gran maestro Asanga,
los seres ordinarios no pueden verlo.

El poder de las seis medicinas excelentes
puede ciertamente curar cualquier desequilibrio del frío y del
calor;

---

[251] 'El rey de los elefantes' (tib: *glang bo sa srung*) es un elefante que reside en el reino celestial de Tushita; tiene la piel blanca, siete extremidades, cabeza descubierta y seis colmillos, y es montado solamente por los dioses Indra y Vishnu. (AKW)

[252] Literalmente 'el extracto de la esencia' (tib: *bcud len*). Esta "es la práctica del abandono de la comida y la bebida ordinarias, para subsistir solamente por medio de las esencias que se extraen de las flores y otras sustancias, o incluso del espacio". (*Stories and Songs*, 110)

[253] Parece tratarse de una oscura referencia al *Vetalapañcaviṃśati*, una serie de veinticinco historias contadas por un vetala, una clase de espíritu que se aloja a voluntad en los cadáveres de los cementerios. Una de esas historias habla de un príncipe de nombre Chandra-prabha (tib: *rgyal bu zla 'od*); sin embargo, no parece que exista una conexión directa entre el vetala y el príncipe.

[254] *Tushita* es uno de los seis reinos de los devas pertenecientes al reino del deseo. Se dice que es donde el maestro budista indio Asanga se dirigió para recibir enseñanzas directamente del Buda Maitreya.

pero, aparte del fragante sándalo,
no pueden desarrollarse en los árboles comunes[255].

El karma, la ley de causa y efecto, y las diez virtudes puras
pueden ciertamente hacer que uno vea los reinos superiores;
pero están ahí solo para los dotados de fe,
no son del dominio de los poseídos por la negatividad.

Las instrucciones esenciales de los gurus Kagyu
pueden ciertamente hacer que uno alcance la iluminación;
pero están ahí solo para quienes tienen conexión kármica,
no son del dominio de los no aptos.

Las preciosas instrucciones esenciales del Linaje de la Escucha
pueden ciertamente realizar la budeidad;
pero están ahí solo para los que muestran gran perseverancia,
la meditación no es del dominio de vosotros los distraídos.

El *ganachakra*, con su comida y su bebida,
tiene el poder de eliminar la pobreza;
pero es solo para los que dan a los pobres[47],
no es del dominio de los tacaños.

La generosidad de donar bienes materiales
es ciertamente una provisión que uno hace también para sí
mismo;
pero aparte de ti, hombre rico de Ngendzong,
todos los demás ricos no se atreven a dar.

Yo, el yogui Milarepa,
mi asistente Seben Repa, aquí presente,
y tú, el hombre rico del valle de Ngendzong Chim, somos tres:
durante siete noches hemos dormido en el mismo lugar;
esto se debe a la conexión de nuestra aspiración.

---

[255] 'Las seis medicinas excelentes' puede referirse específicamente a las seis hierbas medicinales distintas que la medina tibetana tiene como las más efectivas. Sin embargo, aquí
el término está tomado en un amplio sentido coloquial, con el significado de 'buena medicina', y no se refiere necesariamente a las seis hierbas medicinales concretas. El sándalo
se cree que tiene unas propiedades medicinales particularmente potentes. (TN)

Pero no me quedaré, debo seguir deambulando.
Tú, benefactor, y todo tu séquito familiar,
¡que tengáis una larga vida y que estéis libres de enfermedades!

Cuando Milarepa acabó de cantar esto, le dijo al hombre rico:

- Tu gesto de darme de comer, el mío de enseñarte el dharma y el lugar en que hemos dormido, estas tres cosas juntas son importantes. La devoción -continuó- es 'la semilla de la mente'; si mantienes esta fe, será la causa cooperante de la próxima vida. Para crear la conexión de aspiración, no es necesario enseñar mucho dharma ni estar juntos mucho tiempo; la condición de tener un objeto de atención y la semilla mental de la devoción deben encontrarse y fundirse por un instante. Es gracias al poder de la aspiración que nosotros nos hemos encontrado; tener fe y poner intención es lo importante. En los días actuales, la gente no tiene mérito acumulado, y es incapaz de ver las cualidades internas de los demás; por contra, todo lo que ve son los pequeños defectos externos. Tener devoción no depende de estar cerca o lejos de mí; si estás cerca de mí y te vuelves muy cercano, solo conseguirás llenarte de resentimiento, y tu práctica del dharma no progresará. Necesitas habituarte al dharma y a la virtud; haré aspiraciones por ti, y tú debes hacerme súplicas y cultivar tu devoción. Si tu conducta y el nivel de fe que tienes ahora no cambian, no hay duda de que en la próxima vida tendrás un renacimiento excepcional y muchos motivos de gozo; para practicar el dharma no necesitas viajar a otros países. Por otro lado -siguió hablando-, cuando ves mucha conducta negativa en los demás, tu mente se distorsiona. Participar en el dharma de las costumbres mundanas de tu propio país es bueno, y además acumula mérito. Aunque basta con el simple hecho de dar limosna a un mendigo sin dudarlo, si se hace con la intención de la *bodichita*. No hay ninguna otra cosa buena llamada 'dharma' aparte de esto. Tú no puedes imitarme -dijo, para acabar-: si un zorro intenta dar el mismo salto que un león, se romperá la espalda. La mayor parte de los practicantes del dharma no son capaces de practicar de la forma en que yo lo hago. De modo que, hombre de familia, que la fe que sientes en este momento no vacile.

Luego, el insigne Jetsun y su discípulo siguieron camino; y, mendigando limosna en la práctica de 'el sabor único', llegaron a un pueblo en el que había un maestro de la tradición mantrayana.

- ¿De dónde sois? -preguntó el maestro-. Por vuestro aspecto parece que estáis profundizando en la práctica de la visión pura y de la meditación a través de la conducta de 'el sabor único'.

- ¿Y tú -le replicó el Jetsun-, tienes la práctica de la visión, la meditación y la conducta, o no? En cuanto a la mía, puedo explicarla, pero tú no serías capaz de entenderla. Por eso hemos venido esta mañana a pedirte provisiones, para establecer una buena conexión kármica.

- Por supuesto que puedo daros algunas provisiones -dijo el maestro-. Y como soy un maestro de la tradición mantrayana, tengo cierta comprensión de esas prácticas. En mi propia tradición practico la visión, la meditación y la conducta de la siguiente manera.

Y, tras explicar por extenso la visión, la meditación y la conducta de su propia tradición, preguntó:

- ¿Concuerda esto con la vuestra?

- Deberías tener temor del samsara -dijo el Jetsun- y abandonar los asuntos mundanos; tener la intención de alcanzar la budeidad a corto plazo y aplicarte a ello. Si no practicas sin distracción y de acuerdo con las instrucciones de un maestro genuino, te irás por un camino extraviado tratando de ser famoso, mientras practicas la visión, la meditación y la conducta transmitida en burdas palabras escritas.

Y, a continuación, cantó esta canción de realización:

> ¡Ay, gran maestro, presta atención!
> Sin abandonar esta vida que llevas,
> no podrás conseguir el bien de los demás.
>
> Mientras no te des cuenta de que samsara y nirvana son uno
> y mientras sigas practicando la conducta de 'el sabor único'
> solo a través de lo que dicen los libros escritos,
> ¿no crees que seguirás arrastrado por el río de las ocho
> preocupaciones?

En tu visión de la unión libre de extremos,
¿no te habrás precipitado por los desfiladeros de las cuatro
posibilidades[256]?

En tu meditación de la no-involucración mental[257],
¿no te habrás quedado atrapado en las características?

En tu *samadhi* del gran gozo,
¿no te habrán embaucado el deseo y el apego?

Sin las bendiciones del cuerpo y el habla,
¿no estarás atado a las características de los fenómenos?

Cuando meditas sobre las apariencias como manifestaciones del
guru,
¿no acabará tu consciencia distrayéndose?

Al enseñar el Mantra Secreto a través de símbolos,
¿no los estarás enseñando faltos de simbolismo?

La pureza primordial de tu propia mente,
¿no estará corrompida por artificios y mentiras?

Sin el permiso de los nobles gurus,
¿no estarás actuando caprichosamente?

Tus actividades de apego a esta vida,
¿no serán demonios obstaculizadores?

Si no tienes la visión, la meditación y la práctica
transmitidas por un linaje correcto,
a causa del engaño de los demonios seductores,
seguro que no te verás libre de los reinos inferiores del samsara.

---

[256] Las cuatro posibilidades, llamadas también los cuatro extremos y explicadas por extenso en las enseñanzas filosóficas de El Camino Medio (*madhyamika*), consisten en la fijación conceptual en las cosas como existentes, como no-existentes, como existentes y no-existentes a la vez, y como ni existentes ni no-existentes.

[257] Se trata de un término técnico usado en el contexto de la meditación mahamudra que describe la no implicación con los objetos conceptuales de la mente. Por medio de la no-involucración, las apariencias surgen en la mente sin convertirse en obstáculos conceptuales.

Por consiguiente, sigue a un linaje genuino.
Practica bien sin preocuparte de ti mismo.

Así cantó, y el maestro se sintió lleno de fe.

- ¡Ya lo creo que es cierto! ¡Qué maravilla! -exclamó.

Y se postró, tocando los pies del Jetsun con su cabeza e invitándole a ir a su casa, donde le ofreció todos sus respetos y servicios. Le pidió que lo dejara seguirlo; y, viendo Milarepa que era una persona con conexión kármica, el Jetsun se lo permitió.

A continuación, fueron a La Montaña Nevada de Lachi, donde Milarepa le dio las iniciaciones e instrucciones, ayudándole a madurar y liberarse. El maestro se convirtió en el hijo del corazón de Milarepa conocido como Ngendzong Tönpa Jangchup Gyalpo.

Este es el ciclo del encuentro con Ngendzong Tönpa y de la canción del bastón de bambú de caminante del valle de Chim.

# 19. El encuentro con Dampa Gyakpupa

Namo Guru

Cuando el Jetsun Milarepa estaba residiendo en La Montaña Nevada de Lachi, una noche se le apareció en un sueño una hermosa muchacha arreglada con joyas preciosas y ornamentos de hueso. Le dijo:

- Yogui Milarepa, según las instrucciones de tu guru, debes ir a meditar a La Montaña Nevada de Tisé[258]. Durante el camino, te encontrarás con alguien con quien tienes conexión kármica. Debes aceptarlo.

Dijo esto y desapareció.

Al despertar, Milarepa pensó: "Se trata de los *yidam* y las *dakinis* retribuyendo la bondad del guru. Puesto que ese fue su consejo y su vaticinio, debo ir".

Entonces, se dirigió desde Lachi hasta Tisé; y, por el camino, a la altura de Gyak, en Nyanang, Dampa Gyakpupa[259] encontró al Jetsun. Se acercó a él y lo invitó a ir adonde él mismo estaba.

En las filas de un ritual de *ganachakra*, Dampa Gyakpupa le preguntó:

- Sentados aquí, en las filas de esta ceremonia, ¿sería el Jetsun tan amable de cantar una canción de realización sobre lo que ha surgido en su mente y sobre lo que es necesario para todos los practicantes?

En respuesta, el Jetsun cantó la canción de realización titulada *Los veintiún puntos de la mente*:

> Uno es el mantra secreto, el excelente camino de los medios;
> dos son las excelentes instrucciones esenciales del guru;
> tres es la excelente perseverancia en la meditación:
> estos puntos son las tres excelencias.

---

[258] *Tisé* es uno de los nombres que se le da en El Tíbet al monte Kailash. El TDC afirma que se trata de un nombre de origen sánscrito; sin embargo, otras fuentes dicen que deriva de la antigua lengua tibetana Zhang-Zhung.

[259] Se trata del hijo de Jomo Urmo, mencionado en el ciclo de La canción de la nieve.

Uno es el control del *prana* penetrando el punto vital;
dos es la mente misma penetrando el espacio;
tres es la maestría penetrando la mente:
estos puntos son las tres penetraciones.

Uno, el mandato del guru realizado;
dos, la realidad de la mente propia realizada;
tres, el beneficio de los demás espontáneamente realizado:
estos puntos son las tres realizaciones.

Uno, los espíritus obstaculizadores externos y los demonios son
pacificados;
dos, las aflicciones internas son pacificadas;
tres, la enfermedad del cuerpo es pacificada:
estos puntos son las tres pacificaciones.

Uno, ser experto en el lenguaje poético;
dos, ser experto en dar respuestas;
tres, ser experto en la naturaleza de la mente:
estos puntos son las tres clases de pericias.

Uno, ver que la felicidad no es algo real;
dos, ver las apariencias desnudas;
tres, ver las apariencias sin etiquetado:
estos puntos son los tres aspectos de la visión.

Uno, la gente se reúne;
dos, el gozo se reúne;
tres, las *dakinis* se reúnen:
estos puntos son las tres reuniones.

Estos veintiún puntos necesarios de la mente
han surgido en la mente del yogui y han sido convertidos en
canción.
En general, deben ser muy apreciados por los practicantes del
dharma.
En particular, deben ser muy apreciados por mis hijos discípulos.
Como solo un pequeño porcentaje reunirá estos puntos
necesarios,
alcanzar la liberación es muy difícil.

Si bien todos estos puntos necesarios deben reunirse,
aunque sea difícil, ponedlo en práctica.

Así cantó.

Entonces, Dampa Gyakpupa siguió a Milarepa como asistente, y recibió las iniciaciones y las instrucciones. Por medio de la meditación, perfeccionó su experiencia y su realización, y se convirtió en uno de los hijos íntimos de Milarepa que fueron maestros de meditación.

Este es el ciclo del encuentro con Dampa Gyakpupa.

# 20. El encuentro con Kharchung Repa

Namo Guru

Según el augurio, el insigne Jetsun Milarepa y algunos de sus discípulos, después de haber estado en La Montaña Nevada de Tisé, se dirigieron al Lago de Lowo. Por el camino, uno de los discípulos meditadores fingió estar enfermo y no quiso seguir caminando, por lo que el viaje se vio interrumpido. De modo que Milarepa se quedó allí, y durante ese verano se dedicó a enseñar el dharma en el Alto Lowo. Llegó el otoño y con él los vientos fríos. Cuando iniciaron el viaje de regreso hacía Tisé, muchos estudiantes hombres y mujeres lo acompañaron hasta el puerto de Kora. En el lugar en el que se despidieron, hicieron postraciones y lo circunvalaron muchas veces. Entonces, los estudiantes le pidieron al Jetsun que cantara una canción sobre la incertidumbre de un futuro reencuentro. En respuesta, cantó esta canción de realización al modo de los yoguis:

> Solo soy un hombre, un yogui tibetano,
> mi nombre es Milarepa.
> He estudiado poco, pero poseo muchas instrucciones esenciales.
> Aunque soy una persona humilde, soy muy perseverante.
> Duermo poco y me esfuerzo lo más que puedo en meditar.
> Conociendo una sola cosa, soy experto en todo,
> porque sé que todo es uno:
> soy experto en la realidad genuina.
> En mi pequeño asiento, encoger las piernas me resulta placentero.
> Con mi fina túnica, mi cuerpo se encuentra bien caliente.
> Con unos pocos bocados de *tsampa*, mi estómago se llena.
> Soy el ejemplo al que todos los practicantes aspiran[48].
> Soy el lugar de reunión de quienes tienen fe.
> Soy el objeto de confianza de quienes temen al nacimiento y la muerte.
> Viajo sin dirección fija
> y no me quedo en ningún lugar concreto.
> Mi conducta no tiene puntos de referencia.
> No estoy apegado a las cosas materiales
> ni tengo noción de comida pura o impura.

Mi sufrimiento ante las aflicciones es pequeño.
Tengo poco amor propio y escasos deseos.
Tengo poco apego al perceptor y lo percibido
y he aflojado los nudos del estado de nirvana.
Soy amigo de la gente mayor, un hombro en el que apoyarse,
y un compañero de juegos para los niños.
Soy un yogui que deambula a lo largo y a lo ancho del país.
¡Que los seres humanos y los *devas* tengan salud y sean felices!

Así cantó.

Y ellos le dijeron:

- Esto es lo que se refiere a la conducta del Jetsun. Pero te rogamos que nos hables sobre lo que nosotros, los discípulos, debemos hacer.

- Ya que todo es impermanente -contestó el Jetsun-, practicad el dharma.

Y, a continuación, cantó esta canción de realización sobre los ocho ejemplos de la impermanencia:

Vosotros, fieles hijos discípulos llegados hasta aquí:
¿practicáis el sublime dharma de manera ferviente o no?,
¿hay en vosotros una fe sincera, o no?
Si deseáis practicar el dharma desde lo más profundo de vuestro
ser
y no tenéis una fe que cambie ni que dé marcha atrás,
ese ejemplo está descrito en la rueda de la existencia relativa[260].
Para entender su significado, investigad en vuestra propia mente.

¿Tengo que mostraros las apariencias externas como ejemplos o
no?
Estas son las apariencias externas como ejemplos:
uno es el buitre cabalgando el viento,
dos es la flor de pétalos turquesa,
tres es el cervatillo de la parte alta del valle,

---

[260] "La rueda de la existencia relativa" es la rueda de los doce eslabones de la originación interdependiente. (DPR)

cuatro es los seis excelentes cereales de la parte baja del valle,
cinco es la prenda de seda hecha a medida,
seis es la joya preciosa,
siete es la luna en el tercer día del mes lunar
y ocho es el amado hijo de un hombre.

Nadie ha recitado palabras como estas con anterioridad.
Si no canto el resto de la canción,
no captaréis el sentido de las palabras.
Así que, para desvelar el significado de estos ejemplos:

El buitre que planea y desaparece en el cielo
es un ejemplo que ilustra lo ilusorio
y muestra la impermanencia.
Contemplad este significado y practicad el sublime dharma.

La flor de pétalos turquesa cubierta por la helada
es un ejemplo que ilustra lo ilusorio
y muestra la impermanencia.
Contemplad este significado y practicad el sublime dharma.

El cervatillo de la parte alta del valle alcanzado por una flecha
es un ejemplo que ilustra lo ilusorio
y muestra la impermanencia.
Contemplad este significado y practicad el sublime dharma.

Los seis cereales de la parte baja del valle segados por la guadaña
son un ejemplo que ilustra lo ilusorio
y muestra la impermanencia.
Contemplad este significado y practicad el sublime dharma.

La prenda de seda hecha a medida rasgada por la espada[49],
es un ejemplo que ilustra lo ilusorio
y muestra la impermanencia.
Contemplad este significado y practicad el sublime dharma.

La joya preciosa encontrada, y que luego se pierde,
es un ejemplo que ilustra lo ilusorio
y muestra la impermanencia.
Contemplad este significado y practicad el sublime dharma.

La luna en su tercer día del mes que brilla y crece
es un ejemplo que ilustra lo ilusorio
y muestra la impermanencia.
Contemplad este significado y practicad el sublime dharma.

El amado hijo de un hombre, que nace y después muere,
es un ejemplo que ilustra lo ilusorio
y muestra la impermanencia.
Contemplad este significado y practicad el sublime dharma.

Estos ocho maravillosos ejemplos
son para vosotros, que me habéis pedido una explicación.
El trabajo y la actividad no se acaban nunca,
liberaos de la actividad mundana y practicad el sublime dharma.
Pensar que ya tendremos tiempo es desperdiciar la vida.
Puesto que el momento de la muerte nos es completamente
desconocido,
contemplad este significado y practicad el sublime dharma.

Así cantó.

La fe se apoderó de ellos y, como un muro que se viniera de golpe a tierra, todos se postraron ante él con los ojos llenos de lágrimas. Luego, tres hombres jóvenes de entre ellos dijeron:

- Te rogamos que nos permitas seguirte como ayudantes, y que nos lleves contigo.

A lo que el Jetsun respondió con esta canción de realización sobre las diez dificultades esenciales:

Para los practicantes que carecen de altruismo
es difícil hacerse con la gente ordinaria.

Para el maestro en cuya corriente mental no se ha desarrollado el
dharma
es difícil ganar algún mérito.

Para un meditador que carece de perseverancia
es difícil que surjan en él señales de realización.

Para los monjes disipados que no respetan la disciplina del *vinaya*
es difícil recibir servicios y muestras de respeto.

Para un *mantrika* sin ningún *samaya*
es difícil lograr bendiciones o poderes.

Para un benefactor maniatado por la avaricia
es difícil conseguir fama y elogios.

Para un yogui que actúa de manera inapropiada
es difícil que la interdependencia tenga algún poder.

Para los estudiantes que no creen en el karma, la ley de causa y
efecto,
es difícil obtener la comprensión de la vacuidad.

Para los monjes que han renegado del dharma
es difícil encontrar una esposa y un hogar[261]50.

Niños mimados, puede que la fe haya nacido en vosotros,
pero alcanzar la libertad es tarea ardua.
Ahora tal vez tengáis una sensación de urgencia,
pero más tarde os arrepentiríais.
Conformaos con formular la aspiración de volver a encontrarnos,
solo a través de una conexión kármica volveremos a
encontrarnos.

Hasta que seamos capaces de reencontrarnos,
este yogui os deja con estas solemnes palabras:
benefactores, que las circunstancias os sean propicias.
Que vuestros cuerpos estén libres de accidentes y enfermedades,
que vuestra vida se desarrolle sin impedimentos,
que el padre y sus hijos vuelvan a encontrarse de nuevo.

---

[261] Estos dos versos, tal y como aparecen en la versión de Tsangnyön, podrían ser interpretados como: Si alguien que menosprecia el dharma decide abandonar sus votos monásticos, tendrá dificultades como laico que aspira a una vida familiar (TN). El término 'monjes', en este contexto, puede tener también en tibetano el significado de 'personas respetables'; lo que de alguna forma cambiaría el sentido.

Sin embargo, estos dos versos parecen ser una modificación por contracción de los cuatro versos de *El tesoro negro*, en que los dos del medio habrían sido suprimidos. Estos cuatro versos serían: "Para los practicantes del dharma que lo menosprecian / es difícil que obtengan ningún sidhi. / Para las mujeres a las que protegéis / es difícil encontrar esposo y formar familia".

Este yogui es feliz en cualquier tierra a la que vaya.
Ahora, queridos hijos, volved a vuestras casas.

Así cantó.

Todo el mundo se agarraba al cuerpo y a las vestiduras del Jetsun, a la vez que lloraban y formulaban aspiraciones, tocando los pies de él con sus cabezas, haciendo postraciones y circunvalándolo. Cuando se fueron, quedó un joven que suplicó fervientemente al Jetsun, y lo siguió y atendió mientras maestro y discípulos viajaban hacia Tisé. Milarepa le concedió a este joven las iniciaciones y las instrucciones, conduciéndolo hasta su maduración y su liberación. Este estudiante llegó a ser conocido como Kharchung Repa, uno de los hijos íntimos del Jetsun.

Este es el ciclo del encuentro de Milarepa con Kharchung Repa en el puerto de Kora, de Tisé.

# 21. El encuentro con Repa Darma Wangchuk

Namo Guru

En la luna creciente del último mes de otoño, el maestro, el Jetsun Milarepa, y sus estudiantes fueron a Kyitang, en Purang, donde había mucha gente concentrada.

El Jetsun se dirigió a los benefactores:

- Somos yoguis y estamos aquí para mendigar provisiones.

Entre la gente había una mujer de piel morena, vestida con elegancia, que le preguntó al Jetsun:

- Yogui, ¿quiénes son tus padres, a qué familia perteneces? ¿Quién eres tú?

En respuesta a sus preguntas, el Jetsun cantó esta canción de realización:

Me postro ante los nobles gurus.
Os suplico que me concedáis vuestras bendiciones.

Mi padre, Kuntuzangpo, es el excelso Samantabadra.
Mi madre, Drowa Sangmo, es una excelente señora.
Mi hermano mayor, Töpé Gyalpo, es el rey de la escucha.
Mi tía, Nangsal Drönmé, es una lámpara iluminada.
Mi hermana, Depé Cham-mé, es la señora de la fe.
Mi compañera, Rangjung Yeshe, es la sabiduría autogenerada.
Mi hijo, Rikpé Kye'u-chung, es la criatura de la claridad[262].
Mis textos son todos los fenómenos de la existencia.

---

[262] A pesar de que la mayoría de los nombres tibetanos tiene un significado, todos los que aquí aparecen se mencionan en ambas lenguas, en tibetano y español, para transmitir el sabor del nombre propio en el original. Milarepa desvela sus significados en la canción que sigue.

Mi montura es el prana sobre el que cabalga la mente.
Mis benefactores son los cuatro distritos de Ü y Tsang[263].

Yo mismo soy una pequeña estupa blanca.
Nunca había cantado una canción similar,
de modo que tendré que explicar su significado.

Mi padre, Kuntuzangpo, el excelso Samantabadra,
depende de la visión y la meditación como su sustento.
Para mí, las apariencias mundanas nunca han existido.

Mi madre, Drowa Sangmo, la excelente señora,
prodiga la leche de las instrucciones esenciales para beber.
Nunca he tenido hambre de práctica.

Mi hermano, Töpé Gyalpo, el rey de la escucha[264],
blande en su mano la espada de los medios y la sabiduría.
Y yo descanso en la eliminación de las atribuciones de los
fenómenos, dentro y fuera.

Mi tía, Nangsal Drönmé, la lámpara iluminada,
habiéndola limpiado bien, muestra el espejo de la propia mente.
Nunca se ha oxidado por las tendencias latentes[265].

Mi hermana, Depé Cham-mé, la señora de la fe,
desata el nudo de la avaricia.
De manera que este yogui carece de propiedades y de riqueza.
Y cuando las tengo, no me aferro a ellas continuamente.

Mi compañera, Rangjung Yeshe, la sabiduría autogenerada,
me acompaña más allá de la dualidad.
Nunca nos peleamos llevados por el mal humor.

---

[263] En tiempos del rey Songtsen Gampo, El Tíbet Central (que se componía de Ü y Tsang) estaba dividido en cuatro distritos (tib: *ru*): Yéru (*g.yas ru*) y Ruyag (*ru yag*), en Tsang; y Uru (*dbu ru*) y Yoru (*g.yo ru*), en Ü.

[264] 'Escucha', en la tradición budista, significa 'estudio'.

[265] En el antiguo Tíbet, los espejos se hacían de metal bruñido, y debían estar limpios de óxido para reflejar las imágenes con fidelidad.

Mi hijo, Rikpé Kye'u-chung, la criatura de la claridad,
es el continuador del linaje de los Victoriosos.
No he criado a un mocoso.

Mis textos, los fenómenos de la existencia,
enseñan el conocimiento teórico mediante las ilustraciones.
No me interesan los textos llenos de letras negras.

Mi montura, el prana sobre el que cabalga la mente,
me lleva a cualquier lugar que desee.
Nunca he montado un caballo de carne y hueso.

Mis benefactores, los cuatro distritos de Ü y Tsang,
me traen provisiones siempre que lo necesito.
Mis manos nunca se han fatigado agarrando un saco de tsampa.

Como 'ofrendas', yo ofrezco las Tres Joyas.
Como 'dependencia', yo dependo del guru.
Como 'cercanía', mi mente está cercana al dharma.
¿Algo 'pequeño'?, mis aflicciones son pequeñas.
Por eso soy una pequeña estupa blanca[266].

Así cantó.

Entonces, la mujer dijo:

- ¡Esto es verdaderamente maravilloso! Pero, además de todos esos amigos y parientes, ¿tienes amigos e hijos samsáricos, tienes posesiones y ese tipo de cosas?

En respuesta, él cantó esta canción de realización:

Cuando estuve observando a ese enemigo, el samsara,
al principio, me pareció apetecible.
En medio, vi que las apariencias eran los amos de la estafa[51].
Y al final, supe que es la prisión de los demonios.
Por tanto, he abandonado el samsara.

---

[266] Las palabras entrecomilladas de esta estrofa se refieren a los componentes de la frase original "pequeña estupa blanca" (*chö ten kar chung*): "chö" (*mchod*) significa 'ofrenda'; "ten" (*rten*) significa 'dependencia'; "kar" (*dkar*) significa 'blanco', y a la vez 'cercano'; y "chung" (*chung*) significa 'pequeño' o 'poco'. (DPR)

> Luego, cuando estuve observando a las amigas,
> una compañera, al principio, tiene la sonrisa de una diosa;
> en el medio, se vuelve orgullosa y aterradora;
> y, al final, es un demonio que ni te escucha.
> Por tanto, he abandonado la idea de la vida en pareja.
>
> Luego, cuando estuve observando a los hijos,
> al principio, tienen la sonrisa de príncipes celestiales;
> en el medio, se convierten en vecinos distantes;
> y, al final, se vuelven enemigos con deudas kármicas.
> Por tanto, he abandonado la idea de tener hijos.
>
> Luego, cuando estuve observando la riqueza,
> al principio, la riqueza es como una joya preciosa;
> en el medio, uno se vuelve completamente dependiente de ella;
> y, al final, eres como una abeja con su miel[267].
> Por tanto, he abandonado la riqueza material.
>
> Contempla esto y practica el sublime dharma.
> Teniendo el dharma en mente, practica la generosidad.
> ¡Da, para que no te arrepientas en el momento de la muerte!

Así cantó.

Llena de fe, ella invitó al insigne Jetsun y a sus discípulos a su casa, les hizo los honores y les agasajó. Luego, recibió el dharma y, meditando, entró en el camino.

Mientras el insigne Jetsun y sus discípulos estaban residiendo en La Montaña Nevada de Dritse, muchos estudiantes acudieron a conocer a Milarepa. Entre ellos, estaba un joven de clase noble que sintió una gran fe hacia el Jetsun; y le dijo:

- Todas las actividades del guru son verdaderamente maravillosas. Enséñanos, por favor, el dharma de practicar con cada actividad cotidiana.

En respuesta, el Jetsun cantó esta canción de realización:

---

[267] Las abejas dedican todos sus esfuerzos a hacer miel y almacenarla. (DPR)

Todos vosotros, fieles estudiantes aquí reunidos,
al caminar, llevad las apariencias al camino;
esta es la forma en que yo me muevo, con las seis conciencias
autoliberadas.

Al estar sentados, hacedlo con una naturalidad espontánea;
esta es la forma en que yo me siento en la realidad esencial.

Al dormir, hacedlo en un estado de ecuanimidad;
esta es la forma en que yo duermo en la claridad.

Al comer, hacedlo en el estado de vacuidad;
esta es la forma en que yo como, abandonando al perceptor y lo
percibido.

Al beber, bebed el agua de los medios y la sabiduría;
esta es la forma en que yo bebo sin parar.

Al caminar, al sentarse, al dormir, ¡mirad la mente!
Esta es mi práctica de la virtud, sin sesiones ni cortes.

Así cantó.

Entonces, dijeron:

- No entendemos esa clase de práctica, así que tenemos un gran problema. Si pudiéramos entenderla, nos sentiríamos muy felices.

- Dejad de decir que no entendéis, es un signo de que no sois capaces de perseverar en la práctica. Si practicarais, os aseguro que entenderíais; y si entendierais, estos serían los beneficios.

Y, entonces, cantó esta canción de realización:

Mirad, todos vosotros, afortunados estudiantes:
en la vasija de este cuerpo compuesto
se halla la forma de la deidad coemergente.
Si podéis levantar la lámpara de la claridad,
el dharmakaya brillará sobre todo de forma definitiva, tanto
dentro como fuera.

En el nido de conceptualizaciones del samsara
se encuentra el polluelo garuda de la *bodichita*.

Si desarrolláis las alas de los medios y la sabiduría,
seguro que volaréis en el cielo de la omnisciencia.

En el propio cuerpo, la montaña nevada de los Victoriosos,
se encuentra el cachorro de león de la consciencia.
Si podéis meditar con las seis conciencias libres de apego,
obtendréis el dominio sobre el samsara y el nirvana.

En el océano de la ignorancia del samsara
se encuentran los aprendices de mercader de las seis clases de
seres.
Si no estáis separados de la nave de los tres kayas,
seguro que quedaréis libres de las olas del sufrimiento.

En la casa de los cinco venenos, los conceptos,
se encuentra el malhechor que destruye la liberación.
Si lo atáis con la cuerda de los métodos,
quedaréis liberados de las tierras del miedo.

En el dharmakaya similar al espacio
se encuentra la joya que satisface todas las necesidades y deseos.
Si podéis meditar sin distracción,
seguro que obtendréis el disfrute de los tres kayas.

En la ciudad de los tres reinos del samsara
se encuentran los grilletes que inmovilizan a las seis clases de
seres.
Si sabéis cómo soltarlos siguiendo los métodos del guru,
seguro que el samsara resultará autoliberado.

El guru, que es como una preciosa joya,
posee un manantial de instrucciones esenciales genuinas.
Si podéis beberlas con una fe incansable,
seguro que ello disipará toda la sed de vuestras faltas.

Así cantó.

Los estudiantes regresaron a sus casas llenos de fe. En particular, el joven noble volvió sintiendo que lo único que podía hacer era practicar el dharma. Y, por el camino, iba pensando: "Debo seguir y servir a este guru".

Siendo atendidos por muchos seres humanos y por espíritus, el insigne Jetsun y sus discípulos permanecieron allí profundizando en su práctica hasta el último mes de la primavera, en cuyo momento partieron del lugar.

Cuando llegaron a Tisé, adonde habían sido invitados por los estudiantes de antes para visitar su tierra, se celebró un festín ritual con todos los honores y un amplio servicio; y entre las filas de la reunión estaba el joven noble, que exaltado por la fe intervino:

- Lama, vosotros sois practicantes que poseéis la visión, la meditación, la conducta y la realización. Lama, te ruego que nos impartas enseñanzas dhármicas sobre vuestra práctica y la manera de acometerla con determinación.

En respuesta, el Jetsun cantó esta canción de realización:

> Cuando me adhiero a la visión,
> los atributos de las apariencias externas se liberan por sí mismas.
> Es cierto que el 'yo' y el 'otro' no existen como dos;
> esta visión está libre de puntos de referencia.
>
> Cuando la meditación encuentra su lugar propio,
> los atributos de la virtud y la no virtud se liberan por sí mismos.
> Es cierto que la felicidad y el sufrimiento no existen como dos;
> esta meditación está libre de ser una experiencia fugaz.
>
> Cuando la conducta se asienta en la corriente mental,
> los atributos de amigo y enemigo se liberan por sí mismos.
> Es cierto que el apego y la ira no existen como dos;
> esta conducta está libre de cualquier apego.
>
> Cuando la realización se libera por sí misma,
> los atributos del samsara y el nirvana se liberan por sí mismos.
> Es cierto que aceptar y rechazar no existen como dos;
> la realización está libre de esperanza y temor.

Cuando Milarepa hubo cantado esto, el joven dijo:

- Lama, aunque he decidido que debo practicar el dharma, no me atrevo a hacerlo sin el permiso de mis padres y de mi familia. Iré ahora a pedírselo, y así me podré dedicar a la práctica del dharma. Dame permiso para que te acompañe. Llévame contigo, guru, por favor.

- Cuando se practica el dharma -replicó el Jetsun-, debe hacerse porque se ha observado los defectos del samsara y se ha alcanzado esa certeza; si lo que tratas es de complacer a los demás, tu práctica no funcionará.

Y, a continuación, cantó esta canción de realización, titulada *¿Cuándo habrá suficiente?*:

> Fieles practicantes del sublime dharma,
> si no cortáis el vínculo de complacer a los demás,
> ¿cuándo les habréis hecho suficiente caso?

> Si no pedís limosna sin apego,
> ¿cuándo habréis reunido suficiente respeto y honor?

> Si no estáis satisfechos ya mismo,
> ¿cuándo habréis reunido suficiente riqueza?

> Si no os dais cuenta de la inefable realidad única,
> ¿cuándo acabaréis de hablar de modo convencional?

> Si no os dais cuenta del significado único más allá de los textos,
> ¿cuándo acabaréis de leer textos escritos?

> Si no sabéis cómo convertir las condiciones adversas en vuestras amigas,
> ¿cuándo os quitaréis de encima el sufrimiento?

> Si no podéis llevar el sufrimiento al camino,
> ¿cuándo tendréis bastante confianza en los antídotos?

> Si no sabéis que los pensamientos son el dharmakaya,
> ¿cuándo tendréis bastante de apariencias y pensamientos obstaculizadores?

> Si no dejáis los planes y las actividades detrás de vosotros,
> ¿cuándo habréis tenido suficiente de metas mundanas?

> Si no abandonáis la actividad y el apego,
> ¿cuándo habréis tenido suficientes pensamientos y hechos?

> Si no cortáis con todo de forma tajante ahora,
> ¿hasta cuándo vais a postergarlo?

Si no os liberáis enérgicamente ahora,
¿cuándo habrá suficiente esperanza de que la liberación suceda
por sí misma?

Si no entrenáis las habilidades mentales ahora mismo,
¿cuándo habrá suficiente esperanza de que lo hagan por sí
mismas?

Si no estáis determinados a ello ahora mismo,
¿cuándo habrá suficiente planificación en el futuro?

Si no llegáis a una conclusión sobre todo esto ahora,
¿cuándo habrá suficiente esperanza de que lo hagáis más tarde?

Cuando Milarepa hubo cantado esto, el joven adquirió la certeza, se determinó a practicar el dharma y obtuvo el permiso de sus padres. Convertido en seguidor del Jetsun, recibió las iniciaciones y las instrucciones, y maduró y alcanzó la liberación. Llegó a ser conocido como Jo-gom Repa Darma Wangchuk, uno de los hijos íntimos de Milarepa.

Este es el ciclo del encuentro con Repa Darma Wangchuk en Purang.

# 22. La victoria sobre Naro Bönchung

Namo Guru

El Jetsun Milarepa, junto con muchos de sus hijos discípulos, se trasladó desde Purang hasta Tisé. Cuando llegaron al puerto, fueron recibidos por el *shidak*[268] de Tisé y del Lago Manasarovar y por su séquito. Hicieron postraciones ante Milarepa y le ofrecieron gran cantidad de magníficos obsequios. Le ofrecieron también Tisé y el Lago Manasarovar como lugares de práctica para el Jetsun y para los discípulos de su linaje. Además, convinieron en proteger a todas aquellas personas que pertenecieran al linaje dhármico del Jetsun, y a continuación regresaron a sus lugares de residencia habituales.

Cuando el Jetsun y sus discípulos alcanzaron la orilla del Lago Manasarovar, Naro Bönchung y sus hermanos acudieron allí para darles la bienvenida en persona, ya que habían oído hablar de la fama del Jetsun y sus discípulos y de su viaje previo a Tisé. Y aunque sabían quién era, fingieron no saberlo, y dijeron:

- Jetsun, ¿de dónde venís tú y tus discípulos, y hacia dónde os dirigís?

- Venimos de un lugar de retiro en las montañas llamado Lachi -contestó el Jetsun-, y nuestro destino es Tisé, para quedarnos a meditar allí.

- ¿Quién eres y cómo te llaman? -preguntó Naro Bönchung.

- Mi nombre es Milarepa -respondió el Jetsun.

- ¡Oh!, La Montaña Nevada de Tisé y el Lago Manasarovar que tenemos aquí son como tú, cuya fama se extiende por todo el mundo; pero, cuando se te ve de cerca, no es para tanto. E incluso si lo fueras, he de decirte que esta montaña es territorio de los bönpos, y si os quedáis aquí habréis de practicar según mi tradición bön.

---

[268] Deidad protectora local. Similar a los espíritus guardianes de la tierra.

- Esta montaña ha sido profetizada por el Sabio[269] -dijo el Jetsun- como lugar para los sostenedores de las enseñanzas budistas en general; y, en particular, ha sido profetizada por Marpa como un lugar sagrado para mí, Milarepa. Los bönpos habéis sido muy afortunados de haberla disfrutado hasta ahora; sin embargo, si seguís quedándoos, deberéis practicar el dharma acorde a mi tradición. Si no estáis dispuestos, entonces buscaos otro lugar.

- Pareces dos personas distintas -le replicó el otro-: de lejos te agranda la fama, pero de cerca no eres gran cosa. Si eres alguien tan notable como aseguran, no te negarás a hacer una competición conmigo para ver quién realiza los milagros más poderosos. El que gane se quedará con el control de este lugar.

Entonces, el bönpo plantó sus pies uno en cada orilla del Lago Manasarovar y cantó:

> Aunque la blanca y nevada Tisé es famosa,
> solo es una montaña cubierta de nieve.
> El Lago Manasarovar, que tenemos aquí, también es famoso,
> pero solo es agua moviéndose entre el agua[52].
> Milarepa es famoso a su vez,
> pero solo es un hombre de edad que duerme sin ropa,
> que canta cancioncillas todo el rato
> y que camina apoyándose en un bastón.
> No hay nada de especial en ello.
>
> Para nosotros, los bönpo, solo existe el inmutable svastikakaya[270],
> la asamblea de las deidades de la corona de Yeshen[271]

---

[269] Buda Shakyamuni.

[270] Tib: *g.yung drung*. El término sánscrito *svastika* es aquí la traducción del tibetano *yung-drung*, que significa 'inmutable' o 'indestructible'. En la iconografía asiática, la esvástica es un símbolo positivo de buena fortuna, auspicioso o indestructible, que es el sentido en el que se usa aquí. Esto no tiene conexión con el uso hecho del símbolo más tarde por el Partido Nazi de Alemania.

[271] "El principio divino supremo bön recibe el nombre de *Yeshen*. Esta divinidad suprema posee la misma cualidad de totalidad cósmica que encontramos en el resto de las religiones teístas. *Ye* significa 'primordial' u 'original', y *shen* significa 'divino', 'celestial' o 'espiritual', y tiene además una connotación antropomórfica". (Trungpa: 1991, 221)

y el victorioso Traktung Kha-gyingwa airado
de nueve cabezas y dieciocho brazos.
Su emanación es Gekhö,
que tiene nueve cabezas y muchas manifestaciones milagrosas.
Su hermana es Sigyalma.
Yo, Bönchung, que he sido aceptado por ellos,
cuando realizo milagros, ¡lo hago de esta forma!

Cuando Naro Bönchung hubo cantado esto, el Jetsun cubrió por completo el lago, sin que su cuerpo se hiciera más grande ni el Lago Manasarovar más pequeño. Y, sentándose sobre él, cantó esta canción de realización:

¡Kye, kye![272] Prestad atención, dioses y seres humanos.
En La Montaña del Pico del Buitre,
sobre el trono de las ocho audacias[273],
se sienta el victorioso Shakyamuni.
Inseparable del *kaya* de la sabiduría no dual,
es el sexto buda, el gran Vajradhara;
junto a su consorte, Nairatmya Devi[274],
ambos están en el palacio del dharma de Akanishta[275].
Allí se encuentra el nirmanakaya llamado Tilopa,
quien se manifiesta dentro del estado de coemergencia;
también se encuentra el gran pandita Naropa, el Guardián de la
Puerta[276];
y el buda Marpa el Traductor.
Todas sus bendiciones me acompañan,
a mí, Milarepa, famoso en todas partes.

---

[272] NOTA DEL TRADUCTOR AL ESPAÑOL: ¡Kye! es un saludo honorífico.

[273] Se trata de un trono de león, sobre el que se representa con frecuencia a Buda Shakyamuni. El león simboliza la audacia.

[274] *Nairatmya Devi* es una deidad del mandala de Hevajra.

[275] *Akanishta* es el nombre de uno de los reinos de Buda.

[276] El gran maestro y erudito indio Naropa fue famoso como polemista invencible en la universidad de Nalanda, y recibió el título de 'Guardián de la Puerta del Norte'.

En cumplimiento del mandato de Marpa de Lhodrak,
he venido a meditar a La Montaña Nevada de Tisé.
Y mientras realizo mi beneficio propio y el de los demás,
a ti, bönpo, con tus puntos de vista erróneos,
te respondo a lo que has dicho con esta canción.

La famosa montaña de Tisé, blanca y nevada,
con su cima cubierta de nieve,
es la brillante y pura enseñanza de Buda.

El famoso lago turquesa Manasarovar,
con sus aguas que se mueven entre las aguas,
es el lugar donde los fenómenos se agotan.

Yo, el famoso Milarepa,
este hombre de edad que duerme desnudo,
he roto el cascarón del perceptor y lo percibido.

Las cancioncillas que canto
son las apariencias que brotan como mis textos.
El bastón de caminante de bambú que llevo en la mano
es la travesía del océano del samsara.
He alcanzado la maestría sobre la mente y las apariencias,
de modo que para hacer distintos tipos de milagros
no dependo de las deidades mundanas.
Tisé, la reina de las montañas del mundo,
en general, pertenece a los sostenedores de las enseñanzas
budistas;
en particular, pertenece al linaje de Milarepa.

Vosotros, bönpos, con vuestros puntos de vista erróneos,
si os decidís a practicar el dharma genuino, será bueno para todos.
Mis milagros espontáneos son más poderosos que los tuyos[53].
Así que debes irte a otro lugar.
¡Mira lo que hago!

Así cantó.

Y, entonces, se puso el Lago Manasarovar sobre la punta de un dedo,
sin dañar para nada a ninguna de las criaturas que vivían en él.

- Esta vez tu milagro ha conseguido impresionarme -dijo Naro Bönchung-. Pero como yo llegué aquí antes que tú, pienso que somos iguales. Hagamos una nueva competición de milagros y veamos quién gana.

- Yo no compito con magos que, contaminados por sustancias[277], realizan milagros a base de trucos que engañan a la gente. Si no practicas de acuerdo con mi dharma, ya puedes estar largándote de aquí.

- No pienso renunciar a mi *Svastika* Bön, pero si ganas nuestra competición de milagros, abandonaré y me marcharé. Aunque ten en cuenta que, dado que eres un practicante budista, si me dañas o me matas, será una violación de tus votos, y eso no está bien para un budista. Pero compitamos con los milagros, ya que no me voy a ir de otra manera.

Entonces, comenzó a hacer una circunvalación alrededor de Tisé según las reglas de la tradición bön[278]. El maestro, el Jetsun, y sus discípulos empezaron a circunvalarlo según la tradición budista; y acabaron encontrándose en el valle de La Fortaleza Nordeste de Tisé, al lado de una gran roca.

- Es estupendo que vosotros también hagáis circunvalaciones, pero debéis hacerlo siguiendo mi tradición -dijo Naro Bönchung, y agarró al Jetsun por la mano y lo arrastró en su dirección.

- No entraré en tu camino erróneo -dijo el Jetsun- haciendo circunvalaciones incorrectas. Y tú no deberías practicar un dharma equivocado; así que vas a seguirme y vas a practicar mi dharma y a hacer las circunvalaciones como yo.

Y agarró la mano del bönpo y, mientras se debatían entre ellos, las huellas de ambos quedaron marcadas en la roca. Entonces, por la fuerza de la experiencia y la realización del Jetsun, sobrepujó al bönpo y acabó arrastrándolo con él, haciendo una circunvalación budista.

Cuando llegaron a la parte de atrás, la cara norte de Tisé, Naro Bönchung dijo:

---

[277] 'Sustancias', aquí, parece referirse a sustancias intoxicantes. (DPR)

[278] Los bönpos hacen sus circunvalaciones en el sentido contrario a las agujas del reloj, mientras que los budistas las hacen tradicionalmente en el sentido de las agujas del reloj.

- Al final, acabaremos haciendo una circunvalación al estilo bönpo.

- Eso dependerá -le contestó el Jetsun- del poder que tengas.

- Esta vez parece que me has ganado. Pero ahora vamos a hacer una demostración de fuerza.

Y Naro Bönchung movió una gran roca, del tamaño de un yak, que había enfrente de la peña en la que se encontraban. Entonces, el Jetsun movió, junto a la roca que había movido el bönpo, otra roca el doble de grande[54].

- De nuevo me has ganado. Pero ganar una o dos veces no le convierte a uno en el mejor. La partida no se ha acabado.

- Aunque las estrellas puedan competir con la luz del Sol y la Luna -dijo el Jetsun-, son el Sol y la Luna quienes disipan la oscuridad de los cuatro continentes; y aunque tú y yo podamos competir, tú no te puedes equiparar a mí. Por tanto, La Montaña de Tisé me pertenece. He consentido en esta competición para seguirte el juego, y por medio de este despliegue de magia todo el mundo puede ver ahora que mi Linaje de la Práctica del *Budadharma* es superior. De modo que no ha estado mal esta exhibición de milagros que hemos realizado aquí[279].

Cuando el Jetsun se sentó en La Cueva del Loto del valle occidental de La Fortaleza de Tisé, el bönpo se fue al este; entonces, el Jetsun extendió su pie desde el lado occidental de la montaña hasta la roca en la que estaba la cabaña de meditación de Naro Bönchung, y le dejó impresa la huella delante de su cara.

- Ahora, haz tú lo mismo -le dijo.

Naro Bönchung extendió también su pie hacia el oeste y, como no consiguió alcanzar ni siquiera la orilla del lago, todos los espíritus que habitan el espacio y que estaban encima de ellos estallaron en carcajadas.

El bönpo se sintió algo avergonzado, pero todavía insistió:

---

[279] Generalmente, quienes han logrado los sidhis comunes (la habilidad para realizar milagros) se han comprometido bajo juramento a no exhibir sus poderes ante los demás, a menos que sea para lograr un auténtico beneficio.

- Tenemos que continuar con la competición de milagros.

Y realizó otra circunvalación según las normas bönpo. El Jetsun continuó haciendo solo circunvalaciones budistas; y, cuando se encontraron en la cara sur de Tisé, comenzó a llover.

- Necesitamos un refugio para protegernos de la lluvia -dijo el Jetsun- . ¿Qué prefieres, hacer los cimientos o poner el tejado?

- Tú levanta los muros -dijo el bönpo- y yo pondré el tejado.

Milarepa señaló una roca grande, de una altura de tres personas puestas una encima de otra, y dijo:

- Muy bien. Utiliza esa roca.

- De acuerdo -contestó el otro-, ya voy.

El Jetsun comenzó a levantar los muros, y vio que el bönpo ya había cortado una roca que tenía más o menos el tamaño de un niño de ocho años. Entonces, con su mirada yóguica y un gesto amenazador, Milarepa partió la roca por el medio y dijo:

- Ahora, tráela aquí.

- ¡Pero me la has roto! -se quejó el bönpo.

- Es cierto, y se supone que no debería haberlo hecho en una competición de milagros. No volveré a usar mi mirada yóguica. Prepara otra roca y tráela aquí.

El bönpo cortó otra laja de roca, similar a la anterior, y se dispuso a cargarla; pero el Jetsun volvió a usar su mirada yóguica para impedir que la levantara.

- Ya la he preparado -dijo el bönpo-, ahora llévala tú.

- Yo he plantado los muros -replicó el Jetsun-, poner el techo es tu trabajo. Tú verás si puedes cargarla y traerla hasta aquí.

Naro Bönchung trató de nuevo de alzar la roca y, mirando nerviosamente a derecha e izquierda, se dio cuenta de que no podía.

- Tu mero logro de realizar milagros comunes -dijo el Jetsun- no está a la altura de mis capacidades mágicas de yogui y del poder que me otorgan los *sidhis* comunes y supremo. Si hubiera usado mi mirada yóguica para dominarte, no habrías podido ni desprender la laja. Pero no usé mi mirada y fuiste capaz de hacerlo; así que, comparado con la gente normal, tus poderes no están mal[55]. Mira, si lo haces, tienes que hacerlo así -y con una sola mano levantó sobre sus hombros una de las dos rocas, dejando impresa en ella la huella de su mano-. Parece que la he puesto muy alta -se subió encima de la roca y la pisoteó con sus pies para bajarla, dejando impresas en ella las huellas de sus pies-. Y ahora está muy baja -y volvió a empujarla hacia arriba con la cabeza y las manos, dejando de nuevo sus huellas en la roca.

Este sitio se quedó con el nombre de La Cueva de los Milagros.

Llegados a este punto, el bönpo finalmente tuvo que admitir que el Jetsun había ganado. El Jetsun y Naro Bönchung tuvieron muchas otras competiciones de milagros, y los actos del Jetsun demostraron ser siempre más poderosos.

Tras ello, Naro Bönchung dijo:

- Tú dices que yo soy un mago; pero comparado conmigo, el mago eres tú. No obstante, tus milagros no acaban de convencerme del todo. Tendremos que volver a competir: te propongo que el día quince de este mes veamos quién llega antes a la cima de La Montaña Nevada de Tisé. El que gane se quedará con el control de Tisé, y veremos entonces cuál de los dos ha alcanzado el *sidhi* supremo.

- Por mí, está bien. Aunque la verdad es que me da un poco de lástima que creas que tu ínfimo grado de experiencia insustancial es el *sidhi* supremo. Para alcanzar el *sidhi* supremo hay que contemplar el verdadero rostro de la mente. Y para ser capaz de hacer eso, tendrías que meditar siguiendo las enseñanzas de mi Linaje de la Práctica.

- ¿Cuál es la diferencia entre tu mente y la mía? -preguntó el bönpo- ¿La tuya es buena y la mía es mala? ¿Cuál es la diferencia entre bön y budismo? Las prácticas son iguales, aunque bien es cierto que, en lo relativo a los milagros o trucos que tú has desplegado, has demostrado ser superior. En todo caso, nuestra carrera hasta la cima de Tisé lo dejará demostrado de una vez por todas.

El Jetsun aceptó la propuesta, y así quedó decidido. A partir de ese momento, según se cuenta, Naro Bönchung se dedicó constantemente a hacer invocaciones y súplicas a su deidad. Mientras tanto, el Jetsun no se apartó lo más mínimo de su rutina habitual.

En la madrugada del día quince del mes, Naro Bönchung vestía una túnica azul, tocaba una campana ritual y cabalgaba sobre un tambor en el cielo. Los hijos discípulos del Jetsun se percataron; y cuando vieron que el Jetsun también lo veía y permanecía sentado en su sitio como si nada, Rechungpa le conminó apasionadamente:

- ¡Jetsun, Naro Bönchung ya va volando sobre su tambor y está a mitad de camino de Tisé! ¿Acaso piensa el Jetsun alcanzarlo quedándose aquí sentado?

Y todos los hijos discípulos se hicieron eco de la misma súplica.

- ¡Ahora veréis! -dijo el Jetsun usando su mirada yóguica.

Y desde el momento en que Milarepa le lanzó su mirada yóguica, el bönpo fue incapaz de seguir ascendiendo, solo pudo seguir planeando en círculos. Cuando el sol comenzó a elevarse, el Jetsun chasqueó sus dedos una sola vez y, usando su túnica de algodón a modo de grandes alas, echó a volar. En un instante alcanzó la cima de Tisé, justo en el momento en que el sol comenzaba a brillar sobre ella. Allí, el Jetsun se encontró, de manera claramente vívida, con los gurus del linaje, con la deidad Chakrasamvara y su séquito, todos con apariencia radiante. Aunque su esencia era la igualdad, él se sintió alegre y feliz por ello.

Entonces, Naro Bönchung llegó a lo alto del collado del monte Tisé e incapaz de soportar la brillante compasión del Jetsun, se desplomó desde el cielo. El tambor en el que iba montado cayó por tierra, hacia la parte sur del monte Tisé, y su orgullo y su arrogancia se desvanecieron. Humillándose a sí mismo, dijo:

- Tu poder y tus milagros son verdaderamente grandiosos. Te has hecho con el monte Tisé. Yo me iré a buscar algún lugar desde el que aún pueda seguir viendo este lugar sagrado.

- Aunque los *devas* ordinarios de este mundo -dijo el Jetsun- te hayan aceptado y puedas realizar unos cuantos pocos milagros comunes, yo he actualizado la sabiduría autogenerada. Aunque puedas competir con gente que posee el *sidhi* supremo, nunca serás capaz de superarla, como te acabo de demostrar. Dado que, arriba, el cercado vajra de la cima de Tisé es el lugar donde reside la deidad de la sabiduría, el glorioso Chakrasamvara, tú no tienes ya sitio a donde ir. He pedido permiso a los Victoriosos del pasado para mostrarte que el dharma budista es más grande, y se me ha dado la oportunidad. Tú te has caído del cielo, tu tambor rueda por tierra. He hecho esto con la finalidad de cortar tu hipertrofiado orgullo. Si deseas permanecer en la base de este lugar, debes someterte a mi poder. Esta es la razón por la que tengo estos poderes. Ahora escucha.

Y, a continuación, cantó esta canción de realización:

Me postro a los pies de Marpa el bondadoso

Por la bondad de Marpa el Traductor
y la compasión de todos los Victoriosos precedentes,
al igual que en el pasado, en la gran ciudad de Shravasti,
el Bhagavan Buda Shakyamuni
derrotó a los seis maestros *tirthika*[280]
con la rueda del dharma
y gracias a ello las enseñanzas budistas se expandieron,
de la misma forma, en Tisé, reina de todas las montañas del mundo,
el repa yogui del Tíbet
derrotó también al bönpo por medio del dharma.
De este modo, las enseñanzas del Sabio y el Linaje de la Práctica brillaron como el sol.
Y esto sucedió por medio de los poderes y las fuerzas milagrosas.

El poder del yogui Milarepa
ha aparecido a través de muchas causas y condiciones.
Porque poseo la bendición del linaje,
el poder de este linaje se ha manifestado.

---

[280] *Tirthikas* son los no budistas. Esta denominación a menudo conlleva la connotación de 'herejes' (tib: *mu stegs*).

Se ha manifestado el poder de Vajradhara.
Se ha manifestado el poder del guru raíz,
con sus instrucciones esenciales, su amor y su sabiduría.
Se ha manifestado el poder de Marpa el Traductor.
Se ha manifestado el poder de la visión,
que está libre de extremos y más allá de la mente.
Se ha manifestado el poder de la pureza primordial.
Se ha manifestado el poder de la meditación
que carece de puntos de referencia y está libre de distracción.
Se ha manifestado el poder de la gran claridad.
Se ha manifestado el poder de la conducta
que se mantiene espontáneamente con cualquier cosa que
aparezca.
Se ha manifestado el poder de la espontaneidad natural.
Se ha manifestado el poder de la realización
que señala al *dharmata*.
Se ha manifestado, autoliberándose, el poder de la miríada de
apariencias.
Se ha manifestado el poder del *samaya*
que practica siguiendo el mandato del guru.
Se ha manifestado el poder de no caer en los defectos.
Se ha manifestado el poder de la práctica
de fundir las condiciones adversas con la meditación.
Se ha manifestado el poder de las apariencias surgiendo como
amigas.
Se ha manifestado el poder de este yogui
que ha culminado su trabajo con penalidades y perseverancia.
Se ha manifestado el poder de Milarepa.
Habiendo derrotado este poder al dharma erróneo
y teniendo bajo mi dominio a la blanca nevada Tisé,
las enseñanzas del dharma genuino se difundirán en este lugar.
Esta es la bondad de los Victoriosos del pasado.
Hago súplicas y ofrendas a las deidades de la sabiduría.

Cuando Milarepa hubo cantado esto, el bönpo dijo:

- Creo en tu poder y en tus milagros. Son verdaderamente maravillosos. Asígname un sitio en el que pueda quedarme y desde el que pueda seguir viendo este lugar.

- De acuerdo -dijo el Jetsun-. Te quedarás allí.

Y agarró un puñado de nieve y lo lanzó hacia el Pico de Takla, al este. Al instante, una capa de nieve apareció sobre la cima de la montaña.

Sometiéndose a la autoridad del Jetsun, cuando ambos estaban llegando al pie del monte Tisé, el bönpo le dijo:

- Vendré de vez en cuando a circunvalar el Tisé; dime dónde puedo quedarme cuando venga.

- Muy bien, ven y haz circunvalaciones. Y cuando esto suceda, puedes quedarte aquí.

Y mandó construir una estupa en una de las grietas de la ladera de la cara frontal de Tisé, para que los bönpos pudieran albergarse cuando fueran a hacer circunvalaciones.

El linaje de los estudiantes del Jetsun siguió manteniendo el control de aquella parte del lago, de la nieve y de la montaña.


Este es el ciclo de la victoria sobre Naro Bönchung en La Montaña Nevada de Tisé.

# 23. La última visita a La Fortaleza Vajra de Drakya

Namo Guru

Tras pasar un tiempo en La Montaña Nevada de Tisé y dedicarse a hacer circunvalaciones, el Jetsun y sus discípulos se dirigieron de nuevo a La Fortaleza Vajra de Drakya, en Kutang. Cuando se enteraron, los estudiantes del pasado fueron a ver a Milarepa.

- ¿Se encuentra usted bien? -le preguntaron, interesándose por su salud.

- Estoy perfectamente bien -contestó-. ¿Y todos vosotros?

- Gracias a la bondad del guru, no ha habido entre nosotros ni pobreza ni enfermedades ni muertes. Nos complace que el guru haya podido circunvalar Tisé sin obstáculos y que haya regresado a visitarnos. Guru, cuéntenos por qué es tan feliz, por favor.

- Me siento como si… -dijo el Jetsun, y comenzó a cantar esta canción de realización sobre los doce tipos de felicidad yóguica:

> Como si fuera un delincuente liberado del agujero de su
> mazmorra,
> así de feliz es el yogui que ha abandonado su tierra natal.

> Como si fuera un caballo de raza liberado de sus ataduras,
> así de feliz es el yogui que se ha liberado del perceptor y lo
> percibido.

> Como si fuera un animal herido que se queda quieto donde está,
> así de feliz es el yogui que está solo.

> Como si fuera el rey de los pájaros planeando en el cielo,
> así de feliz es el yogui que se ha identificado con la visión.

> Como si fuera el viento que se mueve con libertad a través del
> cielo,
> así de feliz es el yogui que no encuentra obstáculos.

> Como si fuera un pastor al cuidado de su rebaño de blancas
> ovejas,

así de feliz es el yogui que ha estabilizado su experiencia de la claridad-vacuidad.

Como si fuera el Monte Meru, el rey supremo de los montes, así de feliz es el yogui que está libre del movimiento y del cambio.

Como si fuera la corriente de un amplio y caudaloso río, así de feliz es el yogui en su experiencia del continuo fluir.

Como si fuera un cadáver humano en el cementerio, así de feliz es el yogui que ha abandonado la actividad.

Como si fuera una piedra lanzada al océano, así de feliz es el yogui que no tiene camino de regreso.

Como si fuera el sol que resplandece en lo alto del cielo, así de feliz es el yogui que lo ilumina todo.

Como si fuera una palmera podada de todas sus hojas[281], así de feliz es el yogui en el que ya no se posan los pájaros.

Que estos doce tipos de felicidad yóguica sean un regalo dhármico para todos vosotros, estudiantes, en respuesta a vuestra pregunta.

Así cantó.

A continuación, los estudiantes partieron llenos de fe.

Para ver qué tipo de renuncia, de hastío, de experiencia y de realización tenía Rechungpa, el Jetsun cantó esta canción de realización sobre las doce cosas que tienden a desorientarnos[56]:

Los fenómenos del mundo no harán sino engañarnos; yo me esfuerzo solamente en aquello que es auténtico.

Las distracciones de los asuntos materiales no harán sino engañarnos; yo llevo la no dualidad a mi experiencia.

---

[281] Una vez se cortan las hojas de la palmera, ya no vuelven a crecer. Es un símbolo del yogui, en quien ya no renacen las compulsiones kármicas.

Séquitos y sirvientes no harán sino engañarnos;
yo deambulo, en soledad, por retiros de montaña.

Los objetos materiales y la riqueza no harán sino engañarnos;
si yo poseo algo, lo doy en aras del dharma.

Los objetos externos que aparecen no hacen sino engañarnos;
yo dirijo mi mirada hacia dentro, a la mente.

El pensamiento conceptual no hace sino engañarnos;
por lo tanto, es la sabiduría lo que yo persigo.

El significado provisional del dharma no hace sino engañarnos;
yo asiento mi certeza en el significado definitivo.

Los textos llenos de negras letras no hacen sino engañarnos;
yo medito en las instrucciones del Linaje de la Escucha.

Las explicaciones en términos convencionales no hacen sino
engañarnos;
yo descanso en la naturaleza sin artificios.

Tanto el nacimiento como la muerte no hacen sino engañarnos;
yo dirijo mi mirada a la realidad no nacida.

La consciencia ordinaria no hace sino engañarnos;
yo me adiestro en la expresión natural de la claridad.

Las técnicas de concentración de la mente no hacen sino
engañarnos;
yo descanso en la naturaleza esencial.

Así cantó.

Entonces, Rechungpa pensó: "Es cierto que el guru es un buda verdadero, y está libre de todas esas cosas que nos engañan. Ha cantado esta canción considerando nuestras faltas; para nosotros, que no somos capaces de practicar". Y, a continuación, Rechungpa ofreció esta canción que resume los puntos clave de su propia visión, su meditación y su conducta:

Jetsun, padre guru, te ruego que escuches amorosamente.
Mi ilusa mente, ¡oh, qué desgracia!
Átame con el nudo de tu compasión y acéptame.

En la coyuntura del eternalismo y el nihilismo,
he perdido la visión de los extremos.
No tengo la certeza de la naturaleza esencial.

En la coyuntura de la agitación y la torpeza,
he perdido la meditación en el gozo y la claridad.
Soy reacio a apartar mi mente del apego.

En la coyuntura de la afección y el rechazo,
he perdido la conducta espontánea.
Soy reacio a deshacerme de la confusión errónea.

En la coyuntura de la falsedad y el engaño,
he perdido el *samaya* puro.
Soy reacio a borrar del todo la mentira y la hipocresía.

En la coyuntura del samsara y el nirvana,
he perdido la visión de que mi mente es buda.
Soy reacio a realizar el dharmakaya.

En la coyuntura del miedo y la esperanza,
he perdido de vista el resultado de los cuatro kayas.
No soy capaz de reconocer mi verdadero rostro.

Precioso Jetsun, padre guru,
hasta ahora has estado cuidando de mí, con tu bondad y tu
compasión.
Te ruego que sigamos siendo inseparables y que me protejas.

Tras estas súplicas, el Jetsun dijo:

- Rechungpa, tú tienes más experiencia y realización de lo que acabas
de decir. No es de recibo que lo mantengas oculto ante mí; por tanto, habla
francamente.

Por medio de la compasión del Jetsun, la experiencia y la realización
de Rechungpa se mostraron de forma inmediata; y ofreció esta canción
sobre los siete tipos de cosas que deben ser halladas:

Por la bondad del Jetsun, mi padre guru,
he realizado el sentido de las siete cosas que deben ser halladas.

He hallado la vacuidad en las apariencias,
de modo que ya no creo que haya cosas verdaderamente
existentes.

He hallado el dharmakaya en la vacuidad,
de modo que ya no creo que haya esfuerzos ni acciones.

He hallado la no dualidad en la miríada de apariencias,
de modo que ya no creo que haya separación ni encuentro.

He hallado la igualdad entre el blanco y el rojo,
de modo que ya no creo que haya afección ni rechazo.

He hallado el gran gozo en este cuerpo ilusorio,
de modo que ya no creo que exista el sufrimiento.

He hallado lo último en lo relativo,
de modo que ya no creo que exista la confusión.

He hallado la budeidad en mi propia mente,
de modo que ya no creo en la existencia del samsara.

Así cantó Rechungpa.

Y, entonces, el Jetsun dijo:

- Rechungpa, lo que tú tienes es una simple experiencia meditativa; no es una realización completa.

Y, a continuación, cantó una canción de realización sobre los ocho tipos de maestría:

Cuando las apariencias y la vacuidad son la misma cosa,
ahí tienes la maestría de la visión.

Cuando la vigilia y el sueño son la misma cosa,
ahí tienes la maestría de la meditación.

Cuando gozo y vacuidad son la misma cosa,
ahí tienes la maestría de la conducta.

Cuando esta vida y la siguiente son la misma cosa,
ahí tienes la maestría de la naturaleza esencial.

Cuando la mente y el espacio son la misma cosa,
ahí tienes la maestría del dharmakaya.

Cuando la felicidad y el sufrimiento son la misma cosa,
ahí tienes la maestría de las instrucciones esenciales.

Cuando la sabiduría y las aflicciones son la misma cosa,
ahí tienes la maestría de la realización.

Cuando la propia mente y la de Buda son la misma cosa,
ahí tienes la maestría del logro último.

Así cantó.

De nuevo, por medio de la compasión del guru, la realización de Rechungpa aumentó. Y, entonces, ofreció esta canción sobre la realización última de su propia mente, alcanzada a través de la práctica, y que resume los seis bardos:

Me postro a los pies de los gloriosos gurus.

En el bardo entre apariencia y vacuidad,
no existen la visión nihilista ni la eternalista.
Yo no mantengo ningún principio conceptual.
Ahora comprendo lo no nacido y lo que está más allá del
intelecto.
Esta es la visión de este retirante.
Ni siquiera en una reunión de seres realizados me avergonzaría.

En el bardo entre gozo y vacuidad,
no existe punto de referencia permanente para la práctica de
*samatha*.
Yo no fuerzo a mi mente a concentrarse con rigidez.
Descanso, sin distracción, en el estado primordial.
Esta es la meditación de este retirante.
Ni siquiera en una reunión de seres experimentados me
avergonzaría.

En el bardo entre apego y no apego,
no existe gozo que esté contaminado.
Yo no practico un modo de vida incorrecto con fingimiento.
Así, todas las apariencias que surgen son amistosas.

Esta es la conducta de este retirante.
Ni siquiera en una reunión de yoguis me avergonzaría.

En el bardo entre tener defectos y ser impecable,
no existen la pureza ni la impureza.
Yo no tengo hipocresía ni falsedad.
Así, mi propia mente es mi testigo.
Este es el *samaya* de este retirante.
Ni siquiera en una reunión de seres disciplinados me
avergonzaría.

En el bardo entre samsara y nirvana,
los seres sensibles y los budas son la misma cosa.
Yo no deseo nada que proceda de la esperanza o del temor.
Así, cualquier sufrimiento florece como gozo.
Este es el logro último de este mendicante.
Ni siquiera en una reunión de *sidhas* me avergonzaría.

En el bardo entre las palabras y su significado,
no existen los términos convencionales que usan los eruditos.
Yo no tengo incertidumbres ni dudas.
Toda la existencia fenoménica aparece como dharmakaya.
Esta es la realización de este retirante.
Ni siquiera en una reunión de sabios me avergonzaría.

Cuando Rechungpa hubo ofrecido esta canción, el guru se sintió muy complacido. Y habló:

- Rechungpa, esta sí que es una verdadera experiencia completa. Tú eres lo que se llama un discípulo que es un digno recipiente. Hay tres formas de complacer al guru: la primera es complacerlo con la fe y la inteligencia; en la segunda, uno debe, con inequívoca entrega al estudio y la contemplación, entrar por la puerta del Mantra Secreto del mahayana y desarrollar perseverancia en su práctica; y con la tercera, finalmente, a través de la meditación, uno debe desarrollar de forma gradual una experiencia especial y la realización. Mira hacia dentro, sin encantarte con palabras vacías dándole a la lengua; y medita lo más que puedas, con la finalidad de aportar los puntos clave a tu experiencia.

Y, a continuación, añadió:

- Mi guru Marpa decía que no pasaba nada si no conocías todos los sutras y los tantras. Lo que sí debes hacer, sin dejarte llevar por el conocimiento convencional, es mirar hacia dentro mientras meditas según el mandato del guru. Yo he practicado sin olvidar esta instrucción especial que él enseñaba. Haciéndolo, mi mente se ha apartado del samsara y toda clase de buenas cualidades han brotado en mi corriente mental. Tú debes hacer también lo que enseñaba mi guru Marpa.

- Te ruego -dijo Rechungpa- que me cuentes lo que el guru Marpa te decía.

El Jetsun cantó esta canción de realización, *Las treinta instrucciones dadas por el Guru*:

> Hijo, si hay que depender de algo, 'las Joyas' son excelentes, me dijo.
> Mantén la fe como tu amiga, me dijo.
> Los conceptos son el gran demonio, me dijo.
> El orgullo es un gran *mara*, me dijo.
> La calumnia es una acción muy negativa, me dijo.
> Los celos son dañinos en el camino, me dijo.
> El alcohol lo lleva a uno a la ruina, me dijo.
> Si no confiesas las malas acciones a través de los cuatro poderes[282],
> irás errante a través de los seis reinos de los seres, me dijo.
> Si no haces esfuerzos por acumular méritos,
> no lograrás la felicidad de la liberación, me dijo.
> Si no abandonas las diez acciones no virtuosas,
> tendrás que experimentar los sufrimientos de los reinos inferiores, me dijo.
> Si no meditas sobre la vacuidad y la compasión,
> no alcanzarás la budeidad última, me dijo.
> Si quieres alcanzar la budeidad en esta vida,

---

[282] Los cuatro poderes de la confesión son: sentir arrepentimiento por lo que uno ha hecho; ponerse en manos de alguien ante quien se confiesa, como el propio guru o el mismo Buda; comprometerse en alguna actividad que sea el remedio, como recitar mantras de purificación; hacer el propósito de no volver a cometer la misma mala acción en el futuro.

mira sin distracción tu mente, me dijo.
Respecto al significado último condensado de los tantras,
medita en los seis dharmas, me dijo.
Respecto al significado último condensado de las instrucciones,
medita en el Mantra Secreto, el camino de los medios, me dijo.
Si anhelas fama, ganancia y respeto,
acabarás en la boca de Mara, me dijo.
Si te vanaglorias de ti mismo y denigras a los demás,
te precipitarás por un temible abismo, me dijo.
Si no domas al elefante de la mente,
serás embaucado por las palabras de las instrucciones esenciales,
me dijo.
Cultivar la *bodichita* es la mejor cosecha, me dijo.
La visión de la no originación es excelente, me dijo.
Respecto a la práctica, el camino de los medios es profundo, me
dijo.
Aplícalo junto a los *nadis* y el *prana*, me dijo.
Reconoce la coemergencia, me dijo.
Sigue a un noble señor, me dijo.
No dejes que tu vida sea arrastrada por la distracción, me dijo.
Mira la naturaleza no nacida de tu mente, me dijo.
No busques la felicidad en el samsara, me dijo.
No afrontes los sufrimientos como defecto, me dijo.
Si realizas la mente, eso es la budeidad, me dijo.
No necesitas hacer muchas cosas, me dijo.
No hay asuntos más profundos que estos, me dijo.
Ponlos en práctica, me dijo.

Cuando Milarepa hubo cantado esto, La experiencia y la realización
de Rechungpa se vieron intensamente fortalecidas.

Luego, el insigne Jetsun y sus discípulos, continuando con su asce-
tismo, se dedicaron a hacer sus prácticas. En cierto momento, las *dakinis*
prepararon un *ganachakra* y le dijeron al Jetsun:

- Milarepa, mientras practicáis la visión, la meditación y la conducta,
si participáis, aunque solo sea un poco, de la comida y la ropa de los seres
humanos, además de manteneros con las sustancias del *samaya* de las

*dakinis*, vuestra actividad virtuosa se verá fortalecida en gran medida. Por tanto, hacedlo así, y nosotras os las proveeremos.

- La comida y la riqueza de los seres ordinarios -replicó el Jetsun- no puede compararse con las buenas cualidades de la experiencia y la realización. Dado que yo ya poseo esas cualidades, no necesito para nada provisiones de comida ni otros bienes.

Y cantó esta canción de realización:

Me postro ante el guru mi padre.

Yo, el yogui Milarepa,
desde la naturaleza esencial, voy a cantaros una canción.
Haré un baile en el espacio carente de verdadera existencia.
Escuchad, asamblea de *mamos* y *dakinis*.

La confianza en la causa y el efecto
es una fe con la que la de los seres ordinarios no puede
compararse.

Vivir apartado en lugares solitarios
es un *samadhi* con el que el de los seres ordinarios no puede
compararse.

Este estado de tranquila ecuanimidad, libre de perceptor y
percibido,
es una visión con la que la de los seres ordinarios no puede
compararse.

La posmeditación libre de olvido
es una forma de meditación con la que la de los seres ordinarios
no puede compararse.

El *mindfulness* sin perceptor ni percibido[283]
es una conducta con la que la de los seres ordinarios no puede
compararse.

---

[283] Literalmente: "Este mindfulness no está separado" (tib: *tha dad med pa'i dran pa 'di*).

Esta unión de compasión y vacuidad
es una realización con la que la de los seres ordinarios no puede
compararse.

Esta forma de vestir a la que no le afecta el frío[284]
tiene una elegancia y una suavidad con las que las de los seres
ordinarios no pueden compararse.

El *samadhi* carente de hambre
es una comida y una bebida con las que las de los seres ordinarios
no pueden compararse.

La bebida del río de la iluminación
es una bebida con la que la de los seres ordinarios no puede
compararse.

Dar lugar a que la satisfacción surja de nuestro propio interior
es una riqueza y un alimento con los que los de los seres
ordinarios no pueden compararse.

Marpa Lotsawa, el Traductor,
es un *sidha* con el que los *sidhas* ordinarios no pueden
compararse.

La visión de la propia mente como el rostro de la deidad
es el *yidam* con el que los *yidam* ordinarios no pueden
compararse.

Yo, el yogui Milarepa,
soy un meditador con el que los meditadores ordinarios no
pueden compararse.

Este cuerpo carente de enfermedades
es un médico con el que los ordinarios no pueden compararse.

Y escuchad algo más, asamblea de *dakinis*:
donde nada está claro, lo está para mí[57].
Esta claridad auténtica es luminosa.

---

[284] Es una referencia a la sencilla túnica de algodón de Milarepa y a su práctica de chandali.

Donde no hay calor, yo lo tengo.
Esta sencilla túnica es calor.

Cuando nada es cómodo, yo me siento a gusto.
Este cuerpo ilusorio se siente bien.

Donde no hay placer, yo me siento alegre,
este sueño auténtico es placentero.
Este yogui se siente más y más a gusto.

¿Está Drakya Vajra alto o no?
Si Drakya Vajra no está alto,
¿cómo pueden los buitres planear por debajo?
Si el viento helado del año nuevo no fuera intenso,
¿cómo podría congelarse el agua del valle y de la montaña?
Si la ropa de *chandali* no fuera caliente,
¿cómo podría yo sentir calor con una sencilla túnica de algodón?
Si yo no me alimentara de *samadhi*,
¿cómo podría sobrevivir hambriento y con el estómago vacío?
Si el río de la iluminación no fuera potable,
¿cómo podría yo sobrevivir sediento y sin agua?
Si las instrucciones del guru no fueran profundas,
¿cómo es que los *maras* y las obstrucciones no se presentan?
Si este yogui no tuviera realización,
¿cómo podría ir errante por retiros de montaña en soledad?
Y todo ello gracias a la bondad del sabio guru.
Poned esfuerzo en practicar de esta forma.

Así cantó.

Y las *dakinis* dijeron:

- Lo que has dicho es maravilloso, ¡por supuesto! Mañana llegará un digno discípulo afortunado; debes aceptarlo y tomarlo bajo tu protección.

Y se fueron igual que se desvanece un arcoíris.

Entonces, varios estudiantes de Kutang vinieron para encontrarse con el insigne Jetsun y sus discípulos. Solicitaron enseñanzas de dharma, y el Jetsun les dio la toma de refugio y algunos consejos, así como la explicación de los beneficios de tomar refugio.

- Guru -le preguntaron-, ¿son estos también tu refugio y tu práctica?

- En efecto -les respondió-, estos son mi refugio y mi actividad virtuosa. Este refugio me ha satisfecho por completo; por tanto, todos vosotros deberíais tomar también refugio en las incomparables Tres Joyas sin fingimiento y de forma sincera. De acuerdo con los beneficios del refugio que he venido explicando desde ayer, yo me siento satisfecho.

Y, a continuación, cantó esta canción de realización que clasifica las fuentes de refugio e incita a la práctica del dharma:

Me postro ante los nobles gurus.

El Buda, el Dharma y la Sangha,
son las tres fuentes externas de refugio.
Tomar refugio en ellas me ha satisfecho.
Si vosotros también tomarais refugio en ellas, sería bueno.

El guru, los *yidam* y las *dakinis*,
son las tres fuentes internas de refugio.
Tomar refugio en ellas me ha satisfecho.
Si vosotros también tomarais refugio en ellas, sería bueno.

Los *nadis*, los *pranas* y los *bindus*,
son las tres fuentes secretas de refugio.
Tomar refugio en ellas me ha satisfecho.
Si vosotros también tomarais refugio en ellas, sería bueno.

Las apariencias, el vacío y la inseparabilidad de ambos
son las tres fuentes últimas de refugio.
Tomar refugio en ellas me ha satisfecho.
Si vosotros también tomarais refugio en ellas, sería bueno.

Si no tomáis refugio en estas fuentes
que protegen siempre del sufrimiento,
una lluvia de días y horas caerá
sobre la decrépita casa de vuestro cuerpo ilusorio,
que será atormentado por el goteo de meses y años.
Y, con certeza, vuestra decrépita casa, vuestro cuerpo ilusorio,
acabará desintegrándose.
¡Es el momento de prepararse para morir de forma feliz!

Al igual que vuestra sombra al atardecer,
sin importar lo rápido que corráis, estará todo el rato ahí.
No he visto que nadie encontrara la liberación echando a correr.

Cuando los practicantes del dharma ven la muerte,
es el maestro quien los incita a la virtud;
ellos reflexionan y ven toda la felicidad que sienten con la
muerte.

Cuando los poseídos por la negatividad ven la muerte,
es el maestro quien les enseña la virtud y la negatividad.
Ellos reflexionan y ven todo el arrepentimiento que sienten.

Cuando los ricos ven la muerte,
es el maestro quien les enseña a desprenderse de las riquezas y de
los enemigos.
Ellos reflexionan y ven toda la generosidad de la que son capaces.

Cuando los ancianos ven la muerte,
es el maestro quien les enseña que esta vida es impermanente.
Ellos reflexionan y ven toda la desilusión que tienen[285].

Cuando los jóvenes ven la muerte,
es el maestro quien les enseña qué es lo urgente.
Ellos reflexionan y ven cuánta diligencia deben poner en la
práctica.

El bienestar y la comodidad son provistos por los padres.
¿Qué pueden hacer los huérfanos cuando sufren?

Un forro de lana es suave y cálido.
¿Qué pueden hacer los que nunca lo han tenido?

El producto de la cosecha aleja la pobreza.
¿Qué pueden hacer los que nunca han podido trabajar?

---

[285] Ellos reflexionan sobre su desilusión con el samsara.

La velocidad se experimenta con caballo de Gyiling[286].
¿Qué pueden hacer los que nunca lo han montado?

Hacer que el dharma sea el fundamento de nuestra vida trae
felicidad.
¿Qué pueden hacer los que son incapaces de practicar el dharma?

Sed generosos con quienes carezcan de comida;
dormid menos y comportaos de forma virtuosa.
Recordad el sufrimiento de los reinos inferiores.
Contemplad todo esto y practicad el sublime dharma.

Así cantó.

Muchos de los estudiantes se hicieron devotos del dharma. En particular, había un joven que sintió una fe inquebrantable en el Jetsun, y le
pidió ser aceptado a su servicio.

El Jetsun pensó: "Este debe de ser el que las *dakinis* me pronosticaron
la noche pasada; por tanto, debo aceptarlo y tomarlo bajo mi protección".
Y lo aceptó como asistente, y le dio iniciaciones, instrucciones y consejos.
El joven se entregó a la meditación, maduró y alcanzó la liberación. Este
discípulo fue conocido como Rongchung Repa, y se convirtió en uno de
los discípulos íntimos de Milarepa.

Este es el ciclo de la última visita que hizo Milarepa a La Fortaleza
Vajra de Drakya y del encuentro con Rongchung Repa.

---

[286] Tib: *gyi ling rta*. Se trata de una raza de caballos de la región de Amdo, famosos por
ser muy veloces.

# 24. El encuentro con Shengom Repa

Namo Guru

Cuando el Jetsun Milarepa se hallaba en La Fortaleza Vajra de Drakya en período de silencio, una mañana temprano, en el octavo día de la luna creciente, se le aparecieron unas *dakinis* vestidas de manera juvenil y, con voz unánime, cantaron esta canción profética:

> ¡Oh maravilla!, yogui en retiro de silencio,
> perseverante ante las dificultades,
> cuyo vasto conocimiento contempla el samsara y el nirvana,
> león solitario en medio de las montañas nevadas,
> ágil y valiente, escúchanos.
>
> Nosotras cuatro que estamos aquí somos hermanas,
> cachorras de león que te hacemos compañía.
> Hoy, de madrugada,
> desde este lugar, La Fortaleza Vajra de Drakya,
> ve al este del lago Paltang.
> La actividad negativa en torno a la riqueza
> será transformada en pura virtud,
> y varias personas que han tomado un mal camino
> regresarán a la senda verdadera.
> De esta forma, se cumplirá con certeza el beneficio de los seres.

Tras cantar esto, desaparecieron, y el Jetsun se quedó reflexionando sobre la profecía de las *dakinis*. Entonces, de camino hacia el este, un pastor lo vio deslizándose por el aire, sin que los pies le tocaran el suelo. Esto le produjo una intensa fe. Le ofreció comida al Jetsun y le pidió el dharma. El Jetsun le enseñó al pastor la doctrina del karma, la ley de causa y efecto, los defectos del samsara, lo difícil de lograr las libertades y las ventajas de una existencia humana y la incertidumbre del momento de la muerte. Al acabar, estas enseñanzas se establecieron en la corriente mental del pastor.

- Lama, a causa del dharma que acabas de enseñarme, he reflexionado sobre el sufrimiento del samsara, y no siento ninguna necesidad de la felicidad mundana. Si el sufrimiento del que acaba de hablarme el gurú cayera sobre mí, sería un sufrimiento insoportable debido al karma; sería casi como la muerte. Por favor, enséñame un dharma que me ayude a solucionar esto.

- Muy bien -le dijo el Jetsun-, te enseñaré lo que me has pedido.

- Tengo una cueva para guardar el ganado que nadie conoce. Vayamos allí.

E invitó a Milarepa a La Fortaleza de las Ovejas de la Cueva Oculta[287]. Le hizo los honores a Milarepa; y este, en respuesta a su petición de un dharma que le ayudara a solucionar el sufrimiento, le dio un objeto para hacer meditación *samatha*.

- Cuando mi mente está tranquila -dijo el pastor-, ningún sufrimiento me asalta. Pero cuando prolifera la actividad mental y me pongo a pensar en los sufrimientos del samsara, es insoportable. Te ruego que me aceptes y me concedas una felicidad continua.

- Si lo que necesitas es una felicidad permanente -le dijo el Jetsun-, debes abandonar del todo las acciones negativas y practicar el dharma puro, tal como yo hago.

- Entonces, dado que deseo tener una felicidad permanente, practicaré el dharma puro. De modo que te ruego, lama, que me lleves contigo y me dejes servirte como asistente.

El Jetsun, pensando que se trataba de un discípulo con conexión kármica, lo aceptó como asistente, lo llevó consigo y le otorgó las iniciaciones y las instrucciones. Entre todas las personas con realización, él llegó a ser un ser especial y supremo, conocido como Dziwo Repa.

De madrugada, muy temprano, al día siguiente de haber conocido a Lukdzi Repa[288], se le aparecieron de nuevo las *dakinis*:

- Hay un lugar llamado Lapuk -le dijeron-. Ve allí.

---

[287] Tib: Bepuk Mamo Dzong (sbas phug ma mo rdzong).

[288] Lukdzi Repa, o "El Ovejero Repa" (tib: *lug rdzi ras pa*), es la misma persona que Dziwo Repa, o "El Pastor Repa" (tib: *rdzi bo ras pa*), del que se acaba de hablar.

Y, siguiendo la profecía de ellas, se dirigió a aquel lugar. A su llegada, supo de la existencia de un hombre muy rico, que tenía muchos hijos y que era un ferviente devoto[58] de la religión bön. Había enfermado gravemente, y su hijo mayor había organizado una adivinación para él. Según esta adivinación, debía sacrificar cien yaks, cien cabras y cien corderos, y sufragar con ello un banquete ritual bön, como tributo; ofreciendo la carne en este banquete ritual, se recuperaría. El Jetsun había llegado al pueblo justo en ese momento, y le había dicho a una mujer que le había ofrecido agua que necesitaba algunas provisiones.

- En este pueblo -le contestó la mujer-, hay un rico que se acaba de poner enfermo. En los ritos que se están haciendo por él, va a haber un gran banquete ritual al estilo bön. Si vas allí, seguro que te dan tu buena ración.

El Jetsun se acercó a la casa del enfermo y se coló sin obstáculos, entre los perros y la gente. Sin embargo, los familiares se dirigieron a él:

- Lama, nuestro ser querido está enfermo, y agradeceríamos que te fueras.

- Si queréis me voy ya mismo -dijo el Jetsun-, solo venía a mendigar las sobras que tengáis por ahí.

Juntaron lo que había a mano y se lo dieron. Los parientes del rico estaban a su alrededor, junto a los sanadores que le estaban examinando. El Jetsun, antes de irse, se acercó a ellos para pedirles algo de *tsampa*.

Tan pronto como el enfermo vio el rostro del Jetsun, sintió una gran fe y su aspecto cambió. Se aferró a las ropas del Jetsun y, derramando lágrimas, le habló:

- Lama, por favor, mira con compasión a este hombre que solo podrá vivir una noche o un día más.

- Esta fe espontánea que muestras hacia mí es una excelente conexión. Si te libero de tu enfermedad, ¿serás capaz de cambiar de vida y entregarte a la práctica del dharma?

- Si me veo libre de esta enfermedad, practicaré el dharma y haré lo que el guru me mande. Y mis hijos también entrarán en el dharma.

Cuando el hombre hubo dicho esto, el Jetsun recordó la profecía de las *dakinis*, que hablaba de alguien que había tomado un mal camino a causa de la riqueza y que se transformaría convirtiéndose en una persona virtuosa, y que así se cumpliría el beneficio de los seres. "Sin duda se trata de él", pensó Milarepa.

- Aunque sacrifiques todos estos yaks, cabras y corderos que has preparado, eso no te ayudará; de hecho, será incluso perjudicial para ti. Debes perdonarles la vida y soltarlos. Yo utilizaré contigo un método que seguro que te libra de la enfermedad. ¿De qué religión eres devoto?

- Yo no descreo del dharma budista, pero soy un devoto bön.

- Muy bien. Echa a todos esos curanderos y sacerdotes bön, y yo realizaré un ritual bön que te sanará.

- ¿No sería inadmisible -intervino el hijo mayor- que el guru realizara un ritual bön mientras los sacerdotes bön están aquí?

- No te preocupes -replicó el Jetsun; y continuó dirigiéndose al enfermo-: la clase de enfermedad que tú tienes no puede ser sanada por ningún tipo de ritos con ofrendas materiales ni por muchos sanadores que te examinen. Puedes superar la enfermedad, pero lo primero es que todo el mundo salga de aquí.

- Haced lo que el guru pide -dijo el enfermo-. Y echaron de la habitación a todos los sacerdotes y curanderos.

La gente iba diciendo:

- Los sacerdotes y los sanadores han sido expulsados y se ha quedado solo con el yogui. ¡Esto no tiene buena pinta! ¿Habrá muerto ya?

Y todo el mundo andaba turbado ante lo que estaba sucediendo.

Mientras, el enfermo hablaba con el Jetsun:

- ¿De qué cosas necesita el guru que se le provea?

- No necesito ni materiales ni compensaciones de ningún tipo para llevar a cabo este ritual. ¡Presta atención a mi ritual bön!

Entonces, comenzó a cantar una canción dhármica utilizando una melodía típica bön, y cantó esta canción de realización basada en ejemplos para cada uno de los veintidós miembros de la familia:

> So yang yang yang yang yang oooo[289].
> Al principio de los tiempos solo había meras apariencias[59],
> y entre todo lo que había en el principio de la existencia
> se les dio un nombre[290] a los objetos externos percibidos.
> Y sobre la base de los *skandas* reunidos de los elementos
> surgió la gran ciudad, los tres reinos del samsara.
>
> Se dio nombre a la mente perceptora interna.
> La consciencia, el vacío y la claridad, surgieron como variedad de
> las apariencias,
> la base de todo el karma y las aflicciones.
> Y se dio nombre a todo ese inmenso edificio,
> el engañoso edificio del mundo corrupto.
> El padre, la fijación mental del apego al 'yo',
> recibió el nombre de 'padre'.
> La madre, los factores mentales de la intención y el interés[291],
> recibieron el nombre de 'madre'.
>
> Del deseo y la emanación de ambos[292]
> nacen el hijo, los doce vínculos de la interdependencia,
> y la hija, la óctuple consciencia.
> Y así llegaron a ser veinte hermanos,
> en total surgieron veintidós miembros en la familia.
> A causa del surgimiento de estos familiares,

---

[289] "Este es un verso inicial típico usado por los monjes bön para entonar sus himnos. En esta canción, Milarepa imita en son de burla el modo de canto de los bön." (Chang 1999, 258). A lo largo de esta canción, Milarepa utiliza elementos de la cultura y los rituales bön como alegoría de los principios budistas.

[290] La palabra 'nombre' en tibetano (*mtshan*) significa también 'características' o 'atributos'.

[291] 'Intención' (tib: *sems pa*) e 'interés' (tib: *mos pa*) se refieren aquí a dos de los cincuenta y un factores enseñados en la doctrina budista tradicional. La 'intención' es la cualidad de la mente que la urge o la mueve hacia un objeto particular. El 'interés' es la cualidad de la mente que aprehende y mantiene apresado su objeto.

[292] El 'padre y la madre' tienen un 'deseo' (tib: *sred pa*) del que nacen los 'hijos'.

aparecieron ochenta y cuatro mil aflicciones,
trescientos sesenta espíritus entorpecedores,
ochenta y cuatro mil demonios y espíritus obstaculizadores
y cuatrocientas cuatro clases de enfermedades.
Este es el primer capítulo: la enumeración de los miembros de la
familia.

Los veintidós diferentes miembros de la familia
resultaron afectados por la ignorancia mental
y por el resto de las enfermedades humanas.

Las partes altas son afectadas por la fiebre:
el calor de la ira quema como el fuego;
uno bufa hacia los enemigos como un yak.

Las partes bajas son afectadas por el frío:
el frío del deseo que se agita como el agua,
la infección del egoísmo que bloquea la orina.

Las partes medias son afectadas por el tumor del engaño:
el edema del apego al 'yo' que se arremolina como un estanque.

Las extremidades son afectadas por la enfermedad de los aires.
La arrogancia sobre las propias cualidades perturba igual que la
lascivia[60].

El corazón es afectado por una combinación de enfermedades[293].
Vanagloriándose de uno mismo y difamando a los demás, uno se
siente perforado por un punzón.

Enfermo a causa de los cinco venenos en el lecho del enemigo, la
distracción,
la cabeza descansando en la almohada del perceptor y lo
percibido.
Uno no tiene apetito por el alimento de la virtud
y sí una sed anhelante del agua del vicio.
La medicina de la actividad virtuosa le hace a uno vomitar.

---

[293] En la medicina tibetana se dice que es una enfermedad causada por la combinación del desequilibrio de prana, bilis y flema (tib: *'dus pa'i nad*).

La mucosidad de la cháchara ociosa chorrea en las diez
direcciones.
Y, encima, uno se abriga con la manta de las ocho preocupaciones
mundanas.
Por debajo, hace de base el duro colchón del fingimiento.
Uno se halla rodeado de la chiquillería de las acciones no
virtuosas.
Montones de cosas materiales colaboran con la mente confusa.
Hay un fuerte apego a la comida deseable y a la riqueza.
Es una horrible enfermedad, ¡qué desgracia!
Este es el segundo capítulo: las clases de enfermedades.

¿Y cómo podemos darle solución a todo esto?
Las adivinaciones y las prácticas bön son la solución.
Por eso este yogui consulta los astros y hace adivinaciones.

Un mensajero -la motivación de la impermanencia de la vida-
ha sido enviado para requerir a un guru -un maestro adivino-.
Se ha tendido el colchón de la fe estable
y se ha servido la bebida del respeto y la devoción.
Todo está dispuesto para la adivinación -la devoción al dharma-,
se solicita que se realice la adivinación del significado profundo.
El guru, un maestro adivino,
dispone las cartas de los cuatro elementos.
Entonces, se calcula el ciclo anual de los doce vínculos
interdependientes
y se dibujan los trigramas de las ocho conciencias.
Todo ello gira en torno al *mewa* de los nueve *yanas* progresivos[294]
y, a continuación, los amigos y enemigos de la virtud y la no

---

[294] En esta estrofa se ponen ejemplos del horóscopo tradicional, que es común a los budistas tibetanos y a los bön, y a su vez está basado en la astrología china. La carta astral consiste en dos círculos concéntricos: el exterior hace referencia al ciclo de doce años, y el interior contiene los ocho trigramas (*par kha*). El centro del círculo alberga los nueve cuadrados numéricos o *mewa* (tib: *sme ba*) (Mumford 1989, 108-109).

virtud[295] en conflicto.

Este es el tercer capítulo: disponer la adivinación.

El maestro adivino dice:
Para los veintidós miembros de la familia,
la interpretación no es buena, el pronóstico es negativo.
Sobre la base de la adivinación del samsara y el nirvana,
desde el samsara carente de principio,
se derramó el desbordamiento de la ignorancia de la confusión
y se propagó el olor acre -a causa de la quema de la visión pura-,
junto con la contaminación de la avidez y la agresividad.
Por las condiciones del derrame del olor acre y la
contaminación[296],
la deidad masculina de la sabiduría se fue al espacio;
la deidad local del gran gozo desapareció y no se la volvió a ver;
la deidad *dralha* de la autoconciencia, también hizo mutis por el
foro[297].
A causa de la partida de estas tres deidades,
los espíritus comenzaron a dañarlo todo.
Dañaron con la visión errónea de las ocho preocupaciones
mundanas,
y el 'origen del sufrimiento', ese demonio destructivo[61], apareció.
El demonio superior, con el fuego llameante del odio, produce
daño.
El demonio inferior, con las aguas revueltas del deseo, produce
daño.

---

[295] 'Amigos y enemigos' son términos usados en astrología para referirse a las relaciones entre los cinco elementos que favorecen o dificultan, respectivamente, a otro elemento. Los astrólogos determinan si los cinco elementos están en conflicto (tib: *'khrug pa*) [aquí *'thabs*] o en armonía (tib: *mthun pa*)" (Mumford 1989, 107).

[296] "El derrame del olor acre y la contaminación" se refiere a una superstición tibetana tradicional: cuando la leche hierve y se derrama en el fogón o en el hogar (*thab shor*), el olor acre de la lecha quemada (*gzhob*) molesta a las deidades locales, que envían enfermedades a quienes han perpetrado el acto (TN). En la presente canción de Milarepa, a causa del derrame, todas las deidades asociadas con las buenas energías desaparecen.

[297] La deidad masculina, la local y la dralha, al igual que los espíritus maléficos de los que se habla a continuación, son todas ellas figuras habituales del panteón bön. Milarepa las utiliza como ejemplos paralelos del camino budista.

El demonio *naga*, con la oscuridad de la ignorancia, produce daño.

El *gyalgong*[298], con el viento turbulento del orgullo, produce daño.

La clase de los *tsen*, con el engaño de los celos, produce daño.

Vajrasadhu[299], con la parcialidad del egotismo, produce daño.

La *mamo*, que alardea[62] de tomar el 'yo' como real, produce daño.

Los espíritus acechantes[300], con las tendencias latentes y el mal karma, producen daño.

Debido a la naturaleza dañina de estos demonios,

la fuerza vital de uno se va debilitando desde el nacimiento hasta la muerte.

Desde el encuentro hasta la separación, los asuntos de familia van mal.

Desde la acumulación hasta el gasto, los asuntos financieros van mal.

Debido a una perspectiva incorrecta, los asuntos con los enemigos van mal.

Para bloquear estas predicciones negativas, realizaré una ceremonia bön.

Este es el capítulo cuarto: el pronóstico negativo de las fuerzas vitales en riesgo.

Ahora este yogui hará un cántico ritual bön.

Cuando se recita con fervor un ceremonial bön,

un bönpo instruido en las escrituras profundas lo hace de forma pertinente:

A primera hora de la mañana, el principio del tiempo,

se extiende la esterilla ritual de los tres *pitakas*.

Se ofrece el tributo de la escucha, la reflexión y la meditación.

---

[298] *Gyalgong* es una clase de demonio o espíritu. (TDC)

[299] "*Vajrasadhu* (tib: *rdor legs*) era el dios del juego y de la guerra antes de ser sometido por Padmasambhava y de vincularse a él por samaya, convirtiéndose así en protector de las enseñanzas" (Grupo de traducción de Nalanda).

[300] Son el equivalente de lo que en Occidente se llama 'fantasmas'. El TDC lo define como: "Espíritu que, tras la muerte, trae desgracias a los que permanecen vivos".

Se dispone la ofrenda de comida pura del *samaya*.
Comienza el cántico y la meditación de los cuatro tantras
y se hace una ofrenda selecta de liberación de los apegos.

Contra la marcha al espacio de la deidad masculina de sabiduría,
yo doy la indicación que reconoce la ignorancia -la base-.
Contra la desaparición de la deidad local del gran gozo,
hago el exorcismo[63] de las condiciones adversas de los cuatro
*maras*.
Contra la escapada de la deidad *dralha* de la autoconciencia,
ofrezco el tributo del rechazo natural.
Contra el mal augurio de las ocho preocupaciones mundanas,
ataco con el cuchillo de la consciencia libre de deseo.
Contra el destructivo demonio del origen del sufrimiento
lanzo un hechizo[301] en el espacio del gran gozo.
Al demonio superior, con el fuego llameante del odio,
lo empapo con la sabiduría de la vacuidad.
Para el demonio inferior, con las aguas revueltas del deseo,
hago el ofrecimiento ritual de la vacuidad de la mente en sí.
El engaño, el demonio *naga* de la oscuridad,
es contrarrestado por los ocho *nagas* de la apariencia
autoliberada.
El *gyalgong* del viento turbulento del orgullo
lo ensarto con la cornamenta de ciervo de la sabiduría de la
vacuidad.
A los *tsen* de los celos engañosos
les lanzo la flecha de la sabiduría omnicomprensiva.
A la *mamo* que alardea de tomar el 'yo' como real
le recito el ritual de la vacuidad del 'yo' y lo 'otro'.
A Vajrasadhu y su parcialidad del egotismo
le ofrezco la pequeña *torma* de la estima de los demás.
A los acechantes espíritus de las tendencias latentes y el mal

---

[301] Para este ceremonial (tib: *nan*), se escribe el nombre de la persona o del ser al que se
dirige el hechizo y se mete en un recipiente con varias sustancias rituales. Según el ritual
concreto que se realice, el nombre de la persona objeto del hechizo contrae alguna enfermedad o muere. (TN)

karma
los amenazo con los factores mentales vacíos.
Y, si hay fantasmas del sufrimiento, los amenazo de la misma
forma.
Si hay fantasmas de la riqueza, los aíslo igualmente.
Si hay algo que ofrecer, lo ofrezco de esta manera.

La mente misma, en realidad, carece de nacimiento y de muerte;
las fuerzas debilitadoras yo las expulso con bön.
La compañía de la automanifestación carece de encuentro y
separación;
los malos rollos de familia yo los expulso con bön.
Las riquezas nobles nunca se agotan;
los malos asuntos de dinero yo los expulso con bön.
Las adivinaciones negativas y los poderes maléficos, yo los
expulso con bön.
Yo lanzo los malos augurios en el abismo con bön.
El sufrimiento se presenta como una exhortación hacia el hastío;
todas las condiciones adversas yo las expulso con bön.
Este es el capítulo quinto: la recuperación de la posesión de los
demonios.

Los veintidós miembros de la familia
son liberados de la enfermedad de la ignorancia mental.
El fuerte jadeo del apego al 'yo' es eliminado.
El aspecto de la sabiduría vacua y luminosa es saludable.
La comida y el agua del *samadhi* del gozo-claridad son
deliciosos.

Las muestras de gratitud consciente por lo hecho se escenifican.
Ya recobrados, se dispone un banquete de acción de gracias libre
de prejuicios.
El hijo menor de la consciencia es enviado como mensajero,
desde la montaña del dharma de la Gran Perfección,
a los pastores vigilantes que mantienen de manera constante la
experiencia meditativa.
Se selecciona un yak de los nueve *yanas* progresivos,
se selecciona un cordero de las cuatro secciones del tantra

y se selecciona una cabra de los tres *pitakas*.
Sobre el campo de la igualdad,
se reúnen los invitados de sabiduría diversa.
La *torma-joya*[302] de la vacuidad
se recubre con la mantequilla de la escucha y la reflexión.
La flecha con bandera[303] de la sabiduría autogenerada se planta
y el banquete está listo para todo el mundo.

El guru, el maestro adivino,
está engalanado con el turbante de la fe, el interés y el respeto
devotos.
El bönpo erudito en las escrituras profundas
cabalga sobre el corcel de los medios y la sabiduría.
La deidad masculina, el *kaya* bön[304], Samantabhadra,
recibe la ofrenda del yak de los nueve *yanas* sucesivos.
El *dralha* de las cinco familias sambhogakaya
recibe la ofrenda del cordero de las cuatro secciones de los
tantras.
La deidad de la vida[64], el nirmanakaya *sugata*,
recibe la ofrenda de la cabra de los tres *pitakas*.
El sanador adivino que purifica los elementos[305]
recibe la ofrenda de la *torma* de los cuatro inconmensurables.
Así es como se realizan las excelentes ofrendas.
Este es el capítulo sexto: el banquete de acción de gracias.

---

[302] Las fuentes difieren sobre este objeto ritual (tib: *'brang rgyas*). Unos dicen que se trata de una torma moldeada con forma de corazón (TDC), otros dicen que tiene la forma y la decoración de una joya (TN). Dan Martin dice que se trata de una torma recubierta de mantequilla que se ofrece a las deidades locales cuando se desea hallar algún tesoro enterrado. Sakya Pandita refiere, en su *Classifying the Three Vows*, que él ha sido incapaz de encontrar alguna referencia en fuentes indias para esta torma; de manera que podría tener sus orígenes en la tradición bön (Martin 2001, 63).

[303] Se trata de una flecha con una banderola de seda que se utiliza en diversos rituales.

[304] Se trata del equivalente bön del dharmakaya.

[305] "El sanador adivino" (tib: *mo sman*) se refiere a la propia tradición bön; y "purifica los elementos" significa que cura la enfermedad. (TN)

En cuanto a los yaks, los corderos y las cabras de antes:
para la cabra de la vasta esencia bön[306],
el carnicero de la omnisciente sabiduría primordial
blande la espada afilada con *prajña*.
Él realiza el sacrificio con las dos acumulaciones,
corta la aorta de las dos ignorancias
y desuella la piel de la conceptualización.
Con la intención de los sutras y los tantras trocea los cuartos
y separa las articulaciones con las escrituras y la lógica.
Con la cuchilla de las instrucciones esenciales, corta las piezas.
Las distintas partes de la carne de los fenómenos bön
se meten en el caldero de la vasta esencia bön[307],
los tres *kayas* espontáneamente presentes se colocan sobre la
trébede del corazón[308]
y se enciende el fuego de los cuatro inconmensurables.
La experiencia y la realización lo cocinan todo de manera perfecta
y se sirve con la unión de la meditación y la posmeditación.

En la excelente mansión de la vasta esencia bön,
desde la ciudad de las seis clases confusas,
una diversidad de invitados se reúne en la plaza del mercado.
Elaboradas por las expertas manos de las cinco sabidurías,
la comida y la bebida de la multiplicidad presentan el sabor único
y son servidas para todo el mundo igual.

Al guru dotado de linaje y sabiduría
se le sirve la parte superior de la abundancia.

Al guru que transmite las *upadeshas*
se le sirve la aorta del camino de la liberación y el despertar.

---

[306] Ver la nota siguiente sobre la esencia bön.

[307] El fenómeno bön (tib: *bon can*) y la esencia bön (tib: *bon nyid*) son los equivalentes bön de *dharmin* (fenómeno; tib: *chos*) y de *dharmata* (naturaleza de los fenómenos; tib: *chos nyid*), respectivamente, de la filosofía budista.

[308] Una estufa tibetana tradicional usada comúnmente por la cultura nómada con forma de trébede, o sea, con tres patas (tib: *sgyed pu*).

Al guru que guía a los seres sensibles en el samsara
se le sirve los ojos, la clara facultad de los sentidos.

Al guru que es experto en las palabras y su significado
se le sirve la lengua que paladea los sabores exquisitos.

A la sangha que mantiene las reglas del vinaya
se le sirve el gozo que es pureza y paz.

Al bönpo que comprende la causa y el efecto
se le sirve la carne y el licor de beneficiar a sí mismo y a los
demás.

Al yogui que realiza lo no nacido
se le sirve la grasa del gran gozo.

A los *sthaviras*[309] que protegen las enseñanzas
se les sirve la laringe que beneficia a todos.

Al practicante de los métodos del Mantra Secreto
se le sirve la parte superior de la experiencia del gran gozo.

Al meditador que medita sobre la impermanencia
se le sirve la parte inferior del camino de la iluminación de los
medios.

A quienes no caen en el fanatismo de los dogmas
se les sirve el hueso superior del pecho que armoniza con todo.

A los que poseen una compasión libre de prejuicios
se les sirve los huesos de la mano de los cuatro inconmensurables.

A la persona que siente hastío hacia todo lo mundano
se le sirve la carne del pecho que está libre de la raíz del apego.

Al líder que promueve el bienestar social
se le sirve la paletilla de la aspiración.

Al sanador de la nutritiva *bodichita*
se le sirve el lomo de esta vida y de la próxima.

---

[309] Los dieciséis arhats encargados por el Buda Shakyamuni de proteger las enseñanzas
(tib: *gnas brtan*).

A la persona que tiene fe, interés y respeto
se le sirve el corazón de los puntos clave de las instrucciones.

A la persona fiel que no se aparta nunca de la virtud
se le sirve el hígado libre de autoengaño sobre la causa y el
efecto.

A los que tienen fe y una gran diligencia
se les sirve los riñones de la sabiduría y de los medios.

Al principiante espiritualmente inmaduro
se le sirve la grasa de la habilidad provisional y definitiva.

Al yogui que no se aparta nunca de lo que ha experimentado
se le sirve las entrañas de las instrucciones profundas.
Este es el capítulo séptimo: el servicio a los superiores en el
banquete.

De esta forma el banquete ha sido preparado de forma excelente.
Ahora viene el reparto del banquete a la gente ordinaria.
La base es la misma, pero el orden es diferente;
hay una diferencia entre los invitados de más calidad y los
vulgares.

Al monje que se comporta con arrogancia
se le sirve el pene de perceptor y percibido[65].

A los maestros que repiten de memoria las palabras
se les ofrece el costillar que muestra un aspecto de liberación,
pero está vacío por dentro[66].

Al maestro arrogante solo preocupado de su fama
se le sirve la parte del cuello de la nuca sin carne.

A los altivos practicantes de la magia negra
se les sirve la médula espinal[67] de los demonios malevolentes.

A los monjes con prejuicios y favoritismos
se les sirve la espina de la discordia y el conflicto.

A quienes están ansiosos por la comida y el disfrute de las
distracciones[68]
se les sirve la punta de la nariz de la meditación desperdiciada.

A los practicantes del dharma que andan rondando por la ciudad
se les sirve las orejas de la práctica superficial.

A los discípulos con poca fe y puntos de vista incorrectos
se les sirve el bazo, que es más perjudicial que saludable.

A los que se dedican a crear desavenencias en la región
se les sirve la bilis que amarga a todo el mundo.

Al gran maestro incapaz de realizar la naturaleza de la mente
se le sirve el ancho y vacío diafragma.

Al yogui que practica mirando hacia fuera
se le sirve el pulmón, que es grande pero tiene un significado
pequeño.

Al meditador que se pavonea a lo grande de su pequeña
comprensión
se le sirve la parte inferior de la piel del pecho.

A los monjes bönpos y budistas que hacen *pujas* domésticas y
comen animales
se les sirve las vísceras del apego y el odio acumulados.

A los adivinos que hablan con exageraciones y mentiras
se les sirve la vejiga llena de líquido.

A aquellos que no le conceden importancia a la causa y el efecto
se les sirve el rabo de la caída en los extremos del eternalismo y
el nihilismo.

A quienes no están orientados hacia la vía de la virtud
se les sirve el ano del autoengaño y la muerte de los demás.

A quienes se quedan enganchados en *samatha*
se les sirve el cerebro de la ilusión y la ignorancia.

A los charlatanes astutos que proclaman estar en posesión de las
grandes enseñanzas del dharma
se les sirve los intestinos de renacer en el samsara.

A los que tienen un gran apego a los negocios
se les sirve el tumor de quedar enredados en todo.

A aquellos que son indiferentes hacia lo no nacido
se les sirve las partes sin carne ni grasa.

A quienes tienen pocos méritos y mucha falta de la raíz de la
virtud
se les sirve la nuez de adán carente de daño y beneficio.

A aquellos que tienen poco estudio y van de maestros
se les sirve la parte de las entrañas donde se juntan los órganos
inferiores[69].

A aquellos que se sientan en las rocas haciendo una meditación
estúpida
se les sirve las tripas, que son suaves por fuera y ásperas por
dentro.

A los líderes que solo acumulan riquezas
se les sirve la parte baja del esófago.

A las mujeres egoístas de habla temperamental
se les sirve el morro, con sus orificios internos y externos[70].

A los ricos maniatados por la avaricia
se les sirve el vientre que acumula y retiene.

A la persona que confía en esta vida
se le sirve los testículos, hermosos por fuera pero repugnantes por
dentro.

A los estudiantes cuya habla es perfecta y cuyo corazón es negro
se les sirve las entrañas putrefactas presentadas como rica carne.

A las mujeres entregadas al libertinaje
se les sirve la uretra, dura como la roca.

A los padres que albergan a una gran cantidad de familiares en la
casa
se les sirve la piel que se ha estirado hasta el límite.

A los que se han casado sin tener nada de nada
se les sirve los intestinos de esta vida y la próxima, ambas
iguales.

A los desafortunados que han abandonado el dharma
se les sirve un caldo sin pizca de carne.

A los que postergan la práctica del dharma
se les sirve los restos de la pereza y la corrupción.

A los muchos seres que permanecen en el estado del bardo
se les sirve las migajas de la carne de las ofrendas rituales.

El carnicero, por medio de la sabiduría omnisciente,
otorga las cuatro iniciaciones de las cinco puertas de la
autoliberación.
El cucharón del maestro de sabiduría
está lleno del dulce licor de la experiencia,
que se sirve a todo el mundo sin mirar su alto o bajo rango.
Suplica que puedas tener la base[310].
Ahora, toma este alimento y bebe este licor.
Este es el capítulo octavo: el banquete.

Ahora, un poco de debate sobre la petición de perdón.
Budas, os ruego que prestéis atención a lo que tengo que decir
con las Preciosas Joyas residiendo en el espacio inmanifestado,
el guru sentado en mi coronilla como ornamento
y los compañeros del dharma de cualquier rango.

En primer lugar, establece la noción de la impermanencia de la
vida.
A continuación, interpreta las historias de las vidas ejemplares de
acuerdo a tu carácter.
Para acabar, hasta donde seas capaz,
encuentra determinación a través de los textos llenos de sentido y
propósito[71].
Todas las causas directas que sean mías, pero hayan quedado
obviadas,
cualquier cosa que yo haya dejado por decir,
y cualquier error debido a mi ignorancia y mi falta de

---

[310] 'Base' aquí se refiere a la realización de la naturaleza de la mente. (DPR)

comprensión,
ruego a esta asamblea que me sean perdonados.

Ahora el jefe de la casa cantará una canción solemne.
En primer lugar, cada vez que caigo enfermo,
soy un yogui que posee diligencia
y llamo a un adivino, un maestro bön.
A continuación, cuando recibo la adivinación,
yo, un yogui de corazón generoso,
ofrezco un tributo sin sentimiento de pérdida.
Cuando organizo el festín de acción de gracias,
soy rico y mi riqueza es inagotable.
Luego, cuando dispongo el banquete,
soy un yogui con experiencia
y conozco el rango de cada invitado.
Después, cuando me entrego al debate,
soy tolerante con todo el mundo.
Y, finalmente, cuando el banquete de la experiencia se lleva a
cabo,
pido perdón sin empacho
y hago aspiraciones para que el samsara se vacíe.

Este bön, ¿qué clase de bön es?
Los veintidós miembros de la familia son bön.
Cuando uno es atrapado, es bön quien lo suelta.
Si existe esclavitud, es bön quien libera de ella.
Cuando hay represión, es bön quien la levanta.
Esta es la forma tradicional en que nosotros debatimos.

Embriagaos con el licor del *dharmata*,
jugad en la experiencia del Gran Salto más allá[72].
¡Esta cancioncilla con sus dos poderes, juego y disfrute!
¡Esta bendición de la práctica, qué maravilla!
Quedad satisfechos con la amable charla, fluida e intacta;
la risa de la felicidad, clara y mantenida;
el manantial de la práctica, siempre fluyendo;
el clamor de las bendiciones, desembarazado y continuo;

¡me siento tan alegre y feliz por la bondad del guru!
Este es el capítulo noveno: el debate.

El Jetsun dio su bendición de esta forma, cantando al estilo bön. Cuando el enfermo quedó libre de su enfermedad, sus hijos, médicos, sirvientes, su séquito y maestros espirituales se sintieron encantados. La gente del pueblo, también dijo: "El enfermo ha sido rescatado desde el umbral de la muerte y ha revivido. Sin duda, la práctica budista tiene más bendiciones que la práctica bön". Y todos adquirieron una fe inquebrantable en el Jetsun.

En ese punto, el hombre que había estado enfermo dijo:

- Lama, todo lo que has estado haciendo aquí no era bön, era dharma budista. Antes, yo era un bön devoto, pero ahora tengo confianza y devoción en el budismo. Concédeme, te lo ruego, a mí y a todos mis hijos, entrar por la puerta del dharma.

El Jetsun dio su consentimiento, y el rico y sus ocho hijos que estaban presentes entraron todos en el dharma.

Entre ellos, estaba uno que había hecho la formación bön completa y conocía todas las buenas cualidades de un bönpo. Este también adquirió una fe inquebrantable en el Jetsun y en el dharma genuino. Le dijo a Milarepa:

- En general, las formas y el lenguaje de la religión bön[311] y del dharma genuino son similares. Sin embargo, existen diferencias en la compasión y en la actividad. En concreto, cuando se realizan los rituales de la Vía de Shen[312], al menos un ser vivo acaba siendo sacrificado. Las fuentes de refugio y los objetos de veneración son siempre deidades mundanas. Con sus prácticas, uno no adquiere confianza a la hora de la muerte, y muere con un sentimiento de miedo y terror. Así que, yo ahora también deseo dejar el bön y practicar el dharma.

---

[311] Literalmente: "La práctica de Shen" (tib: *sgrub gshen*). Para una explicación de 'Shen', ver la nota siguiente.

[312] Tib: *snang gshen*. Shen (*Tönpa Shenrap*) es el principal maestro de la tradición bön, equiparable a Shakyamuni en la tradición budista. "La Vía de Shen" es otra forma de referirse a la religión bön.

Y le pidió poder seguirle y ser su asistente.

El Jetsun, pensando que ese hijo era un discípulo idóneo para ser educado, lo aceptó; y, tras recibir las iniciaciones y las instrucciones, maduró y alcanzó la liberación. Este hombre llegó a ser conocido como Shengom Repa, uno de los hijos íntimos de Milarepa.

El padre y sus familiares le proporcionaron al Jetsun el servicio más excelente mientras permaneció en La Fortaleza de Lang-go Ludü, en La Fortaleza de las Ovejas de la Cueva Oculta y en La Fortaleza de Palkhü. De este modo, bloquearon las puertas de los reinos inferiores del samsara y se establecieron en el camino de la liberación y de la omnisciencia.

Este es el ciclo del encuentro con Dziwo Repa, el principal ser realizado (de este ciclo) en La Fortaleza de Lapuk Pema y en La fortaleza de las Ovejas de la Cueva Oculta; y del encuentro con Shengom Repa, otro de los hijos íntimos de Milarepa.

# 25. El encuentro con Rechungma

Namo Guru

El Jetsun Milarepa, acompañado por su asistente e hijo del corazón Rechungpa, andaba pidiendo donativos, en la práctica de 'el sabor único', y beneficiando a los seres, cerca de Los Cinco Pequeños Lagos, en la frontera con la región de Drik. Por entonces, se corrió la voz, la gente decía: "El Jetsun y su hijo discípulo están practicando en La Montaña Nevada de Tisé, cerca del Lago Manasarovar". De forma que todo el mundo se enteró de que ambos estaban allí.

Algunos estudiantes de Choro, en la frontera de Drik, habían oído también hablar de ellos, y estaban convencidos de que eran verdaderamente maravillosos y sorprendentes. La devoción se había despertado en ellos, y dijeron: "El maestro *sidha* y su discípulo están de camino; vayamos nosotros a verlos". Llevaron con ellos abundantes provisiones para presentar su respeto y sus servicios, y se encontraron con el Jetsun y sus discípulos.

Entre ellos iba una joven que, habiendo oído contar la historia de la vida del Jetsun, había sentido una fe inquebrantable. Se trataba de la emanación de una *dakini* de sabiduría, inspirada por una gran fe, diligencia, sabiduría y compasión. Era de buena familia y tenía unas circunstancias afortunadas. Cinco chicas jóvenes, con ella a la cabeza, de forma unánime, cantaron una canción retando al padre Jetsun y a su hijo a que mostraran ser cierto lo que se decía sobre su experiencia y su práctica:

> Tomamos refugio en las sublimes Tres Joyas.
> Por tu gran compasión, concédenos tus bendiciones.
>
> Estos dos eminentes repa yoguis
> gozan de una gran reputación por doquier.
> Todos vosotros, hombres y mujeres fieles aquí reunidos,
> no digáis nada, por favor, y escuchad un momento.
>
> Nosotras, jóvenes de noble familia,
> ofrecemos esta canción de placentera melodía.
> En verso, ilustraremos nuestros ejemplos.

Guardad en vuestros corazones cualquier significado que pueda seros útil.

Os la ofrecemos a vosotros dos, repas.

La blanca y nevada Tisé es bien famosa;
incluso los que no la han visto, han oído hablar de ella desde lejos.
Algunos dicen: "Es como una estupa de nieve cristalina".
Sin embargo, cuando una se aproxima y la ve de cerca,
la cima de la montaña se encuentra envuelta en nieve,
sus laderas se hallan completamente rodeadas de nieve
y su base se presenta rodeada de colinas cubiertas de yerba.
Pero no hay nada que sea asombroso;
¿dónde está la maravilla en todo ello?

El Lago Turquesa Invencible[313], tan afamado,
incluso los que no lo han visto, han oído hablar de él desde lejos.
Algunos dicen que el lago es un mandala turquesa.
Sin embargo, cuando una se aproxima y lo ve de cerca,
no es más que un agujero lleno de agua,
con arroyos que se escurren de él,
rodeado de campos y rocas.
Pero no hay nada que sea asombroso;
¿dónde está la maravilla en todo ello?

La Peña Roja del Poto[314], tan afamada,
incluso los que no la han visto, han oído hablar de ella desde lejos.
Algunos dicen: "La peña es como un montón de gemas".
Sin embargo, cuando una se aproxima y la ve de cerca,
no es más que una roca que sobresale en la pradera,
un pequeño bosque de árboles crece en ella
y el agua rodea su base.

---

[313] Mapham Yutso (El Lago Turquesa Invencible) es el nombre tibetano del Lago Manasarovar.

[314] En tibetano, Drakmar Poto (*brag dmar spo mtho*).

Pero no hay nada que sea asombroso;
¿dónde está la maravilla en todo ello?

Vosotros dos sois conocidos como el Gran Repa y el Pequeño
Repa.
Incluso los que no os han visto, han oído hablar de vosotros desde
lejos.
Algunos dicen: "¡Son unos grandiosos yoguis *sidhas*!".
Sin embargo, cuando una se aproxima y os ve de cerca,
no sois más que un hombre mayor y un hombre joven, sin nada
especial.
Vais por el mundo desnudos sin sombra de vergüenza,
tarareando humildes melodías.
Vestís como os da la gana
y cubrís vuestros cuerpos con túnicas de algodón.
Vivís de la comida que vais mendigando que os den
y ambos hacéis lo que os apetece.
Pero no hay nada que sea asombroso;
¿dónde está la maravilla en todo ello?

Para nosotras, hermanas que hemos ido a todas partes,
el viaje de esta mañana ha sido poco productivo.
No hay lugar que no hayamos visitado
y el viaje de esta mañana solo nos ha producido dolor de pies.
Nosotras somos hermanas que ya lo hemos visto todo
y hoy no hemos visto más que a un viejo y un joven.
Nosotras somos hermanas que ya lo hemos oído todo
y hoy no hemos oído más que un montón de tonterías.
Vosotros dos, o sois los sucesores de los Victoriosos
o simples obstrucciones amañadas por algún demonio.
Dado que no hay otras posibilidades aparte de estas dos,
hemos decidido que sois obstrucciones del demonio.
Si habéis entendido esta canción, dadnos una respuesta.
Y si no la habéis entendido, entonces, yoguis, ¡largaos de esta
tierra!

Así, ofrecieron su canción de debate. Y, entonces, el Jetsun dijo:

- Rechungpa, esta montaña nevada y sus tres lagos son lugares de práctica que ya fueron profetizados por el Baghavan[315]. Si no respondemos a este ataque, todas ellas acumularán karma negativo y la grandeza de este lugar será malinterpretada. Dado que nosotros dos, yoguis que mantenemos una conducta espontánea con nuestras tres puertas, hemos sido objeto de escarnio, respondamos desde la naturaleza yóguica y mostremos que aquellas cosas que ellas perciben como faltas son en realidad buenas cualidades. ¡Únete a mí, tu padre!

Y, así, cantaron esta canción de realización en respuesta a la canción de las hermanas:

> Vosotras, fieles estudiantes aquí reunidas,
> jóvenes expertas en melodiosas canciones,
> vosotras cinco diestras en el lenguaje poético,
> y tú en especial, la líder: céntrate en el significado y escucha.
>
> ¿Sabéis quiénes somos o no?
> Por si no sabéis quiénes somos,
> somos los Repas, el Grande y el Pequeño;
> yo, el hombre mayor que está cantando a la derecha,
> soy el yogui Milarepa
> y este joven que me acompaña a mi izquierda
> es el yogui Rechung Dordrak[316].
> Para ampliar vuestras placenteras palabras y vuestro
> conocimiento,
> responderé directamente a vuestras afirmaciones a través de
> símbolos.
> Guardad en vuestros corazones el sentido de esta canción
> que surge de la experiencia y la realización.
>
> La famosa blanca y nevada Montaña de Tisé,
> incluso los que no la han visto, han oído hablar de ella desde
> lejos.
> Algunos dicen: "Es como una estupa de nieve cristalina".

---

[315] Buda.

[316] *Dordrak* es una contracción de Dorje Drakpa, que es el nombre propio de Rechungpa.

Pero cuando uno se aproxima y la ve de cerca,
esta cima de la montaña envuelta en nieve
fue profetizada con antelación por el Sugata.
Y llegó a ser conocida como La Gran Montaña Nevada[317].
Es el ombligo y el eje del Jambudvipa.
Es el lugar donde el león blanco reside mayestáticamente.
Esta montaña, que es como una blanca estupa de cristal,
es el lugar del glorioso Chakrasamvara.
Las montañas nevadas que la circundan
son las sedes de los quinientos *arhats*[318],
objeto de ofrendas para las ocho clases[319].
Las colinas cubiertas de yerba que rodean su base
son colinas de fragantes inciensos
y producen un elixir medicinal para la cura de las enfermedades
que amenazan la vida.
Un lugar supremo donde esperar la realización,
un sitio donde encontrar el inmaculado *samadhi*.
No hay otro lugar más maravilloso que este,
no hay otro lugar más asombroso que este.

El afamado Lago Turquesa Invencible,
incluso los que no lo han visto, han oído hablar de él desde lejos.
Algunos dicen que el lago es un mandala turquesa.
Y cuando uno se aproxima y lo ve de cerca,
parece un agujero lleno de agua.
Este agujero lleno de agua
fue profetizado con antelación por el Sugata.
Él lo llamó "El Lago que Nunca se Calienta".
Es la fuente donde los cuatro grandes ríos se funden,
un lugar donde abundan los peces y las nutrias.

---

[317] Riwo Gang Chen es otro de los nombres que recibe el Monte Kailash (tib: *ri bo gangs can*).

[318] Los arhats son seres realizados que han alcanzado la completa liberación de las aflicciones y del sufrimiento.

[319] Las ocho clases de devas y espíritus son: devas, nagas, yakshas, gandharvas, asuras, garudas, kimnaras y mahoragas (TDC).

Este lago, que es como un mandala turquesa,
es el palacio de los ocho grandes *nagas*.
Los pequeños arroyos que fluyen desde él
son ríos por los que corre un elixir de leche.
Es el lugar donde se bañan un centenar de deidades de las
ofrendas
y posee las ocho buenas cualidades del agua.
Su base está embellecida por campos y rocas.
Es la casa del tesoro de los *nagas* menores.
Es un lugar donde crecen los árboles Jambutrisha,
que dan al continente meridional su nombre, Jambudvipa[320].
No hay otro lugar más maravilloso que este,
no hay otro lugar más asombroso que este.

La Peña Roja del Poto, tan afamada,
incluso los que no la han visto, han oído hablar de ella desde
lejos.
Algunos dicen que esta peña es como un montón de gemas.
Pero cuando uno se aproxima y la ve de cerca,
no es más que una roca que sobresale en la pradera.
Esta roca que simplemente sobresale en la pradera
fue profetizada con anterioridad por el Sugata
y llegó a ser conocida como La Montaña Negra Perforadora[321].
Al norte de los bosques de la Tierra Central,
se halla la frontera entre La India y El Tíbet,
un lugar donde deambulan los tigres veteados.
En el bosque que crece en este lugar
hay sándalos medicinales,

---

[320] *Jambutrisha* es una transliteración corrupta del nombre tibetano que aparece en el original (*shing 'dzam bu tri sha*), que a su vez es transliteración de un término sánscrito. 'Jambu' es el nombre de una fruta (posiblemente *Syzygium cumini*).

[321] Tib: *Ri Nakpo Bikche'* (*ri nag po 'bigs byed*), que significa literalmente "la montaña negra que perfora". El lugar geográfico concreto en que se halla es incierto. James Valby dice que: "'*bigs yo* es la Sierra de Vindhya, en La India" (JV). Según la mitología hindú, la sierra de Vindhya compitió en su momento con el Monte Meru en altura, pero fue sometida para que la trayectoria del sol permaneciera en relación únicamente con el Monte Meru. Tal vez exista alguna relación entre ese mito y el lugar mencionado en esta canción. Otra referencia a 'Bikche' aparece en la famosa plegaria de las veintiuna alabanzas a Tara.

el árbol de las seis excelentes medicinas.
Esta peña, que es como un montón de gemas,
es un palacio donde habitan sabios celestiales,
un lugar solitario profetizado por las *dakinis*,
una morada para los *sidhas* del pasado.
A causa del agua que rodea su perímetro exterior,
es difícil llegar hasta allí para cualquiera.
No hay otro lugar más maravilloso que este,
no hay otro lugar más asombroso que este.

Nosotros, conocidos como el Gran Repa y el Pequeño Repa,
incluso los que no nos han visto, han oído hablar de vosotros
desde lejos.
Algunos dicen: "¡Son unos grandiosos yoguis *sidhas*!".
Pero cuando uno se aproxima y nos ve de cerca,
no somos más que un viejo y joven, sin nada especial.
Este hombre mayor y este joven que no somos nada especiales
hemos agotado todos los conceptos de los nombres y los
símbolos.
Nosotros, que vamos por el mundo desnudos sin sombra de
vergüenza,
estamos libres de la vestimenta del perceptor y lo percibido.
Vestimos como nos da la gana:
hemos superado el invento de la vergüenza.
Vamos tarareando humildes melodías
que brotan de las profundidades de nuestra experiencia.
Con nuestros cuerpos cubiertos con túnicas de algodón
el calor del gozo de *chandali* echa fuego.
Viviendo de la comida que vamos mendigando,
hemos sometido el ansia de las cosas deseables.
Y haciendo lo que nos apetece,
la séxtuple conciencia se mantiene relajada, a gusto.
Somos gurus que guiamos a los afortunados;
los dotados de fe nos buscan para solicitar nuestras instrucciones.
Somos un objeto de culto para que hombres y mujeres
benefactores nos circunvalen.
Somos el lugar al que los sabios acuden para pedir consejo,

donde los meditadores vienen a ofrecer su experiencia y su realización.
Somos quienes han suprimido el sentimiento de culpa de su fuero íntimo.
Hemos resuelto la base, nuestra naturaleza básica,
y hemos manifestado la realidad no nacida.
Hemos penetrado la mente innata en sí misma.
Los signos de la realización del camino han florecido en nuestras mentes.
Hemos realizado el dharmakaya para nuestro propio beneficio
y poseemos la compasión para el beneficio de los demás.
¡No hay nada más maravilloso que esto!
¡No hay nada que sea más asombroso que esto!

Vosotras, fieles estudiantes aquí reunidas,
vosotras que habéis andado por muchos lugares,
vuestros peregrinajes previos os han cansado.
Si queréis peregrinar de verdad, id a Aryavarta[322].
Vosotras que decís que habéis estado en todas partes.
Vuestros viajes previos os han dejado doloridos los pies.
Si pensáis ir a algún otro lugar, id entonces a Bodhgaya.

Vosotras que decís que lo habéis visto todo,
todo lo que habéis visto hasta ahora ha sido insignificante.
Si queréis ver algo distinto,
id entonces a los mágicos parajes de Lhasa.

Vosotras que decís que lo habéis oído todo,
todo lo que habéis oído hasta ahora ha sido cháchara inútil.
Si queréis oír algo distinto,
escuchad entonces las instrucciones esenciales del Linaje de la Escucha.

Vosotras que decís que habéis conocido a tanta gente,
todos con los que habéis estado hasta ahora eran vuestros

---

[322] Es el nombre que se le da al norte de La India en la literatura sánscrita clásica (tib: *'phags pa wa ti*).

parientes.

Si queréis conocer a alguien distinto, quedaos al lado de un noble
guru.

Vosotras que decís que ya lo habéis hecho todo,
todo lo que habéis hecho hasta ahora no ha sido sino producir
karma.
Si queréis hacer algo distinto, practicad el dharma sublime.

Esta réplica sale de la boca de un hombre maduro.
Si la entendisteis y reflexionáis sobre ella, contiene instrucciones
esenciales.
Si no la entendéis, entonces esta cancioncilla
es solo como nosotros, dos yoguis haciendo su santa gana.
Vosotras, estudiantes, andad y volved a vuestras casas.

Así cantaron.

Entre todas ellas, la joven que estaba en medio tuvo un arrebato de fe.
Y, hecha un mar de lágrimas, tomó primero la joya que llevaba ensartada
en el cinturón, y luego las que llevaba prendidas en el pelo, y se las puso
al Jetsun en la mano. Y las cinco dijeron:

- Nosotras, las cinco hermanas, entraremos por la puerta del dharma y
nos dedicaremos a los retiros de montaña. Te suplicamos que seas compasivo y nos des las instrucciones profundas.

Y, a continuación, cantaron esta canción de súplica:

El compasivo linaje de la experiencia y la realización,
transmitido por el dharmakaya, el gran Vajradhara,
como una llama se transmite de una lámpara a otra,
los sostenedores de ese linaje, ¿no fueron Tilopa y Naropa?

El que viajó afrontando grandes penalidades
para estar en presencia de Tilopa y Naropa,
¿no fue Marpa el Traductor?

El ser asombroso que soportó tantos trabajos
al lado de Marpa el Traductor,
¿no es el gran repa de las austeridades?

El que va desnudo con aspecto resplandeciente,
cuyos discursos inagotables tienen la voz de Brahma,
y cuya mente sabia y amorosa no cesa de brillar,
me postro ante el cuerpo, el habla y la mente del padre repa.

Las cinco hermanas reunidas aquí
no han acumulado mucho mérito hasta ahora.
Aunque dotadas de cuerpos humanos, hemos tenido un
nacimiento inferior[323]
sin la libertad para practicar el sublime dharma.
Ahora mismo, por medio de las bendiciones del Jetsun,
la fe ha nacido en lo profundo de nuestras mentes.
La preciosa joya ensartada en mi cinturón
y las joyas que adornan mi cabeza
te las ofrezco, supremo Repa.
Por tu bondad, te rogamos que nos concedas el sagrado dharma.
Te pedimos, por favor, que hagas llegar a nuestros oídos
algo de la historia de la vida de los grandes repas.

De esta manera suplicaron, con el deseo de entrar por la puerta del dharma.

El Jetsun les dijo:

- No necesito las joyas de tu cinturón y tu peinado. Si todas vosotras tenéis el anhelo sincero de practicar el dharma, hay otros gurus más instruidos en el dharma y mejores que yo. Id a buscar el dharma a otra parte. Yo no siento apego por la comida ni por la ropa, y voy errante por lugares vacíos y deshabitados. Vosotras no podéis seguir mi forma de vida. Es muy dudoso que soportarais tan duras condiciones y la escasez de ropa y comida. De modo que escuchad esta canción.

Y, a continuación, les cantó esta canción de realización:

Por medio de las bendiciones del supremo Vajradhara,
pudo sobrellevar extremas dificultades

---

[323] "Nacimiento inferior" (tib: *skye ba dman*) se refiere al hecho de haber nacido como mujeres, que debe entenderse como una desventaja, particularmente durante la era y la cultura en que tiene lugar lo narrado.

para llegar a la presencia de Tilopa y Naropa.
Lotsawa, hablante de dos lenguas,
¿acaso no se trata de Marpa el Traductor?

Yo, Milarepa, que he sido sustentado por su compasión,
soy hijo de Mila Sherap Gyaltsen,
mi madre fue Nyangtsa Katgyen
y me dieron el nombre de Töpa-ga[324].
Las causas previas tienen efectos inevitables,
y por los pocos méritos de mi familia
mi padre Mila murió enseguida.
Toda nuestra ilusoria riqueza y nuestra comida
nos fue arrebatada a la fuerza por mi tío y mi tía;
mi familia se convirtió en su sirviente.
Para comer, nos daban lo que se le echa a un perro;
para vestir, apenas teníamos retales y harapos
con los que debíamos protegernos del viento.
Vivíamos continuamente acosados por los golpes de mi tío
y mi tía nos miraba a todas horas de mala manera.
Yo ocupé el lugar del más humilde sirviente
y los sufrimientos se nos venían encima uno tras otro.
Nuestro sufrimiento y nuestra desesperación eran completamente
insoportables.

Con los gurus Yungtön y Rangtön Lhaga
completé los estudios de brujería, hechizos y granizo.
Envié la ruina a toda la gente de la región,
con mi tío y mi tía a la cabeza.
Más tarde, pensando en ello, me entró remordimiento.
"El bendecido por los maestros Naropa y Maitripa
vive en Lhodrak Chükhyer Phu", oí a alguien.
Había oído hablar desde hacía tiempo del insigne Traductor,
y tras un viaje difícil, llegué a su presencia.
A los pies del bondadoso padre, yo, Milarepa, permanecí
durante seis años completos y ocho meses.

---

[324] Es el nombre natal de Milarepa (tib: *thos pa dga'*), que significa 'encantador al oído'.

> Construí, como práctica de purificación,
> una torre de nueve plantas con patio.
> Y luego el bondadoso padre me aceptó.
> Al alcanzar la visión última del mahamudra
> recibí la indicación de la profunda naturaleza esencial;
> me dio los seis dharmas de Naropa, el camino de los medios,
> y la corriente de las cuatro iniciaciones, el camino de la
> maduración.
> En cuanto a las prácticas del glorioso Naropa,
> me dio consejos para desarrollar confianza en ellas.
> Luego, libre de toda pereza,
> renuncié a esta vida y me dediqué a la meditación.
> Por medio de ella, atravesé la puerta de la perpetua felicidad.
> Así es como me convertí en un yogui.
> Si os ha complacido la historia, cinco hermanas, ahora debéis
> iros.

Así cantó.

Todas ellas sintieron una fe suprema e inquebrantable en la historia del Jetsun, y le pidieron que las llevara con él y les dejara atenderlo. El Jetsun respondió:

- Todas vosotras sois unas niñas mimadas, amadas hijas de familias ricas, y nunca seríais capaces de soportar las penalidades de seguirme. Aunque, si practicarais el dharma, tal vez sí fuerais capaces. ¿Creéis que podríais? Pensadlo bien.

Y, a continuación, cantó esta canción de realización, tratando de indagar su nivel de entusiasmo:

> Me postro a los pies de Marpa el Traductor.
> Vosotras, cinco hermanas aquí reunidas,
> si desde el fondo de vuestro corazón deseáis practicar el sublime
> dharma
> y creéis que podéis seguirme,
> considerad el significado de esta canción y tendréis vuestra
> respuesta.

Por medio de la resolución y la perseverancia
y afrontando muchas penalidades,
¿seríais capaces de seguir las órdenes del guru?

Aunque abandonarais a partir de este momento
vuestra tierra, esa cárcel de los demonios,
¿podríais deambular por los salvajes retiros de montaña?

Los demonios que os tienen atadas -familiares y parientes-,
aunque seáis conscientes de que son perjudiciales y los
abandonéis,
¿podríais confiar en un guru genuino?

La comida y la riqueza -el demonio del engaño-,
aunque seáis conscientes de su veneno y las abandonéis,
¿podrías sobrellevar la dureza de la escasez de provisiones?

Aunque abandonéis la elegante y suave ropa de Ü,
¿podríais encender el calor y el gozo de *chandali*?

Aunque abandonéis a las personas íntimas de casa,
¿podríais ir errantes por tierras vacías y deshabitadas?

Aunque abandonéis las ocho preocupaciones mundanas,
¿podríais adoptar una posición humilde con vuestras tres puertas?

Aunque abandonéis la idea de que esta vida es permanente,
¿podríais meditar en la incertidumbre del momento de la muerte?

Si podéis hacer todo esto, entonces venid y seguidme.
De acuerdo con la regla de los gurus Kagyu,
os daré las instrucciones del camino de los medios del Mantra
Secreto,
os abriré la puerta de las iniciaciones y las bendiciones.

Así cantó, y las jóvenes se regocijaron con júbilo. Su líder dijo:

- Dado que los cuatro elementos nos han hecho adquirir un cuerpo femenino, tenemos un nacimiento inferior. Sin embargo, la naturaleza de buda no distingue entre hombre y mujer. Nosotras hemos visto los defectos del samsara. Y, habiéndolo hecho, no tenemos otra posibilidad que practicar las órdenes del guru. Así que, llévanos contigo y deja que te atendamos. No te preocupes, por favor, de si somos o no capaces de practicar.

Y, a continuación, cantaron esta canción de manifestación de su deseo de seguirle como ayudantes y de su confianza en ser capaces de practicar las órdenes del guru:

Padre precioso, noble guru,
cuyo cuerpo desnudo tiene un aspecto resplandeciente,
por medio de la conducta austera beneficias a los demás.
Nos postramos a los pies del Jetsun Repa.

Nosotras, las cinco hermanas aquí reunidas,
hemos obtenido un cuerpo inferior en esta vida,
pero la *bodichita* está más allá de lo masculino y lo femenino.
Hemos visto los defectos del samsara,
y sobrellevando las penalidades y el sufrimiento
practicaremos las órdenes del guru.

Nuestra tierra, la prisión de Mara,
abandonándola para siempre, iremos errantes en retiros de
montaña.

Las distracciones de Mara -familiares y parientes-,
abandonándolas para siempre, sobrellevaremos todas las
dificultades.

Abandonando también la suave ropa de Ü,
encenderemos el calor del gozo de *chandali*.

Abandonando la íntima compañía de nuestros hogares,
deambularemos por tierras vacías y deshabitadas.

Abandonando las ocho preocupaciones mundanas,
adoptaremos una postura humilde con nuestras tres puertas.

Abandonado la creencia en que esta vida es permanente,
meditaremos sobre la incertidumbre del momento de la muerte.

En resumen: practicaremos las órdenes del guru.
Precioso, auténtico y genuino guru,
las cinco jóvenes que estamos aquí, las cinco hermanas,

pedimos ser las ayudantes del guru.
Por tu bondad, te rogamos que nos enseñes el sublime dharma.

Cuando hubieron cantado esto, el Jetsun se dio cuenta de que eran discípulas con conexión kármica y las aceptó como asistentes.

Por entonces, el padre Jetsun y su hijo estaban en Los Cinco Pequeños Lagos. Dio a las cinco mujeres las iniciaciones y las instrucciones esenciales, y las envió a meditar. Al cabo de tres noches, la líder de las hermanas comenzó a desarrollar de forma gradual las buenas cualidades, como por ejemplo el calor de *chandali*.

Más tarde, se puso enferma. Y para ver si era capaz o no de moverse por retiros de montaña, y para comprobar si su fe era inquebrantable o no, Milarepa le dijo que podía irse si quería. Pero, aunque estaba enferma, ella continuó siguiéndolo por los retiros de montaña. Así, ella adquirió confianza en que podía aguantar las condiciones adversas.

Un día, cuando el Jetsun estaba en un área distinta, la joven fue a verlo, en un momento en que muchos otros estudiantes se habían reunido con él. Y, para ver si la joven había perdido o no su fe, el Jetsun cantó esta canción de realización que contiene un significado oculto:

Hago súplicas a mi maestro, el guru.
Tomo refugio en la deidad, el *yidam*.
Todos vosotros, fieles estudiantes aquí reunidos:
si no podéis renunciar a las ocho preocupaciones mundanas,
no digáis que tenéis fe;
la fe cambia bajo las condiciones adversas.

Si no habéis rechazado las diez conductas no virtuosas,
no digáis que mantenéis el *samaya*;
existe el peligro de que vayáis al infierno vajra.

Si no habéis estudiado y reflexionado de manera imparcial,
no critiquéis los otros *yanas*;
existe el peligro de que renunciéis al dharma y queméis vuestra
propia mente.

Si no habéis realizado la naturaleza onírica de las cosas,
no despreciéis la virtud y el karma negativo;
existe el peligro de que vayáis a los tres reinos inferiores.

Si no conocéis el flujo mental de los demás,
no denigréis a la gente ni sus puntos de vista;
existe el peligro de que caigáis en la arrogancia.

Si no habéis fundido la mente con el *dharmata*,
no digáis que habéis tenido excelentes experiencias;
existe el peligro de que aparezcan las obstrucciones de Mara.

Si no habéis llegado al significado inefable,
no digáis que poseéis una visión elevada;
existe el peligro de que os quedéis a las puertas de la realización.

Si la espontaneidad no surge de vuestro interior,
no os hagáis los locos y actuéis a capricho;
existe el peligro de que la piedra que lancéis os caiga sobre la
cabeza.

Este dharma que acabo de expresar, mantenedlo en vuestras
mentes;
reflexionad sobre su significado y entendedlo correctamente.

Así cantó.

Entre todos los presentes, solo Rechungma[325] comprendió el significado.

- Respecto a la conducta de *sidha* del guru -dijo-, mi fe no ha vacilado
ni un solo instante.

Y, a continuación, ella ofreció esta canción sobre los quince puntos de
la realización:

Me postro ante mis maestros, los gurus,
y ante mi único padre, el insigne Jetsun.
Yo tengo una fe y un respeto sin falla.

---

[325] La joven mencionada previamente.

El único refugio, la Tres Preciosas Joyas[73]:
no elegiré otro soporte que el suyo.

Cuando recibo las instrucciones esenciales del Linaje de la Escucha,
no las altero de ninguna forma[326].

En la práctica *yidam* del Jetsun,
no fragmento la práctica de los cuatro yogas.

Con la naturaleza de las apariencias ilusorias,
no dejo huella apegándome a las cosas como reales.

La naturaleza luminosa de la mente,
no la daño con la suciedad de los conceptos.

La naturaleza esencial de las cosas -los objetos que hay que entender-,
no la escondo bajo la falsa trama del perceptor y lo percibido.

La esencia de la mente es el estado innato,
no lo aprovecho para dar soporte a las tendencias latentes.

La mente es el dharmakaya y su naturaleza es vacía,
no la mancillo con las manchas de los atributos.

Al ser golpeada por la enfermedad en este cuerpo compuesto por los cuatro elementos,
no culpo de nada a otros amigos.

Los demonios y los obstáculos son nuestros compañeros de práctica,
no busco adivinaciones ni caigo en el error.

Respecto a las confusas proyecciones en los sueños de las tendencias latentes,
no las interpreto aferrándome a ellas como algo real.

---

[326] Esto quiere decir que no añade sus propias interpretaciones, y que sigue las enseñanzas al pie de la letra.

Los enemigos enfadados son los gurus que me enseñan paciencia,
no tramo ni realizo actos de venganza contra ellos.

El comportamiento del guru *sidha*,
ni lo analizo ni lo juzgo.

La budeidad es autogenerada y espontáneamente presente,
no busco otro resultado distinto a este.

En cuanto a los discípulos seguidores que son dignos receptáculos,
la corriente del río de la compasión no cesa.

Guru, mi maestro, dotado de auténtica bondad,
te ruego que me guíes, como discípula de poca inteligencia que soy.
Rescátame, por favor, con el gancho de tu compasión.

Cuando hubo cantado esto, el Jetsun quedó muy complacido y decidió que Rechungma era una yoguini genuina, adecuada para ser una compañera de práctica. Le otorgó todas las instrucciones esenciales, sin excepción. Y, a continuación, le dijo a Rechungpa:

- Tú eres muy bueno enseñando a las mujeres, así que te la encomiendo.

Y se la entregó a Rechungpa, quien la tomó durante un tiempo como su compañera de *samaya*.

Después, ella se fue a meditar a la isla de Semodo, en El Lago del Cielo Precioso[327], al norte, donde estuvo practicando durante ocho años en completo silencio. Al final de ese período, realizó los diez signos de la práctica, las ocho cualidades, los abandonos y la realización de los caminos y los *bhumis*. Y se fue, desde esta vida, a la tierra pura de las *dakinis*.

Fue una de las cuatro hijas discípulas del Jetsun.

Este es el ciclo del encuentro con Rechungma en Los Cinco Pequeños Lagos, en la frontera de Drik, en Choro.

---

[327] En tibetano: Namtso Chukmo (gnam mtsho phyug mo).

# 26. El encuentro con Khyira Repa

Namo Guru

El Jetsun Milarepa adjudicó un sitio de retiro en las montañas a cada uno de sus hijos del corazón, y luego se fue él mismo a un lugar apartado llamado Nyishang Gurta, una montaña escabrosa de gran altura, en la frontera del Tíbet con Nepal. Solía estar cubierta de nubes y espesas nieblas, que continuamente producían lluvias y nevadas. A su derecha, había altas montañas rocosas con escarpados acantilados donde resonaban los aullidos de las fieras, y los buitres, los reyes de las aves, planeaban. A su izquierda, había suaves colinas revestidas de rica hierba donde pastaban los animales -ciervos, antílopes y cabras salvajes- y correteaban juguetones. Al frente, un hermoso bosque plagado de gran variedad de flores de brillantes colores, donde los monos y los langures ejercitaban sus habilidades. Había también pavos, ruiseñores y otras especies de pájaros de hermosas voces que daban rienda suelta a sus cantos, danzando con sus alas al son de sus trinos. Abajo, al pie de la cueva de retiro de Milarepa, había un arroyo que manaba sin cesar desde las nieves a través de las rocas, barboteando placenteramente a su paso.

El lugar donde se alojaba Milarepa era remoto y delicioso. Era un sitio solitario con todas las condiciones propicias para la práctica. Se lo conocía como La Cueva Katya. Allí, los espíritus benéficos le prestaban servicio mientras el Jetsun permanecía en el *samadhi* que es similar a la corriente de un río.

Un día, le llegó desde arriba el claro sonido del ladrido de un perro, seguido del gran ruido de un golpe. El Jetsun pensó: "Hasta ahora, mi concentración meditativa ha florecido sobremanera en este lugar. ¿Puede que esté surgiendo en este momento algún obstáculo?". Salió de la cueva, se sentó sobre una gran roca que había allí y se quedó relajado en un estado de compasión sin referencias.

Al cabo de un rato, se acercó hasta él un ciervo. Su piel era negra y la punta de todos sus pelos era plateada. Se agitaba como si estuviera aterrorizado. Una compasión irresistible invadió la mente del Jetsun y pensó: "Sin duda este ser ha adquirido un cuerpo semejante debido al poder de un mal karma previo. No ha hecho nada malo en esta vida, pero debe experimentar este sufrimiento insoportable. ¡Qué pena tan grande! Le enseñaré el dharma mahayana y le conduciré hacia la felicidad eterna". Y, a continuación, cantó esta canción de realización dedicaba al ciervo:

> Me postro a los pies de Marpa el Traductor:
> concede tus bendiciones para que los sufrimientos de los seres
> sean pacificados.
>
> Ser sensible con cuerpo de ciervo y cabeza cornuda,
> ¡escucha la canción de Milarepa!
>
> Huyendo de las apariencias externas,
> nunca te verás liberado de las confusas apariencias internas de la
> ignorancia.
> No puedes escapar de tu cuerpo externo ni de tu mente,
> ha llegado el momento de renunciar a las confusas apariencias y a
> la ignorancia.
>
> La verdad de las consecuencias kármicas es demasiado rápida,
> ¿cómo podrás escapar de ella en el mundo exterior con tu cuerpo
> ilusorio?
> Si quieres escapar, hazlo en el interior de tu propia mente.
> Haz que la mente escape a la tierra de la iluminación.
>
> Otras formas de huida son solo confusión.
> Para aniquilar la confusión de la mente, quédate donde estás.
> Desde la perspectiva que tienes en este momento,
> la muerte parece algo completamente insoportable.
> Esperas poder ser libre en el otro lado de la montaña
> y temes estar atrapado en este lado.
> Entre miedos y esperanzas vas dando tumbos en el samsara.
> Te enseñaré los seis dharmas de Naropa
> y la meditación mahamudra.

Así, cantó esta canción de realización con una voz y una entonación similares a las de Brahma, hermosas y placenteras de oír. Cualquiera que lo hubiera escuchado se habría sentido completamente cautivado. Por la compasión del Jetsun, el miedo y sufrimiento del ciervo quedaron pacificados. Con lágrimas manando de sus ojos, se sentó al lado del Jetsun, lamió su túnica, y se echó a dormir a su izquierda.

El Jetsun pensó: "El ladrido que oí antes debe de pertenecer a algún perro feroz que perseguía a este ciervo. Me pregunto qué aspecto tendrá". Y, entonces, apareció una perra de color rojo y cola negra, que llevaba una cuerda alrededor del cuello. Tenía las cuatro patas desgarradas de correr por las rocas y su lengua se agitaba colgando de la boca como una banderola.

"Esta perra que va ladrando de forma feroz y agresiva con actitud malévola, y que corre disparada por el espacio como un rayo, es quien iba persiguiendo al ciervo y trataba de herirlo", pensó Milarepa. "Cualquier cosa externa que se le pone ante la vista, la toma por enemigo. No puede librarse de su agresividad; qué bueno sería si yo pudiera calmarla". Y, a continuación, le cantó esta canción de realización a la perra, con el corazón lleno de pena y de compasión hacia ella:

> Me postro a los pies del maestro Marpa de Lhodrak:
> concede tus bendiciones para que la agresividad de los seres sea
> pacificada.
>
> Ser sensible con cuerpo de perra y cara de loba,
> ¡escucha aquí la canción de Milarepa!
>
> Cualquier apariencia que se presente, la tomas por tu enemigo;
> la agresividad y la malevolencia agitan tu mente.
> A causa de la negatividad, naciste con cuerpo de perra
> y estás siempre hambrienta y en estado de sufrimiento.
> Las aflicciones dolorosas no cesan ni un solo instante.
> Si no capturas tu propia mente en tu interior,
> ¿en qué te va a ayudar capturar los cuerpos de los demás en el
> exterior?
> Si quieres atrapar algo, es el momento de atrapar tu propia mente.
>
> Abandona tu agresividad y quédate aquí a mi lado.
> Desde la perspectiva que tienes en este momento,
> el sufrimiento de la agresividad es insoportable.
> Temes que, en el otro lado de la montaña, perderás tu presa.
> Y esperas atraparla en este lado de la montaña.

> Entre miedos y esperanzas vas dando tumbos en el samsara.
> Te enseñaré los seis dharmas de Naropa
> y la meditación mahamudra.

Este dharma, que el Jetsun le enseñó con gran compasión y una entonación como la de Brahma, calmó la agresividad de la perra. La perra, entonces, gimió y meneó su cola ante el Jetsun. Haciendo gestos de sumisión y lamiendo sus ropas, la perra se tumbó a su derecha, metiendo el hocico entre sus dos patas. Con lágrimas corriéndole por la cara, la perra y el ciervo se quedaron allí dormidos, como una madre y su cachorro.

El Jetsun pensó: "Tiene que haber algún mal tipo detrás de estos animales y, siguiendo sus huellas, aparecerá por aquí".

Al cabo de un rato, llegó un hombre de aspecto oscuro y mirada malhumorada, con el pelo atado en lo alto de la cabeza y los faldones de su *chuba*[328] levantados por los dos lados. Debajo vestía un chaquetón de cazador de piel de antílope, llevaba colgado al hombro un lazo y en las manos portaba flechas y un arco. Respiraba pesadamente y tenía la cabeza cubierta de sudor, que le manaba como si fuera sangre.

Cuando se acercó al lugar donde estaba el Jetsun, vio al ciervo y a la perra tumbados a su lado, como una madre con su cachorro. Y pensó: "¿Les habrá hecho algo malo este meditador?".

Montó en cólera y gritó:

- ¡Estos yoguis y repas que están por todas partes! Te los encuentras en lo alto de las montañas nevadas cuando vas de caza, te los encuentras en los lagos cuando tratas de pescar y capturar nutrias y, para colmo, están también en el pueblo cuando vas tratando de hacer negocio o de buscar jaleo. ¡Si uno o dos desaparecieran, nadie los echaría en falta! Habrás sido capaz de hacerte con mi perra y con mi ciervo, pero vamos a ver si tu túnica de algodón puede con mi flecha.

---

[328] "Se trata del largo abrigo tradicional tibetano vestido por hombres y mujeres. Cuando se camina por el bosque, hay que levantar los faldones para que no se quede enganchado en los arbustos o las rocas." (KTGR, *Stories and Songs*, 37)

Agarró una flecha, colocó la muesca en el arco y apuntó al Jetsun. El Jetsun pensó: "Si les he predicado el dharma a estos animales que son ignorantes por naturaleza y me han entendido, es fácil que este ser humano también me entienda si le predico a él".

- Escucha, ser humano -le dijo-, para disparar flechas tenemos tiempo de sobra; tómate un respiro y escucha mi canción.

A continuación, manteniéndose en un estado de sabiduría, amor y poder, con una entonación similar a la de Brahma, le cantó a Khyirawa[329] Gönpo Dorje esta canción de realización:

Te suplico, Maestro Sidha:
concede tus bendiciones para que los cinco venenos sean
pacificados.

Tú, ser sensible con cuerpo humano y cara de demonio,
¡escucha aquí la canción de Mila!

Se dice que los cuerpos humanos son únicos y preciosos,
pero viéndote a ti, no hay nada único en absoluto.
Tienes el cuerpo de un demonio lleno de negatividad.
Desdeñas los sufrimientos de los reinos inferiores.
Trabajas para los deseos de esta vida.
Pero no conseguirás lo que deseas por medio de la negatividad.

Si abandonas el apego interno, alcanzarás el *sidhi*.
Nunca conseguirás domar las apariencias externas.
Ha llegado el momento de ponerte a domar tu propia mente.

Matar a este ciervo no te dará satisfacción.
Si matas los cinco venenos internos, conseguirás lo que desees.
Aun subyugando a los enemigos exteriores, solamente
conseguirás que aparezcan más.
Domestica tu propia mente y desaparecerán los oponentes.
Sin malgastar esta vida humana con hechos negativos,
si practicas el sublime y auténtico dharma, esto será excelente.

---

329 *Khyirawa* significa 'cazador'.

> Te enseñaré los seis dharmas de Naropa
> y la meditación mahamudra.

El hombre se había quedado sentado tranquilamente escuchando la canción de Milarepa. Entonces, pensó: "No sé si acabo de entender qué me está diciendo. Antes, el ciervo estaba aterrorizado y la perra hecha una furia. Nunca he visto nada similar; ahora están ahí ambos tumbados uno a cada lado de este hombre, como una madre y su cachorro. Y yo, nunca se me ha caído una flecha de las manos, ni siquiera en lo más crudo del invierno en las montañas, y ahora no he podido sostenerla. O este hombre es un consumado mago negro o es verdaderamente un guru especial. Tengo que observar cómo vive".

Gönpo Dorje entró en la cueva de retiro y vio que Milarepa no tenía más provisiones que algunas raíces con hojas, y ningún objeto en absoluto. Se quedó pasmado y sintió una gran fe.

- Lama -le preguntó-, ¿quién es tu guru y qué dharma practicas? ¿De dónde eres? ¿Quién es tu compañero y qué posees? Si te parezco aceptable, te ofreceré la vida de este ciervo y te seguiré como asistente.

- Mi tierra y mis compañeros -contestó el Jetsun- son los que ves. Si estás dispuesto a seguirme, ¡hazlo!

Y, a continuación, cantó esta canción de realización dedicada a Khyirawa Gönpo Dorje:

> Los gurus Tilopa, Naropa y Marpa:
> estos tres son los gurus de Milarepa.
> Si estos tres gurus te parecen buenos,
> ¡entonces sigue a este repa!

> El guru, los *yidam* y las *dakinis*:
> estos tres son los objetos de veneración de Mila.
> Si estos objetos de veneración te parecen buenos,
> ¡entonces sigue a este repa!

> El Buda, el Dharma y la Sangha, estos tres:
> estas son las fuentes del refugio de Mila.
> Si estas fuentes te parecen buenas,
> ¡entonces sigue a este repa!

La visión, la meditación y la conducta, estas tres:
estas son las prácticas de Milarepa.
Si estas tres prácticas te parecen buenas,
¡entonces sigue a este repa!

Montañas de pizarra, montañas rocosas, montañas nevadas, estas tres:
estos son los lugares de práctica de Mila.
Si estos lugares de práctica te parecen buenos,
¡entonces sigue a este repa!

El ciervo, el antílope y la cabra montesa, estos tres:
estos son el ganado de Milarepa.
Si este ganado te parece bueno,
¡entonces sigue a este repa!

Linces, coyotes y lobos, estos tres:
estos tres son los perros guardianes de Milarepa.
Si estos perros guardianes te parecen buenos,
¡entonces sigue a este repa!

Pájaros cantores, urogallos y buitres, estos tres:
estos tres son los pájaros domésticos de Milarepa.
Si estos tres pájaros domésticos te parecen buenos,
¡entonces sigue a este repa!

El Sol, la Luna y las estrellas, estos tres:
estas tres son las ofrendas[330] de Milarepa.
Si estas ofrendas te parecen buenas,
¡entonces sigue a este repa!

Dioses, espíritus y *rishis*, estos tres:
estos tres son los vecinos de Milarepa.
Si estos vecinos te parecen buenos,
¡entonces sigue a este repa!

---

[330] El término usado aquí para 'ofrendas' (tib: *spyan gzigs*) se refiere a las ofrendas materiales simbólicas que suelen ponerse en un altar.

> Monos, langures y osos, estos tres:
> estos tres son los colegas de Milarepa.
> Si estos tres colegas te parecen buenos,
> ¡entonces sigue a este repa!
>
> Claridad, gozo y no pensamiento, estos tres:
> estos tres son los amigos que animan a Milarepa.
> Si estos amigos te parecen buenos,
> ¡entonces sigue a este repa!
>
> Ortigas, ajos y hojas, estos tres:
> estos tres son la dieta de Milarepa.
> Si esta dieta te parece buena,
> ¡entonces sigue a este repa!
>
> El agua de la tierra, de las montañas y de la nieve, estas tres:
> estas tres son las aguas que bebe Milarepa.
> Si estas aguas te parecen buenas,
> ¡entonces sigue a este repa!
>
> *Nadi*, *prana* y *bindu*, estos tres:
> estos tres son la ropa de Milarepa.
> Si esta ropa te parece buena,
> ¡entonces sigue a este repa!

Cuando Milarepa hubo cantado esto, el cazador pensó: "Sus actos están en consonancia con sus palabras"; y sintió una fe aún mayor. Las lágrimas brotaron de sus ojos y se postró ante Milarepa, llevándose sus pies sobre la coronilla de la cabeza. Ofreció al precioso Jetsun el ciervo, la perra, el arco y las flechas, su chaleco de cazador de piel de antílope y el lazo. Y, a continuación, dijo:

- Yo y esta perra que está aquí hemos cometido muchos actos malvados. A partir de hoy, no volveremos a hacerlo. Te ruego que guíes a mi perra, Lokchang Marmo[331], a los reinos superiores. Conduce a este ciervo, por favor, hacia el camino del gran gozo. Y a mí, Khyirawa Gönpo Dorje,

---

[331] La Dama del Rayo Rojo (tib: *khyi mo glog spyang dmar mo*).

te pido que me enseñes el dharma y me lleves hasta el camino de la liberación.

Y, tras decir esto, ofreció la siguiente canción:

> A mi derecha se sienta un ciervo negro coronado con cuernos.
> Si lo mato, satisfaré mi apetito durante siete días.
> Este hombre no lo necesita, de manera que te lo ofrezco a ti, guru.
> Por favor, conduce a este ciervo negro hacia el camino del gran
> gozo.
> Por favor, conduce a Lokchang Marmo hacia el camino del
> despertar.
> Por favor, conduce a Gönpo Dorje a la liberación.
>
> Esta perra que se sienta a mi izquierda, Lokchang Marmo,
> si la dejo suelta, podría capturar cualquier ave del cielo.
> Este hombre no la necesita, de manera que te la ofrezco a ti, guru.
> Por favor, conduce a este ciervo negro hacia el camino del gran
> gozo.
> Por favor, conduce a Lokchang Marmo hacia el camino del
> despertar.
> Por favor, conduce a Gönpo Dorje a la liberación.
>
> Mi lazo negro acabado en un nudo corredizo,
> si lo utilizo, puede atrapar a cualquier yak de las planicies del
> norte.
> Este hombre no lo necesita, de manera que te lo ofrezco a ti, guru.
> Por favor, conduce a este ciervo negro hacia el camino del gran
> gozo.
> Por favor, conduce a Lokchang Marmo hacia el camino del
> despertar.
> Por favor, conduce a Gönpo Dorje a la liberación.
>
> Este chaleco de piel de antílope, reforzado con forro de lana,
> si lo vistes estarás caliente hasta en las blancas cimas nevadas.
> Este hombre no lo necesita, de manera que te lo ofrezco a ti, guru.
> Por favor, conduce a este ciervo negro hacia el camino del gran
> gozo.
> Por favor, conduce a Lokchang Marmo hacia el camino del

despertar.

Por favor, conduce a Gönpo Dorje a la liberación.

En mi mano derecha, sostengo una flecha.
Está adornada con cuatro plumas rojas.
Cuando la disparo, penetra al fondo de donde llega.
Este hombre no la necesita, de manera que te la ofrezco a ti, guru.
Por favor, conduce a este ciervo negro hacia el camino del gran
gozo.
Por favor, conduce a Lokchang Marmo hacia el camino del
despertar.
Por favor, conduce a Gönpo Dorje a la liberación.

En mi mano izquierda, sostengo un arco.
Está recubierto de corteza de abedul blanco.
Cuando lo disparo, restalla como el trueno.
Este hombre no lo necesita, de manera que te lo ofrezco a ti, guru.
Por favor, conduce a este ciervo negro hacia el camino del gran
gozo.
Por favor, conduce a Lokchang Marmo hacia el camino del
despertar.
Por favor, conduce a Gönpo Dorje a la liberación.

Así, suplicó por medio de esta canción. Le ofreció a Milarepa el ciervo, la perra y todo lo demás, y añadió:

- Guru, te ruego que me aceptes como sirviente. Me acercaré hasta mi casa, conseguiré provisiones de mi familia y volveré. ¿Seguirás estando aquí? Dime, por favor, dónde estarás.

El Jetsun quedó complacido con la ofrenda del ciervo y con que la mente del cazador se hubiera vuelto hacia el dharma. Y le dijo al cazador:

- Hijo, que hayas renunciado a la mala conducta y que quieras practicar la virtud es estupendo. Pero probablemente será muy difícil que vayas a casa y luego regreses como pretendes[74]. Sin embargo, si así lo hicieras, no sabría decirte dónde voy a estar, y será difícil que vuelvas a encontrarme. Por tanto, si deseas practicar el dharma, debes cortar todos los lazos con tu familia y seguirme ya mismo. Te explicaré el motivo por el que yo voy errante y nunca sé con certeza el lugar en el que estaré.

Y, a continuación, cantó esta canción de realización:

Este hombre fuera de lo común, este repa de retiros de montaña,
durante los tres meses de verano, medito en las montañas
nevadas.
El aire aventa cualquier desgana que pueda tener.

Durante los tres meses de otoño, voy pidiendo limosna en la
práctica de 'el sabor único'.
No tengo *tsampa* para revitalizar los cuatro elementos de mi
cuerpo[75].

Durante los tres meses de invierno, medito en los densos bosques.
Ellos son la manta que me protege de los severos vientos fríos.

Durante los tres meses de primavera, me quedo en las llanuras y
las colinas de pizarra.
Esos lugares cortan los aires, la bilis y la flema[332].

En todas las estaciones, medito diligente sin distracción.
Esto alivia el sufrimiento cuando los elementos del cuerpo se
deterioran.
Continuamente, sin distracción, con el centinela en su atalaya:
esta es la forma de conquistar los cinco venenos.

Me alimento de cualquier cosa que consiga:
tener pocos deseos es el signo de la felicidad.
Practico el dharma sin descanso.
Es el signo de que este yogui tiene una gran diligencia.

Así cantó.

Entonces, el cazador dijo:

- ¡Un guru como tú es algo maravilloso! Deseo practicar el dharma
con todo mi corazón. Iré a ver a mi familia para darles alguna explicación
y reunir unas pocas provisiones para la práctica. Volveré enseguida. Por
favor, espérame aquí.

---

[332] En la medicina tibetana, los desequilibrios de los aires, la bilis y la flema son las principales causas de enfermedad.

- Si de verdad quieres practicar el dharma desde lo profundo de tu corazón -replicó el Jetsun-, reunirte con la familia carece de sentido. Y si estás dispuesto a arrostrar penalidades, para practicar el dharma no necesitas hacer acopio de provisiones. Las plantas y los frutos de los árboles son el alimento de la austeridad, con ello bastará. El momento de la muerte en la vida humana es incierto. Además, existe el riesgo de que tus buenas intenciones de ahora cambien. Deberías quedarte aquí. Pero, antes de ir a hablar con tu familia, escucha mi consejo.

Y, a continuación, cantó esta canción de realización:

> ¡Ahora escucha! ¡Escúchame bien, cazador!
> El sonido del trueno es impresionante, pero es un sonido vacío.
> El color del arcoíris es un color bellísimo, pero se desvanece.
> El mundo material parece delicioso, pero no es más que un sueño.
> Los placeres sensoriales producen dicha, pero son la causa del
> vicio.
> Aunque las cosas compuestas parezcan permanentes, se
> desintegran en un abrir y cerrar de ojos.
> Las cosas de ayer ya no están hoy aquí.
> La persona que nos acompañó el año pasado, este año puede
> haber muerto.
> Un buen amigo puede convertirse en tu enemigo.
> La comida nutritiva puede volverse nociva.
> Aquellos a los que cuidas con cariño se pueden revolver contra ti.
> Las acciones negativas propias nos dañan a nosotros mismos.
> Entre cien cabezas, tú te ocupas de la tuya.
> Entre los diez dedos, el que te cortan es el que duele.
> Entre tu familia, es de ti de quien has de ocuparte.
> Esta vida es impermanente, pronto morirás.
> No es bueno postergar la práctica del dharma,
> ha llegado el tiempo de ayudarte a ti mismo.
> La familia a la que amas te empujará hacia el samsara.
> Ha llegado el tiempo de seguir a un guru.
> Disfrutarás en esta vida y serás feliz en la próxima.
> Ha llegado el tiempo de practicar el dharma genuino.

Cuando Milarepa cantó esto, Khyirawa Gönpo Dorje se volvió irremediablemente hacia el dharma genuino y no regresó con su familia. Recibió las instrucciones de Milarepa y se dedicó a meditar. Cuando hubo alcanzado algo de experiencia, se la ofreció al Jetsun, diciendo:

- Te ruego que me aceptes con compasión, y que me transmitas las instrucciones esenciales para continuar con la práctica.

Milarepa se sintió complacido y le contestó:

- Las buenas cualidades de la práctica han comenzado a dar sus frutos. Sigue ahora las instrucciones que voy a darte.

Y cantó esta canción de realización:

Para seguir a un noble guru,
suplica desde el fondo de tu corazón una y otra vez.

Cuando medites en los *yidam* y las *dakinis*,
hazlo con claridad en la fase de creación una y otra vez.

Cuando medites en la impermanencia y la muerte,
piensa en que el momento de la muerte es incierto una y otra vez.

Cuando hagas la meditación mahamudra,
medita en sesiones breves una y otra vez.

Cuando medites en los demás seres como si fueran tus padres,
recuerda su bondad una y otra vez.

Cuando medites en las profundas enseñanzas del Linaje de la Escucha,
llévalas adelante con perseverancia.

Para alcanzar el objetivo último del dharma,
estabiliza los altibajos de tu práctica.

Para saber si tus puntos de vista son acordes con el dharma,
no hay que andar haciendo pruebas, atente a la referencia justa.

Para recoger la cosecha del sublime dharma,
abandona hasta la última actividad.

Las deidades se encargarán de ofrecerte provisiones,
de modo que no acumules cosas a través de acciones inadecuadas.

> No te hagas rico acumulando con avaricia;
> este es el *samaya* de las *dakinis*.
> Por tanto, abandona esas intenciones y esas actividades;
> centrado en tu mente, suelta el apego a la vida.

Así cantó.

Luego, Milarepa le otorgó todas las iniciaciones y las instrucciones esenciales de manera completa y perfecta. Meditando en ellas, el hombre perfeccionó su experiencia y su realización; y llegó a ser conocido como Khyira Repa, uno de los hijos del corazón del Jetsun. A partir de aquel momento, además, el ciervo y la perra quedaron liberados del sufrimiento de los reinos inferiores. Se cuenta, también, que el arco y la flecha que el cazador le ofreció permanecen en la cueva hasta hoy.

Este es el ciclo del encuentro con Khyira Repa, hijo del corazón de Milarepa, en Nyishang Gurta.

# 27. La ofrenda del rey de Khokhom y el asedio de Tseringma

Namo Guru

El Jetsun Milarepa estaba en retiro de silencio en La Cueva de Katya, en La Montaña de Nyishang, en Mönyul, mientras permanecía en el *samadhi* similar a la corriente de un río. Por entonces, pasaron por allí varios cazadores que venían de Nyishang, y se encontraron de casualidad con Milarepa. Viéndolo en silencio, sentado con la mirada fija, sintieron cierta aprensión y se asustaron. Al momento, huyeron del lugar. Pero más tarde regresaron, apuntando con sus arcos a Milarepa.

Le dijeron muchas cosas, del tipo: "¿Eres un ser humano o un espíritu? Si eres humano, debes de estar burlándote de nosotros"[76]. Pero el Jetsun siguió en silencio, manteniendo su mirada inmóvil.

Los cazadores comenzaron a dispararle flechas envenenadas, y ninguna se le clavaba. Entonces, trataron de lanzarlo al barranco, pero no pudieron mover su cuerpo. Luego lo rodearon con fuego y, aunque el fuego ardía, el cuerpo de Milarepa no se quemaba. A continuación, lo tiraron por un precipicio hasta el río que corría por la base de la peña; y el Jetsun siguió en su postura de loto. Sin tocar el agua, flotando sobre la superficie, se dirigió hacia el centro de la corriente; y desde allí voló de regreso hasta donde había estado sentado antes, permaneciendo todo el tiempo en silencio. Maravillados, volvieron al pueblo y contaron a todo el mundo la clase de hombre que se habían encontrado en una cueva, arriba en la montaña.

Khyira Repa les prestó atención y les contestó:

- Entre todos los hombres, este yogui del Tíbet es sobresaliente. ¡Él es mi guru! Su comportamiento y todas sus actividades son señales de que es un *sidha* genuino. Puede incluso hacer que los animales mediten.

Y, a continuación, les contó la historia de cómo Milarepa puso a un ciervo y a su perra a meditar, y cómo él mismo se convirtió en practicante del dharma. A partir de ahí, todo el mundo sintió fe y respeto.

La fama del Jetsun se extendió por todo Nepal. Había un rey de las ciudades nepalíes de Yerang y Khokhom[333] que, al oír hablar del Jetsun, se mostró interesado, y sintió fe y respeto.

Un día, Tara se dirigió al rey con una profecía:

- El vestido *kashika* y la planta *arura* que cura todas las enfermedades que hay en tu tesorería deben serle ofrecidas al gran yogui tibetano, el bodisatva del décimo nivel que en este momento ocupa La Cueva de Katya, en las montañas del sur de Nepal, en Nyishang. Esto tendrá una gran relevancia para ti en esta y en futuras vidas.

El rey envió un representante que hablaba tibetano para investigar la situación, y el hombre se encontró con Milarepa. Vio, por la conducta del Jetsun, que se trataba de alguien que había abandonado por completo las preocupaciones mundanas, y se quedó maravillado. Sintió fe y pensó: "Probablemente se trate de Milarepa. Sin embargo, debo asegurarme".

- Lama, ¿quién eres? ¿Cómo te llamas? -le preguntó- No tienes comida ni bebida, ¿no sufres por ello? ¿Por qué razón no tienes nada contigo?

- Yo, el llamado Milarepa del Tíbet, soy un yogui -contestó el Jetsun.

Y, a continuación, cantó esta canción de realización explicando por qué, careciendo de posesiones, no sufría.

Maestro y Guru, ante ti me postro.

Mi nombre es Milarepa.
A día de hoy, ya no deseo riquezas.
No hago provisión de cosas materiales.
Primero, no sufro por almacenar y atesorar.
En medio, no sufro por proteger lo que tengo.
Y, al final, no tengo el sufrimiento del apego y el aferramiento.
No tengo nada, y no tener nada es lo mejor.

A día de hoy, ya no deseo amigos ni compañía,
no busco estar rodeado de amor y afecto.

---

[333] *Khokhom* y *Yerang* es probable que se trate de las actuales ciudades nepalíes de Bhaktapur y Patan, respectivamente.

Primero, no sufro por preocuparme de los demás.
En medio, no sufro por las respuestas hostiles.
Y, al final, no tengo el sufrimiento de las despedidas.
No tener lazos afectivos ni amorosos es lo mejor.

A día de hoy, ya no deseo el provecho ni la fama,
no busco los amables cumplidos.
Primero, no sufro por conseguirlos.
En medio, no sufro cuando disminuyen.
Y, al final, no tengo miedo de su desaparición.
Soy feliz sin que se me haga ningún cumplido.

A día de hoy, ya no deseo tener una patria,
no busco un lugar propio donde quedarme.
Primero, no sufro por tomar partido.
En medio, no sufro por identificarme con mi país.
Y, al final, no tengo el sufrimiento de estar complaciendo a los demás.
No tener un lugar propio donde estar es lo mejor.

Así cantó.

Sintiendo fe, el representante volvió con el rey y le hizo un informe completo sobre cómo era Milarepa. El rey sintió también fe y respeto, y le dijo a su embajador:

- Ve e invítalo, y mira a ver si eres capaz de persuadirlo de que venga aquí. Si no lo consigues, ofrécele estas dos cosas.

Y el rey le dio el vestido *kashika* y la planta *arura* que cura todas las enfermedades, y volvió a enviarlo.

Cuando el sirviente se encontró de nuevo con el Jetsun, le dijo:

- El rey dhármico de Khokhom y Yerang me ha enviado para que invite al gran yogui del Tíbet. Debes ir, te lo ruego.

- En general- replicó el Jetsun-, cuando voy a ciudades, no lo hago por complacer a la gente. Y, en especial, no trato de complacer a los reyes. No tengo ningún deseo en absoluto de placeres materiales ni de comida o bebida lujosas. No existen historias de practicantes del dharma que se hayan muerto de frío o de hambre. Las personas que sirven a los reyes abandonan al guru. De manera que, para cumplir lo que Marpa de Lhodrak me ordenó, no iré. Puedes volverte por donde has venido.

- He venido aquí, yo solo -dijo el hombre-, con el propósito expreso de transmitir a este yogui la citación del gran rey. ¿No crees que harías bien en ir?

- Yo también soy un gran rey *chakravartin* -dijo el Jetsun-. No hay ningún rey que sea más feliz que yo ni que haya acumulado más riquezas y poder que yo.

- Si eres dueño de los siete atributos reales del rey *Chakravartin* -replicó el hombre-, sí que eres un rey rico y poderoso[334]. ¡Muéstramelos!

- Si tu rey mundano, con su corte de ministros, obtuviera un dominio como el mío, sería verdaderamente un rey supremo. Tendría riqueza y poder en esta vida y en la siguiente.

Y, a continuación, cantó esta canción de realización:

> Tu rey y sus ministros, que desean la felicidad,
> si defienden un dominio como el del yogui Milarepa,
> tendrán prosperidad en esta vida y en la próxima.
> Este es el dominio de Milarepa:
> la fe es mi preciosa rueda,
> día y noche me dedico a las acciones virtuosas.
> La sabiduría es mi preciosa joya,
> ella colma las esperanzas de todo el mundo, las propias y las
> ajenas.
> La disciplina es mi preciosa reina,
> que me adorna con su rutilante belleza.
> La concentración meditativa es mi precioso ministro,
> él reúne las dos acumulaciones de mérito y sabiduría.
> La atención es mi precioso elefante,
> transporta la inmensa carga de las enseñanzas de Buda.

---

[334] Tradicionalmente, un rey *chakravartin*, que es un legislador particularmente poderoso debido a su acumulación de méritos previa, posee siete preciosos atributos, como se menciona en la canción de Milarepa que viene a continuación: la rueda, la joya, la reina, el ministro, el elefante, el caballo y el general.

La diligencia es mi precioso caballo de raza,
traslada las aflicciones hasta la tierra donde no existe el ego.
La escucha y la contemplación son mi precioso general,
subyuga a la armada enemiga, el pensamiento erróneo.
Si consigues un dominio como este,
alcanzarás la fama y la gloria de un rey.
Siempre victorioso sobre las condiciones adversas,
tus súbditos se verán impulsados a la acción virtuosa.
¡Que todos los seres vivos, mis madres, sin excepción
queden satisfechos por este mandato real!

Así cantó.

Y el delegado dijo:

- Esta es la vía del dharma. ¡Qué maravilla! Yogui, si al final no vas a ir, el rey me ha pedido que te ofrezca estos dos objetos.

Y, entonces, le entregó el vestido *kashika* y la planta *arura* que cura todas las enfermedades. El Jetsun aceptó los regalos con plegarias de dedicación y aspiración.

Por entonces, Rechungpa y Shengom Repa habían viajado juntos para invitar a Milarepa a regresar al Tíbet. Incapaces de dar con él, tropezaron por el camino con bandidos de Nyishang y de Nepal. Cuando estaban a punto de ser atacados, dijeron a voces que eran yoguis y que rogaban que no les agredieran.

- Solo el yogui Sentsa[335] -replicaron los bandidos- es un auténtico yogui[77]. Las flechas venenosas no se le clavan, el fuego no le quema y el agua no se lo lleva. Si se le lanza desde un precipicio, él vuela de vuelta. Incluso ha rehusado la invitación del rey de Khokhom.

Entonces, los dos repas ofrecieron regalos a los bandidos, y les pidieron que les mostraran dónde se encontraba Milarepa, y los bandidos lo hicieron.

---

[335] Este término es oscuro, pero obviamente en este contexto se refiere a Milarepa.

Cuando se reunieron con el Jetsun, vieron que iba vestido con la *kashika* y que había colocado la planta *arura* que cura todas las enfermedades en una repisa de la roca.

Los dos repas hicieron postraciones ante el Jetsun, y le preguntaron por su salud.

- Estoy bien -les contestó el Jetsun-, y ahora os explico a qué me refiero cuando digo que estoy bien.

Y, a continuación, cantó esta canción de realización:

> Esta es una tierra llena de flores
> en medio de árboles que se mecen y danzan.
> Es una tierra donde los pájaros cantan miríadas de canciones.
> Un lugar donde los monos y los langures entrenan sus
> habilidades.
> En un lugar solitario como este,
> desplazarse solo entre las montañas, de un retiro a otro, es un
> placer.
> Meditar con el guru sobre mi cabeza es un placer.
> El calor autogenerado y el gozo de *chandali* son un placer.
> Las autoliberadas ocho preocupaciones del cuerpo ilusorio son un
> placer.
> La autopurificada confusión, que es como un sueño, es un placer.
> La claridad, libre de la oscuridad de la ignorancia, es un placer.
> La budeidad sin necesidad de practicar la transferencia[336] es un
> placer.
> Si el bardo se presentara ya mismo sería un placer[337].
> En el inmaculado espacio del gran gozo me siento bien.
> Yo, este anciano padre que se siente bien,
> estoy familiarizado con las dulces y deliciosas frutas.
> Estoy familiarizado con el agua fría y caliente de montaña.
> Reflexionad sobre lo que os digo, y tratad de entender.

---

[336] Se refiere al powa, una práctica yóguica por medio de la cual, en el momento de la muerte, la conciencia del practicante es eyectada del cuerpo hacia un campo búdico.

[337] Si Milarepa muriera de forma súbita y entrara en el estado del bardo, sería feliz, no tendría nada que lamentar.

¿No os tomaron por asalto los bandidos?
Cuando eso sucede, debéis contemplar vuestro karma previo.
Si no tenéis riqueza, estáis libres de enemigos:
¡abandonad almacenar y retener, mis hijos discípulos!
Si domáis vuestro discurso mental, estaréis libres de enemigos:
¡abandonad el odio y la agresividad, mis hijos discípulos!
Si reconocéis vuestras propias mentes, estaréis libres de
enemigos:
¡mirad al rostro de la deidad, mis hijos discípulos!
Si os abrís a la compasión, estaréis libres de enemigos:
¡meditad en el cuidado de los otros, mis hijos discípulos!

Así cantó.

Entonces, Shengom Repa dijo:

- Dado que un yogui como el Jetsun es feliz de esta manera y está libre de enemigos, hemos venido a invitarle a volver. No necesita estar de retiro en las montañas en soledad. Le rogamos que regrese al Tíbet con nosotros para beneficiar a los seres vivos de allí.

- Estar en retiros de montaña -dijo el Jetsun- es la forma más auténtica de beneficiar a los seres vivos. Puedo volver al Tíbet, pero permanecer en estricta soledad como estoy ahora no es una mala forma de actividad virtuosa, con ella retribuyo la bondad del mandato de mi guru. Todas las buenas cualidades del camino del yogui y los *bhumis* florecen en los retiros de montaña. Incluso aunque uno ya haya alcanzado las buenas cualidades de los signos de la experiencia, permanecer en lugares solitarios es la dignidad heroica del yogui. Por consiguiente, vosotros también debéis permanecer en estricto retiro en la montaña.

Y, a continuación, cantó esta canción de realización:

Dado que la bondad del guru no puede ser retribuida
hasta haber liberado a todos los seres vivos,
yo retribuiré su bondad con la práctica.
Aunque el Jetsun carezca por completo de deseos,
este es el consejo íntimo de todos los *sidhas*.

El pequeño asno salvaje de hocico blanco del norte
incluso en el momento de la muerte, su dignidad no decrece.

Y no es a causa de la esperanza de verse liberado,
es su orgullo heroico de animal salvaje.

La tigresa carnívora del norte
aunque esté muriendo de hambre, no devora a sus propios hijos.
Y no es porque no tenga necesidad,
es su orgullo heroico de fiera salvaje.

La blanca leona de las nieves del oeste
aunque tenga frío, no abandona la nieve.
Y no es porque no haya otro lugar donde ir,
es su orgullo heroico de reina de los animales.

El buitre del este, rey de las aves,
extiende las plumas de sus alas.
Y no es porque tenga miedo de caerse,
es el orgullo heroico de ese excelso volador.

Con la perseverancia en la meditación de Milarepa
él abandona las actividades del mundo.
Y no es porque le preocupen las alabanzas y la fama,
es el signo natural de su rechazo.

Los yoguis que se han liberado de todo
van errantes por remotos y solitarios lugares.
Y no es porque sientan miedo o confusión,
es la marca de todos los *sidhas*.

Los monjes hijos discípulos aquí reunidos
siguen la disciplina de mantenerse en estricto retiro.
Y no es porque sea el deseo de algún maestro humano,
es la marca de estar atravesando el camino de la libertad.

Para los afortunados dotados de fe
he cantado esta canción de instrucciones esenciales.
No es algo para hacer cuando no se tenga nada que hacer,
es la tradición de práctica de nuestro linaje.

Así cantó.

Y Rechungpa dijo:

- Te ruego que aceptes que yo practique de esa manera. Jetsun, tu apariencia no es como la del resto de los seres humanos. ¿Quién te ha regalado esa casaca excelente y la *arura*?

- Me ha sido ofrecida -contestó- por el dios de los hombres.

Y, a continuación, cantó esta canción de realización:

> En la capital de Yerang y Khokhom
> vive un rey, señor de los hombres.
> A causa del Jetsun, Tara le hizo una profecía
> a este rey dhármico, este bodisatva,
> y Milarepa recibió su invitación
> en La Cueva de Katya, en Nepal.
> Pero por temor de morir, no fui[338].
> Así, el rey dhármico de Nepal
> me otorgó este traje de fino algodón blanco
> como compañero para mi *chandali ashé*.
> Me otorgó esta suprema planta *arura* que cura todas las
> enfermedades,
> el antídoto para el desequilibrio de los elementos.
> Aquí, en la tierra de este rey,
> todos los seres, durante siete años, estarán libres de enfermedad.

Así cantó.

Y los dos repas dijeron:

- Viniste aquí no movido por las ocho preocupaciones mundanas, sino para hacer tu práctica; ¡qué maravilla![78] Te pedimos que ahora regreses al Tíbet para beneficiar a los seres sensibles de allí.

A causa de sus fervientes ruegos, el Jetsun accedió; y se instaló en La Cueva Nyen-yön, en la linde con Lachi.

Mientras Milarepa estaba allí, Tseringma vino a vigilar al Jetsun. Él estaba disfrutando de la compañía de una chica de clase baja en el bosque

---

[338] Recordando la muerte, la impermanencia de la vida, Milarepa continuó practicando en retiro.

de acacias, y vio a Tseringma a través de un espejo blanco de plata. Luego, ella lo vio desvanecerse en el espacio.

Al año siguiente, estando Milarepa en Chonglung, Tseringma volvió a presentarse para vigilar al Jetsun. Esta vez lo vio montado sobre un león, embadurnado de cenizas y de *rakta*[339] por todo el cuerpo, y con una guirnalda de flores sobre la cabeza. Iba vestido con el sol y la luna. En las manos sostenía un parasol y una bandera de la victoria. Cuando ella se acercó, lo vio desvanecerse en el cielo, y por ese motivo no pudo atacarlo.

Este es el ciclo de la ofrenda del rey de Khokhom, en Mönyul; y una breve referencia al asedio de Tseringma para atacarlo.

---

[339] Tib: *rakta*. *Rakta* es la palabra que se usa en sánscrito para 'sangre', y aparece transliterada en el texto original. La 'rakta' se usa como sustancia sagrada en la tradición del anutarayoga tantra (la forma más elevada del yoga). Aquí, se representa a Milarepa actuando 'a la manera yóguica'.

# 28. El asedio de las cinco hermanas Tseringma[340]: Una guirnalda de perlas

Namo Guru
Aunque nacido en la cordillera de las montañas nevadas,
no has sido contaminado por los defectos mundanos.
Por haber sido bendecido por el linaje de Naropa,
eres un ser extraordinario que ha padecido la austeridad.
Supremo remedio sanador para la enfermedad de los seres,
objeto de veneración, brillante como el Sol y la Luna,
tú, que eres conocido como el maestro Milarepa,
padre repa, con respeto te rindo homenaje.

En la cadena montañosa nevada del norte, en la frontera del Tíbet con Nepal donde la gente habla lenguas diferentes, en esa gloriosa tierra, en el próspero lugar entre Drin y Dingma[341], había un magnífico mercado donde se podía adquirir cualquier cosa que uno deseara. Era un palacio del rey naga Dungdra, un lugar en el que el lujo y las riquezas fluían con naturalidad.

En la cara este de una roca similar a una joya, que tiene el aspecto de un león en postura mayestática, y en la esquina izquierda de la noble señora Lhamen Tashi Tseringma[342], en el centro de las moradas de cristal

---

[340] Este capítulo y los tres que vienen a continuación forman juntos, en el texto original, un ciclo más largo titulado "El asedio de las cinco hermanas Tseringma y la serie de respuestas a sus preguntas" (tib: *tshe ring mched lngas drod nyul dang zhus lan gyi rim pa*).

[341] "El lugar entre Drin y Dingma", al que nos referiremos en adelante con su nombre tibetano, 'Dingma Drin' (*ding ma brin*), es una localidad ubicada en El Tíbet, en la frontera de Drin (*brin spo*), en la zona sur de la región de Dingri.

[342] "Médica divina, diosa auspiciosa de la larga vida" (tib: *lha sman bkra shis tshe ring ma*). En la cultura tibetana, las montañas a menudo se personifican y la gente se refiere a ellas como si fueran las deidades a las que están asociadas. En esta obra, el nombre Tashi Tseringma se refiere, de forma indistinta, tanto a la montaña como a la deidad. La montaña es también conocida en sánscrito como Gaurishankar.

circundantes de las deidades de la montaña nevada[343], se asienta el valle de Menlung, por donde fluye el río Mayang. Allí, en las orillas del río Lohit, en un lugar de retiro solitario en el valle de Menlung, en Chuwar[344], un lugar cargado de bendiciones, el gran maestro repa, el yogui Mila, residía, meditando concentrado en la práctica yóguica del *samadhi* similar a la corriente de un río.

Durante el primer mes de verano del año del dragón de agua macho, a medianoche, en el octavo día de la luna creciente, llegaron dieciocho poderosos demonios, capitaneando a todos los *devas* y espíritus de la existencia fenoménica. Exhibían una miríada de mágicos fenómenos y augurios, tales como tormentas y terremotos. Entre esos demonios, había cinco terroríficas maléficas *rakshasas* que desplegaban una gran variedad de espantosas formas, intentando perturbar la concentración meditativa de Milarepa. Cuando esto sucedió, el Jetsun les cantó a las deidades y las *dakinis* esta canción de realización titulada *Convocatoria de la armada*:

> Señor, precioso guru de las tres bondades,
> el de Lhodrak, de nombre universalmente conocido,
> este afortunado te suplica fervientemente.
> Padre, desde el espacio inmanifestado, piensa en mí.
>
> A este lugar solitario cercano a Chuwar de Drin,
> yo, un repa yogui del Tíbet,
> he venido a meditar con una mente concentrada.

---

[343] Este pasaje dice literalmente: "En el centro, rodeado por las deidades *nyen* de la montaña nevada de cristal" (tib: *gangs lha gnyan shel gyis bskor ba'i dbus*). TDC define *nyen* como "Deidades locales (*sa bdag*) que traen graves enfermedades." Como adjetivo, la palabra *nyen* significa 'grave' o 'poderoso'.

[344] Chuwar (tib: *chu dbar*) significa, literalmente, "entre ríos"; de modo que el lugar de Chuwar se asienta en un pequeño istmo en la confluencia de dos ríos, actualmente señalada por el monasterio de Chuwar. En esta narración, esos dos ríos reciben el nombre de Mayang y Lohita ('Lohanta' en *El tesoro negro*). Los nombres que se usan hoy en día son Rongshar Tsangpo (Mayang) y Tashi Oma (Lohita).

Cuando surgen las experiencias procedentes de la unión de los
*dathus*[345],
puedo ver cualquier tipo de cosas asombrosas.

En general, los espíritus de la existencia fenoménica
se han reunido todos aquí sin excepción.
En particular, las cinco jóvenes, estas apariciones,
que se muestran a sí mismas con espantosas formas
y buscan dañarme con su poder maléfico.
Tratan de perturbarme con obstrucciones.
Una de ellas es como un esqueleto sonriente,
la veo levantar el Monte Meru en su regazo.
El rostro de otra es como el de un chacal, rojo y embadurnado de
sangre,
la veo engullir el océano de un trago.
La tercera es completamente temible, tiene la forma del Señor de
la Muerte,
hace chocar el Sol y la Luna como si fueran címbalos.
Hay otra, rebozada de cenizas, que aúlla a risotadas
y lanza las estrellas contra la Tierra.
Y la última aparece arrebatadora con la forma de una diosa,
una mujer a la que uno nunca se cansaría de mirar;
sonríe y trata de seducirme.

Hay además emanaciones de *yakshas*.
Los veo extender los brazos incorpóreos.
Los veo agitar las plantas y los arbustos.
Reorganizan la tierra, las rocas y las montañas.
Veo pozos rodeándome en las cuatro direcciones.

---

[345] Los *dathus* aquí se refiere al prana. Durante las prácticas yóguicas, cuando los pranas
se movilizan y se juntan en los nadis, ello produce apariencias diversas que experimenta
el yogui. "La unión de los constituyentes, o dathus (tib: *khams 'dus pa*), de la energía vital
se refiere a las prácticas energéticas del yoga. Dondequiera que se focaliza la visualización, la energía vital se reúne allí. A través de este tipo de prácticas, se dice que las corrientes de la energía vital se juntan y luego entran, penetran y, finalmente, se disuelven
en el chakra particular en el que uno se enfoca. Para acabar, la práctica yóguica de las
energías entra y se disuelve en el canal central, el pensamiento discursivo se detiene, y
tiene lugar la experiencia del gozo-vacío no conceptual." (Kongtrul 2007, 391).

Veo cuatro fronteras custodiadas por gigantes.
Veo el cielo en llamas.
Veo la tierra anegada de agua.
Los espíritus que atestan el espacio circundante,
oigo sus maléficos rugidos atronadores
con voces disonantes y temibles.
Gritan: "¡No puedes estar aquí! ¡Lárgate!".
Bañan mi cuerpo con enfermedades y padecimientos.
Gritan: "¡Te arrancaremos la mente del cuerpo!".

Cuando obstáculos de este calibre se presentan,
guru, tú que estás dotado de la bendición,
deidades *yidam* que concedéis los *sidhis*,
*dakas* que estáis presentes de forma espontánea,
*dakinis* que residís en el espacio básico
y *dharmapalas* que protegéis contra los obstáculos:
vosotros que sois mi respaldo, ¡yo os convoco a la batalla!
¡Alinead las fuerzas del poder milagroso!
Bendecid el cuerpo y el habla de este yogui.
Sabios[346], con vuestro disfraz colérico,
mostrad vuestros colmillos y vuestro terrible rostro.
Hombres y mujeres de impresionante cólera,
algunos con cuerpos de señores de la muerte,
y, en concreto, el de forma más arrogante e insolente.

Asamblea de deidades coléricas que llenáis el espacio,
vuestras bocas disparan lenguas de llamas y rayos.
Truenos rugientes de mantras,
haced que una lluvia de HUM y PHAT caiga.
Con doce largos rugidos de carcajadas contundentes,
ahuyentaréis a la armada de los obstáculos.
Los obstáculos externos del cuerpo se despejan en el exterior,
los obstáculos internos de la mente se despejan en el interior.
Las malas condiciones se transforman en el camino del despertar.

---

[346] Tib: *drang srong*. Este término es la traducción del clásico *rishi*, asceta vidente o sabio de La India. En tibetano, da a entender alguien "sin engaño ni hipocresía, en su cuerpo, palabra y mente; franco y honesto". (TDC)

¡Lanzad a esos maléficos demonios al río!
¿Me oís, asamblea de *yidam* y *dakinis*?
¡Os ruego a todos vosotros, seres superiores!

Así, el Jetsun proclamó esta canción de realización, suplicando con fervor al guru y a los *yidam*. Entonces, la horda de espíritus, capitaneados por los dieciocho demonios supremos, pensó: "Por la forma en que este yogui se acaba de expresar, ¿no parece algo preocupado? Algunos conceptos han surgido en su mente, y sí, parece preocupado; así que vamos a tener la oportunidad de luchar contra él. ¡Nos gusta!, pero como no sabemos todavía el alcance de la experiencia meditativa de Milarepa ni de la confianza interna en su realización, vamos a tratar de intimidarlo un poco más con voces terroríficas. Tenemos que averiguar hasta dónde llega la intrepidez de su confianza en la visión". Entonces, la multitud de los espíritus le cantó al Jetsun esta canción titulada *Una profecía de obstáculos*:

Cantando tu canción con esa vívida claridad,
haciéndolo con tal maestría técnica,
convocas a la armada de las *dakinis* y las deidades.
Con esta conducta de yogui retirado en la montaña,
¿acaso no eres un gran repa con disciplina yóguica?

Nosotros carecemos de cuerpo físico, de soporte para la mente,
pero somos terribles y amedrentadores, ¡y tanto que lo somos!
Ya que infundimos angustia en las mentes de los demás,
escucha ahora nuestra canción con oídos atentos.

El que recibe el nombre de rey de Nam Lo,
el dragón turquesa de alas doradas[79],
por debajo de donde vuela en el cielo de medianoche,
se encuentra el valle, la pradera y el auspicioso bosque[80].
Rodeado por los pétalos de la Sierra Nevada de Lhamen[347],
estos pastos son los incomparables del Valle de Menlung.

---

[347] Literalmente: "Montaña Nevada de la Divina Medicina" (tib: *lha smen gangs*). Es una referencia a Tashi Tseringma (el Monte Gaurishankar). 'Pétalos' se refiere a los distintos picos de las montañas.

Aquí, en este especial octavo día del mes lunar,
durante la fase creciente de la luna[81],
recién pasada la medianoche, con el cielo amortajado por la
oscuridad,
nos hemos reunido una hueste de ochenta y cuatro mil espíritus
obstaculizadores.
Nosotros, *devas* y espíritus de la existencia fenoménica al
completo
-desde los *devas* menores[348] de arriba en el cielo
hasta los *mahoragas* de lo profundo de la tierra-,
emanaciones de forma desagradable,
con nuestros cuerpos mágicos hemos acudido a este lugar.
Tenemos mentes despectivas y malévolas
y hacemos todo lo posible por dañar y perturbar.
Principalmente, están los dieciocho grandes demonios
y luego el cortejo de los demonios que guardan las diez
direcciones
y los quince grandes demonios que atacan a los niños.
En particular, están las cinco grandes diablesas *rakshasa*.
Cuando huelen la carne y la sangre de los seres humanos,
no pueden evitar chasquear los labios.
Ellas son las *rakshasas* hembra de las acciones mundanas.

Nosotros, *devas* y *rakshasas* aquí reunidos,
lo hemos hablado y hemos echado los dados para ver la suerte.
¡La ominosa marca de la cruz[349] recayó sobre ti!
¡La tirada que lanzamos decía que debíamos ir a por ti!
¡Estás metido en esto y no hay forma de que escapes!
Puesto que no tienes el control,
tu fuerza vital y tu energía te será retirada.
Apagaremos tus inspiraciones y espiraciones.
Tu consciencia se separará de su soporte.

---

[348] "Devas menores" hace referencia a los devas del reino llamado "Control de las emanaciones de los demás"; ver nota relativa a lo mismo en la siguiente canción.

[349] Literalmente: "La cruz del norte" (tib: *byang khram kha*). Esta referencia es oscura;
sin embargo, el norte suele estar asociado con la muerte y con los malos presagios. (DPR)

Nos comeremos tu cuerpo, con toda su carne y su sangre.

Tu vida y tu buen sino llegarán a su final.

Serás arrebatado por el Señor de la Muerte.

Tienes la soga del karma negativo al cuello.

Ahora, en la última vigilia de la noche,

deberás hacer el tránsito hasta la otra orilla.

Todas las acciones previas que hayas realizado,

¿te arrepientes de ellas o no?

El mensajero de Yama[350] te llevará consigo.

¿Estás preparado para morir feliz o no?

¿Tienes la confianza libre de temor

para afrontar el gran abismo de los tres reinos inferiores o no?

Estas son las preguntas que te planteamos, yogui.

Esta noche, deberás seguirnos

y el *yama* del karma será tu guía[351].

La luz y la oscuridad del bardo son aterradoras,

irás a una tierra completamente desconocida.

Para tu cuerpo, es el momento de encontrar un refugio, un guía.

Para tu habla, es el momento de cabalgar la montura de la aspiración.

Para tu mente, es el momento de ir[352] a otra ciudad.

¡*Kyihu*! ¡*Kyihu*! ¡Lástima, pobre yogui!

Estás sin parientes ni amigos.

En este lugar terrorífico y angustioso,

el camino de la soledad es duro de sobrellevar.

Deberás hacerlo solo, sin compañía.

¡No te quedes! ¡No te quedes! ¡Márchate!

---

[350] *Yama* es otro de los nombres que recibe el Señor de la Muerte.

[351] "Yama del karma" (tib: *las kyi gshin rje*) se refiere al karma personal, que es la fuerza primaria que nos mueve en el momento de la muerte. A menos que se tenga la suficiente estabilidad mental, uno no tiene control sobre hacia dónde se dirige la corriente mental en el momento de la muerte.

[352] Tib: *'pho*. Es la misma palabra que se usa para el término compuesto *phowa*, y significa 'transferir' o 'moverse a otro lugar'.

Así cantaron todos los demonios y espíritus.

Entonces, el Jetsun reflexionó:

"Todos vosotros, espíritus, al igual que el resto de los fenómenos existentes, solo sois proyecciones de la mente. No hay nada que no sea eso. Así se enseña en todos los sutras, los tantras y los tratados. Esta auténtica esencia de la mente, que es por naturaleza luminosa y está libre de elaboraciones, es lo que me fue señalado por medio del néctar de las instrucciones orales de mi noble guru. La naturaleza de la mente está más allá del surgimiento y el cese. Incluso si la armada de millones y billones del Señor de la Muerte me quisiera rodear y lanzar sobre mí una miríada de armas, no podría matar, cortar ni transformar en algo malo la naturaleza de la mente. Incluso si un billón de rayos de luz de los budas de los tres tiempos y las diez direcciones juntaran y combinaran sus buenas cualidades, no podrían hacer que existiera realmente como algo que tuviera forma y color. El carácter básico de la naturaleza de la mente es estar libre de elaboraciones.

"Este cuerpo lo tomamos como real debido al apego al perceptor y lo percibido. Pero el final de estos agregados que han surgido, fabricados a partir de los elementos base, es la muerte. De modo que si vosotros, *devas* y espíritus, tenéis necesidad de ellos, os los donaré con toda mi alegría. Todas las cosas son fenómenos mutables e impermanentes. En este preciso instante, cuando aún tengo control, si ejerzo la generosidad con mi mente, produciré un gran beneficio regalando mi cuerpo.

"Ahora, debido a los engañosos conceptos de perceptor y percibido, veo aquí las imágenes de todos estos *devas* y espíritus. Estas apariencias de agresores y agredido son como las motas que aparecen en el ojo y nublan la visión. Desde el samsara sin principio, por el poder de la ignorancia -la causa-, han surgido los oscurecimientos por medio de la permanente habituación a las tendencias negativas, esos conceptos que son coberturas sobrepuestas como nubes o niebla. Así que, ¿por qué he de sentir miedo y angustia a causa de ellos?".

Y, a continuación, se quedó descansando en la naturaleza esencial -la base-, y cantó esta canción de realización sobre la confianza en la iluminación por medio de la completa maestría del no miedo:

Este lugar llamado Dingma Drin,
un mercado donde la gente se reúne para vender sus mercancías,
es un lugar frecuentado por indios y tibetanos.

La cruel Tseringma de los picos nevados,
con su tocado de resplandeciente cristal,
reina, divina médica, ¿no es el dobladillo de su falda
los pastos de verano del Valle de Menlung?
En Chuwar, trazado sobre una de sus esquinas,
se reúnen los ochenta y cuatro mil espíritus obstaculizadores:
desde los habitantes del reino *dévico* del Control de las
Emanaciones de los Otros[353]
hasta los *mahoragas* que viven bajo tierra;
desde los nagas sin habla[82], hasta los que sobrevuelan por el
espacio[354];
gandharvas, putanas, y kimnaras;
mahoragas, kumbandas, rakshasas y demonios;
vetalas, yakshas y espíritus bhuta.
Una inconcebible cantidad reunida,
cada uno con sus nombres, que ni siquiera soy capaz de
pronunciar.
En particular, las cinco diablesas *rakshasa* airadas.
Me gritáis cosas terribles.
"¡Tienes que cruzar desde esta vida a la otra orilla!", me decís.

Teniéndole un gran miedo a la muerte,
me adiestré en el estado innato sin muerte
-que es el punto clave de la autoliberación del samsara-.
Esta realidad esencial me ha sido revelada.
La consciencia interna desnuda, libre de apoyos,
su movimiento es puro y claro -esta es la confianza en la visión-.

---

[353] "El Control de las Emanaciones de los Otros" (tib: *gzhan 'phrul dbang byed*. Sánsc: *paranirmitavaśavartin*) es la más elevada de las seis moradas de los devas, en el reino del deseo.

[354] "Los que sobrevuelan por el espacio" (tib: *nam mkha' lding*) es otra forma de referirse al ave garuda.

He resuelto que mi mente es luminosa y vacía.
No tengo miedo al nacimiento ni a la muerte.

Teniendo un gran miedo hacia los ocho estados carentes de
libertad,
medité en la impermanencia y en los defectos del samsara.
Puse una gran fe en el refugio y en las Tres Joyas
y desarrollé una cuidadosa atención hacia el karma, la causa y el
efecto.
Adiestrando mi corriente mental en la *bodichita*, los medios,
corté el continuum de los oscurecimientos, las tendencias latentes.
Y realicé que cualesquiera apariencias que surjan son ilusiones.
No tengo miedo de los tres reinos inferiores.

Teniendo gran miedo a la fugacidad de la vida,
conecté con el camino de los *nadis* y el *prana*.
Dado que he sido adiestrado en los Tres Puntos Vitales de la
Fusión,
cuando las apariencias de la séxtuple conciencia cesen
tengo confianza en la revelación del dharmakaya;
en ese momento, eyectando la consciencia a través de la apertura
de brahma,
la mente no nacida es transferida al *dharmadatu*.
Ya no tengo miedo a morir[355].

Ahora, vosotros, *devas* y *yakshas* mundanos,
que perseguís tomar la vida de los seres,
este cuerpo ilusorio mío compuesto de *skandas* que veis aquí,

---

[355] Entre los cinco tipos de powa o transferencia (dharmakaya, sambhogakaya, nirmanakaya, guru y reino puro de powa), este pasaje está conectado con el dharmakaya powa.
(DPR)

"La noción de powa que tenemos ordinariamente es que uno eyecta su consciencia fuera
del cuerpo hacia un reino puro o iluminado. Sin embargo, una vez hemos realizado la
naturaleza de la mente, hemos cumplido el propósito del powa. La mente ya se halla en
un estado de perfecta pureza. Cualquiera que sea el estado mental que tengamos -mente
discursiva, mente adherida a las pasiones, al odio o la ignorancia, o simplemente mente
dedicada a la percepción de los objetos-, en el momento en que realizamos la naturaleza
de la mente, la consciencia se libera de cualquier oscurecimiento o confusión, y se transforma de manera inmediata. Este es el powa dharmakaya". (Dzogchen Ponlop 2006, 147–
148)

este objeto de impermanencia y descomposición,

no importa cómo, tendrá que acabar siendo desechado.

Así que, espíritus, si lo queréis, tomad la parte que os guste.

En general, lo ofrezco como rescate[356] para todos los seres.

En particular, lo dedico al bien de mis bondadosos padres.

Por la dedicación de esta ofrenda de la carne y la sangre de mi cuerpo,

que podáis vosotros quedar satisfechos, sentir un gran gozo

y poner fin a la conexión de deudas kármicas

que tenemos desde el samsara sin principio hasta la actualidad.

Quedad libres de todos los rencores y retribuciones.

El movimiento de la mente, insustancial y vacía,

espíritus, vosotros no podéis verlo, ni siquiera yo.

Los budas de los tres tiempos tampoco han podido verlo[83].

Aunque los dieciocho reinos infernales aparecieran como enemigos,

si yo pensara "¡Qué terrorífico!", entonces sería el 'yo' quien estaría amenazado.

Yo soy un yogui de la vacuidad del espacio.

Debido a que comprendo la verdadera naturaleza de la confusión,

espíritus, no tengo miedo de vosotros.

Todo es una manifestación de la mente.

¡Oh maravilla! Los fenómenos de los tres reinos del samsara

no existen, aparecen: ¡qué extraordinaria maravilla!

Después de cantar esta canción de realización sobre el logro de la maestría del no-miedo, a continuación, el Jetsun pronunció las siguientes palabras verdaderas dirigidas a los demonios[357]:

---

[356] "Rescate" (tib: *glud*), aquí, tiene el sentido de 'figura' o 'efigie'. Es una práctica común en los rituales tibetanos ofrecer algo a los demonios o espíritus obstaculizadores para apaciguarlos.

[357] La frase "pronunció las siguientes palabras verdaderas" (tib: *gsung bden pa'i tshig / gsung ngag bden pa*) tiene el sentido de hacer una poderosa proclamación. A causa de que dichas palabras son verdaderas, en particular en relación con la enseñanza de Buda, están investidas del poder especial que facilita los actos rituales, como los exorcismos o las consagraciones. (ATW)

- Desde el samsara sin principio hasta el momento actual, hemos tenido incontables nacimientos y hemos tenido más cuerpos que átomos existen. [Durante este tiempo] solo hemos estado acumulando los agregados compuestos del sufrimiento y abandonándolos sin sentido. Ni por un solo momento hemos hecho algo con sentido. Este cuerpo actual de agregados contaminados, compuesto por los cuatro elementos y las treinta y dos sustancias impuras, si vosotros lo queréis, asamblea de *devas* y espíritus, ¿por qué no iba a dároslo? Dado que los seres vivos -las seis clases de ellos[84]- han sido todos mis progenitores, entrego mi cuerpo como tributo para compensar cualquier retribución kármica y como redención de cualquier rencor. Desde la coronilla de mi cabeza hasta la planta de los pies -mis doce diferentes miembros, trece con la cabeza, mis cinco sentidos, mis cinco órganos vitales, mis seis partes internas, mi carne y mis huesos, la médula y la grasa, el cerebro y las membranas, la sangre y todos los líquidos, el pelo y las uñas, la piel y el olor, mi respiración y mi energía, mi vitalidad y mi complexión, y todo el resto- todo lo que cada uno de vosotros pueda desear, tomadlo ya mismo y quedad satisfechos. Que solo sintáis placer. Además, a causa de esta ofrenda de mi cuerpo, mi carne y mi sangre, de hoy en adelante, que las intenciones negativas de malevolencia y agresividad de esta asamblea de *yakshas* y *rakshasas* queden pacificadas. Que vuestra corriente mental quede colmada únicamente de una gran compasión inmaculada. Y con esta compasión como causa sustancial y condición cooperante[358], que a partir de hoy no dañéis ni perjudiquéis a ningún ser sensible. Y deponiendo el daño y el perjuicio, que vuestras mentes se llenen de amor. Y con todas las intenciones de bondad amorosa y alegría, consigáis la riqueza de una felicidad sin límite."

Así, el Jetsun pronunció esta aspiración con palabras verdaderas.

Al oírlo, todos los *devas* y los espíritus reunidos se sintieron inspirados y llenos de devoción. Sus manifestaciones de magia y de maléficos augurios cesaron, y se quedaron completamente tranquilos.

---

[358] La causa sustancial (tib: *nye bar len pa'i rgyu*) se define como "aquello que produce principalmente el continuum de su propia sustancia como su resultado específico"; por ejemplo, la semilla es la causa sustancial del brote. La condición cooperante, aquí, significa la condición necesaria que asiste al surgimiento del resultado. (TDC)

Entre ellos, las cinco furiosas *dakinis rakshasa* que habían mostrado tanta ferocidad, dijeron:

- Yogui, que nos ofrecieras tu carne y tu sangre sin ninguna clase de apego ni sentimiento de pérdida hacia tu cuerpo es realmente maravilloso. Sin embargo, sinceramente, no era nuestro deseo herirte ni perjudicarte. Solo vinimos para examinar qué clase de experiencia meditativa y de confianza en la realización tenías. Generalmente, todas las ilusiones externas de obstaculizaciones demoníacas son causadas por la mente conceptual interna. A tu llegada, pensamos que sentías cierta inquietud, cuando convocaste a una armada de deidades y *dakinis*. Viendo que tenías dudas y temores, te soltamos todas las barbaridades que dijimos y tratamos de dañarte. Pero ahora, tras escuchar las palabras verdaderas que acabas de pronunciar, nos sentimos culpables y estamos arrepentidas.

Ahora, yogui, corta el movimiento interno y externo de la mente, que es tan traicionero, y descansa en el equilibrio de la naturaleza espontánea de la mente. Haciendo esto, cuando te encuentres cualquier obstáculo, además de los que te hemos creado aquí, incluso si todo el reino de Brahma[359] temblara, no podrán intimidarte ni molestarte.

Tras darle este consejo del corazón, se cuenta que, desde el cielo, las cinco furiosas *yakshas*, ofrecieron esta canción al Jetsun de manera unánime:

> ¡Kye! ¡Escucha, gran yogui repa!
> Por la acumulación de méritos, has obtenido un nacimiento
> humano.
> Con la buena fortuna de las ventajas y las libertades reunidas,
> cumpliendo tus aspiraciones, encontraste el dharma.
> Debido a tu propensión kármica al trabajo, te dedicaste a la
> meditación;
> y te convertiste en un ser supremo, hijo de una noble familia.

---

[359] 'El reino de Brahma' (tib: *tshangs pa'i 'jig rten*. Sánsc: *brahmaloka*) incluye los seis reinos del deseo, hasta el nivel superior del reino de la forma (TDC). Algunas fuentes afirman que incluye los primeros tres niveles del reino de la forma; y otras fuentes, la totalidad de los reinos con forma y sin forma. (Buswell 2014, 142)

Nosotras, desafortunados seres mundanos,
a causa de nuestro intelecto inferior, somos ignorantes.
Y a causa de nuestro inferior renacimiento, tomamos cuerpos de mujer.
Al no haber acumulado mérito, tenemos unas mentes malévolas.
Y habiendo acumulado mal karma, debemos deambular por el espacio.
Los seres sensibles que estamos tan perdidos[85]
no tenemos conocimiento de la realización en la corriente mental de los demás;
por tanto, usaremos palabras para darte nuestros ejemplos,
interpreta su significado por deducción.
Aunque es posible que tengas algunas dudas,
siéntate, relájate y escucha nuestra canción.

En la próspera puerta[86] de China, al este,
las mujeres elaboran ovillos de seda.
Si la lanzadera de la trama no falla con los hilos de la urdimbre[360],
ningún viento externo será capaz de destejerlo.
¡Sé astuto! Así podrás crear una prenda de calidad.

En Gyimshang[361], la capital de Mongolia, al norte,
van a la guerra haciendo alarde de fuerza y poderío.
Si los asuntos políticos internos están en calma,
no tendrán miedo ni a los mismos hombres de Gesar[362].
¡Gobierna por medio de la paz, sabio y valiente guerrero![87]

Al oeste, en el estrecho paso del rey persa,
en la puerta del héroe con la llamada de las trompetas[88],
si dentro los pernos de acero no se rompen,
no tendrán miedo de las catapultas del exterior.
¡Amárralo bien por dentro! Es una puerta mágica.

---

[360] En la artesanía del tejido, el hilo de la trama pasa entre los hilos de la urdimbre, colocados en el telar por medio de una lanzadera manual roscada.

[361] El nombre *Gyimshang* (tib: *gyim shang*) aparece en la literatura tibetana en diversos contextos sin relación. Aquí, parece ser un sinónimo de Mongolia. (DPR)

[362] *Gesar* es un famoso rey-guerrero mítico del Tíbet.

Al sur, en Nepal, una tierra de piedras perforadas,
donde los troncos de los sándalos medicinales crecen,
si los árboles de los Thayu[363] no son talados por ellos mismos,
los Mön extranjeros no atacarán con sus hachas.
¡Protege los árboles y los asuntos internos! Y seguirás teniendo
una tierra boscosa.

En el solitario lugar de Chuwar, en Drin,
tú, Milarepa, tienes una excelente meditación.
Si tus conceptos internos no se giran hacia los espíritus,
no podrán asustarte los demonios externos y los obstáculos.
Yogui, adiestra tu corriente mental interna.
¡Con tu disciplina yóguica, no des cabida a la duda!

En la montaña rocosa de la vacuidad del *dharmata*,
te has establecido en la fortaleza del *samadhi* inamovible;
has vestido la armadura de la *bodichita*
y has afilado las armas de la sabiduría y la compasión.
Aunque la armada de los cuatro *maras* te asedien,
no regreses a la ciudad del perceptor y lo percibido.
Aunque el mundo entero de Yama se te enfrente,
no perderás la batalla, tu victoria está asegurada.

En el exterior, las apariencias deseables te montan un gran show;
en el interior, la meditación *samatha* se tambalea con la torpeza y
la agitación.
El apego a tu tierra te ha acompañado toda la vida.
Tu sabiduría *vipasana* es solo momentánea.
Los espíritus y los *devas* de los conceptos enemigos son muy
hábiles.
Con las esperanzas y los temores apostados al acecho,
existe el peligro de ser encadenado por el ego.
Con la vigilancia de tu plena atención consciente
protege bien la fortaleza, oh yogui practicante.
Cuatro ejemplos y su significado en esta canción, hacen cinco.

---

[363] Los Thayu (tib: *sta ru*) son un pueblo nativo de Nepal cuya forma de vida gira alrededor
del bosque.

Amables palabras, como perlas ensartadas en un hilo.
El espejo que ilumina la realidad brilla en tu mente.
¡Comprende esto a fondo, oh tú afortunado!

Así le cantaron ellas al Jetsun la canción de los cuatro ejemplos y su significado.

A continuación, el Jetsun respondió:

- Generalmente, todos los *devas* y *espíritus maras* obstaculizadores externos proceden de la causa sustancial de la conceptualización interna. A pesar de que todo lo que habéis dicho es cierto, en mi tradición yóguica no consideramos los obstáculos como defectos. Cualquier augurio o despliegue mágico que se manifiesten, los veo como buenos y los acepto como algo deseable. Con la instrucción de tomar los malos augurios como buena fortuna[89], [los obstáculos] hacen restallar el látigo de la diligencia para los principiantes perezosos; así, las personas aplican los antídotos de forma inmediata y agudizan su consciencia. De esta forma, incitan a su cuerpo y a su habla a la práctica espiritual, que se convierte en la causa de que la concentración meditativa surja con prontitud en su flujo mental. Para quienes están familiarizados con el camino y han logrado estabilidad, [los obstáculos] alimentan la sabiduría de la plena atención consciente. En ellos resplandece el brillo de la claridad de la consciencia y se fortalecen las experiencias internas del *samadhi*. Debido a ello, la *bodichita* especial brota en su corriente mental y el camino mejora más y más. En este punto, los demonios se transforman en protectores. Y, cuando se es capaz de ver a los dharmapalas como nirmanakayas, las condiciones adversas se convierten en *sidhis*. Los obstáculos son llevados al camino y los conceptos se revelan como el dharmakaya. Los defectos quedan liberados como buenas cualidades y se alcanzan todas las condiciones favorables para el camino común. Finalmente, en la naturaleza de los fenómenos cognoscibles, ni los *devas* ni los espíritus existen. Las características de las esperanzas y los miedos que deben ser adoptados y abandonados quedan liberadas en su propio ser. La realización de que la confusión carece de base, junto a la revelación del samsara como mahamudra, son el dharmakaya, libre de encuentro y separación, donde los conceptos accidentales se disuelven en el espacio esencial.

Y, a continuación, el Jetsun enseñó estos mismos temas en verso:

En este mundo, el reino puro del Victorioso,
hay alguien reconocido como el segundo buda
que ostenta la bandera victoriosa de las enseñanzas que no tienen
ocaso[90].
Él es como la joya superior de la corona,
objeto de respeto y de ofrendas para todos.
El sonido de la bandera ondeante de su fama
impregna por completo todas las direcciones.
¿No es acaso el Señor Maitripa?

Alguien que sirvió a sus pies de loto con respeto
y que bebió el elixir de la vida
realizó el significado esencial libre de extremos:
mahamudra, la cúspide de la visión.
Perfeccionó por completo todas las buenas cualidades
y llegó a estar limpio de cualquier mancha.
Emanación del Sugata en forma humana,
este ser supremo, Marpa, enseñó de esta forma:

Cualesquiera apariencias externas que surjan,
cuando no se han realizado, son apariencias confusas.
El apego a los objetos es lo que te mantiene atado.
Cuando se realizan, aparecen como ilusiones,
objetos que se revelan como amigos de la mente.
Y, en la realidad última, ni siquiera han aparecido;
como dharmakaya no nacido, son puras. Así enseñaba.

La consciencia, el movimiento interno de la mente conceptual,
cuando no se ha realizado, es ignorancia.
Es la base de todas las aflicciones y del karma.
Cuando se realiza, se convierte en sabiduría autoconsciente.
Y todas las buenas cualidades se perfeccionan.
En la realidad última, no hay sabiduría.
Llevad los dharmas hasta el punto de su agotamiento. Así
enseñaba.

Este cuerpo formado por los *skandas* perpetuadores[364],
cuando no se ha realizado, es el cuerpo de los cuatro elementos;
el sufrimiento y la enfermedad proceden de ello.
Cuando se realiza, es el cuerpo divino de la unión
que transforma la fijación ordinaria.
En la realidad última, no hay cuerpo,
es puro, como un cielo sin nubes. Así enseñaba.

Las apariencias de masculino y femenino, demonios y *yakshas*,
cuando no se han realizado, son *maras*,
crean obstáculos e infligen daño.
Cuando se realizan, los espíritus obstaculizadores se convierten
en protectores
y propician una gran variedad de realizaciones.
En la realidad última no hay *devas* ni espíritus.
Llevad los conceptos hasta el punto de su agotamiento. Así
enseñaba.

Generalmente, en el *yana* principal,
por medio del *anutarayoga tantra*[365] del Mantra Secreto,
cuando la unión de los *dathus* se alinea con los *nadis*,
se ven las formas de los espíritus externos. Así enseñaba.

No saber que las propias percepciones son erróneas
y, por el contrario, tomarlas como reales -esto es un completo
engaño-.
Hasta ahora he estado liado por el engaño,
metido en la guarida de la confusión y la ignorancia.
La ayuda de los devas y el ataque de los espíritus los he estado
tomando como reales.
Pero ya, gracias a la bondad del *sidha* mi maestro,

---

[364] "Los skandas perpetuadores" son: la forma, las sensaciones, las percepciones, las formaciones y la consciencia; y se perpetúan instante tras instante, de vida en vida, debido al karma y a las aflicciones.

[365] Se trata del yoga tantra más elevado; es una de las cuatro clases de tantras, la más asociada con el linaje de Milarepa.

sé que no tengo que apostar por el nirvana ni rechazar el samsara:
todo lo que surge se revela como mahamudra.

Al realizar que la confusión carece de base,
el reflejo de la luna en el agua de la consciencia se vuelve claro,
sin sombra de fango,
el sol de la claridad aparece sin nubes,
la oscuridad de la ignorancia se aclara a todos los efectos,
el engaño de la ilusión desaparece sin dejar huella,
un atisbo de cómo son las cosas se revela.
Así, los preciosos conceptos que nos hacen percibir a los espíritus
iluminan la base no nacida. ¡Qué gran maravilla!

Así, actualizando las enseñanzas de su guru, el Jetsun cantó esta canción de realización sobre el hacer surgir la certeza en las instrucciones orales.

Entonces, la asamblea de los *devas* y los espíritus, dirigida por los dieciocho demonios principales, dijo:

- Tú eres un yogui que ha logrado una verdadera estabilidad. Nosotros no lo hemos hecho. Lamentamos muchísimo y estamos arrepentidos de haberte dañado y haberte creado antes dificultades. De modo que te pedimos que nos disculpes. A partir de ahora seremos tus súbditos, y estaremos atentos a todo lo que mandes. En adelante, nosotros, *devas* y espíritus, haremos cualquier cosa que nos encargues.

Milarepa lo aceptó, y toda la asamblea de devas y espíritus, como un muro que cae, se postró ante él. Se cuenta que, a continuación, se dispersaron y cada cual regresó a su morada.

Esta es la historia de cómo el Gran Repa, cuyo nombre no se puede pronunciar a la ligera, el glorioso Shepa Dorje, replicó con una canción de realización a las cinco *dakinis* mundanas. Fue puesta por escrito gracias a la indeleble memoria de Ngendzong Bodhiraja[366] en el poema titulado *Una guirnalda de perlas*.

---

[366] *El Tesoro Negro* atribuye esta historia a Ngendzong Tönpa Bodhiraja y a Repa Shiwa Ö conjuntamente.

# 29. El asedio de las cinco hermanas Tseringma: La guirnalda de luz de amrita

Namo Guru
Emanación del Sugata, ornamento de mi cabeza
-bendecido por la *amrita* que fluye de la boca
del supremo entre los seres, Marpa Lotsawa,
y por su sabiduría, surgida de manera espontánea
y nacida del corazón del Linaje de la Escucha,
él es el yogui conocido bajo el nombre de Mila-.
Ante el Padre Repa, me postro con respeto.

En la espectacular frontera entre dos países, El Tíbet y Nepal, en la ladera izquierda de La Montaña Nevada de la Reina Azul Celeste envuelta en nieblas[367], bajo el mar dorado de densas[91] nubes, en el centro de una barrera de nieves eternas que rodea la parte baja del río Dingri, allí, en las orillas del Lohit, el río de los poderes, hay un lugar sagrado, el palacio de Chuwar del Valle de Menlung. Allí, la realidad de la enseñanza secreta, el supremo e inigualable *yana*, brotó de manera ecuánime en la mente del gran Señor Repa, universalmente conocido como el yogui Milarepa.

Con una *bodichita* inconmensurable, este ser de mente perfectamente adiestrada y purificada, con los cuatro gozos estabilizados en la zona baja[368] ascendiendo hasta el chakra de la garganta, el lugar de la felicidad, estalló por su propio poder en cantos vajra. A causa de la ininterrumpida corriente de bendiciones del Linaje de la Práctica, realizó la transformación de las apariencias ordinarias en sabiduría. Y, por medio de la conducta ascética de la loca sabiduría, se convirtió en un gran *daka* con el poder de aniquilar a los demonios sin fe y a las fuerzas negativas.

---

[367] La Montaña de la Reina Azul Celeste (tib: *mthon mthing rgyal mo*) es otro nombre para la montaña de Tashi Tseringma.

[368] 'Los cuatro gozos' (tib: *dga' ba bzhi*) se refiere a "La realización de chandali que se enseña en el contexto de la fase de culminación de los anutaratantras madre; los cuatro gozos que surgen cuando se estabiliza la bodichita y ascienden hacia arriba, desde 'la joya' hasta los centros de los cuatro chakras: el ombligo, el corazón, la garganta y la coronilla". (TDC)

Sin moverse del *dharmata*, el estado innato, cuidaba lleno de amor del beneficio de los demás. Con el *ayatana* de la totalidad de los elementos[369], era capaz de dominar y transformar las apariencias en no apariencias. Y desplegando milagros con su cuerpo, benefició a cierto número de espíritus y de seres humanos que tenían fe en la bondad y la virtud.

En la decimoprimera noche del primer mes del verano del año de la culebra hembra de agua, cinco mujeres hermosas y radiantes llegaron a su presencia. Hicieron muchas circunvalaciones alrededor de él, todas a la vez, y realizaron ocho pares de postraciones[92].

Le ofrecieron un recipiente de zafiro con yogur que, según dijeron, había sido elaborado con leche de *gayal*[370]. Luego, se colocaron en una fila a su izquierda y le hicieron una petición:

- Las cinco mujeres aquí presentes solicitamos al Jetsun que nos dé los votos de *bodichita*. Por favor, atiéndenos.

El Jetsun pensó: "Jamás había visto un recipiente tan valioso y especial. Y la calidad del yogur es verdaderamente excelente: nunca había visto nada igual. Los seres humanos son incapaces de hacer algo similar. Dado que han realizado sus circunvalaciones y postraciones en el sentido opuesto al convencional, deben de ser diosas o espíritus". Y aunque lo tenía claro, con el fin de observar su conducta y ver si hablaban de forma sincera o no, fingió no darse cuenta.

- ¿Quiénes sois? -preguntó-. ¿De dónde venís?

Y, a continuación, siguió interrogándolas por medio de esta poética canción de realización:

> Señor Vajradhara, esencia de los cuatro *kayas*,
> en esta época de conflictos y degeneración de las enseñanzas,

---

[369] El *ayatana* de la totalidad (tib: *zad par gyi skye mched*) se presenta "Cuando el yogui que ha alcanzado el dominio de la concentración meditativa es capaz de transformar, por medio del poder del samadhi, cualquier fenómeno en el que se enfoca, como por ejemplo los cuatro elementos, en lo que desee. 'Totalidad' aquí tiene el sentido de 'extensión o dimensión sin límites'". (TDC)

[370] Parece que se trata del *gayal*, o *Bos frontalis* (tib: *ba men*), una especie de buey de gran tamaño semidoméstico. (Jäschke, 860)

en busca de beneficio para unos pocos afortunados,
en estas montañas cubiertas de nieve,
en la tierra septentrional de Bardhana[371],
aquí tuvo lugar su emanación en forma de traductor.
Supremo ser humano, dotado del rugido del león,
dio voz al sonido del insuperable *yana*.
Se dice que por el simple hecho de escuchar este sonido
uno queda libre de caer en los reinos inferiores.

De modo que, por este motivo, tengo una petición:
mi esperanza está puesta en ti, mi Señor, para que concedas
poderes y bendición
a aquellos seres[93] que confíen en mí.
Padre, por medio del gancho de tu compasión,
te ruego que sus mentes se muevan arrebatadas
y crezcan en ellas los brotes de la realización.

Ahora, por favor, escuchad aún:
Victoriosos y sus herederos que moráis
en el reino puro del espacio,
una vez que yo, este yogui del camino mahamudra,
haya abierto el loto de los aptos para ser adiestrados,
deidades, con vuestra red de rayos de luz
que irradian desde el sol de vuestra compasión,
haced que los pétalos del loto del intelecto florezcan.
En este preciso día, haced que nazca
el conjunto de estambres de los cuatro inconmensurables.

Tengo una pregunta para vosotras,
preciosas hermanas sentadas en fila a mi izquierda.
No se trata de nada especial que quiera pediros:
¿sois humanas, espíritus o diosas? No sabría decirlo.
Tenéis cuerpos femeninos tan maravillosos:
sois cinco reinas como yo nunca había visto,

---

[371] Esta palabra es desconocida, aunque parece ser otro nombre para referirse al Tíbet (tib: *ba dha na*). *El Tesoro negro* lee '*parta shi*' (DN 517), y *Los doce hijos principales* lee '*par do na*'. (BCC, 164a)

cinco dakinis radiantes y bellísimas,
cinco diosas que desprenden luz.
Al principio, cuando os vi de lejos,
como camaleones[94], estabais juntas en el mercado,
como un vapor que envolviera el lugar en la niebla.
Al mirar más de cerca, lo que vi fue inconcreto y efímero,
no me sentí seguro de qué era lo que estaba viendo.
Luego, cuando salí al camino,
os vi venir en fila,
como perlas ensartadas en un hilo,
nobles diosas que permanecíais en orden,
caminando mientras sonreíais graciosamente, como una
aparición.
Y ahora que habéis llegado hasta donde yo me encuentro,
sois como la estrella del alba que asoma por el oriente[372]
desvaneciéndose paso a paso de forma gradual.
Por la forma en que aparecéis y desaparecéis todas a la vez[95],
pensé: ¿No se tratará de espíritus mundanos o de devas?
Cuando se os contempla de frente, uno no puede evitar sonreír.
Vosotras, espíritus que os miráis de reojo todo el rato,
¿sois *tramen dakinis*[373] o qué?

La circunvalación budista se hace en el sentido de las agujas del
reloj,
vosotras la habéis hecho en sentido contrario.
Por ello, pensé que debíais de ser devas o espíritus.
Cuando realizáis la bajada de ojos[374] lo hacéis hacia la derecha
y por ello también pensé que seríais devas o espíritus.

---

[372] La estrella de la mañana: Venus (tib: *tho rangs shar gyi skar chen*). (DPR)

[373] Tib: *phra men DA ki*. 'Tramen' es la forma alternativa que se suele usar para nombrar a las 'dakinis'. El término significa literalmente 'híbrido' o 'heterogéneo', y puede referirse también a deidades femeninas con cuerpo humano y cabeza de diferentes animales (Simmer-Brown, 311; RY).

[374] Tib: *spyan phyags*. Chang (1999, 331) afirma: "El traductor supone que esta expresión se refiere a cierto gesto de ojos (un mudra) realizado con propósitos devocionales. Puede que esto permanezca aún vigente en La India, pero en El Tíbet ya no se practica". Esta parece ser la explicación correcta. (DPR)

Habéis hecho postraciones delante de mí
y cada nueve habéis preguntado por mi salud tres veces.
Habéis inclinado la cabeza acompañando el gesto de la bajada de
ojos.
Esta es la forma en que las reinas realizan ese gesto;
pero, aunque de forma similar, no lo habéis hecho de la misma
manera.
Entre cada serie de ocho postraciones habéis rogado por mi salud
dos veces
con las rodillas hincadas en tierra.
Esta forma de postrarse como un hombre[96],
es la forma de los devas y los espíritus, diferente a la de los
demás.

El regalo que me habéis traído,
este recipiente elaborado con zafiro
y adornado con gran variedad de joyas,
pertenece a un tesoro de devas y espíritus, inexistente entre los
seres humanos.

Yo soy un hombre mayor procedente de una tierra lejana;
tras haber observado, sin prejuicios, tantos diferentes lugares,
no podría contar todas las cosas que oído
ni la cantidad de cosas maravillosas que he visto.
He saboreado muchas más comidas distintas
que hayan podido saborear los demás;
y sin embargo, este yogur de *gayal* salvaje
no se parece a nada que haya probado nunca.
Aquí he disfrutado de un manjar verdaderamente maravilloso,
una comida de devas y espíritus, algo desconocido para los seres
humanos.
Si lo contara por ahí, la gente se quedaría pasmada.

En concreto, habéis dicho: "Te pedimos que nos des los votos de
*bodichita*".
Vosotras sois espíritus que valoráis la virtud,
fieles que disfrutáis de las enseñanzas.

Verdaderamente poseéis las tendencias de una formación previa.
El gozo y la alegría surgen también en mí ante ello.

Ahora seguid atentas, encantadoras dakinis,
hay más aún que no sé y quiero preguntaros.
Decidme la verdad sin sombra de engaño.
Cuando llegasteis esta mañana, ¿de dónde veníais?
Esta noche, ¿adónde iréis?
¿Dónde se encuentra el palacio en el que habitáis?
¿A qué clase o grupo pertenecéis?
¿A qué tipo de actividad os dedicáis?
¿Qué poderes tenéis capacidad de conceder?
¿Dónde os habíais encontrado previamente conmigo?
¿Habíais oído hablar de mí en algún lugar?
¿Cómo habéis llegado a enteraros de mi existencia?
Respondedme con palabras nobles y sinceras.

Así cantó esta canción de realización.

Cuando acabó de formular estas preguntas, las mágicas dakinis le respondieron:

- Jetsun, ser genuino, a causa del poder del mérito acumulado en tus vidas anteriores, en esta te has encontrado con un guru-sidha excepcional. Los rayos de luz del néctar del habla han sido transmitidos a tu mente. Por ello, eres capaz de ver las ocho preocupaciones mundanas y los objetos del deseo como ilusorios. Por medio de un gran amor, has dominado el logro del beneficio de los demás. Así, te has comprometido a cruzar en una sola vida las tormentosas ondas del gran río del samsara. Por haber perseguido sin descanso la realización enfrentando todo tipo de penalidades, has refinado tu habilidad para el *samadhi* -la claridad interior- y así poder lograr la más alta percepción a gran escala. Por tanto, eres capaz de ver los pensamientos ocultos de la corriente mental de los demás, como si se tratara del reflejo en un espejo. Y aunque ya conoces nuestra clase, nuestro clan, nuestro linaje familiar y todo lo demás, nos lo has preguntado simulando no saberlo. ¿Por qué tendríamos que callar? Te contaremos todo tal como es. De manera que escúchanos, por favor, gran Jetsun, un poco.

Y, tras explicarse de este modo, las mágicas señoras, con voz unánime, cantaron esta poética canción:

> Al Tíbet, tierra de *rakshasas* de cara roja,
> a las orillas del Pakshu[375], en El País de las Nieves,
> a esta sierra nevada de maléficos demonios,
> ha llegado un ser excepcional.
> ¿No se trata acaso del maestro Mila, el yogui?
>
> A causa del mérito previo que has acumulado,
> te han aceptado en esta vida un guru,
> un amigo espiritual y el linaje de los *sidhas*.
> A causa de las bendiciones -el flujo de la *amrita*-,
> tu mente se ha abierto para reconocer
> los sonidos y las apariencias que surgen en ella como ilusiones.
> Has renunciado a lo mundano, tan difícil de abandonar.
> Con perseverancia inflexible en sobrellevar las penalidades,
> has practicado sin un solo momento de distracción.
> De este modo, has llegado a ser un yogui del espacio
> y habitas en la esencia del dharmakaya -la realidad última-.
>
> Sin apartarte del estado libre de conceptualización,
> por medio de los *ayatanas* de haber disuelto los elementos,
> has subyugado las apariencias y las has hecho invisibles,
> has producido múltiples emanaciones y todo lo demás.
> Has desplegado gran cantidad de milagros
> y todos los seres que tienen fe en ti
> están asombrados y llenos de alegría,
> con el vello erizado y derramando lágrimas.
> Por tanto, Jetsun, joya de nuestra corona,
> eres digno de ser respetado y agasajado por todos.
> Glorioso Jetsun, protector de los seres,

---

[375] *Pakshu* es una denominación antigua del río Brahmaputra.

Shepa[376], hijo de los Victoriosos,
esto es todo lo que queremos decirte.

Nosotras somos gente de poco mérito.
Somos espíritus que atraviesan el espacio.
Por el poder de tu gran amor,
de las ondulantes y refrescantes nubes de la compasión
cae la lluvia de la *amrita* de las bendiciones
sobre nosotras, las cinco dakinis aquí sentadas ante a ti.
Habiendo humedecido y completamente apaciguado
el continuum de las severas aflicciones tan difíciles de superar,
haz, por favor, crecer los retoños
de la intención suprema del vehículo insuperable.

Radiante Señor de yóguica conducta,
venerable sobre todos los yoguis,
tú eres diestro en la experiencia del *samadhi* de la claridad.
Tú ves el carácter y las facultades de las mentes de los demás,
junto a su clase, su clan y su linaje familiar, sin equivocarte,
y sin embargo finges lo contrario y nos haces preguntas.

Tú dices: "No sé quiénes sois";
pues somos *yakshas* hembra mundanas.
Nuestra clase es Adzidharata[377],
shmashana[378] que rondamos por los cementerios.
Somos *dakinis* hembra mundanas.

En cuanto a nuestras actividades, hacemos muchas cosas.
Y otorgamos cualquier tipo de poderes mundanos.

---

[376] *Shepa* es parte del nombre de Milarepa: Shepa Dorje (Vajra Sonriente). "Hijo de los Victoriosos" es un epíteto que se aplica a los bodisatvas. De manera que este verso podría ser traducido también así: "Bodisatva sonriente…" (tib: *rgyal sras bzhad pa khyod nyid la*).

[377] Esta referencia es oscura.

[378] *Shmashana* (tib: *sme sha na*) es "Una raza de baja casta de La India" (TDC). Shmashan es el nombre sánscrito de los cementerios donde se depositan los cuerpos que van a ser incinerados.

Esta mañana, veníamos de la vastedad del cielo.
Vinimos apartando las nubes.
Llegamos cabalgando los corceles de los rayos del sol.

Esta noche partiremos hacia La India.
Iremos al Bosque Fresco, al cementerio de Shitavana,
celebraremos allí un *ganachakra*.

Respecto al palacio donde vivimos:
a la derecha, aquí encima de la confluencia inferior,
se alza una montaña nevada con un alto pico triangular.
En su cima, su corona cristalina,
el Sol luminoso y la hermosa Luna resplandecen.
Por encima de la base de esta estupa
flotan blancas nubes como una corona de flores sobre su cabeza.
Bajo sus laderas, al pie,
todo aparece envuelto en fresca neblina.
Esta montaña, conocida como la Reina de las Nieves Azuladas,
es el palacio de las diosas que están ante ti.

Jetsun, ya nos habíamos visto antes,
en el primer mes del verano del año pasado;
vinimos atacándote y creándote dificultades,
pero entonces ni siquiera te enfadaste,
ya nos respondiste con la lluvia de la virtud.
Completamente arrepentidas, te pedimos entonces perdón.
Y hoy hemos vuelto a tu lado.
Tú, ser humano supremo y protector,
lo que sale de tu boca es como una lluvia de néctar.
Y nosotras, atormentadas como estamos por la sed de algo que
beber,
con esta corriente del río de la *amrita* pura,
¡te rogamos que disipes nuestro tormento, supremo ser!

Cuando ellas hubieron cantado esta canción poética, el Jetsun replicó:

- Antes erais salvajes y erráticas. Y aunque tratabais de dañarme y
atormentarme una y otra vez, yo sé que todas las apariencias no son sino
el mágico despliegue de la mente, y tengo la certeza de que la mente es
en sí misma vacuidad-claridad. Por tanto, no tengo ni siquiera un átomo

de miedo ni de aprensión hacia las apariencias confusas, las obstrucciones demoníacas. Deduzco de lo que habéis dicho -continuó- que habéis dañado a seres ordinarios, y también a otros seres genuinos que estaban esforzándose en su práctica. Por consiguiente, debéis sentir remordimiento y arrepentiros de todas las acciones realizadas en el pasado, reconocerlas y confesarlas. Debéis tomar el voto de renunciar a partir de ahora a dañar y hacer el mal, incluso si vuestra propia vida está en riesgo. Si tomáis este compromiso, os daré los preceptos de refugio y *bodichita*. Si no actuáis de este modo, será como ir a un juicio que os lleve a la ruina o como una retahíla de *dzos* atados que se dirigen hacia el precipicio. No seréis un recipiente adecuado para las profundas enseñanzas ni para recibir los votos del *yana* supremo. Habéis entendido perfectamente el significado de la canción de este anciano, así que estad atentas sin distracción y escuchad fielmente.

Esto lo explicó en el lenguaje normal, y luego lo hizo a través de una canción de realización bien estructurada y en forma poética:

> En esta gloriosa tarde, a la hora del crepúsculo,
> una brillante luz resplandece desde el este
> y la oscuridad se disipa por doquier.
> ¿Es acaso la Luna cristalina?
> Cabalgando el corcel de los rayos de la Luna
> llegasteis, con la luz girando alrededor de vuestros cuerpos,
> ¿no sois acaso vosotras las *dakinis* mundanas?
> En las orillas del río Lohit
> hay un paraje natural y solitario, un lugar ameno.
> En el glorioso palacio de Chuwar
> hay un loco seguidor de la disciplina yóguica.
> Su cuerpo hecho de los cuatro elementos no siente el frío ni el calor.
> Ignorante de la vergüenza, duerme desnudo.
> Posee la destreza esencial de la no identificación mental.
> Sin un instante de distracción, no medita en ningún objeto.
> Ese hombre concentrado en las características del espacio,
> ¿no es acaso el meditador Mila?

Yo, un *repa* de conducta yóguica,
y vosotras, cinco dakinis de poderes mágicos,
nos hemos dedicado canciones unos a otros.
Sin duda ello se debe a nuestras aspiraciones previas.
Hasta ahora éramos desconocidos.
Ahora que nos hemos encontrado, ¡qué feliz me siento!

El año pasado, al final de la primavera,
vosotras, poderosas dakinis de existencia samsárica,
tomando el mando, desplegasteis y agitasteis
toda una asamblea de devas y espíritus mundanos.
Izasteis los estandartes de los cuatro batallones[379].
Habiéndoos preparado para presentar batalla,
hicisteis una descarga masiva de armas.
Pero todos aquellos obstáculos no me afectaron en absoluto.

He llegado a comprender que las apariencias son mente
y que la mente en sí misma es vacío.
Frente a las dificultades mágicas -esas apariencias confusas-
no experimento ningún tipo de miedo ni aprensión.

Simplemente viéndoos fuera de control,
sentí una inmensa compasión insoportable.
Cayó una amable lluvia de dharma virtuoso
y el respeto y la devoción surgió en vosotras.

Vosotras, cinco dakinis de asombrosa belleza,
volvisteis aquí anoche,
os postrasteis y me circunvalasteis una y otra vez
y me ofrecisteis regalos maravillosos.
Con respeto genuino juntasteis las palmas de las manos
y me formulasteis una petición en forma poética:
"Haz que la lluvia del néctar del dharma caiga
de la acumulación de las nubes de la *bodichita*"

Si realmente poseéis tal motivación y respeto,
la joya sobre la corona de mi cabeza,

---

[379] Se refiere a los cuatro tipos de maras.

colocada sobre el trono de loto de los tres *nadis*,
el Señor sin par ostentador de la gran bondad,
Marpa el Traductor,
se asienta en forma de puro sambhogakaya.
Desde su compasión, una luna resplandeciente libre de nubes
irradia rayos de luz inmaculada
en los corazones de loto[380] de los seres aptos para ser adiestrados.
Con las hermosas flores abiertas
los estambres de la realización vibran y se mueven.
¿Lo veis, mundanas *dakinis*?
Si no lo veis, será a causa de una gran ignorancia.
Todas vuestras graves maldades y defectos
del pasado, desde el samsara sin principio,
si no reconocéis y confesáis esos hechos
no seréis recipientes aptos para las enseñanzas más profundas.

Hasta ahora habéis sido salvajes y erráticas,
os habéis comportado de manera deshonesta y malvada.
A partir de ahora tenéis que decidiros
a llevar una conducta de votos y compromisos.

Las enseñanzas de Buda no tienen otro significado más que este:
si no consideráis correctamente la causa y el efecto
-el karma de la virtud y la no virtud-,
caeréis en el insoportable sufrimiento de los reinos inferiores.
De modo que os pido que estéis atentas y seáis conscientes
de los resultados procedentes del karma más sutil.

Si no consideráis los deseos como defectos
y no renunciáis al apego desde sus raíces,
nunca quedaréis libres de la prisión del samsara.
Con la comprensión de que todo es ilusión,
confiad en que ese es el antídoto para la causa de todos los
sufrimientos.

---

[380] *Kumuda* (tib: *ku mu da*) parece ser un tipo de loto blanco. El TDC afirma: "Se trata de una flor que crece en el lodo. Cuando la luna brilla por la noche, sus pétalos se abren; y cuando luce la luz del sol durante el día, sus pétalos se cierran".

Si no mostráis gratitud hacia la bondad
de los seres de los seis reinos que han sido vuestros amorosos
padres,
os desviaréis hacia los *yanas* inferiores.
Y dado que esto es así, os pido que,
con gran amor, os adiestréis en la mente de la *bodichita*.

Yoguinis del camino mahayana,
si escucháis estas palabras verdaderas,
la visión y la conducta de los hermanos estarán en armonía.
Temporalmente vamos por el mismo camino
y sin lugar a dudas volveremos a encontrarnos
en el reino puro de Abhirati[381]
con su actividad perfectamente iluminada y sus buenas
cualidades.

Habiendo cantado esta canción de realización, dijo:

– Hermosas dakinis, los seres sensibles de esta era contaminada tienen sufrimientos realmente duros. Por ello es muy difícil que los antídotos hagan efecto de manera inmediata. Comprometeos a aquello de lo que penséis que estáis a la altura y que podéis cumplir.

Entonces, ellas le suplicaron:

– Jetsun, tienes un amor tan grande que no dejas de dar enseñanzas, y siempre enfatizas el punto clave de la causa y el efecto. Es maravilloso. Pero, anteriormente, en el gran cementerio conocido como Singhala, ya hemos oído de grandes *dakinis ksetrapala*[382], como la *dakini* de sabiduría Cara de León, la señora Tamala de La Montaña Salvaje y Tummo Ngosangma, además de oírselo a varias *jetsunmas*[383] realizadas, como la yoguini Bhina Vajra, que ensalzaban las cualidades y los beneficios de la *bodichita* y el tema del karma positivo y negativo. Por tanto, te rogamos que no nos enseñes solo aquello. Es cierto que aquí hemos hecho ostenta-

---

[381] *Abhirati* es 'El Reino Puro del Gozo Manifiesto' (tib: *mngon dga'i zhing khams*), el reino puro del Buda Akshobhya.

[382] *Ksetrapalas* son deidades protectoras mundanas.

[383] *Jetsunma* es el femenino de *jetsun*, que significa venerable o reverendo.

ción de malos auspicios y malas acciones, pero solo fue para probar tu confianza en la experiencia de la concentración meditativa en tu retiro y ayudar a fortalecer tu realización, y para prestar el servicio de guardianas de las enseñanzas. Aparte de ello, jamás hemos hecho el más mínimo daño. Por tanto, te rogamos que nos otorgues los preceptos que dan acceso a la suprema *bodichita*.

Cuando acabaron de presentar esta petición, el Jetsun aceptó diciendo:

- Excepcionales dakinis, tras esta sincera súplica para recibir los preceptos, ¿cómo podría yo negároslos? Realizad un mandala con las ofrendas que tengáis y haced postraciones. Dado que carezco de deseos hacia las ofrendas materiales mundanas por daros los preceptos, a cambio os pido que me ofrezcáis vuestros *sidhis* mundanos, añadiendo a ello vuestros nombres.

Las jóvenes se sintieron muy contentas con esto e hicieron lo que Milarepa ordenaba. Sentadas en fila, en actitud sumamente respetuosa, juntaron sus palmas y hablaron de manera franca. En medio de las cinco estaba su líder, que dijo:

- Yo soy vuestra líder aquí, y mi nombre es Tashi Tseringma. Te ofrezco el poder de la propagación del linaje de Shiva[384].

A continuación, habló la mujer que estaba sentada a la derecha de la líder:

- Mi nombre es Tingi Shal Sangma. Y te ofrezco 'el poder del espejo iluminador'[385].

La mujer sentada más a la derecha dijo:

- Mi nombre es Chöpen Drin Sangma, y te ofrezco 'el poder de la joya del tesoro'[386].

---

[384] Señora de la Auspiciosa Larga Vida (tib: *bkra shis tshe ring ma*). El poder de la proliferación del linaje de Shiva está asociado con la longevidad y el bienestar en esta vida.

[385] Hermosa Señora de Rostro Azul (tib: *mthing gi zhal bzang ma*). El sidhi del espejo iluminador está asociado con las percepciones extrasensoriales.

[386] Señora Coronada de Hermosa Voz (tib: *cod pan mgrin bzang ma*). El sidhi de la joya del tesoro está asociado con la riqueza.

La señora sentada a la izquierda de la líder habló entonces:

- Mi nombre es Miyo Lo Sangma, y te ofrezco 'el poder del forraje de Mayang'[387].

Luego, fue el turno de la mujer sentada a la izquierda del todo:

- Mi nombre es Tekar Dro Sangma, y te ofrezco 'el poder de la proliferación de los animales de cuatro patas'[388].

Entonces, el Jetsun les dio, en orden, los votos de refugio, los votos *pratimoksa*[389] y los votos de la *bodichita* mahayana de aspiración y compromiso. Tras transmitírselos de manera apropiada, les explicó su sentido general y les dio consejos detallados sobre su práctica. Las *dakinis* mundanas quedaron asombradas y encantadas.

Ellas dijeron:

- Aunque no seamos capaces de practicar todo esto de manera tan perfecta como el Jetsun nos lo ha explicado, practicaremos de la mejor manera y no actuaremos contra tus mandatos. Nunca olvidaremos tu bondad para con nosotras.

A continuación, dándole las gracias con efusivas palabras, tocaron los pies del Jetsun con sus cabezas y se postraron y lo circunvalaron muchas veces. Y, con sus poderes mágicos, echaron a volar hacia lo alto hasta que apenas pudieron ser vistas. Después, continuaron más lejos aún hasta que, según se cuenta, se disolvieron en la luz.

Más adelante, al finalizar el mes siguiente, en la tarde del decimoprimer día, los altivos jefes de las ocho clases de devas y *rakshasas* que previamente habían aparecido en son de guerra volvieron con sus respectivos cortejos y batallones. También regresaron las *dakinis* mundanas

---

[387] Señora Inmóvil de Noble Mente (tib: *mi g.yo blo bzang ma*). El significado de este sidhi, el forraje de Mayang (tib: *rmu g.yang zas kyi dngos grub*), no está claro del todo. Mayang es uno de los dos ríos de Chuwar. Se trata de una región fértil, y el sidhi ofrecido aquí está relacionado con la agricultura. (DPR)

[388] Señora de la Aspiración Pura (tib: *gtad dkar 'gro bzang ma*). El sidhi de la proliferación de los animales de cuatro patas está relacionado con la ganadería.

[389] *El Tesoro Negro* especifica que se trata de votos de pratimoksa upasika, es decir, para mujeres laicas (DN 529).

*shmashana*, transformadas en hermosas y deslumbrantes jóvenes, muy arregladas, vestidas con trajes de telas vaporosas; y enjoyadas, luciendo largas guirnaldas doradas sobre sus hombros y collares ajustados a sus gargantas. Acompañadas por sus cortejos de sirvientes, aparecieron enfrente en el cielo, desde donde los devas y *rakshasas* estaban haciendo caer una lluvia de flores sobre el Jetsun. Le ofrecieron incienso y música variada, y le sirvieron comida y bebida sublime.

- Jetsun -hablaron-, se dice que no hay más refugio que la cúspide de la realización alcanzada por tu mente: el refugio del camino definitivo, el propósito de los budas de los tres tiempos. Te rogamos que enseñes a esta asamblea de devas y *rakshasas* aquí reunida el dharma del significado definitivo.

- Esta es la canción -respondió el Jetsun- de la visión de la cúspide de la realización, que instruye sobre la naturaleza esencial del significado definitivo.

Y, a continuación, cantó la siguiente canción de realización:

> En la frontera entre El Tíbet y Nepal
> se halla el maravilloso lugar de Dingma Drin.
> En su mercado, donde uno puede encontrar cualquier artículo que desee,
> habita la divina Men-tsun-mo[390], gloriosa protectora de los seres humanos.
> En la reina de las montañas nevadas, de glorioso esplendor,
> reside la coronada de vida inmutable.
> Se la conoce con el nombre de Tashi Tseringma.
> En la ladera izquierda de la montaña envuelta en nieblas
> hay un prado medicinal rodeado de nevados peñascos.
> ¿No es acaso el Valle Menlung, de Chuwar?
> Ahí se encuentra alguien en perfecto retiro.
> ¿Acaso no soy yo, el yogui Milarepa?

---

[390] Jame Valby explica este nombre (*sman btsun*) como perteneciente a "una dakini de la clase menmo". Las *menmos* son diosas menores, derivadas de la tradición bön, que residen en lagos y a veces en las montañas. Se asocian generalmente con la medicina y la salud.

Antes, os presentasteis para atacarme
y os reísteis de mí con insultos despectivos.
Vosotros, devas y *rakshasas* mundanos,
extremadamente altivos e insolentes,
que rondabais por aquí para examinar a este yogui,
¿no sois acaso los mismos que estáis hoy aquí reunidos?

Hace unas noches, con la Luna en el cielo,
cinco hermosas y cautivadoras dakinis
dieron un paso hacia la suprema e incomparable motivación
y se comprometieron a ofrecer sus poderes, que conceden todo lo
que se puede desear,
y, a continuación, volaron hacia el cielo y desaparecieron.

Además, arrebatadoras y maravillosas cinco,
bellísimas emanaciones femeninas,
esta noche, bajo la blanca luz de la luminosa Luna,
danzáis de manera sensual y seductora
con vuestros vestidos de seda sueltos y vaporosos
y vuestras joyas y collares.
Señora principal, has hecho una convocatoria
y las ocho clases de devas y *rakshasas*,
por sus rangos, con sus batallones y sus compañías,
a la vez que sus cortejos correspondientes,
se han presentado llenando el cielo de nubes de ofrendas,
comida de cien sabores distintos
y ofrendas de música infinitamente variada.
Vosotros que solicitáis la visión del significado definitivo,
¿acaso no sois los devas y los espíritus de la existencia
fenoménica?
Escuchad fielmente las palabras que voy a pronunciar:
¡si son palabras verdaderas, escuchadlas bien todos!
¡No se trata de mera cháchara ociosa, escuchad esta canción!

En general, los seres de los tres reinos del samsara
tienen distintas expectativas respecto a la iluminación.
Tienen perspectivas distintas sobre el apego al 'yo'.
Tienen formas de conducta diferentes

y muchos puntos de vista diversos, al basarse en un 'yo'.
Para estar en armonía con vuestras mentes,
el Buda omnisciente dio la enseñanza
de que, para vosotros, seres inferiores, "todo existe".

Desde el punto de vista de la verdad última,
no solo no existen los obstáculos, sino que además no hay budas.
La meditación y los meditadores no existen.
Los *bhumis* a recorrer y los signos que se presentan en el camino
no existen.
Los *kayas* resultantes y la sabiduría no existen.
Por tanto, el nirvana no existe.
Todo ello son meras atribuciones de las palabras y los nombres.
La base, los tres reinos y sus seres animados,
es no-nacida y no-establecida desde el principio.
Todo ello carece de fundamento y es no-surgido innatamente.
No hay karma ni maduración kármica.
Por tanto, no existe ni siquiera el concepto de samsara.
Así es como es la realidad última.

¡Oh maravilla! Si los seres sensibles no existen,
¿de dónde vienen los budas de los tres tiempos?
Sin una causa, no hay resultado posible.

Así, de acuerdo con la verdad relativa,
hay samsara y nirvana.
"Todo existe", así lo enseñó el Sabio.
La existencia, la apariencia de las cosas,
y la no-existencia, el *dharmata* vacío,
estas dos son en esencia inseparables, 'el sabor único'.
No hay autoconocimiento ni conocimiento de los demás,
todo está en abierta y espaciosa unión.
En consecuencia, los sabios realizados
no ven la consciencia, solo ven la sabiduría.
No ven seres, solo ven budas.
No ven fenómenos, ven la naturaleza verdadera de los

fenómenos[391].

A partir de aquí, la compasión brota de forma espontánea.
Poderes, audacia, *dharani*[392] y todo lo demás,
cualquiera de las cualidades de un buda,
surgen justo como una preciosa joya.
Esa es la realización de este yogui.

A vuestros oídos, devas y espíritus aquí reunidos,
el bön es más agradable que el dharma profundo.
En la tierra de Abhira[393]
valoráis más a los locos que a los sabios.
Los zorros y los lobos que merodean por los cementerios
temen el rugido del león y sienten terror.
Puede que haya aquí algunos que sean recipientes adecuados
y al oír hablar de esto queden liberados.
Me siento alegre y feliz por ello
¡SOH[394]! ¡Que estéis vosotros también alegres y felices y
obtengáis una victoria inmediata!

Tras cantar esta canción de realización, explicó su sentido:

- En general, la entera colección de los ochenta y cuatro mil dharmas enseñados por el Buda, nuestro maestro, estaban en sintonía con las mentes de los seres que debían ser adiestrados; por ello impartió su enseñanza en distintos vehículos. Pero, en última instancia, todas ellas tienen la misma finalidad. Este objetivo único es la base, el *dharmata* no elaborado. La mera comprensión de esta realidad no lleva a nadie a la liberación; uno debe actualizar el camino que está practicando; y la esencia de este camino es la unión de la vacuidad y la compasión. Hay un número inconcebible de formas para realizar el camino, pero en resumen todas

---

[391] Usando los términos sánscritos, esto podría ser traducido de la siguiente forma: "Ellos no ven dharmins, ven *dharmata*" (tib: *chos can ma mthong chos nyid mthong*).

[392] También llamado 'retentiva' (tib: *gzungs*), es la habilidad de recordar todo lo oído, y es una de las cualidades de un buda.

[393] *Abhira* es un antiguo clan védico, y el reino de Abhira se menciona en el Mahabharata; sin embargo, esta referencia aquí no se acaba de entender muy bien.

[394] Esta sílaba es un grito de guerra (tib: *bso*).

llevan a la unión de los medios y la sabiduría, es decir, la inseparabilidad de las dos verdades.

Entre los devas y los *rakshasas* que estaban presentes, las cinco *dakinis* que habían comenzado a practicar la *bodichita* se levantaron de sus asientos y se colocaron a la izquierda de Milarepa. Luego, con voz unánime, proclamaron esta alabanza sobre la consideración de sus buenas cualidades:

> Bajo la resplandeciente claridad del cielo de la medianoche,
> en la sierra de las montañas nevadas del norte,
> hay un valle bien resguardado, un trono de oro natural
> -es el Valle de Menlung, un prado al que descienden los bienes
> medicinales-.
> En medio de él está emplazado Chuwar, un lugar dotado de
> bendiciones.
> Ahora, en estos tiempos de degeneración de las enseñanzas,
> hay aquí alguien con una capacidad increíble de sobrellevar las
> penalidades.
> Como alimento, toma el néctar de la no conceptualización,
> y bebe su propia orina para aplacar la sed;
> no se avergüenza ni de lo limpio ni de lo contaminado,
> y exhibe la conducta yóguica de los locos.
>
> Con objeto de comprobar tu experiencia,
> en el primer mes del verano del penúltimo año,
> fuimos a Lachi Nayön Chudo.
> Tú estabas allí, en medio de un impenetrable bosque de teca,
> sin ropa encima, practicando la atención.
> Disfrutabas de los placeres de las muchachas de baja casta.
> Te vimos a través de nuestro blanco espejo de plata.
> Con el poder mágico de tu cuerpo
> realizabas el *ayatana* de la extinción,
> y te vimos desvanecerte en el espacio, libre de forma.
> Al observar esto, maravilladas, nos retiramos.
>
> Más tarde, a mediados del otoño,
> cuando estabas practicando en Chonglung Rock,
> fuimos a ver cómo meditabas.

Tus ropas eran el Sol y la Luna
y tu cabeza estaba adornada con una corona de flores.
Tu cuerpo aparecía embadurnado con sangre y cenizas.
Sostenías en las manos un parasol y una bandera de la victoria.
Cabalgabas sobre el rey de las fieras salvajes,
moviéndote por la vastedad del cielo,
hasta que desapareciste por completo.
Esa vez, no tuvimos oportunidad de ponerte obstáculos.

Más tarde, el verano pasado, durante el primer mes,
pensamos: "Vamos a crearte problemas con tu meditación,
vamos a intimidarte, yogui".
Entonces, estabas en medio de la extensión de un gran océano,
y vestías un gran fuego en llamas.
Sobre tu cabeza, una serpiente venenosa adornaba tu cráneo.
Con la espalda apoyada en la hoja de una espada,
estabas sentado en postura de loto sobre la punta de una lanza.
Mientras jugabas con el adorno superior de la joya que concede
todos los deseos,
te vimos tragarte la montaña entera.
Ante tal demostración nos quedamos perplejas y sobrecogidas.

Debido a que tienes completo control sobre la claridad de la
mente,
posees un cuerpo emanado que se manifiesta y desaparece.
Dado que eres capaz de desplegar muchos poderes milagrosos,
eres un yogui similar a Indra.
Tu mente está libre de miedo y de orgullo.
Al haber abandonado las dudas, las expectativas y los miedos,
eres un yogui similar a un león.
Sin miedo, terror ni desaliento,
afrontando los obstáculos con serenidad,
eres un yogui similar a un elefante.

Cuando los seres te ven, se les eriza el vello y se sienten felices.
Cuando simplemente te tocan o te miran,
los obstáculos desaparecen y se cumple el bien de los demás;
por ello, eres una gran joya que otorga los deseos.

Señor, yogui que eres una expresión del espacio,
nunca te dejas distraer por las características
y has realizado el verdadero significado que no está en los
textos[395],
de manera que no hemos tenido ninguna oportunidad de reducirte
con obstrucciones demoníacas.

No supimos cómo acorralarte,
y para bloquear nuestras obstrucciones malévolas infligiendo
daño
desplegaste medios asombrosos
-una miríada de signos y efectos mágicos-.
A continuación, nos enseñaste el dharma con palabras verdaderas
y todo entró en la senda de la paz y la felicidad.

En aquella noche auspiciosa del mes pasado,
hiciste crecer el precioso retoño,
la base causal de la omnisciencia.
Amigo espiritual que enseñas el camino infalible,
Jetsun, glorioso protector de los seres,
en el futuro, hacia el este,
en el reino de Abhirati,
cuando seas invitado como hijo del corazón
al palacio del Buda Akshobhya,
todos los *dakas* y *dakinis*
que habitan por encima, por debajo y en toda la Tierra,
y todos los devas de bondad pura y virtuosa
-con parasoles, banderas de la victoria, músicas
y acumulación de hermosas nubes de ofrendas-
acudirán ante ti para recibirte y mostrarte el camino.
Y cuando ellos te conduzcan a la morada celestial,
aquellos que te han visto y te han oído hablar,
ya sean seres humanos o espíritus,
aquellos de nosotros que hemos formado parte de tu séquito,
que podamos seguirte y ser tus sirvientes.

---

[395] Tú has realizado la verdadera realidad que es inexpresable.

Cuando acabaron de ofrecer esta canción sobre su consideración de las especiales buenas cualidades del Jetsun, concluyeron expresando sus aspiraciones puras. De nuevo el Jetsun pensó: "Estas *dakinis* mundanas y estos demonios son realmente salvajes y difíciles de adiestrar; aún tienen que ser sometidos y comprometidos bajo juramento". Y dijo:

- Excelentes dakinis, es maravilloso que hayáis expresado vuestra fe y vuestra devoción hacia mí, y así hayáis formulado la aspiración de cultivar la compasión desde este momento y para siempre. Hasta ahora, os he enseñado cómo seguir el camino de la omnisciencia por medio de los votos de la *bodichita* de la familia suprema. Sin embargo, hay un camino rápido, especial, una enseñanza que dispone de muchos métodos y ninguna dificultad. Os daré la transmisión y los compromisos del *samaya* del mantra Vidyadhara (el vajrayana). Cada una de vosotras debe ofrecerme su energía vital. Preparad *tormas* y todo lo que queráis ofrecer.

Con ello, se mostraron llenas de alegría. Prepararon una gran cantidad de *tormas* y ofrendas, e hicieron muchas postraciones y circunvalaciones. A continuación, cada una le ofreció libremente su energía vital y se sentaron junto al Jetsun, como antes hiciera su líder. Con ello, el Jetsun les dio la iniciación de *La Fe Despierta de la Diosa Tara*[396] y les otorgó el *yidam*, la diosa Kurukulle[397] y la transmisión de los mantras específicos.

Una vez les hubo dado todos estos permisos, las instruyó detalladamente y les dijo:

- Hermosas dakinis, a partir de ahora, todas las que estáis aquí quedáis vinculadas por el *samaya* entre maestro y discípulo. Por tanto, durante cualquiera de las cuatro actividades, estéis haciendo lo que estéis haciendo, tened siempre presente al guru sobre vuestra coronilla. Pase lo que pase, ya sea bueno o malo, no busquéis otro maestro que el refugio, las Tres Joyas. El mundo externo es el palacio celestial existente por naturaleza, y sus habitantes, todos los seres vivos, son las deidades *yidam*. Por tanto, a cualquier ser que os encontréis, debéis tratarlo con interés y devoción, ni siquiera por un momento os permitáis denigrar, abusar, dañar

---

[396] las iniciaciones de la Fe Despierta (tib: *rig gtad*) están asociados generalmente con las prácticas de kriyatantra. (DPR)

[397] *Kurukulle* es una manifestación de Tara Roja.

o perjudicar a nadie. En todo momento y por todos los medios, permaneced unidas al orgullo de ser la deidad.

- Jetsun -le suplicaron las cinco *dakinis*-, recorrer el camino con la tradición del Vidyadhara Mantra es fácil y rápido. Sus muchos medios ayudan a cumplirlo sin dificultad. Tu concesión de los *samayas* especiales ha sido sumamente bondadosa. Desde el samsara sin principio, nuestra impura corriente mental de seres vivos ha tenido una fuerte continuidad, cultivando las tendencias latentes. En concreto, hemos tenido un renacimiento inferior como mujeres y nuestra inteligencia es limitada. De modo que lo que el Jetsun nos ha enseñado todavía no se ha desarrollado en nuestras corrientes mentales; sin embargo, practicaremos gradualmente con diligencia. Y aunque no seamos capaces -continuaron hablando- de percibir a los demás seres vivos como la deidad *yidam*, nos abstendremos de dañarlos. Ayudaremos y beneficiaremos a la gente de las tierras cercanas por todos los medios que estén en nuestras manos. En particular, protegeremos, cuidaremos y mantendremos escondidos[398] a todos los seguidores de tu enseñanza. Seremos tus súbditas y proveeremos las condiciones favorables que sean necesarias.

Tras comprometerse de esta manera, hicieron muchas postraciones y circunvalaciones en torno al Jetsun. A continuación, se dice que echaron a volar hacia el cielo y desaparecieron.

Esta es la historia de la líder de las cinco *dakinis* mundanas, Tashi Tseringma, y de sus canciones sobre el surgimiento de la suprema motivación, en forma de preguntas y respuestas, con el gran Señor Repa cuyo nombre no puede ser pronunciado a la ligera, el glorioso Shepa Dorje, en la ladera izquierda de La Montaña de Tashi Tseringma, en Dingma Drin.

En la cumbre de la gloriosa y auspiciosa Montaña Azul, el dotado y dichoso Repa Shiwa Ö, pudo comparar sus experiencias meditativas directamente con la hermana Tashi Tseringma y hacerle muchas preguntas. Más adelante, en sus tres encuentros con el Jetsun de pies de loto, pudo disfrutar de recibir el resto de la información que necesitaba. Finalmente,

---

[398] Las hermanas de Tseringma establecen el compromiso de mantener defendidos a los practicantes del Mantra Secreto de los demás seres humanos y de los espíritus dañinos.

en el bosque de Omchung Pal[399], un lugar aislado y delicioso donde alcanzar la realización, el yogui Shiwa Ö y Ngendzong Tönpa Bodhiraja debatieron sobre esto y le dieron cuidadosa forma escrita, sin añadir ni quitar nada, para el bien de los afortunados estudiantes futuros. Así se completa este detallado relato conocido como "La guirnalda de la luz de la *amrita*".

---

[399] Tib: *'om chung dpal.* Se trata de un lugar cercano a Chuwar, que algunas veces se nombra como Chuwar Omchung. (DPR)

# 30. El asedio de las cinco hermanas Tseringma: La guirnalda dorada de las estupas

Namo Guru
Guru del precioso linaje,
deva de los devas, señor de las *dakinis*,
el bendecido, la joya de la corona,
preciosa flor de loto con estambres,
él es el Traductor, el gran Lotsawa.

Al serle impuestas las manos en la cabeza
recibió la iniciación; y con la explicación de los tantras
y las instrucciones esenciales que hacen madurar, quedó liberado,
¡oh afortunado!
¡Ante el Señor Repa que ha perfeccionado su práctica,
a los pies del glorioso Shepa, me postro!

Posteriormente, esta respuesta a la pregunta de la hermosa dama sobre los puntos de liberación en el traicionero bardo[400] fue puesta por escrito para memoria de los seres de intelecto inferior, sin modificar, mediante el *dharani*[401] de las palabras aclaratorias.

Cuando recibió las cuatro iniciaciones por primera vez, el Señor, el Gran Sidha que sobrepasa al resto de los humanos, tuvo una visión instantánea de la asamblea de las deidades del mandala del glorioso Chakrasamvara, las treinta y dos *dakinis ksetrapala* externas y las dieciséis consortes de sabiduría, junto con las diosas de las ofrendas manifestándose enfrente en el cielo. En el mismo instante, aquel a quien el guru

---

[400] La palabra 'traicionero' que aparece aquí es usada muy a menudo como sinónimo de 'bardo' (por ejemplo: 'el camino traicionero'). La palabra tibetana original (*'phrang*) se suele usar para describir las estrechas sendas que transitan las laderas de los abruptos acantilados tan comunes en El Tíbet. El término tibetano ilustra vívidamente la precaria situación que uno se encuentra en el bardo, el estado intermedio.

[401] NOTA DEL TRADUCTOR AL ESPAÑOL: Un *dharani* es un tipo de texto ritual, similar a un mantra, aunque de carácter más discursivo.

y las *dakinis* acordaron dar el nombre de Glorioso Shepa Dorje[402] recibió el consejo de practicar bajo la dirección del gran Lotsawa. De este modo, atravesando grandes austeridades y penalidades físicas, perfeccionó muchas buenas cualidades por medio del Mantra Secreto y su gran *tendrel*. Confiando en su cuerpo elemental, alcanzó definitivamente el *sidhi* supremo del mahamudra, el cuerpo mental de arcoíris.

El Jetsun Milarepa, ese gran ser, se hallaba en la maravillosa tierra al este de Dingma Drin, en la frontera de la espléndida región de Mön, al oeste del Bajo Khumbu. Bajo densas nubes negras y arremolinadas, por la trayectoria donde circula el oscuro planeta Rahu[403], en la ladera izquierda de La Montaña Nevada de Tashi Khyung-go[404] sobre la que se ciernen blancas nubes, se encuentran los hermosos pastos de color turquesa, el Valle de Menlung, una deliciosa pradera[98] llena de minerales medicinales y hermoseada con flores de jazmín[99]. El río Tashi Oma y el Dütsi Ngödrup[405] fluyen ambos apaciblemente por ella. Allí, a sus orillas, hay un lugar natural solitario y bendecido. En el glorioso palacio de Chuwar, Milarepa permanecía en el estado de la talidad de todos los fenómenos, con su mente inamovible, libre de elaboraciones, luminoso, sin ir ni venir.

En el año del caballo de madera macho, durante el primer mes de otoño, brillando la vigesimocuarta constelación, con la luna menguante en el cielo, el mercado de Dingma Drin se vio afectado por una gran epidemia. Había muchas enfermedades, como viruela blanca y viruela negra, enfermedades de la sangre, fiebre negra, *anyavali*, *bhidampali*,

---

[402] *Vajra Sonriente*, que es el nombre secreto de Milarepa.

[403] La presencia del planeta *Rahu*, en la antigua cosmología india, indicaba la proximidad de un eclipse.

[404] Montaña Nevada del Pico del Garuda Auspicioso (tib: *gangs khyung mgo bkra shis*), otra denominación más para la montaña de Tashi Tseringma.

[405] Río Tashi Oma, 'Auspicioso Río de Leche' (tib: *bkra shis 'o ma'i chu bo*), es el nombre que se usa aún hoy en día para nombrar al río Lohit; y Dütsi Ngödrup, o Amṛita Siddhi (tib: *bdud rtsi dngos grub kyi chu bo*) es un nombre alternativo para el río Mayang (llamado actualmente Rongshar Tsangpo).

*kshanayarjali* y *dharjali negra*[406]. Muchas personas y gran cantidad de ganado estaban muriendo.

Al mes siguiente, en el undécimo día del mes del medio del otoño, a la hora del crepúsculo, se presentó una hermosa y radiante mujer, vestida de seda blanca con estampados de llamas y bodoques rojos. El dobladillo inferior de su vestido estaba guarnecido con preciosas gemas de cinco clases, y su prenda superior era también de seda recamada de perlas, borlas y guirnaldas, toda de una belleza deslumbrante. Los bordes estaban rematados con diamantes de color turquesa, y a cada lado de la prenda había bordados pavos reales dorados con sus cuellos cruzados. Tocó los pies de Milarepa con su cabeza, lo circunvaló siete veces y, a continuación, hizo una serie de nueve postraciones.

- Jetsun -cuentan que se dirigió a Milarepa con estas palabras-, nuestra reina está muy enferma; por favor, ven conmigo al otro lado de la montaña nevada.

- Se está haciendo muy tarde -replicó el Jetsun-, no saldré ahora. Quédate tú a pasar la noche aquí. Mañana por la mañana, iremos juntos los dos.

- Podemos ir por la milagrosa senda de la luz de Samanta Tsari[100], no será difícil -dicen que le suplicó-. Por favor, tienes que ir hoy mismo.

- ¿Cuál es ese camino? -replicó el Jetsun-. Soy un hombre mayor y no lo conozco. ¿En qué dirección está? Tendrás que guiarme tú.

Entonces, ella hizo aparecer a su lado una alfombra blanca de lana y la extendió por el aire.

- Sube a la alfombra -le dijo a Milarepa-, que ella nos llevará hasta allí.

Cuentan que tan pronto como el Jetsun puso un pie en la alfombra, al instante, salieron volando a la velocidad del rayo. En la ladera izquierda de La Montaña Nevada de la Reina Azul, había una tienda de campaña

---

[406] Los nombres de estas enfermedades son desconocidos, y en el original tibetano se presentan como meras transliteraciones de los nombres de enfermedades indias, pero no hemos hallado referencias a ellas. *El Tesoro negro* y *Los doce hijos principales* dan ortografías distintas para ellas. (DN 541; BCC 195b)

de seda blanca adornada con cortinas doradas. Estaba sujeta con cuerdas de zafiro y anclada con corales y caracolas. Dentro estaba una hermosa dama de largas trenzas que envolvían su cuerpo y llegaban al suelo. Tenía los ojos muy irritados y su cabeza reposaba blandamente sobre una almohada.

Cuentan que se dirigió al Jetsun con estas palabras:

- Jetsun, me he puesto muy enferma; te ruego que me ayudes.

- ¿Qué ha causado tu enfermedad? -indagó el Jetsun con cautela-. ¿Hace cuánto tiempo que no te sientes bien? ¿Qué sientes ahora?

Cuentan que ella le informó de la siguiente manera:

- Sobre la causa de mi enfermedad, el verano pasado vinieron unos pastores que encendieron una gran hoguera[407]. El humo de ese fuego me puso enferma. Respecto a cuándo sucedió, fue en el primer mes de otoño, durante la luna menguante, cuando empecé a sentirme mal. Luego, desde el día once del mes de mitad de otoño, se volvió insoportable, y entonces es cuando mandé ir en busca del Jetsun. A causa de mi aliento venenoso, una gran cantidad de enfermedades humanas ha aparecido en la región, y la epidemia ha provocado grandes perturbaciones en la zona. Así están las cosas.

Cuando el Jetsun oyó todo esto, pensó: "La causa de la epidemia surgida el año pasado es esta mujer. Me es imposible ayudar a nadie por el momento. Ahora mismo, de lo que se trata es de que ella cumpla con su compromiso anterior.

Y le dijo a la mujer:

- Hermosa mujer, yo te he transmitido con anterioridad los preceptos de la suprema motivación de la *bodichita* y, además, la recitación de la transmisión de la deidad *yidam*. Te enseñé la ley del karma, la causa y el efecto, pero no has mantenido tu compromiso y no has cumplido tu juramento. No pudiste soportar una ligera molestia y has roto tus votos

---

[407] Tib: *dmar thab*. La hoguera que se menciona aquí es "Un tipo de pira en la que arden lana, piel y carne; y la creencia de la antigua cultura chamánica del Tíbet es que este tipo de fuegos desagrada a las deidades locales". (TDC)

dañando de este modo a todos esos seres inocentes, propagando daños y perjuicios. A causa de esta rotura del *samaya* y de tus acciones previas, ya no puedo confiar en ti en absoluto. Ahora, si te comprometes a parar esta epidemia, miraré a ver si puedo echarte una mano. Si no aceptas, me marcharé ahora mismo. Mujer inconsciente que estás bajo juramento, la rotura del *samaya* es una gran falta.

Ella se quedó asustada y atónita. Y abrazando los pies del Jetsun le rogó enfervorecida:

- Somos seres vivos ignorantes; y aunque tengamos este pequeño defecto del autoengaño, ¡no me trates así, por favor! En general, si los virtuosos devas mundanos de alta jerarquía no sufrimos daño, no solemos causar perjuicios. Y, en concreto, no hemos desatendido a propósito las órdenes del Jetsun; ni hemos hecho daño intencionadamente a ningún ser ni hemos enviado a nadie que lo hiciera. Tal y como el río se desborda todos los años al final de verano e inunda las riberas, de la misma forma, los demonios de nuestra clase, junto a sus cortejos, a la vez que sus sirvientes *pishachas*[408] y *rakshasas* -los centenares que disfrutan de comer carne y del sabor de la sangre-, crean daños y perjuicios[409]. Sin embargo, si yo me pongo bien, atenderé las palabras del Jetsun y limpiaré la enfermedad de todos esos seres. ¡Por favor, te lo ruego, mírame con compasión!

De este modo, aquella misma noche, el Jetsun recitó el ritual de purificación de las cien sílabas; luego, hizo gran cantidad de súplicas al guru y a las Tres Joyas, y realizó el ritual de larga vida de Ushnishavijaya[410]. A partir de la mañana siguiente, ella fue ya capaz de levantarse de la cama y postrarse ante él. A continuación, él dirigió su conciencia sobre ella

---

[408] Tib: *sha za* Literalmente: comedores de carne. Un tipo de preta similar a los yakshas y los rakshasas, que comen carne humana.

[409] Cuando el río se desborda, inunda las orillas por completo, indiscriminadamente. No es necesario regar cada parte de la orilla de forma separada. Igualmente, si Tashi Tseringma es feliz, no habrá necesidad de apaciguar al resto de los espíritus de manera individual.

[410] Tib: *rnam par rgyal ma*. Una deidad femenina de larga vida.

durante siete días enviándole bendiciones, y ella mejoró bastante. Recuperó su aspecto e incluso se puso más bella y radiante que antes.

Entonces, el Jetsun le dijo:

- Hermosa mujer, ya estás completamente recuperada. Así que me iré a ayudar al resto de la gente del pueblo. Dime qué clase de sustancias son las más agradables para ti y qué tipo de prácticas deben hacer.

- Jetsun -le contestó-, a causa de nuestra fuerte conexión de interdependencia, si yo ya estoy bien, la gente mejorará poco a poco. Sin embargo, si quieres que se recobren antes, existe el pacto entre nosotras las *dakinis* mundanas de que cuando una no está bien todo el mundo enferma y el ambiente se enrarece; es más, todos los devas y espíritus de la existencia samsárica se agitan interiormente y nos apoyan. Por eso, las prácticas que deben hacerse serán recitar el *dharani* de la Esencia de Ushnisha[411] del Tathagata muchas veces, recitar la sección más profunda de los sutras mahayana, realizar el ritual de purificación del Vaso de Agua manteniendo al pueblo confinado en un círculo, preparar gran cantidad de *tormas* y hacer *pujas* de ofrendas, como las selectas ofrendas rojas y blancas, acompañándolas con tantas clases de comida como puedan, y a continuación dedicarlas. Con todo ello, la gente se recuperará rápidamente de sus enfermedades.

Entonces, el Jetsun fue a La Fortaleza de la Roca de Drin y se dirigió a la gente:

- He tenido un sueño en el que se me revelaba que vuestra señora estaba probablemente disgustada por el humo de una hoguera que la había molestado. Esto habría causado una perturbación, y todos los devas y espíritus de la existencia samsárica se habrían enfadado; y esa sería la causa de la epidemia que os afecta. Por tanto, para eliminar los obstáculos, debéis hacer los ritos que os indicaré y usar estas ofrendas que he traído para vosotros.

---

[411] Esto está conectado con la práctica de Ushnishavijaya (tib: de bzhin gshegs pa'i gtsug tor nas byung ba'i snying po can gyi gzungs).

La gente lo hizo así y, junto a las selectas ofrendas, reunieron una ingente variedad de tormas y de *tsok*[412], hicieron plegarias al guru y a las Tres Joyas, y ofrecieron las *tormas* a todos los protectores. Y todo ello lo dedicaron a los devas y los espíritus de la existencia samsárica. Por la sencilla proclamación del poder de la verdad, la gran epidemia quedó barrida en pocos días.

Al final de ese mismo mes, el día veintinueve, las cinco diosas Tseringma, la líder junto a sus asistentes, se presentaron ante el Jetsun, acompañadas de un numeroso cortejo de deidades locales y de la medicina. Le ofrecieron al Jetsun montones de regalos en forma de excelente comida y bebidas aromáticas, servidas en cuencos fabricados con materiales preciosos. Haciendo incontables postraciones y circunvalaciones, ordenaron las ofrendas delante de él. Las cinco *dakinis* mundanas hermanas dijeron:

- Nos has hecho regresar de las puertas de la muerte. Jetsun, no hay ser más bondadoso que tú.

Y, a continuación, le ofrecieron esta canción de agradecimiento:

> Arriba en la extensión del cielo,
> masas agitadas de negras nubes se forman
> para que el rey *naga* Nga-dra
> sustente a los seres con su alimento;
> el signo de ese néctar es la ligera lluvia que cae.
> Esa llovizna lenta y fácil que se precipita
> es la señal del equilibrio entre la humedad y el calor de la tierra.
> El rugido tembloroso y retumbante del trueno
> es la voz de los elementos fríos y calientes en disputa.
>
> Al igual que esas nubes, abajo también
> hay una montaña de tres caras, que hunde su cresta en el cielo.
> La corona cristalina de la estupa de su base
> está incrustada de luz de las estrellas
> y del resplandor del Sol y de la Luna.

---

[412] No existe en inglés ni en español un equivalente para este término. Puede referirse a una ceremonia de ofrendas, así como al conjunto de las ofrendas hechas. Su significado literal es 'colecta' o 'acumulación' (tib: *tshogs*).

Ahí es donde está ubicado nuestro palacio Men-tsun-mo.
Envolviendo la ladera izquierda de la nevada montaña
hay una cristalina y deliciosa pradera sobre la parte más baja.
Está adornada con un dosel de arcoíris
-son los maravillosos pastos del valle de Menlung-.
Es un lugar donde crecen las plantas y las seis clases de granos,
una tierra auspiciosa engalanada de flores de todos los colores.
Esta deliciosa pradera medicinal es un espectáculo digno de ver
y en ella las deidades locales bailan y se esparcen.

En concreto, hay un campo sagrado,
el palacio nirmanakaya de Chuwar,
donde reside un maravilloso ser humano.
¿Acaso este yogui no es el Señor Milarepa?
En tus vidas previas, acumulaste mérito,
y en esta has alcanzado un precioso renacimiento humano.
Libre de la más mínima sombra de pereza,
jamás te apartas de la práctica de la concentración meditativa,
y así has podido realizar la realidad de la mente no nacida.
A causa de ello, y a través del *trulkhor*, has logrado el control de
tu cuerpo.
Careces del miedo producido por el obstáculo de la distracción,
de manera que eres un yogui estable como una montaña.
Al haber completado las buenas cualidades por medio del *prana*,
tu cuerpo desnudo es radiante.
Utilizando diversas técnicas de la disciplina yóguica
realizas el beneficio de los seres a la perfección, oh noble ser
humano.
Ahora, en estos tiempos degenerados,
has venido a parar a la tierra de los seres de cara roja.
En general, eres la joya de la región entera.
En particular, brillas siendo el orgullo de nosotras las damas.

El decimoprimer día de este mes,
debido a las llamas de una hoguera inmunda,
me vi afectada por una enfermedad de los cuatro elementos.
Las aflicciones y el tormento se agitaron en lo más profundo de
mi mente.

Experimenté los más terribles sufrimientos.
Mi cuerpo y mi mente estuvieron a punto de separarse[413].
Cuando este infortunio se cebó en mí,
Señor, con el gancho de tu compasión,
me otorgaste la bendición del *powa*[414].
Recitaste el mantra del ritual de la purificación.
Luego enfocaste en mí la mente que está más allá del nacimiento
y de la muerte
y surgió rápidamente la certeza de la realización.
Las cuatro enfermedades se disolvieron como nubes.
Mi cuerpo recuperó la ligereza y la placidez, como si fuera de
algodón,
y muchas realizaciones surgieron en mi mente.
Tú bloqueaste el obstáculo de una muerte prematura:
el calor que había abandonado mis extremidades se vio
restablecido;
mi inspiración y mi espiración, que habían dejado de estar
conectadas, volvieron a unirse;
y el mensajero del Señor de la Muerte hubo de retirarse
avergonzado.
¡Señor, yogui, tu bondad no tiene límites!

Yo, esta súbdita tuya sometida a la ignorancia de un nacimiento
inferior,
soy olvidadiza y mi atención es débil;
pero la restauración de mi energía vital que acaba de tener lugar
es algo que, a lo largo de toda mi vida, nunca podré olvidar.
Para retribuir la bondad de tu protección
te ofreceré todos los *sidhis* que desees
y no volveré a transgredir ningún mandato que me des.
Desde este momento hasta el logro último,
la insuperable iluminación,

---

[413] O sea, "Estuve a punto de morir".

[414] NOTA DEL TRADUCTOR AL ESPAÑOL: *Powa* es la transferencia de la conciencia.
Es uno de los Seis Yogas de Naropa, una práctica que se realiza con miras a adquirir la
capacidad de transferir la conciencia a voluntad en el momento de la muerte.

> a través de la corriente continua de la aspiración pura,
> que pueda yo acompañarte, como el cuerpo y su sombra,
> sin que nos separemos ni un solo instante.
> Luego, cuando tú hayas actualizado la budeidad,
> en el reino puro conquistado por tu *rupakaya*,
> tal como los primeros cinco discípulos de Buda,
> que podamos ser nosotras las primeras de tu séquito,
> que podamos beber tu primer néctar.
> Y, a continuación, por las buenas cualidades del néctar bebido,
> que alcancemos el reino del dharma.
> Y para todos los seres que adolecen de la confusión de la
> ignorancia,
> que caiga una lluvia plagada de néctares
> de la acumulación de nubes de las cuatro actividades
> magnetizadoras[415]
> y, con ello, ¡que todos los seres queden completamente
> satisfechos!

Así, dirigidas por Men-tsun-mo, Tashi Tseringma, las cinco *dakinis* cantaron esta canción dedicada al Jetsun.

Tras haber expresado esta pura aspiración, el Jetsun se preguntó: "Si a estas diablesas *yaksha* que han mostrado tanta gratitud por recuperarse de su enfermedad les doy algunas instrucciones sobre las fases de creación y culminación del Mantra Secreto, ¿serán capaces de meditar sobre ello?". Y, entonces, les dijo:

- Hermosas dakinis, habéis hablado de esta forma como consecuencia de haberos recuperado de la enfermedad. Dado que ya sois practicantes del camino del Mantra Secreto, si tuvierais una instrucción que os sacara de la profunda maraña de la existencia samsárica y, habiéndoos librado del traicionero camino del samsara del renacer y el morir, os liberara de la experiencia del sufrimiento de la existencia samsárica a partir de ahora, ¿seríais capaces de practicarla?

---

[415] Las cuatro actividades magnetizadoras son: el habla agradable, la generosidad, la conducta armoniosa y la conducta coherente (o integridad).

Y, a continuación, cantó esta canción de realización que trata de infundir una gozosa inspiración:

> Bajo el dosel del sol naciente
> se halla la auspiciosa y elevada cima del Monte Menlha[416].
> En su cúspide cristalina, el pico del garuda,
> brilla una luz de tonos rojizos y dorados
> con una corona de blancas nubes flotantes alrededor de su cima.
> La parte baja es un dobladillo de cinco arcoíris distintos,
> cinco llanuras de pizarra recubiertas de praderas turquesa
> veladas por nieblas y espesas nubes oscuras.
> ¿No es acaso La Montaña Nevada de la Reina Azul?
>
> En esta montaña nevada hay una casa palacio
> donde vive una mujer de aspecto extraordinario.
> Una mujer noble, una reina, extremadamente bella,
> que canta canciones seductoras al oído,
> una mujer radiante y cautivadora.
> ¿No es acaso la *menmo* Tashi Tseringma?
>
> Esta vez has experimentado el miedo y el espanto,
> tu orgullo ha quedado, ciertamente, hecho añicos.
> Tu cuerpo se ha visto afectado por la enfermedad de los cuatro
> elementos.
> Tu mente ha sufrido de una forma insoportable.
> Tu respiración, apenas un aliento, se ha ido desvaneciendo
> y tu efímera energía vital ha estado a punto de extinguirse.
> Todo se ha debido a tu previo mal karma
> y ahora has experimentado su resultado.
> Si no te apartas de esa conducta negativa,
> descenderás hasta el último de los infiernos, que será mucho más
> temible.
>
> Esta vez no has muerto, lo has superado con facilidad.
> La compasión me ha movido

---

[416] Literalmente, la 'Montaña de la Deidad de la Medicina' (tib: *sman lha*), denominación alternativa de la montaña Tashi Tseringma.

a estimular la semilla de tu fe.
Hemos burlado al Señor de la Muerte
con la bendición auténtica del Mantra Secreto;
has sido arrebatada de las garras del Señor del Karma.
Todos los augurios que eran negativos se han tornado prósperos;
las malas condiciones y los obstáculos se han transformado en
vida.
¿Te sientes feliz, hermosa mujer?

Aunque es difícil manifestar gratitud,
tú me dijiste: "Gracias, Señor, por tu bondad".
Me dedicaste poéticas palabras de agradecimiento
y me gustó mucho la canción que me cantaste.
A partir de ahora, si me escuchas y haces lo que te digo,
sin miedo, te verás liberada
del camino del gran sufrimiento en el que la libertad no existe;
del lugar de los cuatro grandes ríos turbulentos y sus corrientes[417]
y de los ocho estados carentes de libertad, de los que es difícil
escapar;
de la densa y tupida selva de la existencia samsárica
donde los bandidos, los cuatro *maras*, acechan;
y lejos de la estrecha y traicionera senda de los tres bardos.
El ancho y abierto camino donde se encuentra la incesante
felicidad
y que conduce a la preciosa tierra de la paz,
te lo aseguro sin ningún género de duda.

Yo no soy nada especial,
pero mi linaje es en verdad maravilloso.
Desde el gran Vajradhara de la sexta familia,
en línea directa hasta el Traductor, Marpa Lotsawa.
Todos ellos, emanaciones del Sugata.
Se trata de un linaje ininterrumpido
y por tanto mi palabra es de un gran valor.

---

[417] Los cuatro grandes ríos son: el nacimiento, la vejez, la enfermedad y la muerte. (DPR)

En el centro de La India están los muy renombrados
y gloriosos Naropa y Maitripa;
su fama se extiende en todas las direcciones,
de manera que seguro que ya habrás oído sus nombres.
Bendecido por ambos maestros *sidhas*
es el de Lhodrak, Marpa Lotsawa.
A los pies de este padre nirmanakaya,
permanecí durante seis años completos y ocho meses.
Como una sombra de su cuerpo, lo estuve acompañando,
y asumí sus órdenes como auténticas.
Dado que se sintió hondamente complacido conmigo
me otorgó el profundo tantra de Hevajra
y me transmitió la bendición de Chakrasamvara,
el tantra esencial de Mahamaya,
el glorioso como el espacio Guhyasamaya,
el protector de las enseñanzas Chatupitha
y el Budakapala Tantra,
el ciclo esencial al completo del significado último[418].
De las explicaciones de los tantras, ese océano de palabras,
discriminó de sus profundidades la esencia vital, la joya preciosa.
De todo ello extrajo los puntos fundamentales, el significado
esencial,
y los juntó en una sola pieza de oro puro refinado.
"Te lo daré todo -dijo- sin que haya nada añadido ni nada que
falte".
Con las *dakinis* como testigos, hizo ese juramento.
Así, me fueron transmitidas completamente las instrucciones del
Linaje de la Escucha.
Debido a la bondad del padre, él siempre está en mi mente.
En retribución, yo le hago el ofrecimiento de la práctica.
Por medio del punto clave de la meditación mantenida
he logrado el control del *prana* y de los cinco elementos
y confío en la conducta de 'el sabor único'.
Cuando hay agitación en mi mente, nunca me angustio.

---

[418] Cada uno de estos tantras es parte del linaje Marpa Kagyu.

Jóvenes, si queréis obtener la felicidad,
escuchad lo que digo y seguidme;
seguid mi ejemplo y practicad como yo.

En esta vida, habéis ingresado en el camino;
a partir de la próxima, seréis siempre felices.
Vuestro cuerpo actual es muy vulnerable a las enfermedades
y vuestra mente experimenta el frío y el calor.
Con la causa cercana de las aflicciones mentales
y las condiciones transitorias que se juntan de golpe,
los resultados del karma previo se manifiestan;
y así es como vuestras percepciones más oscuras surgen.
Esto no es más que un sueño y es temporal.
Pero cuando esos momentos se multiplican por cientos de miles,
sentís los sufrimientos del peor de los infiernos,
como si fueran inacabables y casi imposibles de soportar.

Sin embargo, esas apariencias carecen de realidad.
"El sufrimiento externo se experimenta
debido a la confusión de las tendencias latentes no virtuosas",
como dijo nuestro maestro, Buda Shakyamuni,
en respuesta a Vajragarbha
en los sutras del significado definitivo.
Por tanto, esas atribuciones son la base de la confusión.
Si no entendéis que todo es mente,
aunque alcancéis los dominios del reino de Brahma
no encontraréis ninguna felicidad.

El equilibrio meditativo es el *dhyana*[419] de la base
y aunque uno pueda permanecer ahí durante eones, se trata de un estadio bajo
donde es imposible realizar la omnisciencia.
Por tanto, para purificar las negatividades,
así como las tendencias latentes del karma y las aflicciones,

---

[419] *Dhyana* significa 'concentración meditativa'.

meditad continuamente en la *bodichita*;
perfeccionad eso, concentraos en la realidad no nacida.

Ahora nos hemos encontrado gracias a nuestro karma.
Desterrad toda pereza e indolencia
y poneos la firme armadura de la diligencia.
No estéis distraídas ni un solo instante,
conseguid con presteza lo significativo, jóvenes afortunadas,
hermanas Men-tsun-mo, oh hermosas dakinis.

A continuación, Milarepa las instruyó de esta manera:

- Contemplad cuidadosamente estas canciones que explican la realidad. Y, en particular, practicad de forma inmediata lo que en ellas se enseña. Podríais pensar que lo que recibe el nombre de 'los cuatro kayas resultantes' es algo que debe buscarse de forma separada; sin embargo, lo que llamamos 'la budeidad' no es un continuum separado que deba buscarse en otra parte. Para todos nosotros, los seres vivos, la claridad a la hora de la muerte es el dharmakaya, el puro cuerpo ilusorio del bardo es el sambhogakaya, la diversidad de renacimientos es el nirmanakaya y el inseparable 'sabor único' de los tres kayas es el *svabhavikakaya*[420]. Todos están espontáneamente presentes en nosotros, pero no los reconocemos. Para poder hacerlo, debemos obtener las profundas instrucciones del ininterrumpido linaje de los *sidhas*.

- Jetsun -le contestaron ellas-, cuando el maestro Padmasambhava[421] vino al Tíbet, fuimos a recibirlo a Khala Rong-go[422] para atacarlo. Pero nos sometió por medio de un fiero *mudra* subyugador y nos convirtió en sus súbditos. Entonces, le ofrecimos gentilmente la esencia de nuestro mantra de la energía vital. Por aquel tiempo escuchamos mucho dharma sobre los sutras de la causa y el efecto. Además, en el cementerio de

---

[420] *Svabhavikakaya* es la unión de los tres kayas (dharmakaya, sambogakaya y nirmanakaya); es la entidad completa de la budeidad.

[421] Padmasambhava (siglo VIII) fue un poderoso practicante del Mantra Secreto, invitado por el rey del Tíbet para tratar de establecer el budadharma en el país.

[422] *Danyi Khala Rong-go* (tib: *zla nyi kha la rong sgo*) es uno de los veinticinco lugares sagrados de Kham (Tíbet oriental), y el lugar donde se dice que Padmasambhava escondió el tesoro (tib: *gter ma*) Barchey Kunsel, revelado más tarde por el tertön Chokgyur Lingpa.

Munpa Dradrok[423] de La India, recibimos la iniciación del gran mandala del maestro Chok-kyi Gocha[424] y de otro maestro más que estaba comprometido en la conducta de la disciplina yóguica, Kanhapa[425]; y obtuvimos muchas enseñanzas del Mantra Secreto vajrayana. Por ello, somos recipientes aptos para las enseñanzas secretas. En particular, tras haber experimentado el miedo y el espanto de esta grave enfermedad, está claro que no seríamos capaces de soportar ni siquiera un instante los sufrimientos de los seres vivos en los reinos infernales. Así que te rogamos que nos protejas de esos terrores, y que hoy nos tengas en cuenta y nos otorgues las instrucciones que atañen a la realización de los cuatro kayas puros.

Y, a continuación, cantaron esta canción:

> En el reino puro del glorioso y luminoso espacio,
> planean densas nubes doradas.
> Ellas son las preciosas joyas de las coronas de los reyes de los
> nagas,
> un verdadero y maravilloso despliegue mágico.
> Flotando y desplazándose bajo las nubes,
> en ese espacio hay *kimnaras*, los devas menores,
> y *asuras*, además de *gandharvas* hembra.
> Todos ellos participan en la fiesta de los placeres sensoriales.
> Cantan y bailan, y se esparcen con gran deleite.
>
> Por debajo de esas densas nubes flotantes,
> se encuentra la terraza medicinal del auspicioso Bajo Dingma.
> Su parte más alta está rodeada por las montañas nevadas de los
> *devas nyen*[426]
> y en su parte más baja residen los *nyen* de agua dulce;
> en medio, se extiende una alta pradera de color turquesa

---

[423] Literalmente: 'Oscuridad retumbante' (tib: mun pa sgra sgrog). Se trata probablemente de una contracción de los nombres de dos de los cementerios más renombrados: Munpa Mizepa y Kilikili Dradrokpa. (Kongtrul 2008, 274)

[424] Literalmente: 'Armadura de las direcciones' (tib: *phyogs gyi go cha*). No hemos encontrado ninguna referencia relativa a este maestro.

[425] También conocido como *Krishnacharya*, uno de los ochenta y cuatro mahasidhas. Su nombre significa 'El de la conducta negra' (tib: *spyod pa nag po*).

[426] *Nyen* son un tipo de deidades locales que, cuando se las molesta, causan enfermedades.

donde los *devas menyul*[427] dan un gran espectáculo con sus
diversiones.
Debido a que el tesoro de los nagas yace debajo,
esta deliciosa y cristalina pradera, el valle de Menlung,
es una fuente de plantas y cosechas exuberantes,
una tierra en la que los animales de cuatro patas se multiplican.

En estos pastos hay un plácido lugar solitario,
el palacio del nirmanakaya de Chuwar.
En ese lugar se encuentra un ser supremo y maravilloso
de precioso cuerpo de gran belleza.
Simplemente con verlo o escucharlo
la ignorancia de los seres se desvanece.
A través de sus *mudras*
despliega una miríada de milagros.
Habiendo realizado la realidad de la mente en sí -la
omnisciencia-,

ha dominado el espacio del *dharmata*.
Con su habla pura y gentil
expresa el sonido de la vacuidad del *dharmata*.
Así, nosotros, los devas y espíritus de la existencia fenoménica,
tras alimentar la semilla de la fe,
escuchamos y respetamos su mandato.
Él es una joya que concede todos los deseos,
es un hijo de los Victoriosos.

Las diosas *dakinis* mundanas
hemos venido confiando en ti,
nosotras que poseemos hermosas formas femeninas,
hasta ahora en el samsara sin principio
con nuestras corrientes mentales hundidas en la confusión y la
ignorancia,
renaciendo[428] repetidamente en la existencia samsárica:

---

[427] Tib: *sman yul*; literalmente, 'tierra medicinal'.

[428] Tib: *nying mtshams sbyor*. Este término tibetano connota unión o conexión con un
nuevo cuerpo.

primero, sin poder evitar renacer;
a continuación, pensando "estaremos vivas por un tiempo",
pero con la llamada de Yama, el señor de la muerte,
pendiente sobre nuestras cabezas, oscura y angustiosa.
Él sujeta el lazo del que no podemos escapar.
No hay control sobre el momento de la muerte.
El lustre de los cuatro elementos corporales será expoliado
y la energía vital interna se detendrá.
Y, entonces, las apariciones del bardo volverán.

En este traicionero camino, primero oscuro, luego luminoso[101],
nos perseguirán los ejecutores implacables;
experimentaremos el sufrimiento de tormentos agotadores.
Luego, el vagabundo dotado solo de cuatro *skandas*[429]
es conducido sin su conocimiento a una tierra ignota
por los vientos del karma y las tendencias latentes.
Se busca un nuevo nacimiento sin ningún control.
En esta noria del samsara
se encuentra el océano del nacimiento, la vejez, la enfermedad y
la muerte.

Hasta ahora, no hemos tenido refugio frente al naufragio
en este removido y agitado oleaje.
Ahora, maestro y capitán, por tu poder
tenemos el navío de la *bodichita*.
Y estamos protegidas con la bendición y la impavidez
del miedo y de los vientos no propicios de los puntos de vista,
de las islas de los *rakshasas* donde los placeres sensoriales nos
embaucan
y de los perjuicios del *makara*[430] del karma.
Y alcanzando la lejana orilla, la tierra de los tesoros,

---

[429] Literalmente: "Los cuatro skandas del nombre". En el bardo, uno carece de cuerpo (el skanda de la foma), y solo le quedan los cuatro skandas de la mente o 'el nombre' (tib: *ming bzhi 'khyams po*).

[430] Un *makara* (Tib: *chu srin*) es una especie de animal fabuloso de los mares perteneciente a la mitología hindú. En tibetano significa, literalmente, 'monstruo marino' o 'dragón de los mares'.

una tierra plagada de riquezas diversas,
mercaderes agotados por un largo viaje,
podremos al fin relajarnos, descansar a placer
y tomar todo lo que necesitemos o deseemos.

En el espantoso valle del samsara
se encuentra el bosque de los aterradores ocho estados carentes de libertad,
densamente velados y en completa oscuridad.
Allí, las imponentes fieras de las aflicciones,
al verlas muestran sus temibles garras,
los espinosos tormentos de sus defectos.
En medio de las espinas de los ocho sufrimientos,
hemos perdido el camino, confundidas en la oscuridad.

Tu habla está completamente libre de manchas
y por ello, como la luna llena de otoño
-blanca, no cubierta por las nubes,
resplandeciente de rayos de luz-,
disipa la oscuridad de la ignorancia.
Te pedimos que nos muestres el camino puro y abierto.

Revélanos las tres estrechas traicioneras sendas ocultas
del bardo, ese temible camino.
Hasta ahora, hemos sido asaltadas por los bandidos *mara*,
atadas con fuerza con las cadenas del karma
y lanzadas a un pozo sin esperanza de escapatoria.

Ahora, guru, Señor, fuente de refugio,
alguien a quien nadie se atreve a enfrentarse,
amigo y protector, por tu fuerza y tu poder
para liberarnos de la traicionera senda del miedo,
te rogamos que nos des las instrucciones que señalan el dharmakaya,
la claridad en el momento de la muerte.
Te rogamos que nos des las instrucciones que señalan el sambhogakaya,
el puro cuerpo ilusorio del bardo.
Te rogamos que nos des las instrucciones que señalan el

nirmanakaya,
la libertad de elegir dónde renacer.

Si se cruza hasta la otra orilla de los tres traicioneros bardos,
hay un lugar donde una se halla libre de los obstáculos
demoníacos.
Es el intrépido camino libre de arrogancia,
la tierra eterna de la que no hay vuelta atrás,
una vasta y pura tierra de alegría y bendiciones;
hemos oído que se dice que ese lugar existe.
Hasta ahora, ni hemos estado allí ni lo hemos visto.
Protector de los seres, guru compasivo,
con tu protección, te rogamos que nos muestres el camino.
Te rogamos que nos muestres esa tierra que no hemos visto.

Para todos aquellos de nosotros consumidos por el miedo,
todos aquellos carentes de protección, que gimen y se lamentan,
aquí, ahora mismo, no en un tiempo futuro,
te rogamos que nos ayudes a realizar los cuatro kayas resultantes.

Así le suplicaron. Y, a continuación, como mandala de ofrenda, le entregaron un loto de oro con muchas joyas engastadas sobre un espejo de plata blanca.

El Jetsun les dijo:

- Hermosas dakinis, dado que habéis mostrado una gran devoción hacia mí y me habéis solicitado el dharma sinceramente, os bendeciré en la tradición de mi propio linaje. Preparad un *tsok*.

Esa misma tarde, ellas prepararon sesenta clases de comida distintas para el *tsok*. Hicieron un mandala de ofrendas con montones de grano y el Jetsun les transmitió la iniciación de la yoguini del Linaje de la Escucha, perteneciente a la Madre Coemergente, y a continuación las bendijo. Después, les dio las instrucciones llamadas 'la indicación de los tres kayas', que son los puntos clave de liberación del traicionero bardo, y luego cantó esta canción de realización sobre el modo de viajar al reino puro de Sukhavati:

En la tierra de La India, el corazón del mundo,
se encuentra el gran templo de Vikramashila[431].
Allí, en ese manantial de conocimiento,
está el pandita que guarda la puerta norte,
león sin parangón entre los hombres,
porque ha desenmascarado los errores de cada oponente.
Él es un gran y poderoso campeón.
Este hombre, que no ignora nada relativo a los cuatro tantras
y ha realizado tanto los *sidhis* comunes como los supremos,
¿no es acaso el gran pandita, el Señor Naropa?

El propio hijo supremo de Naropa,
maestro perseverante en las penalidades,
es el llamado Marpa Lotsawa de Lhodrak.
Su nombre es ampliamente conocido, como el rugido del trueno;
este maestro, con su increíble bondad, me dijo:

"En estos tiempos de degeneración de las enseñanzas de
Shakyamuni,
la vida humana es corta y carente de recursos.
Dado que los obstáculos de los *maras* son muchos,
no existe ya el tiempo ocioso de la longevidad.
No hay límite en lo que podemos llegar a conocer
y no hay manera de que comprendas el alcance total de los
tantras.
Por tanto, hijo, haz que la práctica sea tu propósito esencial". Esto
me dijo.

No tengo ninguna pereza
y he seguido los mandatos de mi maestro.
He buscado retiros de montaña remotos
y he meditado sobrellevando las dificultades físicas.
Así, algo de experiencia ha surgido en mi corriente mental.

---

[431] Junto con Nalanda, uno de los dos centros de estudios budistas más importantes en la antigua India. No obstante, la creencia general es que Naropa fue el director de la puerta norte de Nalanda.

Ahora, mujeres afortunadas, poned mucha atención:
en general, nosotros, seres de los seis reinos,
debemos tomar los seis dharmas del bardo como la base.
Entrando y progresando en los tres caminos de la existencia,
vagamos sin fin por los tres reinos del samsara[432].
En la confluencia de esas tres estrechas y traicioneras sendas
tres viajeros[433] que vienen de muy lejos
son recibidos con alegría y deleite
por los centinelas de sus amigos y familiares.
Pero si no encuentran a nadie que salga a darles la bienvenida,
es el enemigo, el emisario de la justicia,
quien se presenta e investiga sus hechos.
Si no van acompañados por los tres guías[434] que les dan apoyo,
esos mercaderes, no conocedores del lugar y temerosos,
son acechados en el camino por los inevitables bandidos
-los tres demonios mensajeros y su jefe[102]-.
En un temible lugar, escondido y nunca visto,
adoptan terroríficas formas diversas
y con palabras embaucadoras desorientan las mentes de los
viajeros,
los desvían durante el camino.
Luego, hasta la séptima semana,
en el bardo de luz y oscuridad del devenir,
los seres experimentan los sufrimientos del frío y el calor.
A continuación, empujados por el poder del karma,
vuelven a entrar en la prisión del samsara.

Ahora, si uno desea quedar libre de esa prisión,
ahora mismo, en el bardo del samsara y el nirvana,

---

[432] Los tres caminos de la existencia (tib: *lam srid pa gsum*) se refiere al nacimiento, la muerte y el bardo. Los tres reinos del samsara (tib: *gnas khams gsum*) son el reino del deseo, el reino de la forma y el reino de la no-forma.

[433] 'Los tres viajeros', como Milarepa explica más adelante, son: aquellos que poseen las instrucciones y las practican, los que las poseen y no las practican y los que no tienen ninguna instrucción en absoluto.

[434] No se han encontrado referencias específicas respecto al significado de estos tres guías. (DPR)

la verdadera naturaleza aparece indicada como mahamudra.
Debéis adquirir certeza en la visión de la base.

En medio de las apariencias del bardo entre el nacimiento y la
muerte,
para adiestraros en desarrollar el radiante poder de la claridad
mental,
debéis esforzaros en las fases de creación y culminación.

En el bardo del camino está la verdadera naturaleza de la realidad.
Para reconocer la sabiduría innata,
debéis meditar en las instrucciones del Linaje de la Escucha.

En el bardo entre el dormir y el soñar,
para transformar las tendencias latentes en sabiduría,
debéis adiestraros en la práctica de la claridad y del cuerpo
ilusorio.

Finalmente, en el bardo del devenir,
incluso si habéis realizado los tres kayas,
debéis viajar a los tres reinos puros.

Si no los realizáis,
en el bardo de los renacimientos continuos,
debéis hacer una conexión a través de la aspiración pura,
y por medio de la infalible interdependencia de la causa y el
efecto
alcanzaréis un cuerpo dotado de libertades y ventajas
que despertará vuestro karma previo.
Luego, podréis perfeccionar la realización del camino.
Y, sin que la cosa se alargue más,
alcanzaréis sin lugar a dudas la liberación.

Vosotras, cinco dakinis aquí presentes, seres extraordinarios,
escuchadme con entero respeto.
Me habéis pedido esto repetidamente
y ya os he dado las instrucciones relativas al bardo.
Incluso si uno las dibujara sacadas del corazón mismo del Señor
Marpa de Lhodrak,
no contendrían puntos más profundos que estos.

Así, cantó esta canción de realización.

A continuación, las hermosas dakinis se levantaron y cada una de ellas hizo siete postraciones y circunvalaciones. Le entregaron un mandala incrustado de joyas, alabaron las grandísimas cualidades del cuerpo, el habla y la mente del Jetsun, y le hicieron la ofrenda del gozo-vacuidad, la sabiduría de las cuatro dichas, producidas por la unión de los cuerpos. Luego, dijeron:

- Has explicado el dharma que muestra el bardo en detalle y minuciosamente. Por favor, danos una enseñanza sobre su significado concisa y fácil de practicar.

Y, a continuación, le ofrecieron esta canción:

> Señor, protector de los seres, dotado de bondad,
> así como si hubieras transformado el hierro en oro,
> con el néctar puro del Linaje de la Escucha,
> has transformado nuestro sufrimiento en gozo.
> Padre, Buda, nos postramos ante ti.
> Con tu amor, nunca te separes de nosotras y protégenos siempre.
>
> Para la percepción de una mente adiestrada,
> el campo completamente puro del *dharmadatu*
> es el palacio del gran gozo, libre de elaboraciones.
> Señor guru, ¿no es acaso tu sede?
>
> En el centro de una acumulación de nubes de *dakinis*
> se encuentra el trono de león de la claridad-vacuidad inseparables
> sobre el loto de la renuncia a los defectos de la existencia.
> Libre del velo de los innumerables conceptos,
> sobre los discos luminosos de un sol y una luna,
> ahí se sienta el Padre Jetsun.
> Una no se cansa de contemplar su cuerpo radiante,
> su hermoso rostro lleno de energía.
> Está adornado por una multitud de buenas cualidades
> y embellecido con las marcas y los signos[435],

---

[435] Se refiere a las treinta y dos marcas y signos mayores y a las ochenta marcas y signos físicos menores de un buda.

de modo que tiene el aspecto de los bodisatvas jóvenes.
Al ver su cuerpo, alabamos a este jubiloso maestro.

Su habla es la placentera y melodiosa canción de los *gandharvas*.
Es el sonido del dharma, autogenerado y sin embargo vacío.
Ante el rugido del gran león exultante,
los *tirthikas* y los *maras* tiemblan atemorizados
y el tormento de los afortunados se desvanece.
Alabamos su habla, que se escucha en las diez direcciones.

Con una mente inamovible como un vajra,
conoces todo lo conocible.
Desde el espacio, completamente libre de puntos de vista,
la luz de los rayos de la *bodichita*
dispersa la oscura ignorancia de los que deben ser adiestrados.
Alabamos a este maestro de mente inquebrantable.

Señor, quintaesencia del cuerpo, el habla y la mente de los budas,
dado que eres la fuente de muchos *sidhis*,
eres como una joya que concede todos los deseos.
Como el pináculo de una bandera de la victoria,
toma asiento en la coronilla de mi cabeza.
Me he purificado con recta intención.
Día y noche, sin distracción,
uno debe suplicarte, postrarse y hacerte ofrendas
y todas sus expectativas y deseos se cumplirán.
Todo a lo que uno aspire se verá cumplido.
Precioso Señor, poderoso soberano,
te alabo y me postro ante ti.

De la masa de nubes de tu compasión
cae la lluvia del néctar de la sabiduría de tu bendición
y de ese chorro de leche beben los afortunados.
En esta misma vida, de forma inmediata,
domarán las más duras dificultades,
crecerán los brotes de la realización
y alcanzarán el trigésimo *bhumi* del Vajradhara.
Abundarán las flores y los frutos
de los kayas, la sabiduría y la actividad.

Satisfarán por completo a todos los seres.
Que puedan ser cosechados con prontitud.

Hasta que esto se cumpla,
habiendo dado inicio al gran *samadhi* inmaculado
que surge del gozo de este cuerpo impuro
-soporte para recorrer el camino del mensajero-,
para morar en el *samadhi* del gozo-vacuidad
con la sabiduría de los cuatro gozos
y con la finalidad de acceder a la realidad de la Vía del Medio,
que podamos ser una consorte de sabiduría plenamente
adiestrada.
Así, con alegría, te rogamos que nos des tu permiso.

En conclusión, te pedimos:
respecto al dharma de la liberación del traicionero bardo,
a pesar de tus sugerentes palabras, no hemos acabado de entender
el significado.
Explícanoslo, pues, en detalle, con instrucciones prácticas,
y danos los puntos clave de la indicación de los cuatro kayas[436].
Te rogamos que nos des una instrucción de la práctica
condensada del tipo:
"Cuando llegue el momento de entrar en el bardo,
no necesitaréis saber nada más que esta concisa instrucción".

Además, por tu poder,
nos hemos convertido en súbditas de tu voluntad.
Con las diversas instrucciones fundamentales que nos has dado,
nuestras facultades y nuestra corriente mental están satisfechas
y perfeccionaremos el resultado de la práctica.
En la apariencia de esta misma vida
conseguiremos realización y muchas buenas cualidades.
Jetsun, que logremos ser iguales a ti.

---

[436] Parece referirse a la misma enseñanza que Milarepa ha mencionado más arriba, *La indicación de los Cuatro Kayas*, siendo el cuarto kaya (el svabhavikakaya) el conjunto de los tres anteriores.

Así, le ofrecieron al Jetsun esta canción que concluye con virtuosas aspiraciones.

Entonces, el Jetsun dijo:

- Hermosas dakinis, los seres están agotados por los condicionamientos de los ocho estados carentes de libertad en los tres reinos, que es la base, y que se repite una y otra vez a través de los tres reinos de la existencia[103]. Hay tres clases de viajeros que, con el cuerpo debilitado, hacen este largo camino: personas que tienen las instrucciones y las ponen en práctica, personas que tienen las instrucciones pero no las practican y personas que no tienen las instrucciones ni hacen ningún tipo de práctica. Las primeras no tendrán miedo de lugares tales como el camino del devenir, la temible y traicionera senda o sitios donde acechan los demonios, ya que se encuentran liberados por medio de los puntos clave de la meditación. La tercera clase de personas son los seres completamente ordinarios, que, una vez entran en la temible y traicionera senda, se las llevan los demonios y experimentan el inacabable círculo de nacimientos y muertes, como una noria, en los tres reinos del samsara. La clase de personas intermedia ha recibido previamente las instrucciones para disipar la inquietud en la temible y traicionera senda y para estar atentos a los batallones de los obstáculos demoníacos. De modo que, si tenéis una fe inquebrantable, la sabiduría del interés por lo profundo y la armadura de una diligencia inflexible, entonces, de acuerdo con la disposición, las facultades y el momento, os iré dando explicaciones graduales.

Y continuó:

- Ahora os enseñaré qué hacer en los momentos en que los tres kayas se materializan[437]: en el momento de la muerte, en la traicionera senda, después de que toda vitalidad haya cesado y los *ayatanas* de los elementos externos e internos se vayan disolviendo de forma gradual, uno queda libre del todo de las ataduras a los infortunios. Como el Sol y la Luna brillando en un cielo sin nubes, el *dharmadatu,* en el que todas las elaboraciones quedan completamente pacificadas, el estado natural sin artificio

---

[437] Milarepa se dispone a explicar, y a dar instrucciones, sobre cómo practicar en el momento en que se presentan los tres bardos, cada uno de los cuales corresponde a uno de los tres kayas.

cuya esencia es vacuidad, aparece en ese momento tal como es en sí. Esta auténtica claridad del momento de la muerte es el dharmakaya. Debéis reconocerlo en sí mismo. Para ello, ahora mismo ya tenéis que comprender la realidad de la visión de la naturaleza esencial que os es indicada por el noble guru, y tenéis que adiestraros en el camino de la claridad que simboliza la realidad.

"El camino del bardo del devenir es la traicionera senda en la que el cuerpo mental, basado en la imagen del cuerpo previo, será atormentado por los secuaces del karma. En este bardo de apariciones luminosas y oscuras, todas las facultades sensoriales están intactas y el cuerpo no tiene ningún impedimento. Uno posee el milagroso cuerpo de luz del karma. Este auténtico cuerpo-ilusorio del bardo es el sambhogakaya. Cuando la apariencia de la ilusoria deidad de la unión surge, uno tiene la oportunidad de purificar las tendencias latentes residuales. Debéis reconocerlo en sí mismo. Para ello, ahora mismo ya tenéis que adiestraros en la visualización clara de la forma de la deidad de la fase de creación y en los yogas del cuerpo ilusorio y del sueño, que son simbólicos.

"El estadio último en el camino del bardo del devenir es la traicionera senda en la que, sin ningún tipo de control, uno es empujado por los vientos kármicos de la consciencia. Cuando se busca un lugar para renacer, un útero para la consciencia desencarnada[438], surgen el apego y el rechazo hacia un hombre y una mujer que estén teniendo relaciones sexuales[439]. A través del punto clave de recordar las instrucciones previas, perfeccionando la destreza con el antídoto sin separase de la experiencia del gozo-vacuidad, se evitan las apariciones kármicas. Estos renacimientos materializados de acuerdo con el propio deseo son el nirmanakaya[104]. Tenéis que reconocer esto tal como es en sí. Para ello, ahora mismo ya tenéis que desarrollar la sabiduría del calor de *chandali*, el camino de la liberación;

---

[438] El texto tibetano dice literalmente "comedor de olores" (*dri za*). Las enseñanzas budistas se refieren de esta forma a los seres que se encuentran en el bardo, debido a que son incapaces de comer carne y por tanto han de subsistir mediante olores.

[439] El hombre y la mujer de los que aquí se habla son los nuevos padres de la consciencia errante.

a continuación, con la colaboración de un *karmamudra*[440] en el camino de la pasión, experimentando la realidad completa de la tercera iniciación, los celos quedan purificados.

"Este es un resumen completo de la forma de realizar los tres kayas resultantes en el momento de la muerte; esta es la forma correcta de entenderlo. Ni siquiera la indicación de la realidad del Linaje de la Escucha, el elixir vital extraído del propio corazón de Marpa de Lhodrak, que es la clave definitiva del camino de los medios, tiene algo más que ofrecer. La convicción de este yogui es que se trata de la práctica más apremiante que existe para el bardo. Por tanto, hermosas dakinis, debéis comprenderla y practicarla.

Entre las cinco *dakinis*, la líder, Tashi Tseringma, tenía una inmensa fe y devoción en la indicación de la esencia del profundo camino de los medios. De modo que volvió a tocar con su cabeza los pies del Jetsun y le dijo:

- A partir de este instante y en todos mis renacimientos futuros, te seguiré y seré tu *karmamudra*. Hasta que haya perfeccionado la experiencia y la realización de estos puntos de la indicación del bardo, por favor, piensa en mí.

De esta forma le suplicó, fervientemente. Y, tras realizar muchas postraciones y circunvalaciones, regresó a su propio lugar de residencia. Así se nos ha contado.

Esta historia es conocida como "La guirnalda dorada de las estupas"[441], y en ella el Gran Repa, el Señor Shepa Dorje, cuyo nombre no se pronuncia en vano, y las cinco diosas *dakinis* mundanas cantaron canciones con preguntas y respuestas relativas a los puntos clave de la liberación en el traicionero bardo.

Samapta[442]
El Señor, la preciosa joya, personificación de la bondad,

---

[440] NOTA DEL TRADUCTOR AL ESPAÑOL: El/la 'karmamudra' es la pareja sexual en las prácticas tántricas avanzadas.

[441] Tib: *mgur chu*. Esto se refiere literalmente a la sección de la base de una estupa.

[442] Se trata de un término sánscrito que se usa para indicar 'FINAL'.

repa que ha alcanzado los *sidhis*,
y las *dakinis* mundanas de la casta *shudra*[443],
las cinco *dakinis* karma Shmashana:
el significado de sus preguntas y sus respuestas
fue cantado en hermosas canciones poéticas,
con las palabras ensartadas juntas como en una guirnalda de
flores.
Este significado intencionado y auténtico de la experiencia de la
instantaneidad[105]
no es apto para ser puesto por escrito.
Pero por temor a llegar a olvidarlo,
y para que los futuros descendientes sostenedores del linaje
hallen inspiración y dé pábulo a su devoción,
lo he puesto por escrito siguiendo las palabras pronunciadas por
el guru.

Tres veces le pregunté si podía escribir esto
y, sonriendo, no me concedió el permiso[444].
Con el fin de prevenir la cólera de las *dakinis*,
que desprecian la creación personal, no lo hice.
"Hasta que uno da instrucciones prácticas
y examina a los meditadores futuros, aún por venir,
deberías ocultar las instrucciones y no mostrar los escritos".
Ese fue el mandato de mi maestro.
Si tú transgredieras este mandato,
incurrirías en el castigo de las *dakinis*;
de modo que te ruego que no lo difundas, y que lo mantengas
escondido.

En los tiempos del Muni, el perfecto Buda[445],
durante la última luna menguante del mes de los milagros[446],

---

[443] La casta más baja en el sistema de castas indio.

[444] El autor de este texto le pidió permiso tres veces a Milarepa para escribir esta historia, y cada una de las tres veces Milarepa no hizo sino sonreír sin dar respuesta.

[445] Durante esta era presente, la de Buda Shakyamuni.

[446] El primer mes del calendario tibetano (tib: *cho 'phrul*).

en el bosque de Omchung Pal,
una arboleda donde deambulan animales de suave pelaje,
mi hermano mayor,
mi hermano vajra con *samaya*,
el guru Bodhiraja,
y yo, llamado Shiwa Ö,
solíamos conversar en profundidad;
nos hacíamos preguntas, las analizábamos y las clarificábamos.
Este dharma de la liberación en el traicionero bardo
recibe el nombre de "Guirnalda dorada de las estupas".
A causa de su gran significado, se habla mucho de él.
Que cualquier mérito que proceda de su escritura
sirva para la liberación de los seres en el bardo.

Este es el ciclo de las respuestas que el ataviado de una simple túnica, el gran yogui y señor sin igual, dio a las preguntas de las cinco hermanas, entre las que se encontraba la genuina *mudra* Tashi Tseringma. Estos puntos clave para la liberación en el traicionero bardo fueron, a continuación, discutidos y puestos por escrito por dos repas. Así concluyen estas notas, como ofrenda de servicio.

# 31. El asedio de las cinco hermanas Tseringma: La guirnalda de nubes de la sabiduría del gozo-vacuidad

Namo Guru

El octavo día del mes del pájaro de fuego hembra, nada más pasar la primera parte de la noche[106], se cuenta que una luz resplandeciente brilló en el palacio del nirmanakaya, el lugar solitario de Chuwar. A continuación, oyendo un bullicioso ruido como de mucha gente, Milarepa pensó: "¿Quién habrá ahí?". Y un aroma maravilloso, diferente a nada conocido con anterioridad, llenó su sentido del olfato.

En ese momento, hicieron su aparición las cinco hermanas Tashi Tseringma, arregladas con todas sus joyas: una de ellas llevaba inciensos encendidos de muchos tipos de aromas delicados; otra, gran cantidad de comida y bebida; otra iba acompañada por ofrendas de sonidos musicales variados; la cuarta llevaba lujosas telas; y la última, flores de muchas clases. Luego, las cinco hicieron muchas postraciones y circunvalaciones, mientras de su presencia emanaba gran cantidad de objetos a modo de ofrendas. Entonces, todas ellas, con voz unánime, cantaron esta canción:

> Señor, precioso y genuino guru,
> plenamente afortunado con un cuerpo dotado de las libertades y
> las ventajas,
> el nombre que te dieron las deidades y tu guru
> ¿no fue acaso Shepa Dorje?
> El nombre que te dieron tu padre y tu madre
> ¿no fue acaso Mila Töpa-ga?
> Y el nombre con el que eres conocido en todo el país
> ¿no es acaso Sidha Repa?
>
> Tú, el llamado de estas tres formas:
> en el lado izquierdo de La Montaña de la Reina Lhamen[447],

---

[447] *Lhamen* (tib: *lha sman*) significa literalmente 'diosa de la medicina', y aquí es una referencia a Tashi Tseringma.

a las orillas del Río Lohit,
está el palacio de Dungdra, el rey naga,
un lugar que es fuente de todos los deseos.
Ahí, en Chuwar, en el maravilloso Valle de Menlung,
te entregas a la práctica como objetivo principal
y te desentiendes de las ocho preocupaciones mundanas.
Te has apartado de la selva de la existencia samsárica.
Yogui, ¡eres un ser realmente maravilloso!

Nosotras cinco, encarnadas de esta forma, hemos llegado aquí
milagrosamente.
Con palabras poéticas y habla gentil,
te ofrecemos todos los placeres que desees.
Loto, concha, marca y elefante:
¿Somos esas cuatro o no?[448]
¿Nos das tu permiso para practicar *karmamudra*?
Descender, girar, invertirse y extenderse:
¿Sabes cómo hacer esto?
Si lo sabes, se trata del método más rápido.

Tú, definitivamente, perteneces al camino del mensajero.
El *anutaratantra* de las enseñanzas Kagyu dice:
"Debes atraer a diferentes mujeres:
diosas, nagas, y espíritus yaksha".
Entre todas las clases de servicio
el *mudra* es la más maravillosa, como se ha enseñado.
De modo que por eso estamos aquí.
¿Entiendes lo que queremos decir?,
¡oh gran yogui de radiante cuerpo desnudo!

Con esta canción le exhortaron.

Y, a continuación, el Jetsun replicó:

En la primera parte de esta noche,
me has dado una respuesta, con tu canción directa y brillante.

---

[448] Estos nombres se refieren a los cuatro tipos de consortes femeninas, cada una de las cuales tiene sus rasgos característicos.

Sobre La Montaña Nevada de Khyung-go de cristalina cumbre
hay un dosel de oscuras nubes meridionales
y las flores que lo adornan son las constelaciones.
Men-tsun-mo, este es tu palacio.
Con gran larga vida y gran poder perduras durante un eón:
es el resultado de haber dejado de quitar la vida.
Tu riqueza, igual a la de Vaishravana[449],
es el resultado de haber renunciado a la avaricia.
Que tu magnífico séquito obedezca tus órdenes
es el resultado de practicar asiduamente la paciencia.
Practicar la virtud con entusiasmo y deleite
es diligencia libre de pereza.
Que te hayas reunido conmigo ahora
es el resultado de tus excelentes aspiraciones previas.
Esta canción, de profunda conexión auspiciosa hasta ahora,
para que se entienda su significado, la explico a continuación.

Con mi linaje del gran pandita Naropa,
uno adquiere control del camino de los *nadis* y el *prana*.
Entre todas las ofrendas que se pueda hacer,
esta ofrenda de un *mudra* genuino
es verdaderamente la más extraordinaria.

Os explicaré las verdaderas características de los cuatro *mudras*:
el radiante loto produce el ardiente deseo;
la concha hace que el gozo y la alegría se precipiten;
la marca lo convierte en estable e inmaculado;
y con el elefante uno realiza la verdadera naturaleza de las cosas.
Libre de cualquier falta o defecto,
Men-tsun-mo Tashi Tseringma,
en tu loto secreto de sabiduría
se encuentra el espacio de E marcado con un VAM.
La joya de *upaya* es un HUM azul
y PATH ata el *bindu* de ambos.
Juntar upaya y prajña

---

[449] Rey Guardián del Norte, al que se considera una deidad de la riqueza.

es la ofrenda del gozo de la unión.
Los cuatro placeres en los cuatro momentos
son la naturaleza de la esencia verdadera de los cuatro kayas.
Descender es como el reptar de la tortuga.
Girar es hacerlo en avadhuti.
Invertirse es hacerlo como los cuatro animales.
Extenderse es hacerlo con el *mudra* liberador.
*Thig* se refiere al camino del nirvana[450].
*Lé* es el gozo de 'el sabor único'.
*Lay* significa las distintas clases de acción.
*Kyi* es la unión de gozo y vacuidad.
*Chak* es cuando 'esto' se encuentra con 'aquello'.
*Gya* es el sellado del samsara y el nirvana.
*Lay* es hacer 'esto' y 'aquello'.
*Kyi* acompaña siempre a 'aquello'.
*Chak* es la inseparabilidad del gozo-vacuidad.
Dado que nada está más allá de 'aquello', eso es *gya*.

Este *samapatti*[451] es el camino mensajero más rápido.
Es el camino que lo colma a uno de gozo inmaculado.
Es el camino que es la fuente del poder de la claridad-vacuidad.
Es el camino del dharmakaya, no conceptual, libre de
elaboraciones y conceptos.
Es el camino del sambhogakaya del gran gozo.
Es el camino del nirmanakaya, la diversidad en la claridad-
vacuidad.
Es el camino de la unión del gozo, la claridad y el no-
pensamiento.
Recibe el nombre del mensajero rápido.
Por tanto, involucrándote en el camino de la pasión,
seguramente tú también alcanzarás la liberación.

---

[450] Los diez versos que vienen a continuación son una explicación de cada sílaba de estas dos frases tibetanas: "thiglé lay kyi chagya" (*thig le las kyi phyag rgya*; en sánsc: bindu karmamudra), y "lay kyi chagya" (*las kyi phyag rgya*; en sánsc: karmamudra).

[451] Encuentro o unión.

Y, además, tomarás la fortaleza del no-nacimiento.

¡Vosotras, genuinas consortes, sois verdaderamente afortunadas!

Cuando acabó de cantar esta canción de realización, a continuación, las dakinis se comportaron como *karmamudras* del Jetsun, y fueron sus benefactoras, consiguiéndole comida y bebida. A través de la ofrenda de sus tres puertas, cumplieron con su sagrado vínculo y le complacieron.

En general, Tashi Tseringma, la diosa Zulema de los pastos medicinales de La Montaña Nevada de Lachi, la *menmo* de La Roca de Lingpa, la *menmo* lacustre del camino de Nepal y la diosa local de La Montaña Nevada de Yolmo, estas cinco, actuaron como *karmamudras* del Jetsun. La más importante de todas fue Tashi Tseringma.

La canción de preguntas y respuestas entre el ser con el poder de convocar a espíritus femeninos para ser sus *mudras*, el glorioso Shepa Dorje, y la diosa de la región, Tashi Tseringma, recibe el título de "La guirnalda de nubes de la sabiduría del gozo-vacuidad". Los dos hermanos repa, tras hacer la petición y ofrecer un mandala, recibieron felizmente el permiso para poner esta historia por escrito.

Samaya gya gya gya

El sello de autoridad de estos ciclos dhármicos de Tseringma pertenece al glorioso Shepa Dorje, el maestro. El sello secreto es de las solicitantes, las cinco hermanas *dakini*. El sello del *samaya* incumbe a los compiladores, Acharya Bodhiraja y Repa Shiwa Ö. Con este triple sello queda completado este maravilloso y supremo dharma.

1. Literalmente: "Ojos grandes como la boca de una copa" (TNH: *mig phor khog tsam*). *El tesoro negro* dice que sus cuerpos eran "del tamaño de pulgares, con los ojos grandes como copas" (DN 73: *gzugs mthe bong tsam mig phor pa tsam yod pa*).

2. Tib: dmu rdzing.

3. La traducción sigue, en este punto, El tesoro negro, DN 78: don go bar mdzod la nyams su longs. TNH lee: don go bar gyis la phyir la nyon. BCC 30b lee: don de bzhin nyams su len gal che.

4. Este verso se lee igual en BCC 30b y en TNH: *klu byang chub sems kyi rdzu 'pfrul gyis*. Sin embargo, DN 80 lee: *klu byang chub sems dpa'i rdzu 'phrul gyis*. Nuestra traducción es una interpretación de *El tesoro negro*.

5. Tib: lam 'gag med kyi rtsal kha.

6. La traducción sigue el texto de Los doce hijos principales, BCC 35a: sbud skyi 'dings g.yos pa'i tha ma la, entendiendo skyi 'dings como ortografía alternativa de skyin thang. TNH: bud kyi mdangs g.yos tha ma la.

7. Interpretando skyi 'dong como skyin thang en de 'dra'i skyi 'dong skal ba la.

8. Literalmente: "fueron pesadas con la balanza". Parece ser una expresión coloquial (Tib: *srang tu gzhal*).

9. Tib: phyis nang 'khrug med par gtan khrigs bgyis.

10. Tib: phyis ci zer nyan par kha yis blangs.

11. Tib: *sdang dgra la ru zur 'chor ma smyong*. El significado exacto de *ru zur* (literalmente, "el lado de un hueso") permanece oscuro.

12. El sentido de este verso no está claro ni en Tsangnyön (TNH: *sho mas kyang bre mo bgyis pa lags*) ni en *El tesoro negro* (DN 92: *shor lar yang bre mo bgyis pa lags*).

13. Literalmente: "pequeñas estrellas" (Tib: *skar phran*). En contraste con las estrellas lejanas, que son más grandes y brillantes, llenan el fondo del cielo y no pueden ser contadas.

14. Tib: dad zas kha lan bsam ngan 'khrug.

15. La traducción está basada en Los doce hijos principales, BCC 50a: khyod sngon chad bzlas pa rdzun du zad. TNH: ngas sngon chad smras pa rdzun du zad.

16. Tib: *ban de*. Este término ha sido tomado del sánscrito, donde significa 'honorable', y suele ser usado para referirse a los monjes.

17. Tib: *rang mgo thon*. Literalmente: "levantar la propia cabeza".

18. Ver también el comentario de Khenpo Tsultrim Gyamtso Rinpoche sobre esta canción, *The Essence of Clear Light Sunshine: A Commentary on the Meaning of the Three Nails*, traducida por Ari Goldfield. Disponible en ktgrinpoche.org.

19. En el original se lee aquí: "hijos-discípulos" (Tib: *bu slob*). La discrepancia entre las monjas, que protagonizan esta historia, y los 'hijos-discípulos' que se mencionan ahora es probable que sea debida a la reedición personal de Tsangnyön de versiones previas. Ver Quintman 2014b.

20. Este verso no se encuentra en ninguna de las ediciones más recientes del libro de Tsangnyön Heruka hechas por Tso Mirig, pero sí se encuentra en *El tesoro negro* (DN 455: *ro gcig mtha' ru phyin pa yin*).

21. Este verso no aparece en la versión de Tsangnyön Heruka, pero aparece en *El tesoro negro* (DN 461: *'di sgom pa'i 'dings tshad lags*).

22. El término en tibetano aquí (*bad ka*) se refiere en realidad a los ornamentos de las vigas traveseras que sobresalen en los laterales de la estructura, cerca ya del tejado; se trata de un detalle de la arquitectura tibetana tradicional.

23. El original tibetano se refiere en este punto (*mkhar spe*) a una estructura de piedra o casa construida sobre la ladera de una montaña rocosa. La palabra tibetana *mkhar* suele traducirse por 'castillo'; pero en este contexto tiene una connotación diferente, dado que no se trata de una construcción hecha para la nobleza ni con fines de guerra.

24. Tib: dge bcu'i khol spyad bde dang gsum.

25. Tib: zhal ngo rags.

26. La enfermedad que contrajo Rechungpa no era exactamente lepra, pero he elegido esta enfermedad comúnmente conocida en aras de la simplicidad. Según Peter Alan Roberts, '*citi-jvala*' es posiblemente la reconstrucción de la transliteración sánscrita de la palabra tibetana *tsi tsi rdva la*. *El tantra médico*, de Palpung Ön Karma Tendzin Trinley Rabge, afirma que '*citi-jvala*' es el término sánscrito equivalente al tibetano *mdze*, una amplia clase de enfermedades que incluye la lepra. Ver Roberts 2007: 99, 103.

27. Peter Alan Roberts afirma: "Los únicos datos que tenemos sobre Varacandra (*wa la tsandra*) son los que aparecen en las biografías de Rechungpa, y se refieren exclusivamente a la relación entre Varacandra y Rechungpa. Sin embargo, la existencia histórica de Varacandra está atestiguada por los colofones de catorce textos canónicos que él mismo ayudó a traducir al tibetano, e incluso podría estar implicado en la traducción de al menos otros dieciocho textos". (Roberts 2007: 100)

28. Tib: gtum po khyung gshog can gyi gdams ngag rnams.

29. Tib: nor gang dmar 'khyer ba'i dbang mo che.

30. Tib: phu g.yo mda' dkrug.

31. Tib: mi'i bu mo'i ngo 'dzin dang gcig.

32. Aquí, el término tibetano '*nyama*' (*nya ma*) debe leerse específicamente como discípula.

33. Para facilitar la lectura en inglés, hemos omitido aquí "se ha dicho que" (T: *skad*).

34. *El Tesoro negro* dice: "Los cuatro elementos cuyo desequilibrio produce enfermedades están minuciosamente combinados" (DN 379: *nad 'du ba rnam bzhi gcig tu 'dres*). TNH: *nang 'du ba rnam bzhi yongs su 'dres*.

35. Nuestra traducción sigue El tesoro negro, DN 379: mi khyod la nyams tshad byas pa tsam. TNH: mi khyod la nyams sad byas pa tsam.

36. Estos dos versos son de oscuro significado (Tib: gro tshems 'phrul gyi srab mgo la/ stag gzar 'dzum gyi smin 'khyugs can); DN 380: grod tshem 'phrul gyi srab mgo la// stag ras 'dzum gyis smin khyug btang. Según DPR, posiblemente se refiere a alguna clase de tela decorativa, estampada con rayas de tigre, que envuelve la brida como ornamento.

37. Nuestra traducción sigue El tesoro negro, DN 380: nged btsad po'i pha shig byed tsa na. TNH lee: khong rtsad po pha ching byed pa'i tshe.

38. "Finamente dibujados" es la traducción que hemos elegido para la oscura expresión *smin 'khyugs can*. El verso completo dice: *dus sna rtse gsum gyi smin 'khyugs can*.

39. Tib: sen thabs can.

40. Nuestra traducción sigue Los doce hijos principales, BCC 123b: yul 'dod yon sna tshogs lham sgrog byas. TNH lee: yul 'dod yon sna tshogs kyi sngo bran la.

41. Tib: nang sprin dkar te'u sna'i khong tshangs can. Este verso es oscuro.

42. Tib: *thong kha za 'og gzong dras ma*. Este verso es oscuro.

43. Nuestra traducción sigue *El Tesoro negro*, DN 385: *khyod pha drin can la tshur nyon dang*; mientras que TNH parece contener una errata: *khyod ma drin can de tshur nyon dang*. Este verso no aparece en *Los doce hijos principales*.

44. Este verso no aparece en TNH. *El Tesoro negro* lee: *des yal 'bor nga yi byang thod yin* (DN 387).

45. Literalmente: "No conozco la vergüenza prefabricada" (*bcos ma'i ngo tsha ngas mi shes*).

46. Nuestra traducción sigue Los doce hijos principales, BCC 130b: lam yang mi shes 'tham ma 'thom. TNH: lam yang mi shes phyi ma nang.

47 La traducción está basada en Los doce hijos principales, BCC 146b: khyod skyo mo 'dren ne ma lags pa'i. TNH: khyod cang mo 'dren ne ma lags pa.

48. Literalmente: "Soy el punto de encuentro de todos los meditadores" (*sgom chen kun gyi thus sa yin*).

49. Tib: *gzong*. Esta herramienta, según el TDC, es probable que se trate de una lezna o un instrumento de trabajo similar. Hemos adaptado la traducción del término para que se ajuste al contexto.

50. DN 319: chos dang 'khon pa'i chos pa la // dngos grub 'byung ba dka' bar gda' // khyod dang mgon pa'i bu med la // khyim thabs rnyed pa dka' bar gda'//.

51. La traducción está basada en Los doce hijos principales. BCC 136b: bar du snang ba 'brid mkhas po. TNH: bar du snang ba khrid mkhas po.

52. Literalmente dice: "Solo es agua cortando el agua" (tib: *chu nyid chu yis gshags pa gcig*).

53. Este verso (*mi byed rdzu 'phrul nga che bas*) aparece tanto en la versión de Tsangnyön como en la de *El tesoro negro*; sin embargo, nosotros preferimos la lectura: *mi byed as ma bcos* (DPR). En su forma original, el verso pudo incluso haber dicho: "Entre los milagros realizados por los seres humanos, los míos han sido los más grandes".

54. Esta expresión sugiere un tipo de rocas que son usadas para hacer entrenamientos de fuerza (tib: *gyad rdo*).

55. Tib: ngas lta stangs ma byas rung gshogs pa yang gang zag gzhan pa la bltos na dga' rab yin. (TN)

56. Tib: rkyen med du bslu bslu 'dra bcu gnyis 'di mgur du gsungs so.

57. Tib: mi gsal bgyis kyang gsal bar gda'.

58. Tib: mchog du mos pa.

59. La traducción sigue la edición de Sichuan de *El tesoro negro*; este fragmento no aparece en la edición de las *Obras reunidas* de Rangjung Dorje. TNH: *snang tsam dus kyi dang po la*. DN-S 579: *gna' tsam dus kyi dang po la*.

60. Tib: yon tan rlom pa byi ltar 'tshub.

61. Tib: *phung sri*.

62. Tib: *yus kha*.

63. Tib: bzlog gi sel.

64. Tib: *srog lha.*

65. Este verso es oscuro. Tib: gzung 'dzin pho bdag gi tshor mig drongs. En El Tesoro negro puede leerse una interpretación alternativa (DN-S 584): gzung 'dzin pho bdag gi 'tsher mig drong.

66. Aquí seguimos la interpretación de El tesoro negro (DN-S 584): phyi thar nang stong gi rtsib khog drong. TNH: phyi ther nang gog gi rtseng gog drongs.

67. Los componentes de esta expresión son: *gnya' chu*; literalmente, 'agua del cuello'. De modo que hemos elegido la traducción "médula espinal" como la mejor opción.

68. Interpretamos: yan as gyengs in dga' yan lto phyir ldom pa la. (DPR)

69. Tib: phu mda' thug pa'i long kha drongs.

70. Tib: phyi khung nang khung gi mthsul khung drongs.

71. Tib: tha mar rang la rang mdo che chung gis// dgos don gtam gyis gtan la phab.

72. Tib: *thod rgal.*

73. Tib: *lha gcig dkon mchog gsum po la.* Literalmente: "La única deidad, las Tres Preciosas Joyas."

74. Tib: phyis gang sdod kyi sar yong rung bsam pa thog tu khel ba dka'.

75. Leemos: *'bru tsam* as *'bru rtsam*; de acuerdo con *El Tesoro negro*, DN 332.

76. Tib: *mi yin na tshod blta ba yin 'dra mang du zer ba la.* Literalmente: "Debes de estar probándonos". (ATW)

77. Tib: dzo ki zer na san tsa dzo ki zer ba yin.

78. Tib: 'jig rten chos brgyad kyi phyir mi 'byon par sgrub pa rang mdzad pa thugs rjes bzung. (DPR)

79. Tib: yang gnam lo rgyal por mtshan gsol ba // g.yu 'brug gser gyi gshog pa can.

80. Tib: dog sa bkra shis nags ma ljongs. (DPR)

81. El texto tibetano parece hacer referencia a un nombre oscuro de una fecha determinada del calendario lunar, pero no está claro. (DPR). TNH: *zla mtshan blon po yar gyi ngo*. DN 500: *zla mtshan dbang po yar gyi ngo*.

82. Tib: lkug pa'i klu.

83. Este verso aparece en la edición de Sichuan *de El Tesoro negro*, pero no en la edición de las *Obras reunidas* ni en la versión de Tsangnyön. DN-S 773: *dus gsum sangs rgyas kyi gzigs ma myong*.

84. Tib: *nang 'gro drug bcud kyi sems can la*. Literalmente: "Los contenidos internos, las seis clases de seres". Aquí, esta construcción metafórica tópica es usada de forma que se refiere a los 'seres sensibles' como 'contenidos', y el entorno exterior que habitan es el 'recipiente' o 'contenedor'.

85. La traducción está basada en la interpretación que hace El Tesoro negro, DN 508: de 'dra rmongs pa'i sems can gis. TNH: de 'dra rmongs pa'i gsang tshig gis.

86. Tib: *khri sgo*. Este término es oscuro: *khri* significa 'trono' y *sgo* significa 'puerta'; así que, literalmente, sería "próspera puerta-trono". Y también es posible que se refiera a la silla en la que se sientan los tejedores. (DPR)

87. Tib: srid zhi bas skyongs shig mdzangs kyi 'phrul. (DPR)

88. TNH: spa rtags sha dung gi sgo mo la. DN 509: dpa' stag sha dung gi sgo mo la.

89. Esta frase no aparece en la versión de Tsangnyön. Sí lo hace en la edición de las Obras reunidas, en *El tesoro negro* (DN 510) y en *Los doce hijos principales* (BCC 161ª), como: *ltas ngan g.yang du len pa'i gdams ngag gis*; literalmente: "concentrarse en tomar los malos augurios por buena fortuna". La edición de Sichuan de *El Tesoro negro* interpreta *ltas ngan g.yang du len pa'i gdams ngag gis* (DN-S 778), que es la utilizada aquí por nosotros para nuestra traducción al inglés.

90. Las interpretaciones de *El Tesoro negro* y de *Los doce hijos principales* leen: "Él sostiene la bandera victoriosa de las enseñanzas que no

se fijan // Él es la joya de mi corona". DN 511, BCC 161b: *mi nub bstan pa'i rgyal mtshan 'dzin*. TNH: *mi nub bstan pa'i rgyal mtshan gyi*.

91. Tib: *a ba*. Leemos esto como contracción de *a ba le ba*, que puede tener el sentido de 'fuerte' o 'intenso', y lo interpretamos en este contexto como 'denso' (DPR).

92. Tib: *phyag zung du thim pa brgyad btsal nas*. Aquí leemos *zung* como 'par'. De acuerdo con esta interpretación, las hermanas hicieron dieciséis postraciones (DPR).

93. Tib: *'gro rgyud*.

94. Tib: *sder chags*. Leemos este término como refiriéndose a "algún tipo de animal con uñas". Las diosas tienen apariencia de camaleón, en el sentido de que su imagen es etérea y cambiante (DPR). El *Tesoro negro* y *Los doce hijos principales* ofrecen lecturas diferentes de este verso: *bud med sder chags khrom du tshog* (TNH). DN 518: *bud med sde tshogs 'khor du tshogs*. BCC 164b: *bud med sde chags khrom du 'tshogs*.

95. Nuestra traducción sigue la edición de Sichuan del Tesoro negro, DN-S 785: du mar 'gyed cing sdud lugs kyi. TNH: du mar 'gyed cing sdug lugs kyis. DN 518: du mar 'gyed cing sdod lugs gyi.

96. Tib: phyag babs skyes pa'i lugs su byas.

97. El Tesoro negro afirma: bdud bzhi'i dmag gi ru (DN 524); en vez de: dpung bzhi'i dmag gi ru (TNH).

98. TNH lee: *yul sa sman gyi dor*; y DN 541 lee: *yul sa sman gyi dong ra*. Nosotros lo dejamos como *do ra*.

99. Tib: pho long ris su btab pa. (DPR)

100. Esta referencia no está clara (TNH: *sa manta tsa ri*); en el *Tesoro negro* se lee de forma distinta (DN 542: *sa manta rA dza*) y en *Los doce hijos principales* también (BCC 176a: *sa san ta tsa ri*).

101. Tib: snga mun 'od kyi lam 'phrang der.

102. Tib: *lung ston bdud kyi pho nya gsum*. Literalmente: "Los tres demonios mensajeros que han sido profetizados."

103. La traducción sigue el Tesoro negro (DN 564): gzhi kham gsum na mi khom pa brgyad kyi 'du byed kyi thang chad cing // lam srid pa gsum na yun ring du bshar bas. TNH: gzhi gsum du mi khom pa brgyad kyi 'du byed kyis thang chad cing lam srid pa gsum nas yun ring bshad pas.

104. La traducción sigue el Tesoro negro (DN 566): dus phyis bsam bzhin skye ba len pa de ka skye ba sna tshogs su sprul pa'i sku yin. TNH: dun phyin chad bsams nas skye ba sna tshogs sprul pa'i sku yin.

105. Tib: thod rgal nyams.

106. Tib: me mo bya'i zla ba'i tshes brgyad kyi nam srod yol ba na/

# GLOSARIO

Este glosario contiene explicaciones generales para los términos que aparecen en el libro. Su intención es ser una ayuda inmediata para el lector, sin ser exhaustivo. Se anima a los interesados en una información más detallada a consultar otras fuentes budistas, entre las muchas asequibles, tanto las impresas como las fácilmente rastreables en Internet. En adelante, se emplearán las siguientes abreviaturas:

'S' para sánscrito; y 'T' para tibetano.

**abhisheka** (S: *abhiṣeka*; T: *dbang*). Ceremonia en la que el guru da la iniciación al discípulo para entrar en el mandala de una particular deidad. En el yoga tantra más elevado hay cuatro iniciaciones principales: 1- la iniciación de la *bumpa*; 2- la iniciación secreta; 3- la iniciación prajña-jñana; y 4- la cuarta iniciación, o iniciación de la palabra.

**aflicciones** (S: *kleśa*; T: *nyon mongs*). Son los estados perturbados de la mente, también llamados 'venenos'. En ellos se incluyen las emociones negativas. Los tres venenos raíz son: el apego, la cólera y la ignorancia.

**Akanishta** (S: *Akaniṣṭha*; T: *'Og min*). Literalmente: "no inferior". Akanishta es el cielo más elevado de los reinos de la forma. En la tradición vajrayana, hace referencia al reino del sambhogakaya, del que proceden los reinos puros del nirmanakaya.

**amrita** (S: *amṛta*; T: *bdud rtsi*). Generalmente es un néctar o un líquido que tiene propiedades de sanación. En el contexto vajrayana, es una sustancia sagrada que se utiliza en algunos rituales y simboliza el conocimiento o la sabiduría.

**anutarayoga tantra** (T: *bla na med pa'i rnal 'byor rgyud*). Es el tantra más elevado, de las cuatro clases que existen. En la tradición de Milarepa se pone un énfasis especial en él. Los otros tres tantras son: el kriya tantra, el carya tantra (también llamado upa tantra) y el yoga tantra.

**ashé** (T: *a shad*). Es el nombre que recibe la letra tibetana A mayúscula (ཨ). Es la forma que se visualiza, bajo el ombligo, cuando se hace la práctica de chandali, cuya finalidad es generara el calor yóguico. A-thung (T: *a thung*), literalmente "a minúscula", es un sinónimo.

***asura*** (T: *lha ma yin*). Los asuras son los dioses menores, una de las seis clases de seres del reino del deseo. Afligidos por los celos, siempre andan metidos en disputas.

**avadhuti** (S: *avadhūti*; T: *dūti*). Es el canal central del cuerpo sutil, también llamado 'nadi'. En las prácticas yóguicas, uno de los objetivos es gobernar el prana haciéndolo entrar en el canal central.

**ayatana** (S: *āyatana*; T: *skye mched*). (1) Categoría del abhidharma que incluye las seis facultades sensoriales y sus objetos. (2) Estado de absorción meditativa que corresponde a uno de los cuatro reinos sin forma (llamado también los cuatro ayatanas).

**bardo** (T: *bar do*). Estado intermedio. Se usa con mayor frecuencia para referirse al estado entre la muerte y el siguiente renacimiento; pero puede referirse también a cualquier otro 'bardo', como los estados de sueño, de meditación profunda o el despertarse del sueño.

**base** (S: *ālaya*; T: *kun gzhi*). La 'base' es la naturaleza básica de la mente, la mente en sí misma, o naturaleza de buda.

**bhuta** (S: *bhūta*; T: *'byung po*). Demonio sin forma, que causa daño a los demás.

**bindu** (T: *thig le*). Esencias sutiles. El 'bindu' es uno de los tres componentes clave de la práctica yóguica, junto con el nadi y el prana. "Dicho sencillamente, el bindu corresponde a la mente y al dharmakaya" (Callahan 2014, XXVI).

**bodichita** (S: *bodhicitta*; T: *byang chub sems*). Literalmente: mente del despertar o de la iluminación. La bodichita absoluta es la vacuidad inseparable de la compasión, más allá de cualquier palabra o concepto. La bodichita relativa es el deseo de alcanzar la iluminación para el bien de todos los seres.

**bodisatva** (T: *byang chub sems dpa'*). La persona que se compromete con el camino de la iluminación para el bien de todos los seres. Se dice que el camino del bodisatva requiere una gran valentía y una compasión verdadera.

**camino traicionero** (T: *'phrang lam*). Estrecha y peligrosa senda excavada sobre la pared de algún acantilado; se usa como metáfora para referirse al bardo, el estado intermedio entre la muerte y un nuevo renacimiento.

**canal central** (T: *rtsa dbu ma*). Ver avadhuti.

**chakra** (S: *cakra*; T: *'khor lo*). Literalmente: 'rueda'. Los chakras son vórtices de energía a lo largo del canal central, que se ramifican en el avadhuti como pétalos. En las *Canciones reunidas*, se hace mención de cuatro chakras: por debajo del ombligo, en el corazón, en la garganta y sobre la cabeza.

**Chakrasamvara** (S: *Cakrasaṃvara*; T: *'Khor lo bde mchog*). Deidad *yidam*, perteneciente al anutarayoga tantra madre, que es una de las principales deidades de la tradición de Milarepa, procedente del linaje de Tilopa.

**chakravartin, rey** (S: *cakravartin*; T: *'khor lo sgyur ba'i rgyal po*). Literalmente: "el rey que gira la rueda", símbolo del monarca universal. Se trata de un rey que, debido a su gran mérito, es particularmente poderoso y efectivo en su gobierno. Suele usarse como epíteto de los budas.

**chandali** (S: *caṇḍālī*; T: *gtum mo*). Literalmente: "dama feroz". Es la práctica del calor yóguico, que se genera, por medio de los ejercicios, a partir de los elementos del cuerpo sutil: nadi, prana y bindu.

**Chö** (T: *gcod*). Literalmente: "cortar". Es un sistema de práctica transmitido por la maestra Machig Labdrön, en el cual se descuartiza a los cuatro tipos de demonios que nos tienen sumidos en el samsara: los demonios materiales, los inmateriales, lo de la exaltación y los de la infatuación. Este último se refiere al apego conceptual al ego. (Kongtrul 2007, 256)

**claridad** (T: *'od gsal*). Término tibetano traducido a veces también como "clara luz" o "luminosidad". Se utiliza para describir el aspecto de conocimiento y clara apariencia de la mente, en contraste con su esencia vacía. La verdadera naturaleza de la mente, la mente en sí misma, es claridad-vacuidad en unión.

**conciencia base** (S: *ālayavijñāna*; T: *kun gzhi rnam shes*). Es la octava conciencia, la conciencia alaya o conciencia almacén. Se dice que todas las tendencias latentes de la mente están almacenadas en esta octava conciencia. No hay que confundirla con la 'base', a la que las *Canciones de Milarepa* se refieren como la 'mente en sí misma'.

**conducta yóguica** (T: *rnal 'byor spyod pa*). Es la conducta espontánea realizada por las personas que han alcanzado maestría en las prácticas yóguicas, y cuyo objetivo es hacer el bien a los demás y fortalecer la propia práctica. Cuando los yoguis o yoguinis realizan actos de este tipo, a menudo transgreden las formas de comportamiento convencionales.

**creación, fase de** (S: *utpattikrama*; T: *bskye rim*). Es, junto con la fase de culminación, uno de los dos componentes básicos de las prácticas vajrayana. En ella, el practicante visualiza a las deidades *yidam* como método para purificar su percepción mundana.

**cuatro ayatanas**. Ver: ayatanas; reino de la no-forma.

**cuatro inconmensurables** (T: *tshad med bzhi*). También llamados "los cuatro pensamientos inconmensurables". Son: el amor, la compasión, el gozo y la ecuanimidad.

**cuatro kayas** (T: *sku bzhi*). Ver: dharmakaya, sambhogakaya, nirmanakaya y svabhavikakaya.

**cuatro maras** (S: *māra*; T: *bdud bzhi*). Son: el mara de los skandas, el del Señor de la Muerte, el de las aflicciones y el del 'hijo divino' o de los placeres mundanos.

**cuatro posibilidades** (T: *mu bzhi*). También conocidas como los 'cuatro extremos', que son: el extremo de la existencia, el de la no existencia, ambos y ninguno de los dos.

**cuatro sesiones, yoga de las** (T: *thun bzhi rnal 'byor*). Se trata de las cuatro sesiones formales de práctica del yoga durante los retiros: el yoga de la mañana antes de la salida del sol, el del mediodía, el de la tarde y el de la noche.

**cuatro transmisiones del linaje** (T: *rgyud bka' bab bzhi*). Se dice que fueron reunidas por Tilopa. Estas cuatro transmisiones son: la de chandali, recibida de Charyapa; la del cuerpo ilusorio y la claridad, recibida de Nagarjuna; la del yoga del sueño, recibida de Lavapa; y la del bardo y la transferencia de la conciencia, recibida de Subhagini.

**cuenco craneal** (T: *thod phor*). Ver 'kapala'.

**culminación, fase de** (S: *sampannakrama*; T: *rdzogs rim*). Es, junto con la fase de creación, uno de los dos componentes básicos de las prácticas vajrayana. La fase de culminación está conectada primariamente con el cuerpo ilusorio y con las prácticas del nadi, el prana y el bindu del cuerpo sutil.

**dakini** (S: *ḍākinī*; T: *mkha' 'gro*). Figura femenina, generalmente mensajera o protectora del dharma (aunque también existen las dakinis mundanas), que suele tener un temperamento airado o semiairado. Las dakinis pueden ser, además, deidades *yidam*, como por ejemplo Vajrayoguini.

**Dakinis sin forma, ciclos del dharma de las** (T: *lus med mkha' 'gro chos skor dgu*). Este ciclo de enseñanzas se dice que le fueron transmitidas a Tilopa de forma directa por las dakinis. Marpa recibió, a su vez, parte de ellas transmitidas por Naropa, y el resto, según fuera profetizado, Rechungpa fue a La India más tarde para recibirlas de Tipupa y Machig Drupé Gyalmo. El texto escrito de dichas enseñanzas consiste en nueve versos:

> Para madurar y liberarte, corta los lazos de la mente.
> Como samaya, mira el espejo de tu mente.
> Para el nadi y el prana, haz girar la rueda de los chakras.
> Para lograr el gran gozo, sujeta la joya del habla.
> Para la autoliberación, mira la lámpara de la sabiduría.
> Como sustancia sagrada, disfruta del sol de la realización.
> Como conducta, corta el agua con la espada.
> Para obtener 'un solo sabor', mira en el espejo interno.
> (Marpa 1995, 44)

**deva** (T: *lha*). Son los dioses, una de las seis clases de existencia del reino del deseo.

**dharmakaya** (S: *dharmakāya*; T: *chos sku*). Es el cuerpo del dharma, o cuerpo de la realidad; la verdadera mente iluminada carente de forma.

**dharmata** (S: *dharmatā*; T: *chos nyid*). Es la verdadera naturaleza de los fenómenos; la talidad de la realidad, más allá de cualquier pensamiento.

**dhyana** (S: *dhyāna*; T: *bsam gtan*). La concentración meditativa. Los cuatro reinos de la forma son también conocidos como los cuatro dhyanas.

**dralha** (T: *dgra lha*). Una clase de deidad guerrera de la tradición bön.

**dré** (T: *bre*). Medida tibetana, aproximadamente equivalente a un litro.

**dzogchen**. Ver: La Gran Perfección.

**estados sin libertad** (T: *mi khom brgyad*). Son las condiciones en las que no se puede practicar el dharma. Tradicionalmente, se enumeran ocho: haber nacido como ser infernal, como preta, como animal, como dios de larga vida, haber nacido en algún lugar donde no exista el dharma, haber nacido con puntos de vista erróneos, en un tiempo en que haya budas y como persona discapacitada.

**estupa** (S: *stūpa*; T: *mchod rten*). Monumento budista, o relicario, que sirve a los practicantes como lugar u objeto de veneración. Las estupas varían de tamaño, desde las que caben encima de una mesa, hasta las construcciones que pueden ser vistas desde kilómetros.

**ganachakra** (S: *gaṇacakra*; T: *tshogs kyi 'khor lo*). Literalmente: "rueda de acumulaciones". Banquete de ofrendas de los practicantes vajrayana en el que los participantes suelen practicar sobre la base de una *sadhana* de la deidad *yidam*. Según las palabras de Trungpa Rinpoche: "El deseo y las percepciones sensoriales forman parte del camino. Con la celebración del mundo fenoménico, el practicante, de forma simultánea, amplía su comprensión de lo sagrado y entrega del ego". (Trungpa 1999, 349)

**gandharva** (T: *dri za*). Literalmente: "comedor de aromas". Se trata de una divinidad de bajo rango.

**Gran Perfección** (S: *mahāsāndhi*; T: *rdzogs chen*). También llamado dzogchen. Se trata de un linaje de la práctica de la meditación perteneciente en origen a la escuela tibetana Nyingma, similar en muchos sentidos al Mahamudra. La 'gran perfección' se usa también para referirse a 'lo último', la primordial naturaleza pura de la mente en sí misma.

**gueshe** (S: *kalyāṇamitra*; T: *dge bshes*). Literalmente: 'amigo spiritual'. En tiempos de Milarepa, se usaba como título, en especial en la tradición Kadampa, para referirse a alguien completamente formado en las escrituras budistas.

**indicar o señalar de forma directa** (T: *ngo sprod*). También 'introducción'. Se trata de instrucciones o enseñanzas dadas por un maestro para 'mostrar de forma directa' puntos esenciales del dharma, muy en particular cuando se habla de la naturaleza de la mente, o de la mente en sí.

**instrucciones esenciales** (T: *dmar khrid*). Instrucciones dadas generalmente solo de forma oral, basadas en la experiencia directa y práctica del maestro.

**Jambudvipa** (S: *Jambudvīpa*; T: *Dzam bu gling*). Literalmente: "tierra de Jambu." Uno de los cuatro continentes descritos en la cosmología tradicional budista; es el equivalente de nuestro planeta Tierra.

**jñanasatva** (S: *jñānasatva*; T: *ye shes sems dpa'*). En las sadhanas de la fase de creación, este término se refiere a la esencia de la deidad *yidam*, visualizada a menudo transmitiendo sus bendiciones por medio de su descenso y entrada en el samayasatva.

**kapala** (S: *kapāla*; T: *thod*). Cuenco craneal. Objeto ritual utilizado en algunas prácticas vajrayana.

**kaya** (S: *kāya* T: *sku*). Literalmente: "cuerpo". Los kayas representan aspectos diferentes de la iluminación. A veces se habla de que hay dos kayas, otras de tres o de cuatro, y hasta de cinco. Ver también: dharmakaya, sambhogakaya, nirmanakaya y svabhavikakaya.

**kimnara** (S: *kiṃnara*; T: *mi'am ci*). Literalmente: "¿qué humano?". Una clase de deva con cuerpo humano y cabeza de caballo.

**krishnasara ciervo** (T: *khri snyan sa le*). Avalokiteshvara, el bodisatva de la compasión, es representado tradicionalmente llevando una piel de ciervo krishnasara sobre su hombro izquierdo y su pecho, que simboliza el amor y la compasión. Los yoguis budistas suelen utilizar también las pieles de ciervo como asientos de meditación. Según Beer: "Utilizada como asana, o asiento, se cree que la piel de ciervo fortalece la tranquilidad solitaria y la claridad requerida por los ascetas, que absorben la energía sátvica pura del ciervo". (Beer 2003, 62).

**ksetrapala** (S: *kṣetrapāla*; T: *zhing skyong*). Deidad mundana protectora local.

**kumbanda** (S: *kumbhāṇḍa*; T: *grul bum*). Una clase de demonio yaksha que vive en los océanos. Posee cuerpo humano y cabeza de diversas criaturas, y tiene la carne desgarrada en las orejas y en las articulaciones de las extremidades.

**Lago Manasarovar** (T: *g.yu mi pham mtsho*). Literalmente: "lago turquesa invencible". Es un lago que está cerca del monte Kailash (T: *Tisé*), y que es considerado sagrado por budistas, bönpos e hindúes.

**Lhajé** (T: *lha rje*). Es el término tibetano para 'médico'. Gampopa recibe a menudo el nombre de Dakpo Lhajé, el Médico de Dakpo.

**lógicos** (T: *tog ge ba*). Este término se usa a veces de forma peyorativa para referirse a quienes colocan el razonamiento lógico y la comprensión intelectual por encima de la experiencia directa en la práctica de la meditación.

**Machig Drupé Gyalmo** (S: *Ekajatisiddhirajni*; T: *Ma gcig grub pa'i rgyal mo*). Literalmente: "madre única reina de los siddhas". Una de las maestras de Rechungpa, quien le transmitió *Los ciclos del dharma de las dakinis sin forma*, para lo que fue enviado a La India por Milarepa.

**mahamudra** (S: *mahāmudrā*; T: *phyag rgya chen po*). Literalmente: "gran sello". Nombre que se le da al estado último, especialmente en el Linaje Kagyu. *Mudra*, o 'sello', se refiere a la experiencia directa de la vacuidad, que está inherentemente presente en la naturaleza de la mente; *maha*, o 'gran', significa que esta naturaleza inherente impregna todo lo que se experimenta. Mahamudra puede referirse también a un tipo de meditacion, que es propia de la escuela Kagyu, y a los métodos que persiguen la realización de dicha experiencia directa de la vacuidad.

**mahasidha** (S: *mahāsiddha* T: *grub thob chen po*) Literalmente: "gran realizado". Alguien que ha alcanzado un alto nivel de realización por medio de la práctica yóguica. Aunque este término se puede aplicar a cualquier maestro realizado, suele reservarse para los ochenta y cuatro mahasidhas de La India.

**mahoraga** (S: *mahorāga*; T: *lto 'phye*). Literalmente: "reptador". Un tipo de deidad local que tiene forma de serpiente y vive bajo tierra.

**Maitripa** (S: *Maitrīpa*, ca. 1007–1085). Antepasado del Linaje Mahamudra; uno de los maestros principales de Marpa.

**mamo** (T: *ma mo*). Una dakini del tipo airado.

**mantrayana** (S: *mantrayāna*; T: *snags kyi theg pa*). "El vehículo del mantra". Sinónimo de vajrayana, mantra secreto y tantrayana.

**mantrika** (T: *sngag pa*). Practicante del vajrayana, o mantra secreto.

**menmo** (T: *sman mo*). Deidades menores de la tradición bön que residen en los lagos y, a veces, en las montañas. Normalmente asociadas a la medicina y la sanación.

**mental, no involucración** (S: *amanasikara*; T: *yid la mi byed pa*). Término usado en la tradición mahamudra para describir la falta de implicación conceptual de la mente con los objetos. Ante la aparición de los fenómenos, la experiencia directa de la claridad no es impedida por la mente conceptual.

**mente en sí misma** (T: *sems nyid*). La naturaleza básica de la mente, que carece de artificio y de elaboraciones. Realizando por completo esta verdadera naturaleza de la mente, se logra el despertar. La 'mente en sí misma' recibe muchos otros nombres, como 'mente ordinaria', 'prístina claridad', 'rigpa' y 'naturaleza de buda'.

**Monte Meru** (T: *ri rab*). La gran montaña central de la cosmología budista, rodeada por los cuatro continentes.

**muni** (S: *mūni*; T: *thub pa*). El sabio. Normalmente se refiere a Buda Shakyamuni, pero puede referirse a los budas en general.

**nadi** (S: *nāḍi*; T: *rtsa*). Los nadis son canales energéticos del cuerpo sutil, a los que se presta atención minuciosa en las prácticas yóguicas del cuerpo sutil de la fase de culminación del vajrayana.

**naga** (S: *nāga*; T: *klu*). Seres poderosos de la mitología indo-tibetana. Suelen ser representados con cuerpo de serpiente y cabeza humana. Se dice que viven en el agua o bajo tierra, y están asociados con grandes riquezas. Gawo, Jokpo y Ngadra son tres de los más famosos reyes naga.

**nirmanakaya** (S: *nirmāṇakāya*; T: *sprul sku*). Cuerpo emanado. Forma física, a menudo humana, de los seres iluminados, que se manifiesta para beneficiar de manera directa a los seres vivos. La palabra tibetana se pronuncia "tülku", y se usa también para referirse a los lamas reencarnados.

**ocho estados sin forma**. Ver: los estados sin forma.

**paramita** (S: *pāramitā*; T: *pha rol tu phyin pa*). El término sánscrito significa 'perfección', y el tibetano significa 'el que ha pasado al otro lado'. Generalmente, se refiere a las prácticas principales del camino del bodisatva, que son: generosidad, disciplina, paciencia, diligencia, meditación y conocimiento. En algunas listas, se habla de cuatro paramitas adicionales, que son: medios hábiles, energía, aspiración y sabiduría.

**percepciones extrasensoriales** (S: *abhijñā*; T: *mngon shes*). La clarividencia y los poderes paranormales que se manifiestan como secuelas de la realización meditativa.

**pishacha** (S: *piśāca*; T: *sha za*). Literalmente: "comedor de carne". Un tipo de pretas, similares a los yakshas y los rakshasas, que comen carne humana.

**pitaka** (S: *piṭaka*; T: *sde snod*). Los pitakas o 'cestos', son las tres categorías principales de las escrituras budistas: los sutras, que contienen las palabras de Buda; el vinaya, que contiene los votos y las reglas para la sangha ordenada; y el abhidharma, escrituras canónicas que comentan el significado de las palabras de Buda.

**prajña** (S: *prajñā*; T: *shes rab*). Literalmente: "conocimiento superior". Sabiduría intelectual discriminativa.

**pramana** (S: *pramāṇa*; T: *tshad ma*). Cognición válida o validación. Término generalmente asociado al cuerpo de las enseñanzas budistas que corresponden a la lógica y la epistemología. Puede usarse también para referirse al 'maestro válido': Buda.

**prana** (S: *prāṇa*; T: *rlung*). 'Viento' o energía sutil. Uno de los tres componentes principales del cuerpo sutil en la tradición vajrayana. Se dice que el movimiento de los 'vientos' está íntimamente relacionado con el prana, de manera que trabajar en el cuerpo directamente con el prana es un método hábil para trabajar con la mente.

**pratimoksa** (S: *prātimokṣa*; T: *so so thar pa*). Votos de liberación individual, que incluyen los votos monásticos y los laicos o de upasaka. El principal objetivo de estos votos es abstenerse de las actividades no virtuosas.

**preta** (T: *yi dvags*). Llamados también 'espíritus hambrientos', son una de las seis clases de seres del reino del deseo. Se dice que los pretas viven en un estado completamente miserable y que sufren intensamente debido a no poder satisfacer el hambre y la sed.

**putana** (T: *srul po*). Literalmente: "putrefacción". Es un tipo de demonio preta.

**rakshasa** (S: *rākṣasa*; T: *srin po*). Demonio comedor de carne; un tipo pishacha.

**rakta** (S). Literalmente: "sangre". Sustancia sagrada utilizada en ciertas prácticas vajrayana. Simboliza los medios hábiles o upaya.

**rasayana** (S: *rasāyana*; T: *bcud len*). Literalmente: "extraer la esencia". "Es la práctica de abandonar la comida y la bebida ordinarias y subsistir solo de esencias que uno extrae de flores, de alguna otra sustancia o del mismo espacio". (*Stories and Songs*, 110)

**reino de la forma** (S: *rūpadhātu*; T: *gzugs khams*). Es uno de los tres reinos del samsara, y corresponde a los estados sutiles de la absorción meditativa. En general, se habla de cuatro reinos de la forma, cada uno de los cuales está a su vez subdividido, dando un total de diecisiete niveles. Los seres nacidos en estos niveles son considerados devas o dioses en la cosmología budista.

**reino de la no-forma** (S: *ārūpyadhātu*; T: *gzugs med khams*). Es otro de los tres reinos del samsara, y corresponde a los estados extremamente sutiles de absorción meditativa. Estos estados de la mente son tan sutiles que los seres que los habitan carecen de forma. Hay cuatro niveles distintos en el reino de la no-forma.

**rishi** (S: *ṛṣi*; T: *drang srong*). Literalmente: "franco y directo". Un mendicante o un sabio que se dedica al camino yóguico.

**rupa** (S: *rūpa*; T: *gzugs*). Forma o cuerpo.

**rupakaya** (S: *rūpakāya*; *gzugs kyi sku*). Forma corporal. Puede hacer referencia al nirmanakaya, al sambhogakaya o a ambos.

**sadhana** (T: sgrub-thabs). Es un tipo de texto ritual vajrayana, además de la práctica de meditación que en él se expone.

**samadhisatva** (S: *samādhisatva*; T: *ting 'dzin sems dpa'*). En la práctica del *yidam*, es la sílaba semilla de la deidad *yidam*, normalmente visualizada en el centro del corazón y rodeada por el resto de las letras del mantra de la deidad.

**samatha** (S: *śamatha*; T: *zhi gnas*). Permanecer en calma. Aspecto de la meditacion en el que la mente descansa concentrada sin distracción.

**samayasatva** (T: *dam tshig sems dpa'*). En la práctica del *yidam*, esto se refiere a la autovisualización como la propia deidad *yidam*.

**sambhogakaya** (S: *sambhogakāya*; T: *longs spyod rdzogs pa'i sku*). Literalmente: "cuerpo de gozo". La forma-energía de buda, que solo es perceptible por los bodisatvas con cierto nivel de realización, y que es la base para la emanación de los nirmanakayas. La claridad que irradia de la esencia vacía de la naturaleza de la mente es la naturaleza del sambhogakaya.

**seis dharmas de Naropa** (T: *na ro chos drug*). Se dice que contienen las prácticas esenciales de los tantras: chandali, el cuerpo ilusorio, el yoga de los sueños, el yoga de la claridad, el bardo y la transferencia de conciencia o powa.

**séxtuple conjunto** (T: *tshogs drug*). El séxtuple conjunto se compone de las seis conciencias: visual, auditiva, táctil, olfativa, gustativa y mental.

**sidha** (T: *grub thob*). Alguien que ha alcanzado un alto nivel de realización, y es un gran maestro de meditación.

**shidak** (T: *gzhi bdag*). Es un tipo de protector, similar a los guardianes de la tierra.

**sidhi** (T: *dngos grub*). "Realización". Puede tratarse de realizaciones ordinarias, como los poderes que las hermanas Tseringma concedieron a Milarepa, o de la realización última.

**siete nobles riquezas** (T: *'phags pa'i nor bdun*). Las siete riquezas son: fe, generosidad, disciplina, estudio, modestia, vergüenza y conocimiento.

**siete ramas** (T: *yan lag bdun*). Conjunto de prácticas cuyo objetivo es la acumulación de mérito, y que aúna: postraciones, ofrenda, confesión, regocijo, petición de enseñanzas, advertencia de permanecer sin pasar al parinirvana y dedicación.

**significado definitivo** (S: *nitārtha*; T: *nges don*). En contraste con el significado provisional, estas enseñanzas de Buda conciernen a la naturaleza absoluta de la realidad, que transciende el karma o ley de causa y efecto.

**significado provisional** (S: *neyārtha*; T: drang don). Es el cuerpo de las enseñanzas budistas conectadas principalmente con el karma, la ley de causa y efecto, y con el funcionamiento de la realidad relativa.

**skandha** (T: *phung po*). Los cinco agregados que dan lugar al yo: la forma, las sensaciones, la discriminación intelectual, las formaciones mentales y la consciencia.

**sravaka** (S: *śrāvaka*; T: *nyan thos*). Literalmente: "oyente". Practicante hinayana, que se esfuerza por alcanzar el nivel de arhat. El sravaka no se dedica a las prácticas mahayana.

**Sukhavati** (S: *Sukhāvatī*; T: *bDe ba can*). "Tierra de gozo": el reino puro del oeste del Buda Amitabha.

**svabhavikakaya** (S: *svabhāvikakāya*; T: *ngo bo nyid kyi sku*). Es el cuarto kaya, la inseparabilidad de los tres kayas individuales: nirmanakaya, sambhogakaya y dharmakaya. Representa la totalidad de la budeidad.

**tendencias latentes** (T: *bag chags*). También suele traducirse como "tendencias habituales" y como "huellas kármicas".

**tendrel** (S: *pratītyasamutpāda*; T: *rten 'brel*). Traducido a veces como 'coincidencia auspiciosa', es la forma abreviada de la expresión tibetana "ten ching drel wa" (*rten cing 'brel ba*). El equivalente sánscrito significa literalmente 'originación interdependiente'. Este término tiene un especial significado en el contexto vajrayana, en que las conexiones por medio de signos y símbolos juegan un papel importante.

**thangka** (T: *thang ka*). Pintura tradicional tibetana sagrada.

**Tipupa** (S: *Pāravātapāda*; T: *Ti phu pa*). Rechungpa recibió *Los ciclos del dharma de las dakinis sin forma* de Tipupa. Se dice que Tipupa era una reencarnación del hijo de Marpa Lotsawa, Darma Dodé. Cuando Darma Dodé murió, transfirió su consciencia a un palomo, 'tipu' en sánscrito. Con el cuerpo del palomo voló hasta La India y allí volvió a transferir su consciencia, esta vez al cuerpo de un chico de dieciséis años, y así continuó practicando las enseñanzas recibidas de su padre Marpa. Esta historia está narrada por extenso en *La vida de Marpa*.

**tirthika** (S: *tīrthika*; T: *mu stegs pa*). Un no-budista; se trata de un término peyorativo.

**Tisé, Montaña Nevada de** (T: *ti se gangs*). Tisé es el nombre del monte Kailash en tibetano, considerado un lugar sagrado en las tradiciones budistas, bön e hinduista.

**Torma.** Las 'tormas' son pastelillos de obsequio que se ofrecen tradicionalmente a los protectores y las deidades locales.

**transferencia** (T: *'pho ba*). Práctica yóguica en la que la consciencia es eyectada en el momento de la muerte a algún campo búdico. Por medio de ella, uno puede librarse de las experiencias del bardo que ocurren tras la muerte.

**tres bondades** (T: *bka' drin gsum*). Las bondades del guru al dar al discípulo la iniciación, la transmisión y las instrucciones esenciales.

**tres pitakas**. Ver 'pitaka'.

**tres puertas** (T: *sgo gsum*). Cuerpo, habla y mente.

**tres puntos vitales de la fusión** (T: *gnad bsre ba gsum*). Es una enseñanza que procede de Marpa (DPR). En el *Dungkar Tshig Dzö Chenmo*, se describe en el capítulo titulado "El ciclo de los tres puntos de la fusión, o los nueve puntos de la fusión y la transferencia del maestro Rechungpa". La explicación dice lo siguiente: "La fusión del deseo y el gran gozo es chandali; la fusión de la hostilidad y la falta de existencia verdadera es el cuerpo ilusorio; la fusión de la ignorancia y la no-conceptualidad es la práctica de la claridad. La fusión de chandali y el cuerpo ilusorio se practica durante el día; la fusión de las prácticas del yoga de los sueños y el cuerpo ilusorio se practica durante la noche; y la fusión de la práctica del bardo y la transferencia se practica en el momento de la muerte. Chandali es para personas diligentes, el yoga de los sueños es para la gente más perezosa, y la fusión y la transferencia es para los seres que van a tener una vida corta". (908)

**tres reinos** (S: *trailoka*; T: *khams gsum*). División de la cosmología budista que consiste en tres esferas: el reino del deseo, dividido a su vez en las seis clases de seres; el reino de la forma; y el reino de la no-forma.

**trulkhor** (T: *'khrul 'khor*). Ejercicios yóguicos que se realizan como preliminares a las prácticas del cuerpo sutil conectadas con el nadi, el prana y el bindu.

**tsa-tsa** (T: *tsa tsa*). Pequeñas imágenes sagradas hechas con molde, que suelen usarse como relicario para contener las cenizas de alguien que ha muerto. Tras ser hechas, a menudo son destinadas al interior de estupas.

**tsen** (T: *btsan*). Un tipo de espíritu violento asociado a las montañas.

**tsok** (S: *gaṇa*; T: *tshog*). Literalmente: "acumulación" o "reunión". El tsok es un ritual en el que se ofrecen distintos tipos de comidas y sustancias. A veces el término 'tsok' se usa como sinónimo de ganachakra.

**Tushita** (S: *Tuṣita*; T: *dGa' ldan*). El cielo de Tushita es uno de los seis lugares de los dioses del reino del deseo. Es donde el bodisatva Shvetaketu residía antes de descender a ser Buda Shakyamuni.

**Upadesha**. En contraste con las clasificaciones y la lógica de la tradición escrita, las upadeshas, o instrucciones esenciales, condensan el significado de las enseñanzas de los budas en breves instrucciones que pueden ser puestas en práctica de manera inmediata.

**Ushnishavijaya** (S: *Uṣṇīsavijāya*; T: *gTsug gtor rnam rgyal ma*). Deidad femenina de larga vida.

**Vajradhara** (S: *Vajradhāra*; T: *rDo rje 'chang*). Literalmente: "sostenedor del vajra." El buda dharmakaya que en el Linaje Kagyu se dice que le dio enseñanzas a Tilopa, el primer ser humano sostenedor del linaje.

**vajrayana** (T: *rdo rje theg pa*). Generalmente, sinónimo de 'tantra' y 'mantrayana'. Las enseñanzas vajrayana mantienen la misma visión de la vacuidad que el mahayana y su misma intención de conducir a todos los seres a la liberación, con la diferencia de que usa muchos métodos distintos. Los métodos vajrayana son la práctica primaria de Milarepa y sus discípulos.

**vetala** (S: *vetāla*; T: *ro langs*). Literalmente: "cadáver resucitado". Espíritus que habitan los cadáveres en los cementerios.

**vidyadhara** (S: *vidyadhāra*; T: *rig 'dzin*). Literalmente: "sostenedor de la claridad"; alguien que permanece constantemente en el estado de despertar.

**vipasana** (S: *vipaśyanā*; T: *lhag mthong*). "Clara visión". Es el aspecto de la meditación con el que uno gana visión de la verdadera naturaleza de la realidad, en particular de la verdadera naturaleza de la ausencia de 'yo' y de la vacuidad.

**visión pura** (T: *dag snang*). La práctica vajrayana de ver el mundo como un lugar sagrado; y, en particular, ver al propio guru como un buda.

**yaksha** (S: *yakṣa*; T: *gnod sbyin*). Una clase de espíritus que infligen daño a los demás seres.

**yana** (S: *yāna*; T: *theg pa*). Literalmente: "vehículo"; conjunto de enseñanzas y de prácticas que conducen a alguien a lo largo del camino espiritual.

**yidam** (S: *iṣhṭadevatā*; T: *yid dam*). La deidad tutelar o elegida, destinada a ser la raíz del logro espiritual de un practicante. En las prácticas del yogatantra más elevado, uno se visualiza a sí mismo como la deidad y desarrolla el orgullo vajra de poseer sus cualidades iluminadas. Estas prácticas solo pueden ser realizadas con la iniciación y la guía de un guru genuino.

Otros libros publicados por
Fundación Rokpa

www.ingramcontent.com/pod-product-compliance
Lightning Source LLC
LaVergne TN
LVHW050543200726
843506LV00001B/88